新编人力资源与社会保障通用教材

人事测评技术

边文霞　编著

中国劳动社会保障出版社

图书在版编目(CIP)数据

人事测评技术/边文霞编著. -- 北京:中国劳动社会保障出版社,2021

新编人力资源与社会保障通用教材

ISBN 978-7-5167-4798-8

Ⅰ.①人… Ⅱ.①边… Ⅲ.①人事管理-人员测评-教材 Ⅳ.①D035.2

中国版本图书馆 CIP 数据核字(2020)第 247269 号

中国劳动社会保障出版社出版发行

(北京市惠新东街1号 邮政编码:100029)

*

保定市中画美凯印刷有限公司印刷装订 新华书店经销

787 毫米×1092 毫米 16 开本 21 印张 373 千字

2021 年 1 月第 1 版 2021 年 1 月第 1 次印刷

定价:59.00 元

读者服务部电话:(010)64929211/84209101/64921644

营销中心电话:(010)64962347

出版社网址:http://www.class.com.cn

版权专有 侵权必究

如有印装差错,请与本社联系调换:(010)81211666

我社将与版权执法机关配合,大力打击盗印、销售和使用盗版图书活动,敬请广大读者协助举报,经查实将给予举报者奖励。

举报电话:(010)64954652

前　言

自 2010 年始，每年首都经贸大学均会有人力资源实验班、国际人力资源班、人力资源班、人力辅修班约 170 名学生，学习"人事测评技术"课程，笔者教案每年更新一个版本，截至 2020 年共计十个版本的教学课件，真正做到了"十年磨一剑"。

由于 2020 年年初，突发疫情使得本门课赶上了"移动直播"新潮流，书稿无法像课程讲解过程中，可以使用多种手段，笔者在线上直播课中，采用"飞书"与"腾讯会议"直播平台，除了 PPT 在线课程讲解外，还借助"听听 FM 的音频资料""10 分钟微课视频""时代光华电视视频""中公教育视频""BBC 纪录片""脱颖而出综艺节目""2019 主持人大赛""TED 演讲"等音像、影视资料，极大丰富了课程内容。

笔者发现"线上移动直播课"由于多人在线讨论太嘈杂，所以本门课案例讨论与分析均采用线下小组活动完成，也即家庭作业，做线上作业即时点评及成绩公示，以此手段促进小组家庭作业质量的提升，恍然有点教授中学生的错觉。真正实现线上理论讲授与线下实践辅导无缝衔接，无形中增加 50% 的课程容量。即本门课授课计划 32 课时，但移动直播课程容量可达到 48 课时。

本教材主要是在笔者的教学实践基础上，经过多年积累及十年教案改写的创新型教材。我感谢所有我曾教授过的每一位同学的智慧贡献，正是有他们的良好互动才形成本书的趣味性与科学性并重的风格；感谢我的数学与数量经济学专业背景，它们给予我的是严密逻辑思维体系，这才形成本书对人事测评技术的专业术语、相关基本概念、实际操作过程中习以为常现象剖表入里的反思，一改过去有关管理类书籍的"模糊"之风。

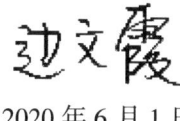

2020 年 6 月 1 日

内容简介

本教材主要由三部分构成。

第一部分是人事测评概述,由第一章与第二章构成。以第一部分为例,说明本教材鲜明的三大写作特色。

特色一,明确本章核心概念。

在"人事测评类"图书市场中,教材名称大多以"人事测评""人才测评""人力资源测评""素质测评"等为主,这些名称是大同小异,还是有本质差异?本教材对此做了相关概念的异同辨析,明晰人事测评概念边界,即对"人与工作"做特征测量与评价;明确测评目的与测评对象的不同,特别说明随着测评目的的不同,会有六大类型的人事测评。

特色二,课前阅读启发思考,课后阅读与案例强化应用。

每一章的篇首,均会设置与本章核心理论相对应的课前阅读,这些资料的来源主要有三处:一是笔者通过各种资料汇总整理而得,二是寻找可供借鉴的期刊论文,三是相关新闻报道或报刊内容。例如,第一章的课前阅读《人事测评提供了一份真实的档案》,来自于一篇期刊论文,它将启发读者对人事测评技术应用领域的进一步思考,并会想知道以下三连问的答案:"问题一,先天禀赋是否可测?""问题二,先天禀赋如果可测,将采用何种工具去测量?""问题三,在先天禀赋一致的前提下,如何衡量某类岗位员工之间的素质差异?"

每一章篇尾均有对本章核心理论应用的相关阅读和案例。

特别是第二章有人事测评专业机构和笔者通过不同调查途径了解的人事测评技术在中国企业应用现状和高校大学生的认知现状的相关介绍。通过各种篇中调查图表数据,对学生们进行多角度启示,使得学生得以熟悉并掌握"人事测评四大特征与五大功能"

"人事测评七大认识误区""人事测评服务'六化'趋势"等理念。

特色三，紧扣时代发展主题。

数字经济时代下，人力资源定量化管理趋势要求各企业整合并积累各种人力资源数据，其中包括人才素质测评数据，因此，线上测评兴起是必然趋势，它可以为企业后续真正实现机器人评分做测评数据库准备。线上测评也是一把双刃剑：一方面可以排除人为干扰，实现资源共享，特别是线上规模效应可降低测评经济成本和机会成本，使得高经济性的情境模拟测评得以有效实现；另一方面，由于自由网络空间中与现实生活中个体人格存在不一致现象，导致线上测评结果准确度有所降低。

第二部分是人事测评工具编制，由第三章、第四章与第五章构成。此部分告诉读者一个好的人事测评工具必须有两大特征，这是人事测评技术的理论基石，为第三部分做方法论的准备。

特征一，要反映测评对象的真实形象，而非模糊变形的形象。

特征二，要达到五大标准：结构清晰、长短适宜、题目行为化、表达通俗易懂、题目的有效性经过验证。

第三章解决的是测评对象真实形象刻画问题，即针对不同测评对象，依据七大设计原则挖掘有效的人事测评指标；人事测评指标体系的构建方法有工作分析法、调查访谈法、理论推导法、典型分析法、培训目标分析法、历史概括法、覆盖筛选法。

第四章解决的是不同测评指标间数据加总问题（数据无量纲化处理）及对最终测评结果影响大小问题（权重计算）。

第五章解决的是测评量表编制与测评结果解释的问题。如以某素质测评量表编制为例，首先界定素质概念范围，然后构建人事测评指标体系，最后编制人事测评量表题目，形成人事测评量表初稿后，经过预测试，得到符合高信度与高效度要求、题目具有区分度的素质测评量表。本章篇尾的《飞行员安全心理测量量表的编制》，完整还原了人事测评工具编制的标准流程与做法，供大家实践学习。

第三部分是人事测评技术在人力资源管理中的具体应用，如结构化面试、心理测验、文件筐测验、案例分析、无领导小组讨论、即席演讲、评价中心、书面信息分析、绩效考评、360度绩效反馈等，由第六章至第十章构成。本部分详细介绍不同人事测评方法产生的背景，与该测评技术手段相适应的题目设计与评分标准，具体实施流程与需要注意事项等。此外，每一章还有其特殊性，具体如下所述。

第六章面试有效性很大程度由考官的专业性决定，因此考官的筛选与培训尤其重要；第七章心理测验是针对行为样组的客观化与标准化的测量，按照此定义，"课程结业考试""驾照考试""卡特尔16种人格因素测验"有何异同？它们是否都属于心理测验范畴？第八章情境模拟测试主要依托的是工作样本测试，做到破解"招聘失真"难题；第九章基于胜任素质模型的评价中心技术，是一种程序而不是一种具体的方法：如何将岗位实际工作场景、工作内容进行抽样和模拟；如何让多位考官在不同的测评场合中进行无缝衔接，使得参与测评人员能够在短时间内有序参加多种测试，最终得到被测者真实的素质评价，并能够对其未来工作绩效进行有效预测？第十章详细介绍书面信息分析与绩效考评的方法与实施，以及有效的360度绩效反馈，重点在于所写测评分析报告中，不应只局限在相关素质数据上，而应给予具体的行为反馈结果，此种行为反馈结果将引导被测者改善并提升未来岗位工作绩效。

目 录

第一章 人事测评是什么/1
  课前阅读 人事测评提供了一份真实的档案/1
  第一节 人事测评相关概念辨析/2
  第二节 人事测评的原则、功能与作用/7
  第三节 人事测评实施流程/12

第二章 人事测评技术现状与认知度调查/19
  课前阅读 人事测评对人力资源管理的作用/19
  第一节 我国人事测评技术现状分析/20
  第二节 网络经济对我国人事测评技术的影响/38

第三章 人事测评指标体系的构建/46
  课前阅读 两份城市排名榜单，到底该信谁？/46
  第一节 测评指标体系的内涵/47
  第二节 人事测评指标体系的构建方法/52

第四章 人事测评指标无量纲化与权重确定法/68
  课前阅读 人事测评指标体系有效性及数据刻画问题探讨/68
  第一节 人事测评指标的量化形式/69
  第二节 人事测评指标无量纲化方法/71
  第三节 权重的确定方法/75

第五章 人事测评量表的编制与质量检验/88

课前阅读 汽车司机安全驾驶性向测评量表的编制/88
第一节 人事测评量表的编制流程与结构/89
第二节 人事测评量表题目编制原则与技巧/95
第三节 人事测评量表的信度检验/101
第四节 人事测评量表的效度检验/111
第五节 人事测评量表的项目检验/113
第六节 人事测评标准化与常模/115
第七节 人事测评结果报告及分数的解释/120

第六章 面试技术/130

课前阅读 优秀的面试官需遵循"黄金十四点"/130
第一节 面试的内涵/131
第二节 面试题目的编制技巧/139
第三节 招聘面试技巧/147
第四节 面试在我国运用中的主要问题及解决对策/155

第七章 心理测验技术/171

课前阅读 合作能力测验的编制研究/171
第一节 心理测验概述/172
第二节 能力倾向测验/180
第三节 人格测验/189

第八章 情境模拟测试技术/237

课前阅读 无领导小组讨论破解"招聘失真"难题/237
第一节 文件筐测验/239
第二节 案例分析/244
第三节 无领导小组讨论/253
第四节 即席演讲/262

第九章 评价中心/278

  课前阅读　如何评判"评价中心"的优与劣/278
  第一节　评价中心演变历史/279
  第二节　评价中心概述/285

第十章 其他人事测评技术/297

  课前阅读　履历分析不是简单的学历门槛/297
  第一节　书面信息分析/299
  第二节　绩效考评/306
  第三节　360度绩效反馈/311

第一章 人事测评是什么

> ● 学习目标
>
> 通过本章的学习,掌握人事测评的内涵,要在理解人事测评概念的基础上,把握人事测评的特征,掌握人事测评的原则、功能与作用,识别常见的人事测评技术认识误区。

【课前阅读】人事测评提供了一份真实的档案

武汉凯迪电力股份有限公司(简称凯迪公司)是一家以环保业务为主的上市公司。2001年年初由于业务迅速扩张,凯迪公司急需大量的高级技术与管理人员,如项目经理、事业部主管、部门经理等,特别是从事过大型工程管理的人员。其采取的直接办法就是面向全国公开招聘。

通过媒体发布招聘信息后,凯迪公司共收到3 000余人报名信息;经过材料审查、电话沟通等方式的筛选,确定初步入围近500人;又由公司董事会和高管层及人力资源部组成多个面试小组赴全国各地进行面试,最后确定343名人员二次入围。由于此次招聘人员涉及的岗位比较重要,不仅成本高,而且有较高的风险性,因此,公司领导层决定聘请第三方专业测评机构对这些应聘人员进行综合素质测评。

该测评机构设计了一个包含多种测评方法的系统性综合测评方案,如图1所示,制定严密的测评实施流程,并根据每个应聘者的测评结果做出等级制定:五级等于特别优秀者,四级等于优秀者,三级等于合格者,二级等于慎重使用者,一级等于完全拒绝者。

根据上述测评方案,所有应聘者的测评结果在各个等级的分布情况如图2所示。

如果凯迪公司不采取这种科学的测评方法,343名拟录取人员的不合格率为45%,接近随机概率。由此可见,科学的人事测评方法与技术对企业人才选拔的重要性。

人们总说,"比你天赋好的人比你还勤奋","明明可以拼颜值,却非要拼才华"。这里面就暗含了智能时代下的"人才素质"比较。所谓素质是指人在先天禀赋的基础上,通过教育和社会实践活动而发展形成的主体性品质。而人才素质比拼的不是先天禀赋,而是如何充分有效地利用这些先天禀赋。

由此,人力资源管理者往往对"员工与员工的素质差异比较"有三连问。

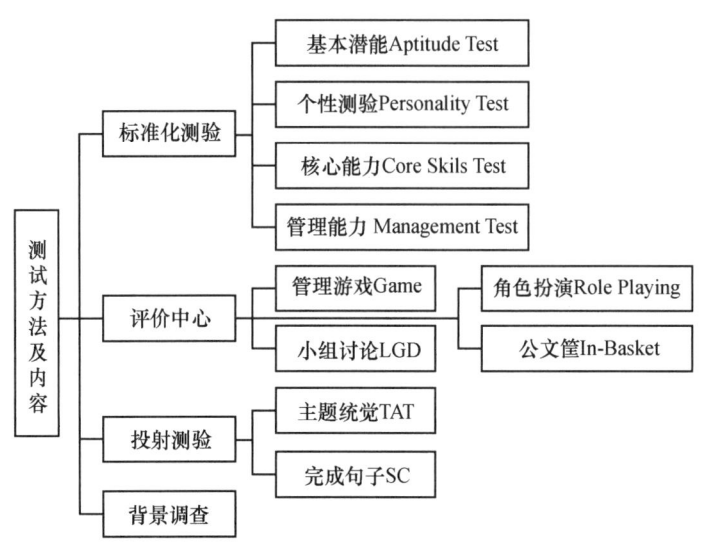

图1　凯迪公司人才甄选系统性综合测评方案图

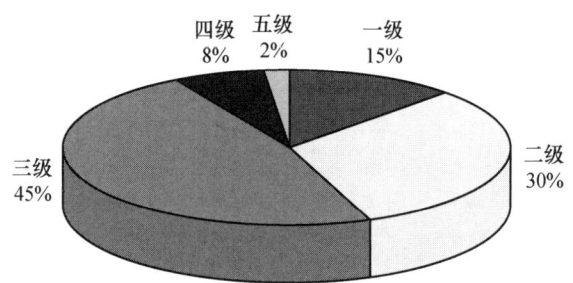

图2　凯迪公司人才测评结果在各个等级的分布情况

问题一，先天禀赋是否可测？

问题二，先天禀赋如果可测，将采用何种工具去测量？

问题三，在先天禀赋一致的前提下，如何衡量某类岗位员工之间的素质差异？

资料来源：纪超．测评，帮助企业从人才获益——武汉凯迪电力测评案例分析［J］．人力资源，2007（1）：37-39．

第一节　人事测评相关概念辨析

人事测评作为一项活动，是依据一定的科学原理，使用有效的测评手段，对"人事"特征实施测量和评鉴的管理活动。对人才特征的测量与评价是"人才测评"，它以心理测量为理论基础，针对特定的 HRM（Human Resource Management）目的，对各类人员的知识技能、能力倾向、人格特征等个体素质差异作出数量或价值判断的过程。

同样，抛开管理学中的"人事"概念，推广到一般事物，我们发现，所谓人事测评，就是对客观存在的事物的特征进行测量与评价的过程，包括：测评目的与对象的确定、测评标准的建立、考官的培训与筛选、测评数据的收集、测评实施过程、测评报告的撰写与反馈等。这些均需要专业的操作规范与技术，这些技术统称为"人事测评技术"。

一、人事与人事管理[①]

对"人事"的广义理解就是社会生产过程中所呈现的"人"与"事"之间的关系，因而"人事"一词的核心就是"关系"。这种关系中既有"人"与"事"在量上的对应关系，又有质上的对应关系。

量上的对应关系是指一定数量的事要求相应数量的人去做，而一定数量的人只能做一定数量的事；质上的对应关系是指不同类型和特点的、不同难易和繁简程度的事都要求有相应的人去做，其中具体要求包括人的受教育程度、专业水平、技能特长、实践经历、身体状况及心理素质等方面。这种对应关系还是动态变化的，不但事件本身在变化和发展，人的生理、心理及各方面的素质也在不断变化，所以人和事之间的相互适应是一种动态的适应，只能保证在一定时期内相对稳定，之后随着社会各方面的发展，事对人和人对事的要求都会发生变化，这时就需要进行人事调配，或晋升、或降职、或调动、或培训，通过各种途径力争实现事得其人、人尽其才。

因此，"人事管理"概念应运而生，即对人事关系的管理，其目的在于调整好各方面的人事关系，使人与事以及共事人之间的相互关系达到最佳的状态，以最优化的方式实现组织目标。具体而言，就是在"知人"和"识事"的基础上，根据因事择人的原则，把人和有关的事结合起来，并根据人与事各自的发展变化规律，及时调整它们之间的关系，保持人事相宜的良好状态，在必要时运用行政的、组织的、思想的种种办法，来防止人与事之间及人与人之间由于不相协调的矛盾形成对抗，同时要保证按照一定的法规政策要求进行各种活动。

二、人事测评的内涵与人事测评观

1. 人事测评的内涵

当前与"人事测评"近似的说法有很多，但各类说法大同小异，其主要差异在于所

---

① 唐宁玉. 人事测评理论与方法 [M]. 大连：东北财经大学出版社，2002.

指对象的范围不同。

"人力测评"中的"人力"即人力资源，是指一个国家或地区一切能为社会创造财富的、从事体力和脑力劳动的人的总称，既包括所有从业人员，也包括尚未进入工作岗位或已从岗位上退下来的潜在劳动力，所指范围最广。

"人员素质测评"中的"人员"主要是指各行各业的在职者，即符合岗位要求，具有劳动能力且在工作的人，它包含于人力资源的范围之内。

"人才测评"中的"人才"有狭义与广义之分。狭义的人才是指为社会发展和人类进步进行了创造性劳动的人，主要包括智能较高、贡献较大、出类拔萃的人；广义的人才是指各行各业中有能力的人，与人员一词所指范围相当。

无论是人力测评、人员素质测评、人才测评还是人事测评，其目的都是要知人善任、因事选人，做到事配其人、人尽其才、才尽其用，它们的共同关注点都是影响工作绩效的人员素质。因此，社会上流行的各类说法的内涵是一致的，而本书采用了人事测评的说法。

人事测评，是对"人与工作"特征的测评，其中对人特征的测评，也称"人才测评"。而人才测评是以心理测量为理论基础，针对特定的人力资源管理目的，对各类人员的知识技能、能力倾向、人格特征等个体素质差异做出数量判断或价值判断的过程。

2. 人事测评观

（1）传统人事测评观。传统人事测评观强调对人员德、能、勤、绩的测评，简单地说，德（Morality）包括道德品质、意志品质以及政治修养、廉洁性、忠诚度和公正性等，测评时多采用民主评议、调查访谈获得相关信息；能（Ability）主要是指被测者的专业能力和业务技能以及与专业和技能相关的专业知识，也包括体能，测评时多采用考试获得相应的素质信息；勤（Motivation）是指勤勉实干的工作行为和积极进取的工作态度，通过考查出勤率、工作的参与程度获得相应的素质信息；绩（Performance）是指被测者在工作岗位上的工作实绩，通过调查即可获得相应的素质信息。

传统的人事测评方法和手段通常包括推荐、个人总结、领导观察评定等，这种由少数人凭经验判断（必会受到评定人主观因素的影响），用评语的形式对人员特征做定性描述的方式，可靠性差，忽视了人才的发展潜力，其片面、僵化、失真的局限性已经很不适应新形势下用人者对人才的要求。而现代人事测评强调的是对人员素质的测评，素质是遗传和环境共同作用的结果，是个体完成某种活动必需的条件，是行为得以进行的基础。

（2）现代人事测评观。现代人事测评观是在我国考试、人事考核和心理测量三大领域的具体实践中提出的,并逐渐形成了三种不同的人事测评观,即考试测评观、考核测评观和心理测量测评观。①

第一,考试测评观。持这种观点的人认为,人事测评是传统考试的发展和延伸,是一种综合性的考试。这种观点流行于考试科学理论研究和考试实践工作者之中。考试是对人的知识、智力和技能的一种测量。考试有两个最基本的特点:一是测查应试者的知识、能力、技能等,而不包括对心理品质、实际工作绩效的考察;二是基于"刺激—反应"模式,即实施考试必须有事先设计好的试题来给考生提供"刺激",并通过考生的答题"反应"的量化分析来确定考生的水平。

第二,考核测评观。考核一般是指用人单位对工作人员工作成绩的质量、数量所进行的考察评价,即考绩。传统的考核主要采用的是定性分析方法,而随着社会的发展,考核也越来越多地采用定量的技术和手段,因此持考核测评观的人认为现代人事测评就是传统人事考核的变化和发展。但考核主要是对被考核者绩效的考察和评价,而对被考核者的身心素质、潜在能力与个性特征等却重视不够。

第三,心理测量测评观。持这种观点的人认为,人事测评就是运用心理测验方法和技术对人的心理素质进行测量的过程。心理测量在西方已经发展了近百年,心理测量理论和方法技术已趋于成熟,并有着广泛的应用领域。我国心理测量学自20世纪80年代初恢复以后,研究和教学工作逐步发展起来,90年代以后进入了迅速发展时期,修订和自编了一些心理测验,而且在测量理论吸收及其应用方面亦有很多创造性的成果,并在人事选拔与职业指导中发挥着越来越重要的作用。心理测量在现代人事测评中占有重要地位的原因在于现代人事测评的理论基础和方法手段主要来源于心理测量学的研究成果。

纵观三种测评观,它们都不是完整意义上的现代人事测评,这是因为考试测评观强调人事测评的社会功能与作用,投入较大精力去研究考试历史演变过程以及考试制度的变迁等,但是考试测评的内容总是在有限的范围(考试大纲范围之内),故考试测评观将研究重点集中在试题的编制和测评实施过程的组织方面。考核测评观则完全从现实需求出发,具有很强的实用主义色彩。考核测评观极为注重测评要素指标体系的设计,特别强调可操作性和可接受性,在测评理论方面集中在对测评(评定)结果进行数字化处理的理论与方法方面,如加权的理论与方法等。心理测量测评观看重测量理论和统计方法对现代人事测评的贡献,因而把视野集中在数字上,强调精确性和标准化。在测评内容方面太注重心理学理论的系统性而对现实的需求考虑较少。

---

① 苏永华. 论现代人才测评的范畴、功能及其作用 [J]. 人类工效学, 1999 (6).

本书认为现代意义的人事测评观应是上述三种测评观的融合。

三、人事测评的特征

1. 人事测评是心理测量而不是物理测量

就人事测评的内容而言，人事测评主要是对个体心理现象的测量和评价，包括能力、兴趣、性格、气质及价值观等。身高、体重等有时也被列入测量范畴，但不是主要方面。人事测评主要是心理测量，这是由心理素质在个体发展过程中的关键性作用所决定的。美国心理学家特尔曼（L. M. Terman）曾对 800 名男性成人进行测评，发现其中成就最大组与成就最小组之间，最明显的差异是他们在心理素质上的差异。成就最大组，主要在进取心、意志力、兴趣和坚持性方面，明显高于成就最小组。这说明，人事测评的重点是心理测量。物理测量是对看得见、摸得着、说得清的有形实体的测量，其测量结果是以物理的度量单位计算的。如质量是以千克、克计算的，长度是以米、分米计算的。相反，心理测量测查的对象具有内在性、隐蔽性和无形性等特点。相对于物理测量，心理测量就复杂艰巨很多。

2. 人事测评是抽样测量而不是具体测量

就统计学意义而言，人事测评的对象是素质及绩效，但素质及绩效不是在某一孤立时空内抽象存在着的，而是表现或弥漫于个体活动的全部时空中。从理论上来讲，人事测评实施时，涉猎的范围越广，收集相关信息越充分、越全面，测评结果就越有效、越具体客观。但在实际操作中，上述理想状态不可能存在，任何一项测评的主持者，在有限的时间内都不可能掌握被测者素质的全部表征信息，只能本着"部分能够反映总体"的原理，对测评要素进行抽样，保证样本数量的足够多及所选样本具有足够的代表性，从样本的测量结果来推断全部待测评内容特征。那种企图对测评内容全面进行测评的想法在实践中行不通，也没有必要。

3. 人事测评是相对测量而不是绝对测量

就测评实施者的主观愿望而言，都是力求尽量客观地反映被测者的素质。但再严格的一项素质测评都会存在误差，毕竟人事测评是人对人的测评。一方面，测评方案的设计及测评活动的实施都是凭借测评实施者的个人经验进行的，而不同的测评实施者对测评目标的理解、测评工具的使用及测评结果分数解释，都难免带有个人色彩，不可能完全一致；另一方面，作为测评对象的人，其素质是抽象模糊的，其构成是极其复杂的，且测评工具有一定的局限性，诚如苏轼言："人之难知，江海不足以喻其深，山谷不足以配其险，浮云不足以比其变。"由此可见，人才测评既有精确的一面，又有模糊的一面。

在人事测评实践中，应调整测评的精确性、科学性，但人事测评十分复杂，在测评技术尚不十分发达的情况下，片面追求精确性，反而会违背人才的特有规律。

德国物理学家海森堡（Werner Karl Heisenberg）在1927年提出了物理学中的测不准原理，在人事测评活动中也存在测不准关系，即人事测评也处于一定的测不准状态。测评实施者对被测者的鉴别评价不一定完全符合对象的实际情况，测评结果能反映被测者素质的基本状态，但与被测者真实素质有一定程度的偏离。这就是说，人事测评既有测准的一面，也有测不准的一面；测准是相对的，测不准是绝对的。随着人类认识自身能力的提高及测评技术的发展，人事测评将逐步摆脱测不准的状态，逼近测准的状态，这个过程是个十分漫长的过程。因此，从这个意义上来讲，人事测评的结果只有相对意义，没有绝对意义。

4. 人事测评是间接测量而不是直接测量

就人事测评对象——人的素质而言，是个体实施社会行为的基本条件和潜在能力。素质的突出特点之一就是抽象性。素质是个体身上的客观存在，是一种内在的抽象的东西，是看不见、摸不着甚至说不清的，但素质并不神秘，它有一定表现性，即素质可以通过人的行为表现出来，素质和行为之间存在一系列中介物，如语言、表情、态度倾向等。我们不能对素质进行全面直接测量，但可以通过人表现的行为特征进行间接的推测和判断。由此可见，人事测评是间接测量，而不是直接测量。

第二节　人事测评的原则、功能与作用

一、人事测评的原则

为保证对人进行科学客观的评价及人事测评结果的真实可靠，在整个素质测评过程中必须遵循一些重要而基本的原则。这些原则既是素质测评实践经验及其技巧的科学总结，又是素质测评的思想方法，分别是客观公正原则、统一标准化原则、可行性与实用性原则、比较性原则。

1. 客观公正原则

客观公正原则是指测评必须以人员素质及其功能特性为客观基础，在确定测评对象、掌握测评标准及实施测评时，贯彻平等公平观念，实事求是地对测评对象的素质和行为进行测评。

2. 统一标准化原则

统一标准化原则是一切科学测量的共同要求，由于人事测评的结果很容易受到各种

主观因素影响,在人事测评中更应强调标准化的重要性,具体包括:测评程序标准化、实测条件标准化、实测工具标准化、测量方法标准化。

3. 可行性与实用性原则

可行性与实用性原则是指任何一次测评方案所需时间、人力、物力、财力要为使用者的客观环境条件所允许,并要求在制订测评方案时,应根据测评目标合理设计方案,并对测评方案进行可行性分析。

4. 比较性原则

人事测评的一个重要目的就是依据测评分数对不同素质特征的人以及其工作行为进行比较分析,以便为人力资源管理决策提供科学的依据,因此,应使测评分数具有可比性、可鉴别性。

二、人事测评的功能

人事测评是人类社会进入信息时代以后,随着人类自身的发展和社会对人才需求标准的变化而产生的一种新型人才鉴别、评价方法和技术。它主要有五个方面的功能。

1. 鉴定功能

鉴定功能是人事测评最直接的功能,鉴定是指对人的心理素质、能力素质、道德品质和工作绩效等作出鉴别和评定。人事测评鉴定功能的实现有赖于人事测评工具的科学性和人事测评实施过程的规范性,以及鉴定标准的适当性,这三者是实现人事测评鉴定功能的必要条件。只有当所选择的测评工具对测评对象具有良好的信度和效度,按预定的程序要求进行规范的操作时,才可能产生可靠而有效的测量结果,而只有将测量结果(可能是多方面的)与适当的评价标准相比较时,才可能得出恰当而客观的鉴定结论。

2. 预测功能

人事测评能够为预测被测者在实际工作岗位和业绩上所能达到的水平,提供丰富而客观准确的有关个体(或群体)当前发展水平的信息。心理学是人事测评的重要理论基础,而有关人的发展规律是心理学研究的重要领域。在设计人事测评的工具——量表时就已经考虑到人的发展规律了,更为重要的是用于人事测评的量表在编制过程中,非常注重对其效度的研究,即探索人事测评的结果与某一段时间后的工作行为(或实绩)之间的关系。我国目前的人事测评因内容全面、系统,方法科学,提供的有关测评对象当前发展水平的信息丰富、客观,故其预测的准确性在现实中有很大的参考性。

3. 诊断功能

当个体或组织发展到一定阶段后,就会出现发展缓慢或停滞不前,甚至出现倒退的现象。这时候，就需要发挥人事测评的诊断功能作用。人事测评的诊断功能就是指采用一定的人事测评技术和方法对被测者相应要素进行客观评价，使组织和个人能够及时进行反省和自我检查，找出存在的问题、缺陷和不足，以便采取针对性的措施加以改善，如优化组织结构、改善思维方式、更新知识和观念等，使组织和个人清除前进中的障碍，实现可持续发展。

4. 导向功能

所有人事测评都是有目的的，无论是测评实施者还是被测者，都不是为测评而测评，而是要根据测评结果做出决策，如是否录用、是否晋升、是否给予奖励等。人事测评的结果总是与人们的某种利益或个人的成长发展相关，因此，好的人事测评的结果总是人们所希望的。为了获得优良的结果，被测者往往要针对测评的内容、标准，进行各种学习、训练，吸收新的知识，从而提高能力和技能，增强自身的素质和修养。人事测评的导向功能体现在测评的内容和评价标准上，反映了社会对人才的需求标准，如果被测者均以测评的内容和标准为导航，自觉地用他们所认可的测评要素以及标准来调整自己的行为，强化自己的基础和实际技能，则社会上人才需求和供给的差距就会大大缩小。正是从这个意义上来看，人事测评具有导向功能。

5. 激励功能

激励功能是指人事测评能够激励人们进取向上的愿望与动机，使人们自觉自愿地努力学习和工作，从而不断地提高每一个人的素质和工作能力。每个人都有自尊和进取的需要，希望自己在人事测评中取得好成绩。这就会促使人们发奋努力、不断进取。从行为修正激励理论观点来看，获得肯定性评价的行为将会趋于高频率出现，而获得否定性评价的行为将会趋于低频率出现。因此，人事测评是促使个体素质的培养与修养行为向着社会所需要的方向发展的强化手段。

三、人事测评的作用

在现代企业的人力资源开发中，人事测评技术得到了广泛的应用。人事测评技术无论是对组织还是对个人都起到了重要作用。现代人事测评有助于全面了解当下的人力资源状况，有助于人才的使用与管理，有助于为人员培训提供诊断性信息以及为团队建设提供依据。

1. 人事测评对个人的作用

（1）个人的自我认识。人对自身的认识往往是一个漫长的过程，也可以说，人的一生都是在不断地探索自身、认识自身。人从幼时开始产生自我意识的萌芽，之后人对自身的认识在不断接近实际的自我。当然，由于受环境、教育以及社会实践的影响，人也在不断发展变化。所以，有些人一生对自己都难以形成一个客观的评价。借助一定的工具，人事测评可以帮助个体更好地认识自身，如了解自己的智力、能力倾向、人格特征、气质类型、兴趣爱好、管理能力、操作能力等，便于发挥自己的特长，实现自我价值。

（2）个人的职业选择。认识自身是个体职业选择的基础，一个人可以根据自己的智力水平、人格特点及职业兴趣等来确定自己适合从事何种职业。特别是对于刚刚毕业将要走上工作岗位的学生来说，更是如此。如果再往前推的话，甚至可以追溯到高中生、初中生对自己所学专业的选择，学习什么专业应和自己的兴趣与基本素质特点相结合。在日常生活中，许多人在选择职业时热衷于"赶时髦、随大流"，结果往往是职业目标难以实现，最终一事无成。理想的做法是，在考虑经济和社会需要等因素的同时，更应该考虑自己的能力水平和兴趣爱好，只有这样才能找到适合自己的职业，实现职业与个人能力的完美结合。

（3）个人的潜能开发。人的一生实际上也是不断成长并实现自身潜能的过程，人在社会实践中不断完善自己，人事测评为个体潜能的开发提供了依据。

2. 人事测评对组织机构的作用

（1）在人才选聘上，可对候选人进行有效筛选、汰劣，为各个职位安排合适的人选。

（2）在干部选用上，可提供候选人的诊断预测信息，为人事决策服务。

（3）在管理绩效上，可提供员工的必要信息，为企业对员工，尤其是对企业中高级管理人员进行有效的考核提供科学、全面、客观的依据，以实现对员工公平、合理的管理。

（4）在岗位安置上，可以识别人才发展潜力和潜在才能，为合理分工及岗位安置提供信息，为企业建立清晰合理的角色分工提供依据。

（5）在团队建设上，可以帮助领导者了解员工的兴趣、个性等特点，诊断组织内部冲突，增强团队间的相互理解和认知，减少团队成员间角色冲突，以改善合作关系，从而达到提高企业的凝聚力和工作效率，增强企业竞争力的目的。

（6）人事测评还能为整个机构的人力资源计划和企业形象设计提供参考信息。

四、人事测评技术实践应用中的认识误区

误区之一：以人事测评代替人事决策

一个人是否被录用或晋升，不仅要看这个人的综合素质，还要考虑岗位胜任特征要求和企业文化等客观环境因素。所以最终的用人决策必须有主观判断，人事测评只是降

低这种主观判断的失误率。

这与医生看病的道理是一样的，血液化验等检查只能提供一些生理指标状况，但病人得了什么病，还需要医生在综合各种化验结果后进行主观判断。决定人们绩效高低的因素不仅包括知识和能力，激励水平也很重要，如果激励不足的话，测评得分很高的人仍然可能成为一个低效率的工作者。

另外，需要关注人事测评的否定性建议，即人事测评报告中提供给用人单位有关被测者可能不太适合的工作职位和工作环境等建议。

误区之二：对测评结果的准确性期望过高

现代人事测评技术比传统的选人用人办法要客观准确，但这种准确性永远无法与物理测量相比。所以，千万不能把测评报告中的每一句话都当作是真理。

一方面，人的测量要比物理测量复杂得多，有时连测评要素的界定也不是很明确，以至于明明想测某种特质，结果却测出了另外一种特质。另一方面，在人事测评过程中，经常会受到多种因素的干扰，特别是被测者自身因素的干扰（如紧张情绪、心情、身体状况等）。

误区之三：科学测评的标志——测评工具软件化

测评工具被制作成软件固然便于各用人单位的实际操作，但这与测评工具是否科学有效是两码事。算命先生如何算命也可以被制作成软件，但其科学性是很成问题的。

判断一个测评工具是否准确有效时，应注重的是测评工具本身技术指标的优劣，而不能只看重外在形式。即不要看它是不是一个成型的软件，而应检查它的内容设计是否合理、常模取样是否有代表性、测评指标质量是否达标、开发者是否有专业素养等，当然最重要的是看它的应用效果如何，所以必要时不妨找几个熟悉的人试测一下。

误区之四：测评＝做卷子

企业招聘的岗位形形色色，需求各式各样，而求职者的经历背景更是千差万别，仅凭几道多项选择题或是问答题的测试是很难满足企业对人才信息的需求的。

因此，在实际工作中，除了简单的纸笔测试，行为模拟与观察类的测量方法自出现以来就备受人们的关注，它们共同组成了一个"评价中心"，如面试、文件筐测试、实际操作测试、无领导小组讨论、即席演讲、管理游戏等。

误区之五：有效测评手段是网上测试（快、便宜）

缺乏严格控制的测试是不可信的，据此做出的决策可能造成巨大的损失。由于网上测试实施过程的标准化（如测试的时间，周围的环境等）无法有效达到，甚至对被测者身份有效性都无法保证，因此，无法有限保证所得到的测评结果的可靠性。

误区之六：使用经过时间检验的人才测评工具是最可靠的

由于国内某些编制人事测评工具的企业的短视行为，流行在市面上的工具粗制滥造者居多，使很多人尝到的不是甜头，而是困惑：怎么大家的测评结果这么多是一样的呀？怎么和观察的结果不一致呀？人事测评准确不准确，取决于两个方面：一方面是选择工具的水平，另一方面是应用工具的水平。

即便工具使用者与工具本身不存在问题，但由于文化差异也会造成测评结果的不准确。文化差异对于能力测试的影响比较小，但对于认知测评和人格测评的影响是很大的。因此，不能直接使用国外的人事测评量表，而需要经过本土化修订才可应用。

误区之七：以人事测评代替业绩评估

人事测评关注的是人的各种素质，如个性特点、思维风格等，业绩评估中的能力和态度评估是关注考核期内的行为表现，二者有关系，但不能等同。一个人可能从本性上缺乏归属感，但在某一个考核期内由于其经理的工作到位，这个人也可能表现出很多归属团队的行为，这种情况也是常见的。人事测评在从社会上招聘人才时有价值，在进行职业辅导和岗位转换时有价值，但不能用来代替业绩评估。

第三节　人事测评实施流程

人事测评是一个系统工程，涉及测评内容与目标的确定、测评工具的选择或编制、试测、量表修订、施测、数据收集与整理、数据分析与解释等方面。随着运用的不断深入，人事测评的实施过程已经逐步形成规范（见图1-1）。

一、准备阶段

1. 明确测评目的与对象

（1）明确测评目的。从HRM的需求（选拔/培训/考核/职位调动/薪酬和奖金调整）出发，可以快速确定人事测评所要达到的目标。那些在实际应用中无目的的测评，或说为测评而测评，是舍本逐末，不能做到统筹兼顾，很有可能产生负面效果。

由于人事测评目的的不同，我们划分了六种人事测评类型。

第一种，选拔型测评（差异性）。

通常出现于招聘或晋升中，测评目的在于区分优秀/普通人才。如智力测验、能力测验或评价中心技术。

选拔型测评强调的是测评差异性，即测评结果是可以相互比较并进行价值判断的。

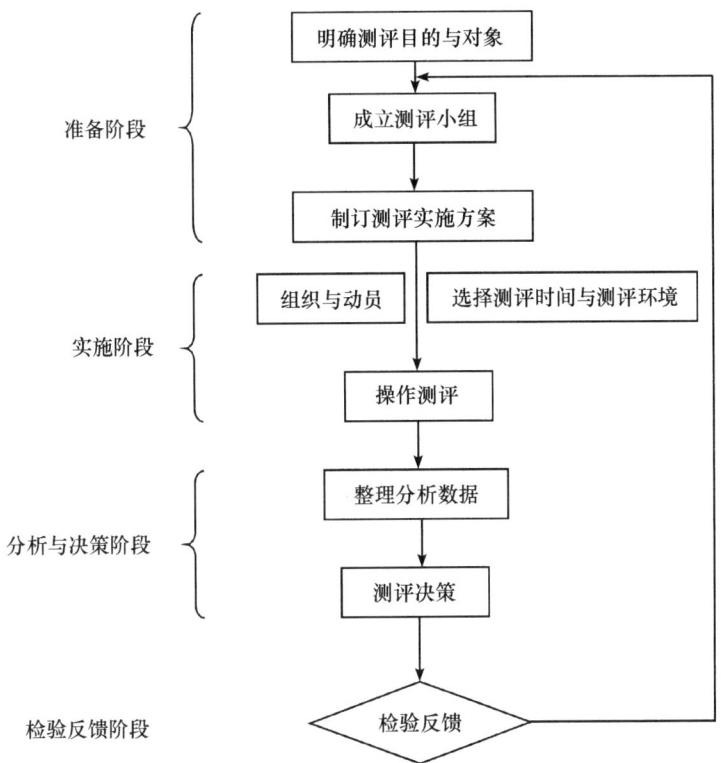

图 1-1 人事测评实施流程图

资料来源：萧鸣政等. 人员测评理论与方法 [M]. 2版. 北京：中国劳动社会保障出版社，2004.

只要能把水平高与水平低的被测者区分开来的就是好的选拔型测评工具。

第二种，配置型测评（合适性）。

配置型测评强调的是人岗的匹配性，即测评注重的是所测评要素与工作的相关性，而非仅仅界定优秀/普通人才，因为优秀人才并不一定是最适合岗位的人才。

配置型测评需要进行工作分析，了解岗位的任职资格要求，有意识地在测评中仔细考察。

对于择业者，可使用职业兴趣测验、机械能力测验和特殊能力测验等方法，了解自己的职业倾向。

第三种，诊断型测评（准确性）。

诊断型测评在精神病医院或心理咨询所、司法鉴定等场景使用较多，例如在临床心理学中常使用的明尼苏达多项人格调查表（MMPI）和本德尔-格式塔测验（BGT）。

诊断型测评强调的是准确性，即要求测评能够准确地将不正常状态或不佳状态鉴别出来，以辨别被测者是否是患病者，以及需要哪些方面的治疗和改进。

第四种，预测型测评（有效性）。

笔试、面试、评价中心技术都是预测型测评，其基本假设是这些测评可以预测被测者未来工作绩效，即那些在测评中表现突出的人比表现一般的人更有可能在未来的工作中取得更高的工作绩效。

如在无领导小组讨论中表现突出者其团队合作能力更强，未来的工作绩效可能更高。

第五种，开发型测评（实用性）。

开发型测评常见于培训开发和教育体制中，开发型测评只关注对测评实施者或被测者有价值的要素，并不要求面面俱到。

在开发型测评中，一定要考虑测评的实用性，即测评内容必须具备现实意义。

一般而言，开发型测评的结果被用作培养训练或教育的参考依据。

第六种，考核型测评（公平性）。

考核型测评的公平性是指测评不偏袒任何被测者，测评分数只受测评要素水平高低的影响。保证考核型测评的公平性是让考核型测评发挥它良好作用的根本性前提。人力资源顾问有限公司华恒智信结合多年的咨询实践经验，对如何保证考核型测评的公平性这个问题提出以下观点。

考核型测评的公平性包括两个维度：一是内部公平性，二是外部公平性。内部公平性即组织内部的公平，涉及考核指标的设计、考核方法的选择、及时沟通与培训、考核监督机制的建立四个方面；外部公平性即市场的公平，也就是外部市场对考核结果的认同度问题。保证考核型测评的公平性就是要分别保证考核型测评的内部公平性和外部公平性（见图1-2）。

（2）明确测评对象。在测评目的确定的前提下，要知道测量什么是最重要的，而对于"人才"而言，知道测量何种素质是最重要的，例如，是测量领导力、追随力，还是执行力，这是企业管理层很关注的三种能力素质的测量与评价。

对于测评的"事物"而言，需要给测评对象下严格的定义。

例如，美国广受欢迎的心理学期刊——《普通心理学评论》曾刊登了一项调查研究结果，其内容是对20世纪的心理学家的知名度进行评比。在评比之前，需要界定"20世纪的心理学家的内涵"。

一是"心理学家"的界定，并不是依据该学者是否曾经获得心理学或相关学位，而是根据该学者是否曾对心理学做出突出贡献。

二是"20世纪的心理学家"的界定，并不是依据心理学家的生理年龄界定的，而是

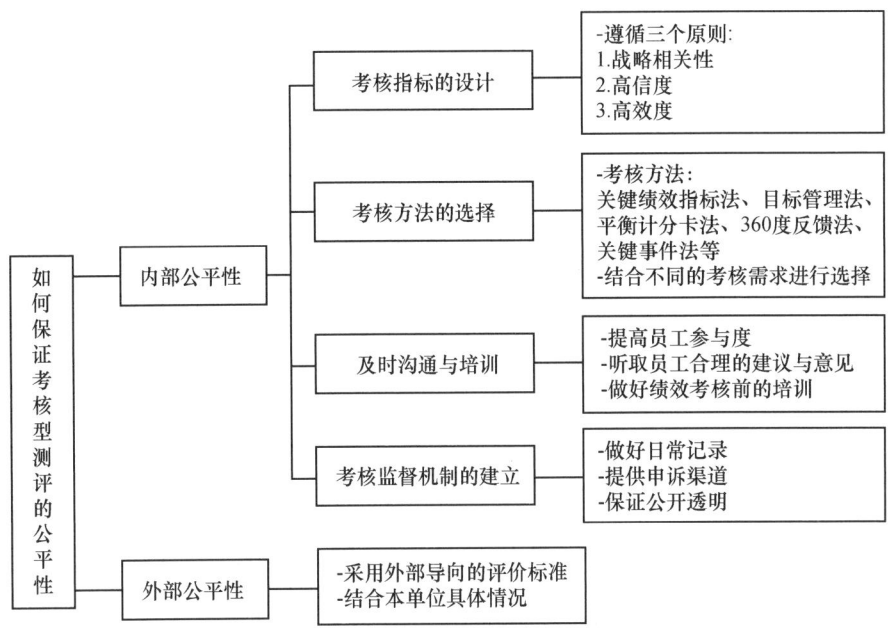

图 1-2　考核型测评公平性思考示意图

指该学者在 20 世纪至少有一项心理学方面的公开出版物。

2. 成立测评小组

成立测评小组，即建立领导班子，应包括组织的重要领导人，这是人事测评工作顺利进行的重要保证。测评小组中还应有具有测评理论与技术的专业人员参加。他们能具体负责人事测评中的技术工作，对如何科学进行人事测评加以专业水平的指导，这是进行人事测评不可缺少的基础性条件。

3. 制订测评实施方案

（1）确定被测者范围。

（2）设计和审查人事测评的指标和项目。

（3）编制或修订测评参照标准。

（4）选择测评方法，编制测评辅助工具。

（5）选择并培训测评人员。

二、实施阶段

1. 组织与动员

组织与动员的目的是让所有被测者明确测评的意义和目的，要求大家都能以积极配合的态度来参加测评，协助组织部门、人力资源管理部门做好对人员的管理。

动员可在不影响日常工作的前提下进行,先由测评领导小组的负责人向每位中层领导做动员,时间不要过长,要有鼓动性,然后再由中层领导回本部门进行动员。

组织与动员必须由各单位、各部门的领导亲自负责,以加强测评的权威性。

2. 选择测评时间与测评环境

测评时间:选择被测者工作状态正常的时段。

测评环境:适合被测者完成测评任务。

尽可能减少被测者受现场空间、温度、湿度、整洁度、照明、噪声等因素的影响。此外,还应注意营造良好的测评人文环境,即要保持整个测试阶段的气氛良好。

3. 操作测评

要注意保持测评的标准化,让每个被测者都在同等的条件下接受测评。保证测评标准化的一个普遍做法是在测评前向被测者宣讲测评指导语。5分钟之内的测评指导语可包括如下内容:人事测评的目的,正式测评前要做哪些预备工作,举例说明如何完成测评的项目,说明测评结果的处理和反馈安排。

三、分析与决策阶段

本阶段实质是撰写人事测评报告的阶段,其中人事测评报告中的测评结果,会有两类表达方式。第一类是数字或图表形式,利用测评结果的分值、得分率或百分比等数字形式,对被测者的某些特性进行数量描述;第二类是文字描述,在测评结果的统计基础上,对被测者的工作表现、能力等方面特性进行主观评价和文字描述,便于领导、组织、人力资源管理部门参阅。

人事测评报告也分为两类。第一类是个体报告,即给每一位被测者一份独立的个体测评报告,针对个体的测评目的提出相应的测评建议;第二类是团队报告,即按照所属部门要求或岗位特征或年龄特点,分群体给出的综合报告。

四、检验反馈阶段

此阶段是对已实施的人事测评方案进行效果评估的阶段,这是同人力资源管理四阶段理论一致之处。本阶段主要任务就是查漏补缺,例如,明确人事测评方案在实施过程中存在的问题,如何改进?不同指标的测评工具或测评方法,其信度与效度如何?显然,准确性不高的测评工具需要及时修正,如能找到可替代的测评工具,则应果断弃用该测评工具。

为了有效评价人事测评方案的有效性需要进行如下工作:

(1) 跟踪、收集被测者的工作绩效资料；

(2) 分析测评结果和工作绩效之间的一致性，判断测评的预测效度或同时效度（相关分析）；

(3) 分析不同评价主体测评结果的可靠性（信度估计）；

(4) 分析不同评价主体测评结果的一致性（相容效度）；

(5) 比较不同评价主体测评结果的预测效度；

(6) 了解和收集测评后员工对测评工作的态度信息，如满意度。

【本章小结】

虽然我国劳动力资源丰富，但高级人才资源却存在严重短缺，因此，人事测评对我国人力资源开发和利用有着更加重要的意义。通过人事测评，不仅有利于用人单位的人才盘点、提升企业管理效率，而且还可为用人单位招聘、选拔、晋升、考核和培养各类人才提供科学的依据，帮助人才清楚知道自己不可替代价值主要表现在哪些方面，为人才职业生涯发展提供科学的指导。人事测评技术是科学与经验的有机结合，其技术主线是对测评对象特征的发掘技术。

【关键概念】

素质　测评　人事测评

【复习思考题】

1. 简述人事测评的内涵。
2. 为什么人事测评人员需要培训与筛选？

【课后案例】某跨国公司的招聘与选拔

CR 公司是一家大型跨国企业，是研发、生产、销售三位一体的实体企业。因企业发展需要，要招聘一名大区经理和两名技术主管。如何识别适合本企业发展的管理和技术方面的人才呢？以往的实践经验证明，知识、经历和技术应该不是问题，人才未能发挥预期作用的原因更多的是其个性等综合素质不适合本企业的工作。而人事测评恰好可以解决这样的问题。于是，CR 公司请来一家咨询公司进行专业的人事测评。

咨询公司首先考虑了这样一个问题：在目前情况下，该公司最需要什么样的人才？经过深入细致的调查，确立了不同岗位的选人标准。其次，针对这项标准，选择并开发测评工具。其中,"纸笔测验"包括"能力测验""MBTI 行为风格测验""兴趣测验""企业文化测验"和"动力测验",用来考察应聘者的基本能力素质、发展潜力及其心理素质、行为风格和在日常工作中的偏向等;"评价中心技术"为无领导小组讨论,用来考察应聘者分析处理问题的能力、口头表达能力、人际沟通意识与能力等;"结构化面谈"用来考察应聘者的经营观念和组织管理意识,并深入考察其人际沟通意识与能力。

整个测试分为三个单元,用两天时间开展。其中:"纸笔测验"用半天时间,无领导小组讨论用半天时间,经过这两轮筛选,从 11 名候选人中确定 8 名人选后,再进行"结构化面谈",历时一天。最后,咨询公司提供了详细的选拔评价报告,评价 11 名候选人的差距、优势和不足,并针对大区经理和技术主管两个岗位进行选择性排序,对其中的 3 名候选人提出推荐意见。

根据咨询公司的选拔评价报告,CR 公司领导班子进行了认真分析和讨论,一致认为评价非常科学并有说服力,欣然采纳了咨询公司的建议。CR 公司还高兴地发现,报告不仅对候选人进行了选拔和评价,还为将来如何使用他们、如何让他们在岗位上更好地发展提供了良好的建议。

请问:案例中的人事测评可以归属为哪几种类型?结合上述案例讨论人事测评对人力资源管理工作的意义。

资料来源:www.hroot.com/d-987212.hr

第二章　人事测评技术现状与认知度调查

● **学习目标**

通过本章的学习，对21世纪我国企业应用人事测评技术现状有一般了解；通过大学生对人事测评技术课程的认知度调查，有助于改善课程学习效果；初步了解网上测评基本内容。

【课前阅读】人事测评对人力资源管理的作用

商业社会的激烈竞争和种种挑战，实质是知识和智力的竞争，即人才的竞争。人才的甄别、培养工作是需要组织全力投入的。然而如推荐、个人总结、领导观察评定等传统的人才评定方式多基于少数人的个人经验判断，其主观评价难以被量化，无法形成一个科学、客观的评估标准。

人事测评工具可以在招聘、企业内部培训、人才盘点等方面发挥作用。在招聘方面，能够帮助HR（Human Resource）提高面试效率，降低招到不合适人选的概率，提高企业内部的人岗匹配度；在企业内部培训方面，能够避免为了培训而培训，使用测评工具之后，我们能够明确知晓员工的需求，从需求出发，将培训切实落地并完美实现；在人才盘点方面，能够统一HR与各部门的意见，形成人才盘点的统一标准。

测评对于企业的发展有如下多重意义：（1）人才是竞争力的基础，而测评、合理的人才评估则是人才能力充分发挥的保障；（2）测评可以帮助用人者科学、客观、有效地选拔人才，发掘人才的潜力并培养之；（3）测评可以使不同类型的人才在最相宜的岗位上各尽其才，减少人才损耗；（4）测评可以为各类组织建立一套系统而严格的量才甄选制度，制度化才可以真正摒弃主观臆测；（5）测评可以通过科学、全面、客观、有效的考核，帮助企业建立更公平合理的人才管理机制；（6）测评可以帮助企业了解人才的兴趣、个性等特点，辅助提高企业凝聚力和工作效率，增强企业的团结协作及竞争力；（7）测评能为组织的人力资源计划和企业形象设计提供客观的参考信息。

资料来源：作者根据古迪洛克平台的运营相关资料整理。

第一节　我国人事测评技术现状分析

随着中国人力资源管理向科学化、精细化、规范化方向纵深发展，企业管理者对人事测评的认识逐步深入，人事测评已成为企业战略落地的重要工具。人事测评行业经过30多年的发展，已经颇具规模。在智能时代背景下，越来越多的企业使用人事测评技术挖掘员工的能力和发展潜力，从而打造高效能的人才队伍。

由第一资源发起的2018年中国人才测评排行榜，按照六个指标，即品牌力（机构对外界的吸引力，是知名度、美誉度和诚信度的有机统一）20%，营收能力（机构的盈利模式和盈利能力）30%，服务品质（客户企业对机构的满意度和忠诚度）10%，发展潜力（机构拥有持续发展的潜在能力，同时拥有独特的竞争力）20%，运营能力（机构基于外部市场环境的约束，通过内部资源配置对财务目标实现所产生的作用大小）10%，规模（按标准和规定划分的企业规模）10%，评选的2018年中国人事测评公司排位靠前的公司（排名按字母排序）有：班库、北京北森云计算股份有限公司（北森）、倍智、CEB、DDI（智睿咨询）、得信咨询、海问联合、IBM（国际商业机器公司）、肯耐珂萨、马丁森集团、诺姆四达集团、PDP CHINA（知人善任管理咨询公司）、前程无忧—智鼎在线、智联测评。

同时，人事测评服务发展越来越凸显"六化"趋势。

第一，本土化。人事测评服务起源于西方，目前的主流、前沿性研究也在西方。我国人事测评服务的理论和实践虽然以学习、借鉴西方为主，但学习、借鉴不等于照搬、照抄，还要考虑中国的实际情况，创造性地将西方人事测评服务的前沿知识、技术和中国的实际情况结合，解决中国的具体问题，从而实现人事测评服务的本土化，这才是中国人事测评服务从业者应有的责任和使命。

第二，规模化。人事测评服务的准入门槛、服务质量要求相对较高，导致很多企业很难进入人事测评领域，即便进入也很难生存下去。从业企业数量有限，规模较大，行业集中度加剧趋势明显。以我国人事测评服务市场为例，目前，北森和诺姆四达集团两家企业已成为行业佼佼者，占据了市场相当一部分人事测评服务的份额。

第三，网络化。基于互联网的在线测评服务是人事测评服务的有效解决方案，将成为未来人事测评实践的重要选择。在线测评系统带来的效率和成本优势显而易见，为线下测评所不能比及。在线测评服务将越来越走向普遍化，有影响力的在线测评品牌和有影响力的测评软件将会大量出现。

第四，个性化。对组织和个人而言，人事测评服务的需求是多元的、差异的，不可能千篇一律。能够满足个性化需求的人事测评服务方案将更加受到欢迎。个性化的产品是人事测评服务提供商市场竞争的制胜法宝，也是人事测评服务提供商的研发策略。

第五，专业化。人事测评是一门专业学科，也是一种专业技术。从事人事测评服务工作，要求从业人员具备相应的专业知识、专业能力和职业道德。从方案设计到数据采集和分析再到报告出具和讲解，都对从业人员扎实的理论基础、丰富的实践经验提出了考验。当前我国人事测评服务从业人员素质有待提高，结构也不合理，培养专业人才，提升从业人员整体素质已势在必行。

第六，规范化。人事测评服务在我国处于起步阶段，市场并不成熟，从业企业良莠不齐。政府和行业协会在规范人力测评服务方面不应该缺位。完善政府的监督机制，加强行业协会的自律作用成为促进人事测评服务规范化发展的必然要求。

一、人事测评技术的应用现状与未来

作为国内知名人事测评研究机构，诺姆四达集团多次联合相关行业机构发布中国人事测评实践应用相关的报告或白皮书，积极推动现代人事测评在中国的发展与应用。

2012年年底至2013年上半年，诺姆四达集团再次联合北京人力资源服务行业协会、上海人才服务行业协会、湖北省人力资源服务行业协会、上海市心理学会人力资源管理专业委员会、深圳市人力资源服务协会对人事测评在我国人力资源管理中的应用现状、应用范围和实践效果等进行了抽样调查，以了解人事测评在企业中的实际应用情况、发挥的功能与作用，并对人事测评的未来发展进行分析预测。

1. 参与调查的企业和人员情况

此次调查通过邮件、电话、网络、现场采访等方式进行信息搜集，通过严格的筛选，最终获得有效问卷192份，涉及参与企业192家。同时为了保证数据的可靠性和权威性，在选择问卷发放对象时，要求必须是企业人力资源管理部门中负责人才招聘选拔、考核评价的人员，并尽可能由主管及以上职位人员填写。

参与本次调查的企业主要集中在华北、华东、华南地区，其中超过1/4（25.5%）的参与企业来自华东地区。超过半数（66.7%）的参与企业为民营企业，国有企业和外资企业分别占9.9%和13.0%（见图2-1）。

参与本次调查的企业分散在不同的行业。企业数量排在前三位的分别是汽车/加工制

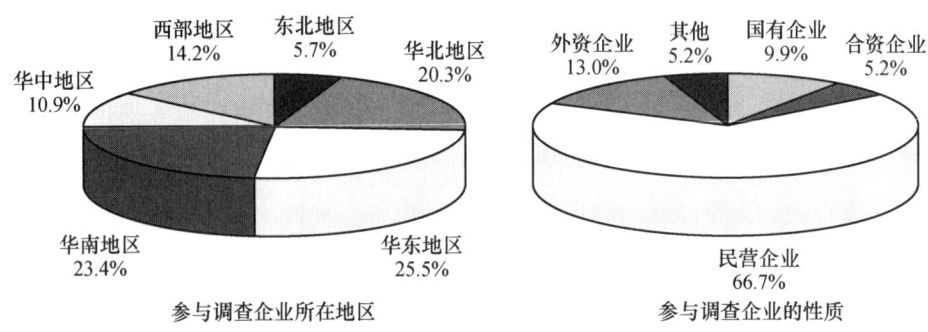

图2-1 参与调查企业的地区分布和性质情况

造/仪表设备行业（20.3%）、房产/建筑建设/物业行业（13.5%）、IT/互联网/通信/电子行业（13.0%），如图2-2所示。

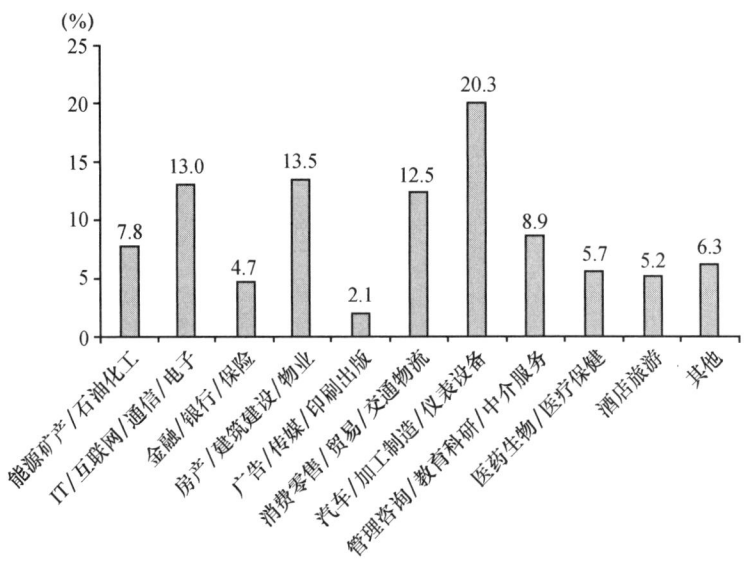

图2-2 参与调查企业的行业分布情况

参与本次调查的企业规模不同，规模为100～500人（37.0%）、50人以下（15.6%）、1 000～3 000人（12.5%）、50～100人（12.5%）的企业数量较多（见图2-3）。

参与本次调查的人员都来自人力资源管理部门，其中人力资源管理部门主管及以上职位人员为145人，占参与总人数的75.4%，确保了数据的可靠性和权威性（见图2-4）。

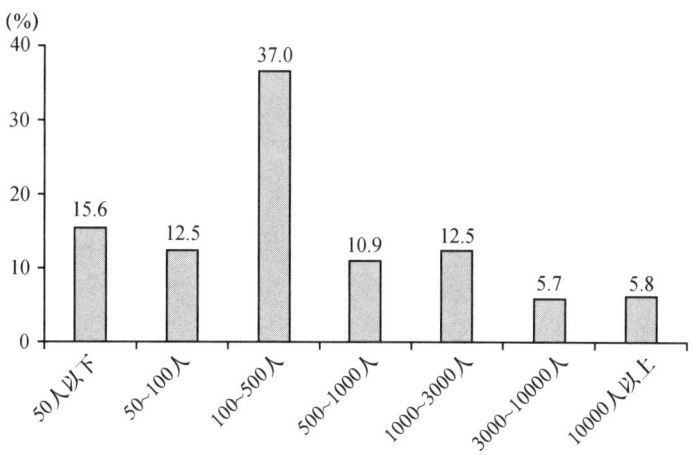

图 2-3　参与调查企业的规模情况

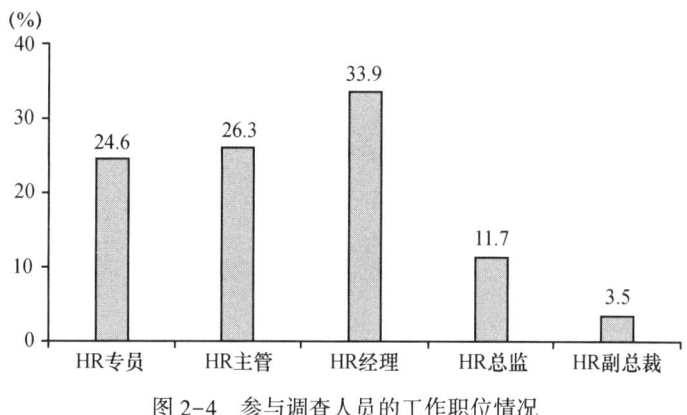

图 2-4　参与调查人员的工作职位情况

2. 人事测评在企业中的应用现状

（1）企业在人事测评上的投入。参与本次调查的企业中，45.3%的企业使用过专业的人事测评技术。虽然有54.7%的企业还未使用过专业的人事测评技术，但其中72.4%的企业表示已有使用人事测评技术的计划。而在已经使用过人事测评技术的企业中，92.1%的企业表示将继续使用人事测评技术（见图2-5）。

与2011年相比，2012年尚未使用过人事测评技术的企业，对人事测评技术缺乏了解（57.0%）、使用人事测评技术的成本较高（54.4%）、公司内部缺乏专业人员（43.6%），以及专业的人事测评活动组织难度大（33.6%）仍是阻碍其使用的主要原因（见表2-1）。

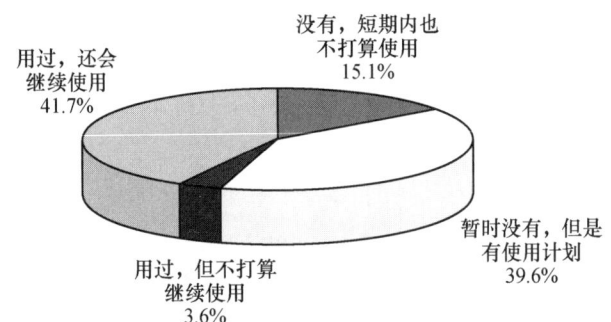

图 2-5 参与调查企业的人事测评技术使用情况

表 2-1　2011—2012 年参与调查企业没有使用过专业人事测评技术原因的对比

原因	2011 年各原因占比（%）	2011 年各原因排序	2012 年各原因占比（%）	2012 年各原因排序
对人事测评技术缺乏了解	47.3	2	57.0	1
使用人事测评技术的成本较高	49.5	1	54.4	2
公司内部缺乏专业人员	31.9	3	43.6	3
专业的人事测评活动组织难度大	31.4	4	33.6	4
领导和员工对人事测评的接受度低	27.7	5	30.2	5
公司目前没有使用人事测评技术的需要	24.5	6	20.8	6
对人事测评技术的有效性持怀疑态度	21.8	7	20.1	7
受经济形势影响，削减预算	—	—	20.1	8
对第三方人才测评服务机构缺乏信任	13.3	8	15.4	9
其他	4.3	9	1.3	10

145 位企业人力资源部门主管及以上职位人员认为，现在国内企业中 HR 人员对人事测评技术比较了解或非常了解的仅占 8.9%，不太了解或非常不了解的却占到了 58.9%，这也进一步验证了国内企业对人事测评技术缺乏了解（见图 2-6）。

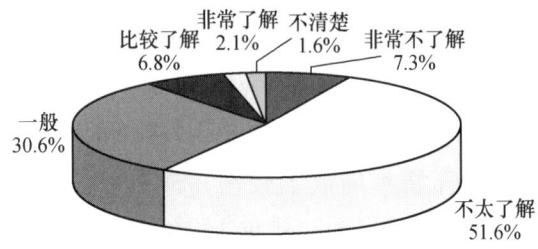

图 2-6　145 位企业人力资源部门主管及以上职位人员对人事测评技术的了解情况

对于那些已经使用过人事测评技术的企业，75.9% 的企业年均资金投入不足 10 万元，七成以上（74.3%）的企业使用人事测评技术的人数在100人以下。这与此次参与调查的企业规模有关（见图2-7）。

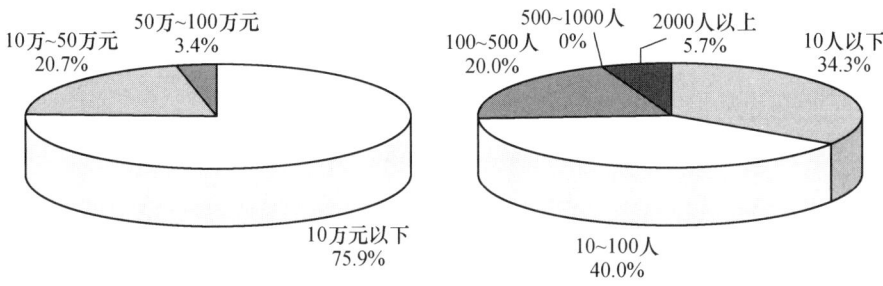

图2-7 参与调查企业（已使用人事测评技术）的人事测评资金投入及测评人数

在对145位企业人力资源管理部门主管及以上职位人员进行的调查中，40.6%的人员认为国内企业对人事测评的投入偏少，50%的人员认为投入远远不够（见图2-8）。

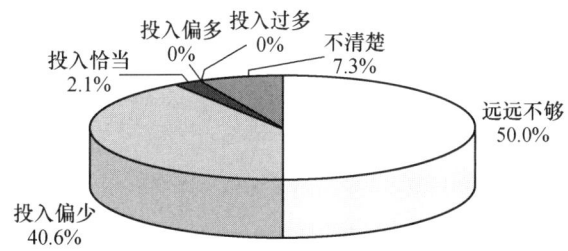

图2-8 参与调查企业（主管及以上职位人员）对人事测评资金投入情况的看法

（2）企业使用人事测评技术的目的。参与调查的企业使用人事测评技术主要用于社会招聘（79.1%）、校园招聘（51.2%）、内部后备人才选拔（51.2%）、领导力评估与发展（51.2%）以及内部晋升竞聘（46.5%）。虽然人事测评技术可以运用于人才管理的选、用、育、留各个方面，但与2011年相似，2012年人事测评技术在企业中仍然主要应用于人才的招聘选拔过程中（见表2-2）。

表2-2 2011年与2012年参与调查企业使用专业人事测评技术目的的对比

目的	2011年各目的占比（%）	2011年各目的排序	2012年各目的占比（%）	2012年各目的排序
社会招聘	64.6	1	79.1	1
校园招聘	50.8	4	51.2	2
内部后备人才选拔	54.6	2	51.2	3
领导力评估与发展	53.8	3	51.2	4
内部晋升竞聘	45.4	5	46.5	5

续表

目的	2011年各目的占比（%）	2011年各目的排序	2012年各目的占比（%）	2012年各目的排序
绩效考核	23.1	7	41.9	6
员工素质盘点	30.8	6	34.9	7
员工职业生涯管理	22.3	8	30.2	8
培训需求诊断	17.7	9	16.3	9
其他	1.5	10	2.3	10

同时，26.5%的参与调查企业使用人事测评技术进行招聘的人数比例超过50%（见图2-9）。

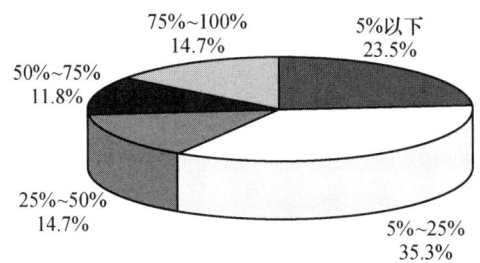

图2-9 参与调查企业招聘时使用人事测评技术的情况

在对145位企业人力资源管理部门主管及以上职位人员进行的调查中，将近74.5%的人员认为目前人事测评技术在企业人才招聘与任用的过程中得到了较好的应用，紧随其后的为内部晋升选拔（69.3%）和后备人才队伍建设（57.8%）。这与2011年人事测评技术的应用情况基本相同（见表2-3）。

表2-3　2011年与2012年人事测评技术得到较好应用的人力资源管理模块的对比

人力资源管理模块	2011年各模块占比（%）	2011年各模块排序	2012年各模块占比（%）	2012年各模块排序
招聘与任用	79.0	1	74.5	1
内部晋升选拔	62.1	2	69.3	2
后备人才队伍建设	53.3	3	57.8	3
员工职业生涯管理	37.9	5	46.9	4
培训与发展	44.1	4	39.6	5
人力资源规划	33.8	6	35.9	6
绩效管理	32.8	7	28.1	7
薪酬与福利	17.4	8	22.4	8
其他	—	—	1.0	9

企业使用人事测评技术主要针对的对象为中层管理人员（65.1%）、专业技术人员（58.1%）和高层管理人员（53.5%），普通员工的使用率最低（20.9%）。相比于2011年，2012年人事测评技术针对专业技术人员和高层管理人员的使用率增加，这与企业对专业技术人员的重视程度以及对领导力的关注程度增加有关（见表2-4）。

表2-4　2011年与2012年参与调查企业使用人事测评技术针对对象的对比

针对对象	2011年针对对象的使用频率（%）	2011年针对对象的排序	2012年针对对象的使用频率（%）	2012年针对对象的排序
中层管理人员	71.8	1	65.1	1
专业技术人员	42.0	4	58.1	2
高层管理人员	40.5	5	53.5	3
应聘人员	57.3	2	51.2	4
基层管理人员	47.3	3	48.8	5
普通员工	21.4	6	20.9	6
其他	—	—	0	7

（3）企业中人事测评活动的实施主体。超过半数的参与调查企业（58.2%）采用企业内部人员作为人事测评活动实施主体，采用国内第三方测评机构的企业为39.5%，采用国外第三方测评机构的企业为2.3%（见图2-10）。

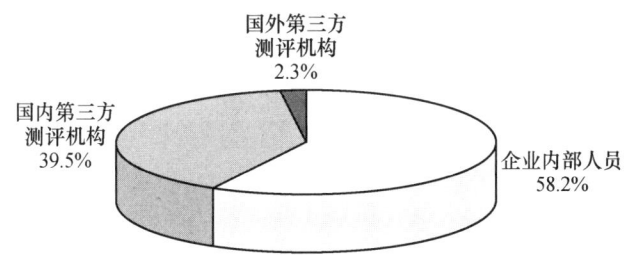

图2-10　参与调查的企业人事测评活动的实施主体

参与调查企业大都采用内部人员主持实施人事测评活动的主要原因，是内部人员对企业和岗位的实际情况更熟悉和了解（80.0%）、内部测评的成本较低（64.0%）以及内部组织和操作更为方便可控（44.0%）。仅有4.0%的参与调查企业对外部（第三方测评机构）的专业度表示怀疑，从侧面肯定了第三方测评机构的专业度。这与2011年企业采用内部人员主持实施人事测评活动的原因基本相似（见表2-5）。

参与调查企业采用第三方测评机构主持实施人事测评活动的主要原因，是第三方测评机构有成熟的软件平台，易于操作（66.7%）；第三方测评机构更客观和公正（66.7%）；第三方测评机构专业能力更强（55.6%）（见图2-11）。

表2-5 2011年与2012年参与调查企业采用内部人员主持实施人事测评活动原因的对比

原因	2011年各原因所占比例（%）	2011年各原因排序	2012年各原因所占比例（%）	2012年各原因排序
内部人员对企业和岗位的实际情况更熟悉和了解	80.6	1	80.0	1
内部测评的成本较低	59.2	2	64.0	2
内部组织和操作更为方便可控	50.0	3	44.0	3
内部人员可以胜任，不需要外部专家的支持	25.5	4	36.0	4
出于保护企业人力资源信息机密的考虑	20.4	7	36.0	5
内部组织和操作员工更容易接受	25.5	5	24.0	6
企业设有专门的内部测评中心或类似机构	23.5	6	16.0	7
对外部（第三方测评机构）的专业度表示怀疑	6.1	8	4.0	8
其他	1.0	9	0	9

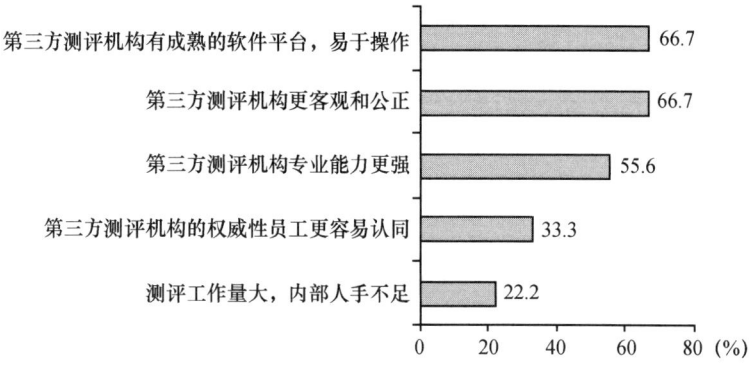

图2-11 参与调查企业采用第三方测评机构实施人事测评活动的原因分析

参与调查企业采用国内第三方测评机构主持实施人事测评活动的主要原因，是相比国外测评机构，国内测评机构更了解中国企业和中国员工的特点（58.8%）、国内的测评机构成本较低（52.9%）以及国内测评机构比较容易沟通（35.3%）（见图2-12）。

在对145位企业人力资源管理部门主管及以上职位人员进行的调查中发现，专业能力、人员资质、项目经验（87.5%），以及产品与服务价格（68.2%）是影响企业选择第三方测评机构的重要因素（见图2-13）。

（4）企业进行人事测评的内容。大多数参与调查的企业进行人事测评时都会涉及潜能（81.4%）、价值观（81.4%）、技能（76.7%）和知识（67.4%）测评的内容。但从关注程度来看，潜能、技能、知识、价值观依然是企业最为关注的测评内容（见图2-14）。

（5）企业使用人事测评的方法/工具。大多数参与调查的企业都会使用结构化面试

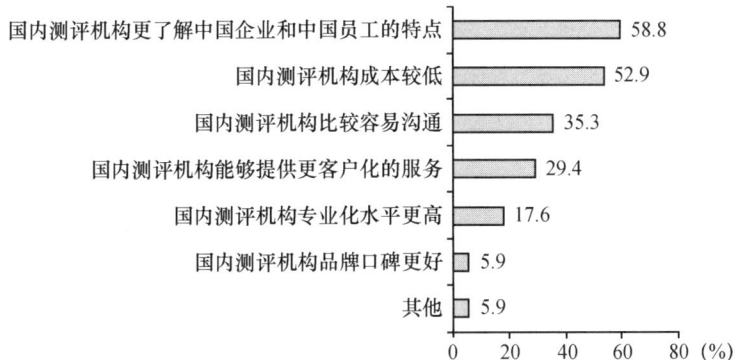

图 2-12　参与调查企业采用国内第三方测评机构实施人事测评活动的原因分析

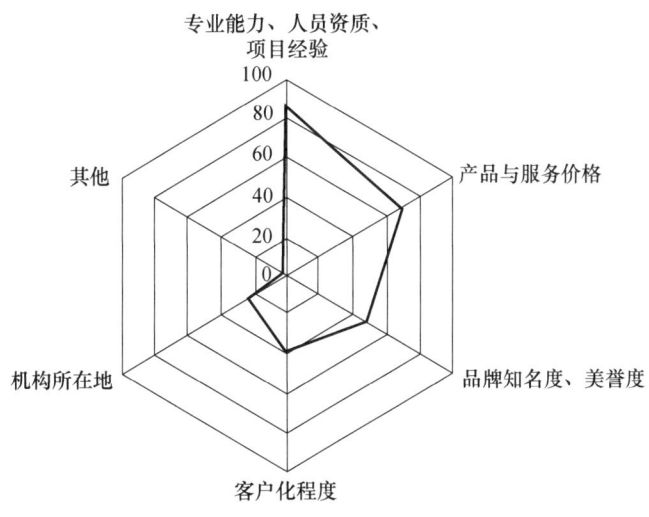

图 2-13　影响参与调查企业选择第三方测评机构的重要因素分析

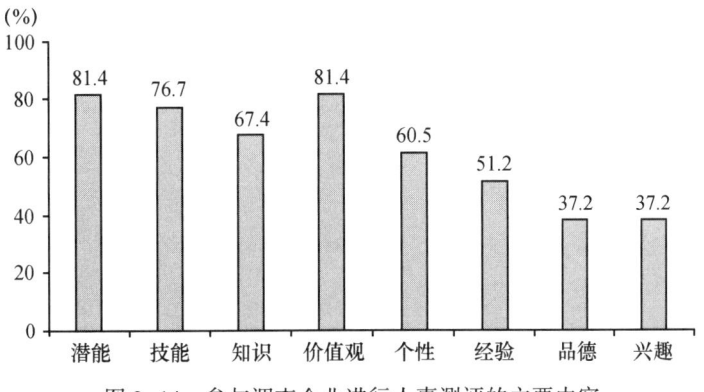

图 2-14　参与调查企业进行人事测评的主要内容

（79.1%）、心理测验（79.1%）和笔试（74.4%）的测评方法。但从使用频率来看，参与调查企业使用最多的测评方法为笔试，其次是结构化面试，心理测验排在第三位（见图2-15）。

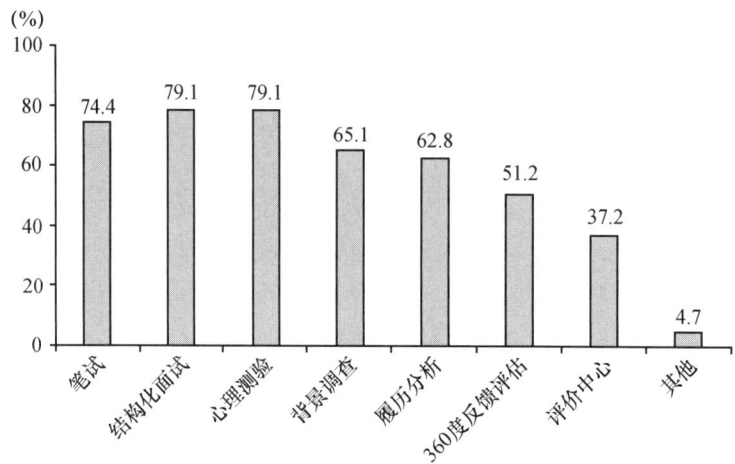

图2-15 参与调查企业使用的主要人事测评方法

（6）企业使用人事测评的效果。超过半数的参与调查企业认为，人事测评提高了企业内部的人岗匹配度（74.4%）、进一步明确和规范了企业的用人标准（62.8%）、提高了外部招聘的效果（51.2%）、使内部人才选拔更为科学和公平（51.2%）。与2011年相比，人事测评对提高培训工作针对性的作用获得了更多企业的认可（见表2-6）。

表2-6　2011年与2012年参与调查企业使用人事测评效果的对比

企业使用人才测评技术取得的效果	2011年各效果所占比例（%）	2011年各效果排序	2012年各效果所占比例（%）	2012年各效果排序
提高了企业内部的人岗匹配度	61.2	2	74.4	1
进一步明确和规范了企业的用人标准	62.8	1	62.8	2
提高了外部招聘的效果	52.7	3	51.2	3
使内部人才选拔更为科学和公平	51.9	4	51.2	4
有效提高了培训工作的针对性	34.9	10	39.5	5
帮助直线领导更好地了解员工的能力和素质特点	48.8	5	37.2	6
提高了后备人才队伍建设的规范性	41.9	7	32.6	7
帮助HR部门摸清了公司的人才素质特点	48.1	6	32.6	8
帮助员工更为准确地了解自身的优缺点	41.9	8	32.6	9
提高了绩效评估工作的全面性和有效性	27.9	11	30.2	10
为员工的职业生涯发展提供了指导	39.5	9	25.6	11
其他	0.8	12	0	12

在绝大多数参与调查企业中,通过人事测评入选的人员的实际绩效高于未经过人事测评入选的人员。其中,30.2%的企业表示通过人事测评入选的人员实际绩效明显高于未通过人事测评入选的人员(见图2-16)。

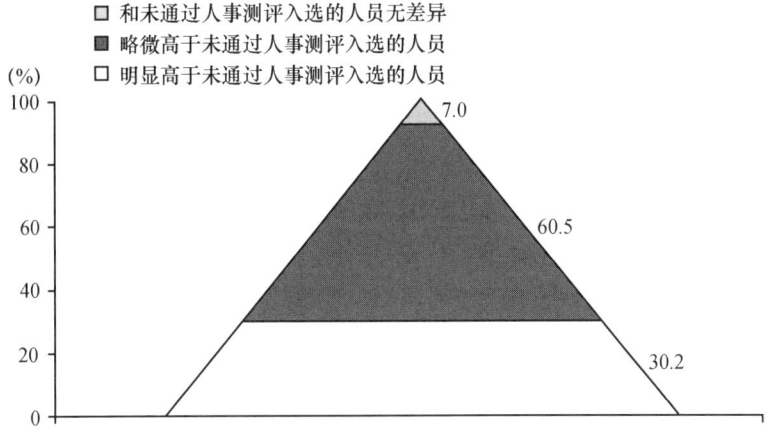

图2-16　参与调查企业使用人事测评对实际绩效的影响

注：2.3%未计入的是绩效低于未通过人事测评入选的人员。

超过半数的参与调查企业(55.8%)表示通过人事测评入选的人员的离职率低于未通过人事测评入选的人员,23.3%的企业表示通过人事测评入选的人员与未通过人事测评入选的人员离职率无显著差异(见图2-17)。

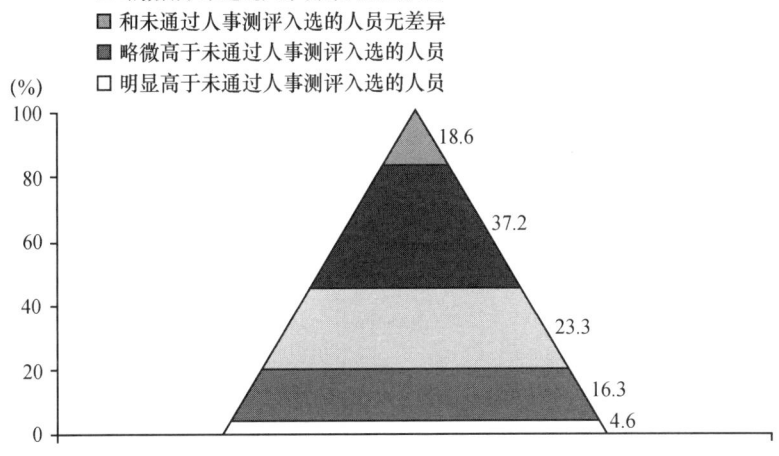

图2-17　参与调查企业使用人事测评对人员离职率的影响

67.5%的参与调查企业表示通过人事测评入选的人员的晋升速度高于未通过人事测评

入选的人员（见图2-18）。

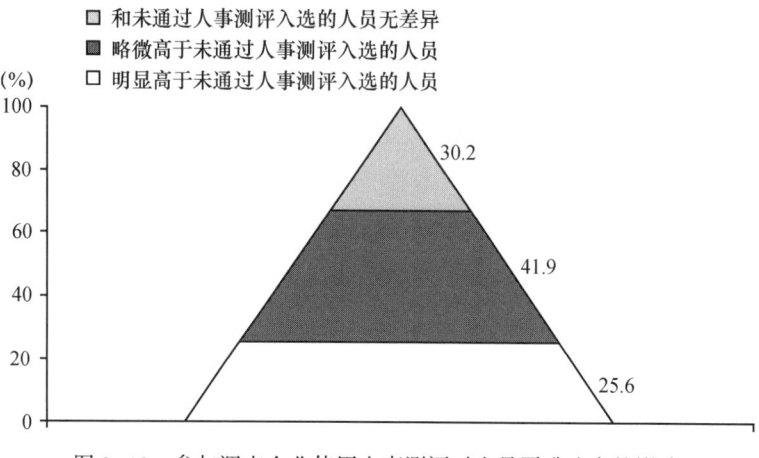

图2-18 参与调查企业使用人事测评对人员晋升速度的影响

3. 人事测评技术的未来发展趋势

虽然人事测评技术的成本负担以及对人事测评技术缺乏了解阻碍了部分企业使用人事测评技术，但是人事测评技术的显著效果以及日益激烈的人才竞争环境，仍然使众多业内人士看到了人事测评技术未来发展的良好前景。

虽然目前人事测评技术在企业中还主要应用于人才的招聘和选拔环节，但超过八成（81.3%）的企业人力资源管理部门主管及以上职位人员认为在未来，人事测评技术在原有的基础上会逐步扩展到人力资源管理的其他领域，有46.4%的人员甚至认为人事测评技术将全面贯穿于人力资源管理的各个环节，成为企业发展的"战略伙伴"（见图2-19）。

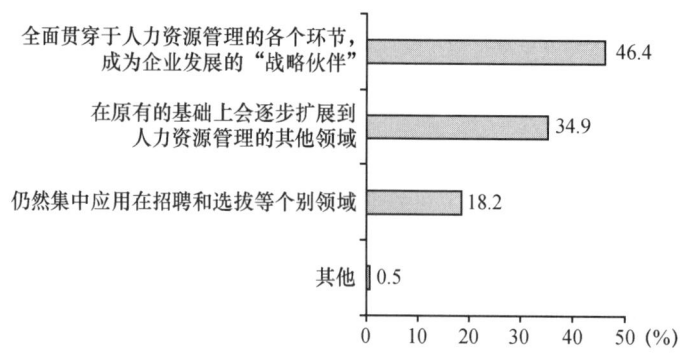

图2-19 人事测评技术未来应用前景分析

虽然企业内部人员主持实施人事测评活动能降低测评的成本，并且内部人员对企业和岗位的实际情况更熟悉和了解，使得组织和操作更为方便可控，但是第三方测评机构却有着无法比拟的专业能力以及客观公正的优势,因而63.5%的企业人力资源管理部门主管及以上职位人员认为未来在中国越来越多的企业会使用内部人员和第三方测评机构相结合的服务模式(见图2-20)。

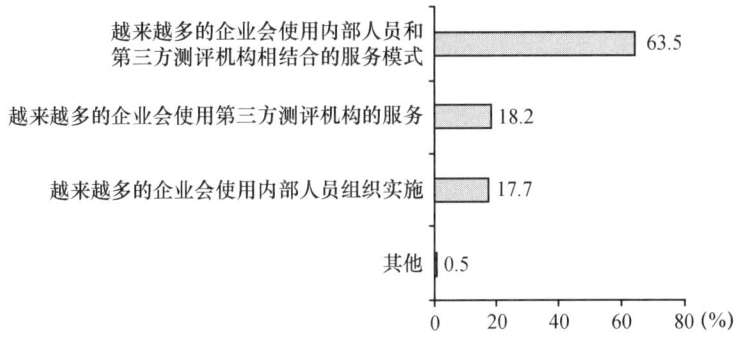

图2-20　未来主要的人事测评技术实施主体分析

相比国外测评机构,国内测评机构更了解中国企业和中国员工的特点,也更容易沟通。虽然测评成本高于企业内部人员实施测评,但相对于国外测评机构,仍有一定的成本优势。因而66.7%的企业人力资源管理部门主管及以上职位人员认为未来中国企业在选择测评机构时,国内测评机构将得到越来越多的青睐(见图2-21)。

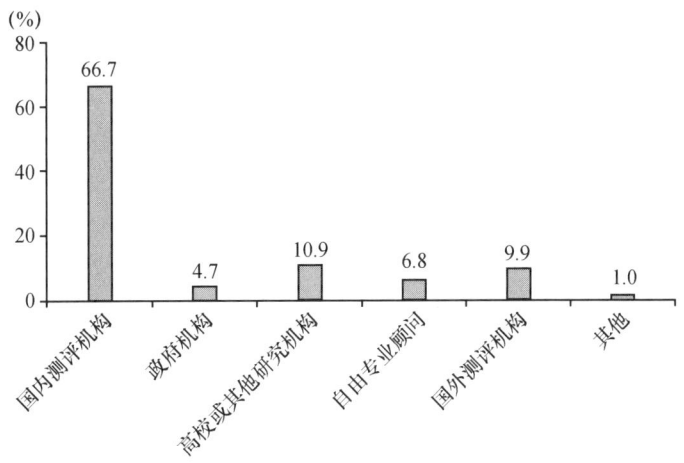

图2-21　未来中国企业选择人事测评活动实施机构情况分析

对于中国未来人事测评行业的发展趋势,超过半数的企业人力资源管理部门主管及以上职位人员认为,人事测评的工具将越来越丰富,技术和产品将越来越成熟(66.7%);企业管理者及HR对人事测评的认识将越来越深入(59.4%);企业员工对人事测评的接受度将越来越高(51.0%);第三方人事测评机构将越来越多,服务将越来越专业（51.0%）；人事测评将成为企业战略管理的重要工具，成为不可或缺的环节（50.0%）（见图2-22）。

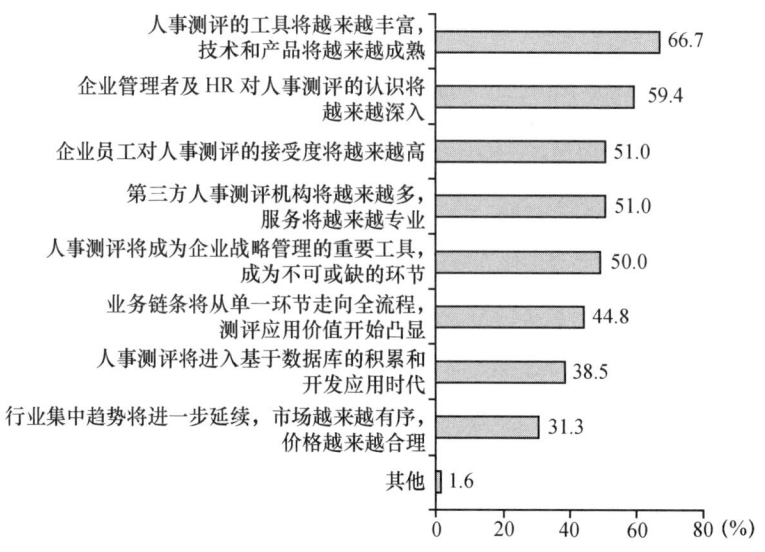

图2-22 未来中国人事测评行业的发展趋势分析

二、大学生对人事测评技术课程的认知与学习分析

2015年4月20日至5月10日，针对学过人事测评、素质测评、人力资源测评、人事测评技术等课程的大学生，笔者组织了认知度与学习态度问卷调查，共有来自167所中国高校、1 733名本科生（有效问卷1 499份）参与调查。

1. "设计并检验调查问卷"是人事测评核心应用技术

图2-23展示的是参与调查的大学生，对于人事测评技术应用范围的选择频数。我们发现，有77%的大学生认同这一课程应用范围，核心就是"设计并检验调查问卷"；78%的大学生不认同掌握人事测评技术理论与方法，能够应对公务员考试（如无领导小组讨论）。同时，我们还可以看出教师在给大学生讲授人事测评技术课程的核心内容时主要围绕"设计并检验调查问卷"及"计算测评指标权重"方面，其后应是测评指标的筛选与经典心理测验量表的应用。

2. 人事测评技术的理论、技术与应用价值认知

笔者收集了大学生学习人事测评课程后的一些普遍认识，将此作为对本门课程理解的一般描述，通过项目分析与因子分析，得出由11个条目构成的人事测评理论认知、技术认知、应用价值认知维度数据。表2-7中的加权平均数则是，先计算出对每一个条目

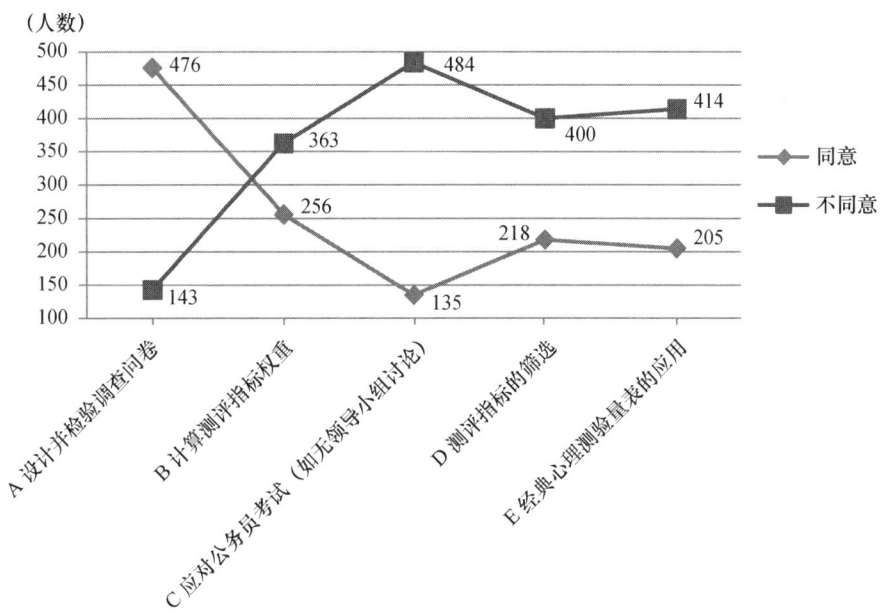

图 2-23 大学生对人事测评技术应用范围认同对比图

持"非常赞成、比较赞成、一般赞成、比较反对、非常反对"观点人数占参评样本的百分比，再依此顺序分别乘以 5、4、3、2、1，并求和。

表 2-7　　　　　　　　　　人事测评技术课程认知度调查表

项目	内容	加权平均数
理论认知	（1）人事测评可为人事决策提供一些参考信息，但不能取代用人决策	4.086
	（2）人事测评能够实现人力资源的优化配置	4.037
	（3）人事测评更重视采取综合、动态、自然的方式进行考核和选拔	4.14
	（4）人事测评技术是心理测量学与人力资源管理学的交叉课程	4.058
	（5）人事测评的具体内容、措施和标准因需而变，具有动态性	4.041
	（6）人事测评是心理测量技术在人事管理领域的应用	3.928
技术认知	（7）人事测评方法就是招聘选才时使用的，如笔试、结构化面试、心理测验、无领导小组讨论等	3.413
	（8）人事测评技术核心就是问卷设计技术与问卷质量的检验技术	3.356
	（9）学好人事测评技术，针对任何抽象概念，都可以设计出适宜的测评题目	3.442
应用价值认知	（10）即使不从事人事工作，我觉得学习人事测评也是有用的	2.603
	（11）人事测评在实际生活中用处不大，不用这些测评技术，企业照样能很好地发展	2.4

调查发现，大学生对人事测评理论认知度持高度赞成态度；在技术认知中出现中庸

态度;因为应用价值条目中有反向题,所以在正向理解时,认为人事测评技术的学习对个人与企业有用论的加权平均数分别是 3.364、3.321。

3. 课程学习态度测量分析

(1) 有效测量题目的筛选。关于大学生课堂学习态度的测量题目共 21 道,经过项目分析,最终保留 15 道测量题目,KMO(Kaiser-Meyer-Olkin)值达到 0.923,可解释的变异量达到 62.4%。

表 2-8 展示通过因子分析,得到三个公因子,即第一个公因子由第①、②、④、⑨、⑯、⑲题组成,围绕"学习人事测评的动机与兴趣"展开,用"学习动力"(Learning Motivation)的第一个大写英文字母 LM 表示;第二个公因子由第⑤、⑧、⑪、⑭、⑮、⑳题组成,围绕"现实中学习人事测评时的倦怠感与无趣感"展开,用"学习倦怠"(Learning Burnout)的第一个大写英文字母 LB 表示;第三个公因子由第⑬、⑰、㉑题组成,围绕"人事测评在实践中的应用价值"展开,用"应用价值"(Application Value)的第一个大写英文字母 AV 表示。

表 2-8　　　　　　　　　　学习态度测评量表旋转因子载荷表

学习态度测评量表题项描述	学习动力(LM)	学习倦怠(LB)	应用价值(AV)
⑨我有兴趣去学习更多的人事测评知识	0.773		
④我享受在学校学习人事测评技术的生活	0.748		
⑲我喜欢去探索人事测评的新方法	0.746		
⑯在求学期间,我会努力学习更多的人事测评知识	0.732		
①我认为人事测评是一门十分有趣的学科	0.695		
②我希望增强我的专业能力,学习更多的人事测评知识	0.623		
⑪学习人事测评时,我感到枯燥		0.766	
⑧我不太愿意上人事测评技术课或与此相关的课程		0.761	
⑮我认为人事测评是没用的		0.758	
⑭如果要我去深入学习人事测评,我会感到兴趣不大		0.743	
⑤除非必须,否则我可不想学更多的人事测评知识		0.692	
⑳我不喜欢经常去思考与人事测评相关的问题		0.691	
⑰我认同人事测评在公司选拔优秀人才上做出了重大贡献			0.761
⑬我认为学习人事测评技术对于公司选拔人才来说特别重要			0.747
㉑人事测评是人力资源管理专业中最重要的课程之一			0.721

提取方法:主成分分析。

旋转方法:极大方差正交旋转;旋转在 5 次迭代中收敛。

表2-9展示了学习态度测评量表与三大公因子构成的分量表的信度系数，显然是达到高信度，说明由此测评量表施测后所得结果是稳定的、可靠的，值得参考借鉴。

表2-9　　　　　　　　课程学习态度测评量表题目内在一致性分析

测评指标	测评标志	信度系数	
学习动力（LM）	①我认为人事测评是一门十分有趣的学科 ②我希望增强我的专业能力，学习更多的人事测评知识 ④我享受在学校学习人事测评技术的生活 ⑨我有兴趣去学习更多的人事测评知识 ⑯在求学期间，我会努力学习更多的人事测评知识 ⑲我喜欢去探索人事测评的新方法	0.876	0.900
学习倦怠（LB）	⑤除非必须，否则我可不想学更多的人事测评知识 ⑧我不太愿意上人事测评技术课或与此相关的课程 ⑪学习人事测评时，我感到枯燥 ⑭如果要我去深入学习人事测评，我会感到兴趣不大 ⑮我认为人事测评是没用的 ⑳我不喜欢经常去思考与人事测评相关的问题	0.862	
应用价值（AV）	⑬我认为学习人事测评技术对于公司选拔人才来说特别重要 ⑰我认同人事测评在公司选拔优秀人才上做出了重大贡献 ㉑人事测评是人力资源管理专业中最重要的课程之一	0.742	

（2）"课程应用价值"是影响大学生学习动力的主要因素。表2-10是大学生学习态度测评量表及其三大公因子构成的分量表的汇总，表中每题平均得分表示对于人事测评技术类课程的学习态度很符合大学生实际情况（完全符合=1，很符合=2，有些符合=3，很不符合=4，完全不符合=5）。对于讲授该类课程的教师而言，可以认真阅读15个题项所描述的现象，对比自己学生的学习状态，找到有效提高大学生"学习动力"的方法，让他们对于课程未来的"应用价值"有足够认识，最终再通过优化教学模式减少他们的"学习倦怠"情绪。

表2-10　　　　　　人事测评技术类课程大学生的学习态度量表汇总

量表/层面名称	代号	题项数	信度值	平均数	标准差	每题平均得分
学习态度测评量表		15	0.900	25.93	7.302	1.995
学习动力层面	LM	6	0.876	7.75	2.567	1.938
学习倦怠层面	LB	6	0.862	7.47	2.566	1.868
应用价值层面	AV	3	0.742	5.96	2.053	1.987

"应用价值"（此课程实际应用范围与作用）与"学习动力"（对此课程的理论学习

兴趣与学习意愿）正相关，并且"应用价值"平均每提升 1 单位水平，则"学习动力"要平均提升 1.245 单位（见模型一公式）；而当大学生在课堂上出现"学习倦怠" 1 个单位时，则"学习动力"平均下降 0.317 单位，不仅如此，"应用价值"的课堂效果也受到影响，影响"学习动力"水平比没有"学习倦怠"时平均下降 0.257 单位（见模型二公式）。

模型一公式：LM（学习动力）= 6.766+1.245AV（应用价值）

模型二公式：LM（学习动力）= 15.106+0.988AV（应用价值）-0.317LB（学习倦怠）

第二节　网络经济对我国人事测评技术的影响

网络经济的兴起是世纪之交足以改变整个人类历史进程的大事，它是指以经济全球化为背景，以现代电子信息技术为基础，以国际互联网为载体，以电子商务为主导，以中介服务为保障，以"知本家"[①]为核心，以不断创新为特点，实现信息、资金和物资不断流动，促进整个经济持续增长的全新的社会经济发展形态。与工业社会经济相比，网络经济具有高度智能化、高度创新性、高度交互性、高度开放性、网上网下一体化、组织和管理扁平化的显著特点，是支撑 21 世纪经济主体的新的经济行为。网络经济的兴起和发展，导致的直接结果之一就是全球化。全球化是当今世界发展的大趋势，使得要素的流动性极大加强，从而导致产品市场全球化、市场边界模糊化，形成真正意义上的相互依存。网络经济时代呼唤新型的人事测评技术——网上测评的出现。

一、网上测评的概念

网络经济信息化表现在人事测评领域，就是大量的人事测评网站的出现，也就是人员素质与能力测评流程的"e"化。换言之，网上测评就是一般人员素质与能力测评的理论与方法在计算机和网络中的实现。这一实现具有重大的现实意义：当信息技术取代人的操作时，它使测评任务或流程自动化；当信息技术拓展人的工作时，它使测评任务或流程信息化；当利用信息技术进行重组时，它使测评任务或流程发生根本变化。

无论是从设计过程、运作程序、数据的收集和处理、测评结果解释和解释的话语系统等外在方面进行比较，还是从测评的理论依据与技术基础等内在方面审视，不难看出，

[①] "知本家"是指以知识为本的人，这里的知识既指资本，也指根本、基本，"知本家"既包括企业家，也包括思想家。

相对于一般的人员素质与能力测评方法，网上测评方法并不是一种特定的测评方法，而是诸多人事测评技术在计算机上的再现。它能够实现对一般人员素质与能力测评方法的综合，并为之提供更广阔的施展舞台。

二、网上测评的优势与劣势

1. 网上测评的优势

（1）减弱经济因素制约。有些测评方法之所以被认为只适用于"高级人才"测评，不仅在于它的科学性、可靠性，而是出于一个很现实的考虑，即费用高。例如，评价中心技术集无领导小组讨论、文件筐、结构化面试等测评方法于一体，整个实施过程要耗费很多人力、物力和时间，且对实施方的要求很高。所以，经济因素决定了许多人事测评方法难以普遍实施，制约了其适用的范围。而网上测评则在某种程度上能够化解类似的窘况。网上测评系统由于具有强大的数据处理和情境模拟能力，能够模拟现实中的诸多测评方法，使测评能够随时随地大规模进行。而规模效应首先带来的就是测评经济成本和机会成本的降低。

（2）排除人为因素干扰。人员素质与能力测评的客观性、科学性，从某种程度上取决于测评方法的适当选择及正确运用。人事测评追求信度、效度的努力一直都在进行。如何在测评中最大限度地做到价值中立、过程客观、程序公平，是过去有关机构和专家苦苦探索的一个课题。不过，有些人为因素的干扰与方法本身无关，却与方法运作依托的技术平台相关。一个典型的例子是高考的判卷和录取，自实行计算机判卷和网上录取公示制度后，曾经"伤心的故事"就极少发生了。网上测评对许多测评方法的境界提升就表现在这里。它能够在事先充分考虑人为因素的干扰，采取技术手段予以屏蔽和排除，并"逼迫"整个测评的理念与制度发生变革。即使它不能够完全排除人为因素的干扰，至少也能够估算测评的信度与效度，提示人们该怎样进行改进，即在不可避免的谬误面前，网上测评能够使我们比较容易地看清"错误的范围有多大，犯错误的概率有多大，避免错误的关键措施在哪里"。而所有这些，都曾不同程度地困扰着人事测评人员。

（3）实现资源共享。一般的人事测评从根本上说是建立在经验、直觉的判断基础之上。因为这些测评都是"各自为政"，所以各类测评的常模难以建立，种种测评获得的宝贵数据也大都闲置而不能够共享。测评在各性别、各年龄、各地区、各行业之间缺乏定量比较，决定了一般的人事测评基本上不能够获得准确而详尽的数据，更不用说建立测评研究的数据库了。由于没有强大的人事测评数据平台作为支持，分割式测评、单一化测评、游戏式测评比比皆是，难以和国际接轨。网上测评方式的运用则可能逐步帮助人们摆脱这种被动的局面，因为通过网上测评方式能够不断地收集测评数据，形成强大的测评数据库；它能够实现网上测评数据的交换，为测评提供数据支撑，使测评从间断流程转换为连续流程。

（4）顺应时代的召唤。信息化社会的到来，为人事测评提出了新视角和新思维，也带来了测评方法的新问题和新思考。例如，网上办公、数字化社区、信息化政府等，已经对人们的观念产生了巨大冲击，它呼唤着测评方法、内容、形式的新发展，网上测评则为响应这一挑战提供了新思路。例如，针对领导人才素质与能力测评而使用的文件筐测验，就可以在网上实现。现在许多政府机关都已经实行了无纸化办公，它和传统的公文处理有很多不同之处。从长远来看，人事测评不仅要针对性地改变测评内容，还必须针对网上测评特点完善这种测评方式。

如今，人事测评理论和技术正朝着情境化的方向发展，有着浓厚的现实导向和实践导向，力图使被测者置身于一个真实环境中。这也契合了网上测评的特性。具体来说，网上测评的主要特性有六个。

一是形象性。专家人工智能装置、模拟系统的运用使得网上测评生动、直观，提高了人员参加测评、考核的兴趣和热情，克服了因测评主体的差异所带来的影响。

二是简易性。网上测评可以提炼出最简洁的测评项目，最大限度地涵盖测评要素，特别是仿真模拟装置，可以将复杂的测评要素、项目经过科学提炼、归纳，变得简单化、科学化，使之更容易操作和进行评价，实现测评设计的复杂性与测评结果的简易性的统一。

三是安全性。网上测评的量表、测评的项目以数据库为基础建立，测评的数据具有层级保密性。测评能够加入测谎内容，并注明测评结果的适用范围和应当注意的事项。

四是科学性。网上测评能够随时检测测评的信度和效度，确保测评数据的科学性与准确性，可以排除人为因素，使测评成绩真实可靠，从而提高测评和诊断的质量。网上测评获得的大量数据，为以后测评的不断完善打下了基础。

五是经济性。网上测评可以节省大量人力物力，节约培训时间，降低成本。

六是实效性。网上测评能够在人机互动中实现双方学习。它既可以集测试与评价于一体，在测试之后能够马上打印测评结果；又能够实现测试与评价的分离，将测试结果交予专家进行点评，保证测评结果的合理性。

2. 网上测评的劣势

网上测评不是万能的，网上测评本身所依据的理论基础与技术手段的不完善、网上测评的局限性、人机模拟与实践的差异、网上测评系统中人的因素依然占主导地位等情况，决定了网上测评还存在诸多问题。

（1）信息化是一把双刃剑。首先，网上测评虽然使测评过程化繁为简、化重为轻、化多为少，却也使得越来越多的工作转化为数字化、符号化的选择与圈点。测评越来越变成对图表等符号的解读和解释，所有这些很可能造成对被测者的语言能力、思维创造能力乃至道德判断与选择能力等不同程度的误读。此外，在自由的网络空间中与现实生活中人格存在不一致，在不同网络空间中人格也存在不一致，人格的"自我同一性"在人机对话测评中被打破、被分裂、被扭曲的现实，可能引发测评中的多重人格和人格分裂现象，导致测评的紊乱。

（2）信息淹没和排挤测评。网上测评能够产生大量的数据。倘若不能对这些数据进行娴熟的专业处理，往往会产生信息混乱。表现在网上测评中，就是过度的测评信息淹没和排挤测评主体与客体，测评的手段消解了测评目的。用罗斯扎克（Theodore Roszak）的话说，就是："信息，到处是信息，唯独没有思考的头脑。"这时，信息作为主体异己力量与主体对立起来。网上测评很容易使人们沉溺于测评的技术，忽略、回避测评双方在现实生活世界的感受与交流，混淆"人机关系"和"人际关系"，以及"现实实践"与"虚拟实践"两种不同的检验标准，造成测评目的与手段的二律背反。

网上测评为人事测评注入了新形式和新内容，但这并不意味着传统的人事测评方法就过时了。恰恰是传统的人事测评方法为网上测评的使用限定了范围。特别是现阶段，网上测评的应用需要和传统测评方法结合起来，借鉴其现实经验，才能够相得益彰，共同推进测评事业的发展。

三、网上测评实施流程

1. 网上测评一般流程

（1）用户登记。网上资源的管理主要是对权限的设置，不同的用户对资源的使用权限是不同的。网站一般将用户分为两大类：企业用户与个人用户。在企业用户中又分为普通会员和高级会员，针对不同的用户提供不同的服务，或者是相同的服务实行不同的收费标准。

一般情况下，就测评一个项目来说，个人用户的收费相对较高，企业普通会员居中，企业高级会员可以享受较大优惠。在其他费用方面，例如，会员的年费，一般不向个人用户收取，但是对于企业高级会员则会收取，并且金额较高，所以用户在注册会员的时候要进行严格的成本分析。有的网站为了扩大市场，会对用户提供免费业务咨询。

（2）选择测评项目和方法。用户浏览网站内容，了解网站所提供的人员素质与能力测评的基本情况后，可根据自己的需要，直接向网站提出测评具体要求。但是由于人员素质测评等在我国尚处于起步状态，用户往往不能判定自己应该进行什么样的测试，或者是哪种测试方式对自己最有利。在这种情况下，用户可以通过电子邮件向网站进行咨询。用户提出测评需求，网站将安排专家分析用户希望解决的实际问题，给予相应答复，在双向交流基础上，帮助用户选择测评项目和方法。

（3）组织实施测评。根据用户需求的复杂度，在组织实施测评时，分为两种情况。

一种是用户提出的测试要求较为简单，只要在网上进行人机对话的测试即可，不用网站提供其他的服务。这是针对用户提出的较为简单的心理测试而言。这时用户须向网站提供以下信息：测评的名称、所定制的试题以及价格、参加测评的具体人数、测评的开始日期和结束日期、用户的联系方式和联系人、所选交费方式和联系方式。网站工作人员按照用户所填的联系方式与之联系，确认订单，并在确认其交费后开通测评项目。

另一种是用户的需求较为复杂，在双方进行沟通后发现简单的网上测评不能满足用户要求（如需要进行情境模拟测试），则网站需要派出资深人员进行操作上的指导。这一部分的费用及测评方式也是由双方协商后确认的。

（4）对测评结果分析评价。用户试题答完后，由网站出具测评报告。测评报告是测评最终解释，是整个测评最精华的部分。

测试报告的基本格式：1）测评机构和测评时间说明；2）被测者的个人信息，包括编号、姓名、性别、年龄、教育程度、岗位与职务等；3）注明测评项目，多个测评项目需要按顺序排列；4）测评结果展示；5）测评结果分析；6）总评；7）专家复核意见；8）注明报告撰写人、复核人及日期。

（5）资料存档，建立人才资料库。网站按规定将测评的资料存档，通过自身收集的数据对常模进行修订和改正，以便进行其他科学研究。一个人事测评网站只有存储了大量的资料和数据，才能建立科学的测评指标体系；同时，有了丰富的人事测评资料，也为提高网站的专业形象提供了很好的宣传素材。

（6）反馈信息及后续服务。为了更好地修正测评指标，建立更加科学的测评指标体系，同时也是为吸引用户，树立良好的形象，赢得口碑，为网站的长远发展奠定基础，网站须及时向用户反馈信息并做好后续服务。如今网站的用户不仅有企业，还有个人。他们为了更好地了解自己的素质与能力，以挑选适合自己的职业，常常会选择声望好的、有信誉的网站为自己做测评。做好用户服务，是人事测评网站生存的基础。

2. 网上测评具体流程

（1）企业用户分为以下几个流程。

访问所选择的人事测评网站。

在首页登录区输入企业账号和密码，并选择用户类型为企业，然后点击"登录"按钮，进入企业用户服务专区。

在测评管理中加入准备参加测评的人员名单（有的网站提供为企业员工分别设置测评账号和密码的服务），同时可根据需要设定是否让被测者看到自己的测评报告。

选择测评项目。项目设定完成后，点击项目列表中"参评人数"栏目添加要参与此项目测评的人员，被测者添加完成后，此测评项目的设置工作也就完成了。

将已设定的账号和密码分配给被测者，让其以分配到的账号和密码进行登录。

被测者登录成功后，即可进入网上测评室进行测评。

当被测者完成测评后，企业的测评管理员可以从"查看测评结果"项下随时查看其测评结果，并可在"测评统计分析"项下对全部被测者的结果按照企业的需要对各项测评指标进行对比和排序，全面掌握所有被测者的能力和素质特点及其在团队中所处的相对位置，为管理决策提供重要的客观参考依据。

（2）个人用户分为以下几个流程。

访问所选人事测评网站，注册成为会员，已注册会员可直接跳至下一步。

使用注册时登记的账号和密码登录进入会员服务专区。

点击有关用户管理的项目，如"注册账户管理"项下的"账户充值"栏目，输入账号和密码，进行网上充值（免费测评项目除外）。

申请相关的测评服务项目。

进入测评服务栏目开始测评。

测评完成后，可以在"查看测评结果"项下查看测评报告。

【本章小结】

人事测评技术在我国各企事业单位的迅速应用和发展即是其社会价值的体现。我们应该以冷静、客观的眼光看待它的发展趋势、现状与未来，随着我国经济的发展，社会对人事测评技术的需求不仅仅是量的增长，而且会向深度与广度方向发展，现有测评项目、方法、技术将被新的测评项目、方法、技术所替代。特别是网络经济已经成为支撑21世纪经济主体的新的经济行为，它促进了新型的人事测评技术——网上测评的出现。

【关键概念】

发展趋势　现状　认知　网上测评

【复习思考题】

1. 我国人事测评服务发展的"六化"趋势是什么？
2. 什么是网上测评？
3. 网上测评的优势与劣势有哪些？
4. 试述网络经济对我国人事测评业的影响。

【课后案例】北森在线测评系统在博思人才网企业招聘服务中的应用

一、背景介绍

博思人才网（www.bossnet.cn）是河南省最早开通的人力资源服务专业网站，拥有15 000余家省内外企业会员和数十万名各类人才资源，为注册会员提供便捷的简历制作、职位发布、人事测评、培训等职业发展服务。

2004年，博思人才网根据整体业务发展及客户要求成立了博思人才网测评中心（以下简称中心），向客户提供在线的人事测评服务，包括在线测评、在线浏览报告、在线答疑等一系列服务。中心考察了国内各个测评服务机构，经过充分的了解与比较后，选择了北森在线测评系统，并于2004年5月10日正式开通。在北森的帮助与支持下，对新测评系统进行了充分的市场推广和宣传。2005年6月，中心一常年客户——某药业集团公司，计划进行2006年度的招聘，招聘岗位包括人力资源部综合处职员、市场部经理等，其对应聘人员从专业、学历、毕业院校、工作经验等硬性条件到性格特征、能力素质等软件特质都提出了要求，希望在应聘者中选拔在观念、能力、行为上都能最大限度满足岗位要求以及更具发展潜能的优秀人选，并委托中心代理整个招聘项目。为了帮助客户完成此次招聘，提高客户中层管理干部选拔的科学性和有效性，中心向客户推荐了北森在线测评系统，并与北森沟通，承担了此次招聘的从简历甄选到测评方案设计及笔试面试的执行工作，以期能够全面、科学、客观地考查应聘者的胜任力和发展潜力。

二、某药业集团公司人力资源部综合处职员、市场部经理、策划部经理、区域营销经理招聘项目

1. 项目方案简介

北森和中心通过与招聘方高层管理者的沟通，在对其企业文化、管理理念、人员构

成和当前面临的挑战均有了全面、准确认识的基础上，对客户提出的具体招聘岗位进行分析，给出专业化的招聘实施方案。同时推荐具有针对性的测评工具，由相关专家拟订笔试、面试的试题。中心负责简历甄选、网上测评、组织笔试面试。通过笔试成绩和面试评估，结合岗位具体要求，为客户确定候选人，出具应聘者全面的能力、素质报告，最终协助人力资源部确定录用人选，建立新员工能力素质档案。

2. 项目方案实施流程

（1）需求提出、岗位分析：什么样的人适合这个岗位呢？

客户委托中心对其开展招聘测评支持后，提供了招聘需求岗位及各个岗位的应聘条件和岗位职责说明。中心随即组建了一个具有丰富测评经验的项目小组进行岗位分析，确定岗位所需要的能力、素质要求。最终决定从性格、能力、专业知识三个方面考查应聘者。

以人力资源部综合处职员岗位为例，项目小组将考查点确定为两个。一是个性特征：主动型、自信心、思维风格、沟通与社交、团队协作、成功愿望以及职业倾向；二是能力素质和专业知识：书面表达能力、理解判断能力、综合分析能力、组织协调能力、行业/专业知识。

（2）信息发布、简历筛选：应聘者太多，无从下手。

中心根据客户提供的招聘需求岗位、岗位应聘条件和岗位职责，制作了招聘广告并在博思人才网和相关网站发布，全面负责简历接收和甄选。根据客户提出的硬性应聘条件甄选简历，确定合适的下一步候选人。

（3）工具推荐、方案设计：那我们这样来选拔吧！

针对以上总结的考查点的各个维度，项目小组给出了最为合适的测评工具组合及具体实施方案。

资料来源：北京北森测评技术有限公司

第三章 人事测评指标体系的构建

> **学习目标**
>
> 通过本章的学习,掌握测评指标体系内涵,掌握人事测评指标体系构建的七种方法。

【课前阅读】两份城市排名榜单,到底该信谁?

表1以地级及以上城市为统计对象,以其中GDP总量排名前100位的城市作为上榜城市,而后根据经济指标(权重0.618)和软经济指标(权重0.382)分值计算其综合得分,以此进行排序。经济指标由GDP和储蓄组成,软经济指标由环境、科教、文化和卫生组成。

表1　2018年中国城市百强排行榜单(列示排名前十的城市)

排名依据	排行榜(由高到低)
居民储蓄	北京、上海、广州、重庆、成都、深圳、天津、杭州、苏州、西安
财政收入	上海、北京、深圳、天津、重庆、苏州、杭州、广州、武汉、成都
消费能力	北京、上海、广州、重庆、成都、天津、武汉、深圳、杭州、南京
工资水平	北京、上海、深圳、广州、重庆、天津、杭州、苏州、成都、南京
固定资产投资	重庆、天津、成都、北京、青岛、武汉、郑州、上海、长沙、合肥
经济指标	北京、上海、广州、深圳、杭州、成都、苏州、天津、武汉、重庆
软经济指标	北京、上海、广州、深圳、杭州、成都、苏州、天津、武汉、重庆

资料来源:根据华顿经济研究院第四次发布年度中国百强城市排行榜数据整理所得。

表2中,城市竞争力由包括经济竞争力、产业竞争力、财政金融竞争力、商业贸易竞争力、基础设施竞争力、国际营商环境竞争力、环境/资源/区位竞争力、人力资本教育竞争力、科技竞争力和文化形象竞争力在内的10项一级指标、50项二级指标、217项三级指标构成。城市成长竞争力由实力指数、潜力指数、活力指数、能力指数四大指标综合而成,包括4项一级指标,29项二级指标,69项三级指标。

表2　　　　　　　2018年中国城市竞争力排行榜单（列示排名前十的城市）

排名依据	排行榜（由高到低）
城市竞争力	深圳、上海、北京、广州、重庆、杭州、天津、苏州、南京、武汉
城市成长竞争力	深圳、重庆、苏州、杭州、广州、南京、天津、香港、青岛、上海

资料来源：根据中外城市竞争力研究院、香港桂强芳全球竞争力研究会、世界城市合作发展组织联合制作的第十七届"中国城市竞争力排行榜"整理所得。

表1与表2列示了由不同机构所做的中国城市排行榜，我们发现排名顺序均不同，同样，被高校批评不断的高校竞争力排行榜，也是如此。不同机构给出了同一所学校的诸多不一样的排名，这些排行榜到底该信谁？如何评判排行榜的公平、公正？

资料来源：笔者根据搜集素材整理而得。

第一节　测评指标体系的内涵

人的诸多素质有些是外显的，可以通过一些测量工具获知其具体量化数值，如人的身高，可用卷尺测量；人的体温，可用体温计测量。但有些素质是内在的、隐含的，无法使用常规的测量工具来获知其量化数值，如人的发展潜力、个性特点等心理特征。对此类内在素质特征的量化需要构建恰当的人事测评指标体系（见图3-1）。

一个完整的测评指标应包括两个方面的内容：测评要素和测评标准。测评标准又包括测评标志和测评标度，它们是衡量测评要素的"尺子"。

人事测评指标体系重在解决人事测评"测什么"的问题，其中测评指标也叫评价指标，指的是能反映测评对象特定属性的一系列考察方面或维度，是测评指标体系的基本单位。人事测评指标就是衡量和评价与工作有关的个人素质的维度，一个人事测评指标只代表个人某一方面的素质和能力，而人事测评指标体系则是被测者多个方面的素质与能力的集合，它反映了人事测评要检测的各个方面，是人事测评工作的基础。

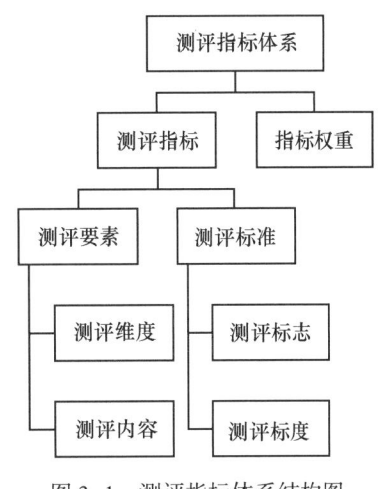

图3-1　测评指标体系结构图

因此，确定人事测评指标不单单要确定评价的维度，而且还要确定测评中使用的统一尺度。人事测评的实践表明，一个时期的评价标准，往往影响甚至决定着这个时期人才的流向和努力的目标。

一、测评指标的界定作用

测评指标是测评目标操作化的表现形式,是能反映测评对象特定属性的一系列考查方面,也是表现测评对象特征、状态的一种形式。

以领导力为例,图 3-2 是美国领导力研究中心认证讲师严正提出的"领导力"研究视角,即价值取向、趋势把握、组织运营、人才发展。其中,价值取向的相关数据不易直接获得,因此细分观察点由自我领导、共启愿景、学习型组织的综合水平得出。

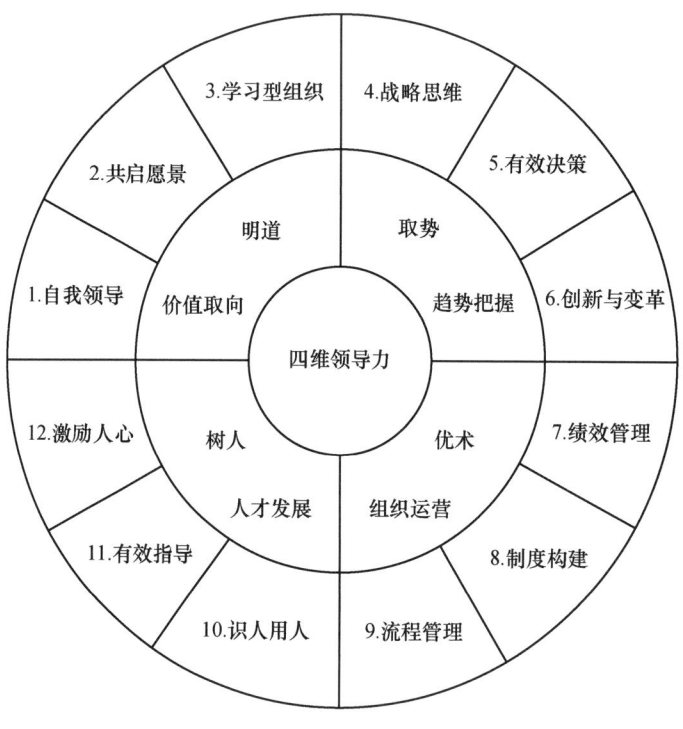

图 3-2 领导力测评指标体系

测评指标的作用有以下三项。

1. 物化连接作用

物理测量以"物"量"物",具体可行;人事测评如果以"主观"度"无形",以"观念"评"抽象",不可操作。但以"行为"量"素质",此行为可用"数"来物化表述,这个行为即为测量指标。

2. 导向统一作用

人事测评的结果总是与人们的某种利益或个人的成长发展相关,而好的测评结果总是人们所希望的。为了获得较好的测评结果，被测者往往要针对测评指标及其评价标准进行各种学习、训练，并调整自己的行为。

3. 防止主观片面与深化认识作用

测评指标又细分为测评要素与测评标准，克服了主观随意性；同时在制定测评指标的过程中还可以加深对测评对象的认识。

二、测评要素的界定与设计原则

1. 测评要素的界定

测评要素是指测评内容的细化条目，确定了测评的具体内容包括哪些方面。

制定测评要素是确立测评指标的第一步，即根据测评对象的分析结果拟定一些测评要素。分析测评对象是设计指标内容的基础，虽然指标设计的方法有很多种，但是在不同程度上都要依据对测评对象的认识与分析，否则设计的指标难以客观地反映实际情况。

例如，"2017年中国城市商业魅力排行榜"由五个测评维度构成，即商业资源聚集度指数、城市枢纽性指数、城市居民活跃度指数、生活方式多样性指数、未来可塑性指数。其中的"生活方式多样性指数"主要是指，衡量城市魅力很重要的一点在于它们能为城市居民提供多少生活方式上的选择和可能性。对生活气息的直接感知，构建了城市的共同记忆。而对城市居民来说，它意味着在职业发展空间以外的另一种更为绵密而持久的吸引力（见表3-1）。

表3-1　　　　　　　　　"生活方式多样性指数"的测评要素设计

测评要素	测评内容
餐饮多样性指数	大众点评餐饮种类丰富度、餐饮门店数
文娱消费指数	优酷视频浏览量、付费会员占比、时光网电影票房总额、书店数量、咖啡馆数量
旅游意愿指数	去哪儿国际机票订单量占比、城市机票订单量占比
运动积极性指数	咕咚总跑步公里数、健身房数量
消费多样性指数	淘宝线上消费丰富度指数、淘宝线上消费订单量

表3-1告诉我们，测评要素的设计过程就是将测评对象各个特征具体化的过程，即构建一级指标、二级指标、三级指标等指标体系的过程。其中，下一级指标是对上一级指标的具体化。

2. 测评要素的设计原则

（1）针对性原则：针对测评目的和测评对象来选择相应的指标，充分体现测评对象的特点。

例如，魅力型领导力与公仆型领导力的测评指标体系如下：魅力型领导力指的是领导地位源自员工对该领导者作为楷模的信任，而非源自传统或法律、规则、职位，通过"远见卓识、环境敏感性、非常规行为、个人风险、对成员需求敏感性、不维持现状"加以评价与衡量；公仆型领导力是指为下属和组织内外更广大的利益相关者的需求服务的领导行为，通过"为社会创造价值、帮助下属成功与成长、下属第一"加以评价与衡量。

（2）普遍性原则：设立的指标从内容到形式，要能适合所有的被测者，即有足够的代表性。

（3）可测性原则：指标措辞要避免产生模棱两可或含糊不清的理解，即指标内涵与外延界定清楚，可辨别、可比较、可量化。例如，"工作经验"本身难以测评，但把它表征为"工作实际年限"指标时，就能直接测评。

（4）独立性原则：设立的指标在同一层次上应相互独立、没有交叉。

（5）完备性原则：设立的测评指标体系在总体上要能全面反映测评对象的主要特征，即少而精、少而全。

（6）结构性原则：设立的测评指标体系在总体上要有条件、过程与结果三个方面的指标，防止"短期行为"。

（7）不平等原则：进入指标体系中的各测评指标对测评结果的贡献是不一样的，其贡献率用权重来表示。

三、测评标志

测评标志是为每一个测评要素确立的关键性描述特征或界定特征，确立的测评标志必须具有可辨别、易操作的特征。通常情况下，一个测评要素由多个测评标志来说明。测评标志的形式是多种多样的，从其表述方式来说，可分为三种。

1. 评语短句式

评语短句式是一种对所测评的要素做出好坏、优劣、大小、是非、高低等判断与评价的句子。主要是描述句、叙述句、议论句，句中含有一个以上的变量词（见表3-2）。

表3-2　　　　　　语言表达能力测评指标设计范例（评语短句式）

测评指标	测评要素	测评标志（带有判断量词的评语短句式）
语言表达能力	用词准确性	出现用词不当情形在3次以内
	表达流畅性	表达间断在5秒之内
	思维条理性	没有出现明显的逻辑错误

2. 设问提示式

设问提示式测评标志是以问题形式来提示被测者把握测评要素的特征。表3-3是一个实际的设问提示式测评标志的例子。

表3-3 职业道德、逻辑思维能力、阅读理解能力测评指标设计范例（设问提示式）

测评要素	测评标志	测评标度		
职业道德	能遵守合同并信守承诺吗？ 能为完成目标而尽职尽责吗？ 能把工作安排得有条不紊吗？ 工作的大多数时间都能小心谨慎吗？	能（ ） 能（ ） 能（ ） 能（ ）	有时能（ ） 有时能（ ） 有时能（ ） 有时能（ ）	不能（ ） 不能（ ） 不能（ ） 不能（ ）
逻辑思维能力	回答问题层次是否清楚？ 论述问题是否周密？ 论据是否支持论点？	清楚（ ） 周密（ ） 支持（ ）	一般（ ） 一般（ ） 一般（ ）	混乱（ ） 疏漏（ ） 背离（ ）
阅读理解能力	能否明白文章的内容？ 能否抓住文章的主题？ 能否分清文章的结构层次？ 能否评析文章内容或写作技巧？	5分（ ） 5分（ ） 5分（ ） 5分（ ）	3分（ ） 3分（ ） 3分（ ） 3分（ ）	1分（ ） 1分（ ） 1分（ ） 1分（ ）

3. 方向指标式

在方向指标式测评标志中，只规定从哪些方面去测评，而没有具体规定测评的标志与标度，让被测者根据具体情况自己去把握（见表3-4）。

表3-4 业务经验测评指标设计范例（方向指示式）

测评要素	测评标志（指出判别方向）	测评标度
业务经验	主要从应聘者所从事的业务年限、熟悉程度、有无工作成果等方面测评	根据具体情况把握

另外，按操作方式又可将测评标志分为测定式和评定式两种。测定式是针对客观性指标，如岗位测评指标中的体力劳动强度、打字的数量、完成特定任务所需的时间等；评定式是针对主观性指标，如岗位测评指标中的工作难度、工作的重要程度等。

四、测评标度

在测评指标体系中的每个指标的量化过程中，有些能采用客观性数据，但有些却无法用客观性数据来表示，为了避免测评实施者主观评判标准的不一致，通常为每一个测评指标设计定量的等级判断的参照标准，即由测评实施者掌握和运用统一的判分标准，在此称为测评标度。

因此，测评标度就是指描述测评要素或测评标志的程度差异与状态水平的度量。对于这种程度差异或状态水平的度量表示，可以是数量的、语言的，也可以是精确的、模糊的。测评标度可分为八种形式（见表3-5）。

表 3-5　　　　　　　　　　　　　　测评标度形式表

测评标度形式	测评标志不同水平的表示说明	举例
等级式	用一些等级顺序明确，具有程度差异的字词、字母或数字表示	很好、较好、一般、不太好、很不好，甲、乙、丙，A、B、C，1、2、3
数量式	直接以分数来表示测评	1~100分，1~7分，1~5分
隶属度式	以模糊数学中的隶属度函数表示	值取自 [0，1] 区间之内
符号式	以一种简单的符号来表示	√、×、是、否
数轴式	用一个带有刻度和原点的数轴来表示	员工幸福感测评标度 0　20　40　60　80　100 (%)
图表式	用直观的图表来表示	略
定义式	使用同一种等级量词时，针对不同测评要素每一等级给出不同的解释界定	略
综合式	综合两种以上的标度形式来表示	略

在设置测评标度时要注意三个方面。（1）每个指标的标度设计应该截取一个合理的区间，即确定从最低水平到最高水平之间的范围，以保证各种水平的个体都能在此区间内找到适合自己的位置。（2）用于体现细微差别的计量单位必须粗细适中。过粗，测评实施者易判断但难以体现细小的个体差异；过细，又会令测评实施者难以判断。（3）各评分等级之间的差距应该保持相同，这样才能使各种测评分数具备相加或相减的资格。

对于既没有客观性的数据与结果，也没有可参考的量化标准的测评指标，则要求测评实施者在调查研究的基础上进行定性分析，然后根据自己以往的经验和当前的实际来确定被测者在该指标上的等级水平，并给以相应的分数。这种情况应该借助模糊综合评判法、要素加权平均法或层次分析法对评分进行计量，使得测评结果更加客观化。

第二节　人事测评指标体系的构建方法

一次科学的人事测评过程，必须保证测评指标体系具有科学性、规范性和可操作性，因此，如何构建人事测评指标体系最为关键。针对人事测评指标体系的构建方法主要有七种。

一、工作分析法

人事测评测什么并非由测评实施者主观确定，而必须依据具体岗位的客观要求，确定该岗位的任职者应该具备哪些基本素质，其中哪些素质又是最重要的。换言之，人事测评往往是为具体工作岗位挑选适合的人员。因此，采取工作分析法来构建人事测评指标体系是比较常见的方法。

工作分析法在实际操作中有两种方式：一是通过查阅已有岗位说明书中的任职资格来搜寻所需要的测评要素；二是直接分析从事该岗位的人应该具备哪些素质条件，其所履行的职责与完成的工作任务应以什么指标来评价，同时在提出的这些素质条件与评价指标中哪些更为重要，哪些相对不那么重要。

由于不同的职业、不同的岗位对员工的素质、能力的要求是不同的，因此针对不同岗位所设计的人事测评指标体系也应有所区别。但是，国内很多业务迥异的企业，在招聘员工时所使用的人事测评题目都是相似甚至相同的。试想，如果不根据用人单位相关岗位的具体要求设计相应的测评系统，又怎能保证根据测评结果所选出的人才能符合单位的需要呢？如何科学有效地利用工作分析法来设计人事测评指标在此显得尤为重要。

具体操作步骤如下：第一，根据人事测评目的与工作要求，确定需要调查的岗位，并制订调查的提纲与计划；第二，采用一定方法广泛收集从事该岗位的任职资格条件及相应绩效指标的素材；第三，通过一些定性方法筛选，形成内容全面的素质调查表；第四，在更大的范围内进行调查，要求被调查者对调查表上的内容进行评价与补充，并对调查结果进行多元统计分析，筛选出主要素质项目；第五，对筛选出的主要素质项目进行小范围试测或采用德尔菲法进行修改，以保证人事测评指标的质量。

不同特点的岗位，工作分析的主要方法一般有七种，现实中往往是两种以上方法结合使用。

1. 观察法

由有经验的人通过直接观察的方法，记录被观察者某一时期的工作内容、原因和方法而不干扰其工作。它通常是一种隐蔽性的观察。为了提高观察的效度，所有重要的工作内容都要记录下来，而且应选择几个对象在不同的时间内进行观察。不同的工作者会表现出不同的行为方式，多人、多次观察平衡后有助于消除工作行为方式上的偏见；对同一工作者不同时间下的观察也有助于消除工作情境与时间上的偏差。

一般来说，观察法适用于短时间（几分钟到几小时）的生理性工作特征的调查分析，而不适用于长时间（几星期到几个月）的心理性工作特征的调查分析。一般要求以标准格式记录观察结果。

2. 工作日志法

工作日志法是由工作者按标准格式及时详细地记录自己在工作中的行为与感受。其基本依据是考虑到从事某一工作的人才对其工作任务要求最清楚。这种方法可能因偏见或存在某种误差导致遗漏了一些不经常出现的重要工作内容,因此需要进行必要的检查,检查可以由其上级领导来负责并给予矫正。这种方法对于那些要求工作水平高且复杂的岗位特别经济有效。

3. 主管人员分析法

主管人员分析法是由主管人员通过日常管理来记录所属员工的工作活动、任务、职责。因为许多主管人员以前也曾从事过这些工作,所以他们对岗位所要求的工作技能的鉴别与确定非常内行。但有的主管人员的分析也许还存在一些偏差,尤其是那些只干过其中部分工作而了解不全面的人,往往偏重于他所干过的那部分工作。这种偏差系数用工作者自我记录法就可以得到有效消除。

4. 访谈法

访谈法又称面谈法,一般适用于那些不可能实际去做或直接观察困难的工作,如飞行员、建筑师的工作。对于这些工作的分析可采取访谈法,以了解他们所做工作的内容和方法,由此获得资料信息。尽管访谈法对短时间生理性工作特征及长时间心理性工作特征的调查与分析均适用,但访谈者必须精心准备访谈提纲。访谈法的记录也应采取标准格式,这样便于归纳与比较,并限制在与测评目的有关的范围内。

访谈示例一:您认为要出色地完成以上各项职责需要具备什么样的学历和专业背景?需要具备什么样的工作经验(类型和时间长度)?在外语和计算机方面有什么要求?您认为要出色地完成以上各项职责还需要具备哪些能力?

访谈示例二:您认为要出色地完成以上各项职责需要具备哪些专业知识和技能?您认为要出色地完成以上各项职责需要具备什么样的个性品质?

5. 关键事例法

关键事例法是一种通过对实际工作中特别有效或无效的工作者行为的简短描述来调查与分析工作的一种方式。关键事例累积到一定程度后,按照它们所描述的工作内容进行归纳分类,最后就会对实际工作的要求有一个非常清楚的了解。关键事例的收集可能来自主管、员工本人。这种方法对于那些复杂程度高或需要较长时间才能完成的工作分析是很有效的。

6. 问卷法

问卷法是工作分析中最通用的一种方法,且相对其他方法来说花费少、收效大。问卷形式有标准化与非标准化两种。其中标准化问卷有八种,下面将节选两种问卷示例。

(1)职位分析问卷(Position Analysis Questionnaire,PAQ)。该问卷是 1972 年由美国普度大学(Purdue University)教授麦考密克(E. J. McComick)、詹纳雷特(P. R. Jeanneret)

和米查姆（R. C. Mecham）设计开发的、有严谨结构的工作分析调查问卷，问卷无须修改就可用于不同的组织和不同的工作。

PAQ设计的初衷在于开发一种通用的、以统计分析为基础的方法，用以准确确定岗位的任职资格，同时运用统计推理估计每个岗位的价值，进而为制定薪酬提供依据。PAQ应用的最广泛、最有效的领域是岗位评价（见表3-6）。

表3-6　　　　　　　　　　　　　　PAQ举例

信息输入

1. 信息输入
1.1 工作信息的来源
根据员工在工作时将下列各项作为信息源的实际使用频度来评价其等级。
1.1.1 可视工作信息源。
（1）书面材料
（2）量化资料
（3）图片资源
（4）模板/相关工具
（5）指示器
（6）测试计
（7）机械性器具
（8）零件、原料
（9）自然环境特征
（10）人为环境特征
……

使用程度：
NA 不使用
1 稍许/极少
2 偶尔
3 适度
4 相当频繁
5 大量使用

PAQ确定该职位对于任职者各项能力的要求，并且通过与能力水平常模的比较，将能力测试预测分数转化为相应的百分比形式，便于实际操作（见表3-7）。其重要用途之一就是人员甄选。

表3-7　　　　　　　　　　PAQ能力测试估计数值示例

题项编号	PAQ题目具体内容	评价成绩（能力测试分数）	比例值（百分比）
	职位信息的可见资源：未被改变的材料		
9	当在仓库中的物品或材料等被检测或处理时，未被转变或调整的零件、材料、物品等是信息的资源	5.0	99
72	运输和机动设备：电动设备不是用来在公路上使用的可移动的设备，如仓库小货车、叉式升运机	3.0	98
132	其他组织活动：行为协调、监督或组织其他人以达到某个目标的行为，但是并不是直接管理者，如法律顾问或行政助理	3.5	96

（2）临界特质分析系统（Threshold Traits Analysis System，TTAS）。皮瑞恩和罗兰

(Prien and Ronan) 在对工作分析的文献进行研究时指出："长期以来,人们试图研究出一种分类,它能涵盖所有工作的某方面特征,而且可以提供一种标准,按照这种标准,可以对工作进行比较。"TTAS 也正是在这样的目标基础上发展起来的。它的设计目的是提供标准化的信息,以辨别人们为基本完成和高效完成某类工作,分别至少需要具备哪些品质、特征。TTAS 称这些品质和特征为临界特质。TTAS 用以评价在该工作岗位上达到可接受的或优秀的绩效水平与哪些特质相关,需要达到哪种等级,这种要求是否切合实际等。需要注意的是一些后天特征如"受教育程度、工作经验"并没有被列入特质清单中。

表 3-8 所列 TTAS 特质,可以分为两大类,即一类是能力因素或者说"能做什么",具体包括身体特质、智力特质和学识特质;另一类是态度因素或者说"愿意做什么",具体包括动机特质和社交特质。

表 3-8   TTAS 特质表

工作范畴	工作职能	特质因素	描述
身体特质	体力	1. 力量	能举、拉和推较重的物体
		2. 耐力	能长时间持续的耗费体力
	身体活动性	3. 敏捷性	反应迅速、灵巧、协调性好
	感官	4. 视力	视觉和色觉
		5. 听力	能够辨别各种声响
智力特质	感知能力	6. 感觉、知觉	能观察、辨别细微的事物
		7. 注意力	在精力不集中的情况下仍能观察入微
		8. 记忆力	能持久记忆需要的信息
	信息处理能力	9. 理解力	能立即口头表达或书面表达的各种信息
		10. 解决问题的能力	能演绎和分析各种抽象信息
		11. 创造性	能产生新的想法或开发新的事物
学识特质	数学能力	12. 计算能力	能解决与数学相关的问题
	交流	13. 口头表达能力	口头表达清楚、简练
		14. 书面表达能力	书面表达清楚、简练
	行动力	15. 计划性	能合理安排活动日程
		16. 决策能力	能果断选择一种解决问题的方法
	信息与技能的应用	17. 专业知识	能处理各种专业信息
		18. 专业技能	能进行一系列复杂的专业活动
动机特质	适应能力	19. 适应变化的能力	能自我调整,适应变化
		20. 适应重复	能忍受重复性活动
		21. 应对压力的能力	能承担关键性、压力大的任务

续表

工作范畴	工作职能	特质因素	描述
动机特质	适应能力	22. 对孤独的适应能力	能独立工作或忍受较少的人际交往
		23. 对恶劣环境的适应能力	能在炎热、严寒或嘈杂的环境下工作
		24. 对危险的适应能力	能在危险的环境下工作
	控制能力	25. 独立性	能在较少的指导下完成工作
		26. 毅力	能坚持一项工作任务直到完成
		27. 主动性	主动工作并能在需要时承担责任
		28. 诚实	遵守常规的道德与规范
		29. 激情	有适当的上进心
社交特质	人际交往	30. 仪表	衣着风貌达到适当的标准
		31. 忍耐力	在紧张的气氛下也能和人和睦相处
		32. 影响力	能影响别人
		33. 合作力	能适应团队作业

资料来源：Lopez F. M., Kesselman, G. A. &Lopez F. E. A Empirical Test of A Trait-oriented Job Analysis Technique, *Personnel Psychology*, 1981（34）：479-502.

能力特质又可以进一步分为两个子类，即发展性能力和熟练能力。发展性能力是员工通过培训能掌握或达到一定级别的能力；熟练能力描述员工已经掌握的知识或技能。在第三层分类上，熟练能力，或者说已掌握的能力，又可以分为一般性知识/技能和特殊性知识/技能。前者指在一个人的成长早期通过社会的正式教育获得的知识和技能，如阅读能力和口头表达能力，雇主在选拔求职者时，通常都希望他们较好地具备这些能力；而后者是在工作中或特殊的专业培训中获得的知识和技能，如服装设计的能力等，雇主通常都愿意为员工获得或发展这方面的能力提供支持。这种分类与定义看起来很理论化，但是在将来分析结果的应用以及求职人员的评价与选拔上会很有用处：通过了解这些分类和定义，雇主在甄选过程中可以判断哪些能力求职者不具备也能接受，哪些能力求职者必须具备。

TTAS 对每个特质的含义都进行了严格的界定，而且对每个特质都列出了若干等级，并对每个等级进行了描述（见表 3-9），以供分析人员判断选择。

7. 文献查阅法

文献查阅法又称职业信息法。1939 年美国出版了第一本《职业名称录》，至今已出到第四版。其中对数种不同职业一一列出了四个主要特征：任务的复杂性，职业培训要求，体现职业特点的兴趣、才能和气质，身体要求和工作条件。此外，美国劳工部每两年出版一期《职业一览手册》，该手册图文并茂地描述了 300 余种职业和 35 种主要行业中工

表 3-9　　　　　　　　　　　　　　解决问题的能力示例

工作职能的内容		任职者必须做到	
信息处理能力：对信息进行处理，得出特定的解决方案或得到某个问题的答案；处理信息，能对别人的建议提出正确的评价和修改意见		对信息进行分析，并通过演绎推理，提出正确的结论和解决方案	
等级	等级描述	等级	对任职者的要求
0	工作任务需要解决一些细小的问题，提出简单的解决方法	0	任职者必须能解决细小的问题并给出简单的解决方案
1	需要解决一些包含的问题（如诊断机器故障或解决客户投诉等）	1	任职者必须能解决包含有限的已知因素的问题
2	需要解决一些包含许多已知因素的问题（如投资可行性分析等）	2	任职者必须能解决包含许多已知因素的问题
3	需要解决一些复杂的、抽象的且包含许多未知因素的问题（如设计或研究某套系统的改良方案等）	3	任职者必须能解决复杂的、抽象的且包含许多未知因素的问题

资料来源：Lopez F. M., Kesselman, G. A. &Lopez F. E. A Empirical Test of A Trait-oriented Job Analysis Technique, *Personnel Psychology*, 1981（34）：479-502.

作者所从事的活动，所需要的训练与教育、晋升机会、当前的就业情况、收入和工作条件，以及去哪里获得进一步的资料。

二、调查访谈法

调查访谈法又称调查咨询法，这种方法是通过广泛的调查与咨询来构建与筛选人事测评目标与指标。与工作分析法中的各种方法相比，它们侧重点不同。这是一种更一般意义上、更广泛适用的人事测评指标体系构建方法。根据具体方法的不同，调查访谈法可以分为专题访谈法、问卷调查法和胜任特征法三类。

1. 专题访谈法

研究者通过面对面的谈话，通过口头信息沟通的途径直接获取有关专题信息的研究方法被称为专题访谈法。例如，通过与领导者、人力资源部工作人员、某职务人员等进行多次的广泛交谈，交谈内容围绕下述三个问题展开：你认为具备什么条件的人最适合担任某职务？某职务的特点是什么？检验某职务工作成效的主要指标是什么？研究者分析汇总访谈所得的资料，可以获取许多极其宝贵的材料。

专题访谈的形式有个别访谈与群体访谈两种。其中个别访谈轻松、随便、活跃，可快速获取信息；群体访谈以座谈会的形式进行，具有集思广益、团结民主等优点。一种常用的群体访谈法被称为头脑风暴法。这种方法是邀请一些了解测评对象、研究测评方法的专家学者或管理人员，要求他们聚在一起集思广益，毫无顾忌尽情地提出所有可以想到的测评要素，不去干涉别人的观点，可以受他人观点的启示而提出新的测评要素。使用这种方法时，会议主持者要注意对一切意见均持赞赏态度并积极引导。由于与会者所学专业、所处背景、需求、价值观和所考虑问题的角度不同，所提出的测评要素难免会大相径庭，而这一点恰恰能有效地实现测评要素收集的全面性。因此，这个会议的主要作用是调查和分析，会后还需要专业人员对众多的测评要素进行综合考评，最终选出合理的测评要素。

专题访谈法具有简单、易行、研究内容集中、便于迅速取得第一手材料等优点，因而在实践中被广泛运用。但这种方法无法统一规范，使信息的获取与加工都要受到研究者个人条件的影响，有一定局限性。

2. 问卷调查法

运用内容明确的问卷量表，让被调查者根据个人的知识与经验自行选择答案的研究方法被称为问卷调查法。例如，研究者通过访谈法把评价某职务人员的评定要素归纳为40个要素，为了筛选要素或为了寻求关键要素，可以用问题或表格的形式进行问卷式的民意调查。

问卷形式按答案的标准化程度可以分为"开放式问卷"和"封闭式问卷"两类。其中，"开放式问卷"无标准化答案和回答程序，被调查者可以根据自己的真实想法自由回答。例如，某油田关于科技拔尖人才评价量表的调查问卷中有以下两题：

（1）你认为拔尖人才主要应当具备什么条件？

（2）你认为"草案"中提出的10项能力是否合理？要增加或删减吗？

"封闭式问卷"有标准的答题方式，常见的封闭式问卷有选择法、等级排列法、计分法三种，每种方式有其不同特点及表达形式。

（1）选择法。其中极端的选择是二元选择，即是非选择，要求被调查者对问卷中的每一个问题做出"是"或"否"的回答（见表3-10）。

表3-10　　　　　　　　　　思考型性格测评量表

问：你是怎么样看待自己的？	是	否
有些东西尽管不起直接作用，但必须学习		
别人求助时如不方便就断然拒绝		
认真考虑，然后才行动、说话		
总是把表对得很准		

续表

问：你是怎么样看待自己的？	是	否
生活态度是"三思而后行"		
性情总是"水波不惊般地平稳"		
收到信件马上就回函		
做事时先确认不会失败后才开始行动		
做事时考虑先后缓急		
对他人的事情尽量不插嘴		

（2）等级排列法。要求被调查者对多种可供选择的方案，按其重要程度排列出名次，如表 3-11 所示（1 为最重要，2 为较重要，依次类推）。

表 3-11　　　　　　　　　九种求职动机按重要程度排序表

求职动机	按重要程度排序
①物质报酬：寻求财富和高水准生活	
②权力/影响：寻求控制人、事、物	
③追寻意义：意图做本身具有价值的事	
④专精：意图在某特殊领域有高水准的成就	
⑤创意：寻求发明、寻求原则	
⑥亲和：意图在工作中与人建立关系的培养	
⑦自主：企求独立，并能自己做重大决定	
⑧安全：寻求稳固、可预测的将来	
⑨地位：寻求被社会认可、钦佩、尊敬	

（3）计分法。要求被调查者对列出的几个等级分数进行分析判断，并选择某一分数作为答案。例如，营销人员的沟通能力应是图 3-3 中哪一等级？

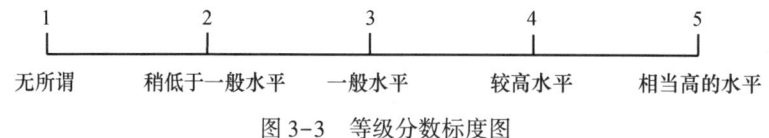

图 3-3　等级分数标度图

一般而言，开放式问卷可以广泛了解民意，大量收集信息，适合在测评指标选择的初级阶段运用。封闭式问卷答案规范，便于统计分析，适合于测评指标的分析判断及测评指标体系的总体规划。

3. 胜任特征法

胜任特征法是美国哈佛大学麦克利兰教授在 20 世纪 70 年代提出并已被很多企业广泛

采用的概念，指的是能将某一岗位上表现优秀的员工与表现一般的员工区分开来的个性特征，如动机、特质、知识、技能等个性特征。知识和技能为个体的表层特征，深层的胜任特征是动机和特质，是决定人们行为和表现的比较稳定的关键因素。

建立胜任特征模型最常用的方法是行为事件访谈法。步骤如下：（1）给出两组样本，其中一组表现优秀，一组表现一般；（2）由受过专业训练的人员对这两组样本分别进行访谈，让被访谈者报告2~3件干得比较出色的事和2~3件不满意的事，以及他们当时的想法、做法和其他人的想法、做法，还有被访谈者的反应；（3）对访谈材料进行精细的编码，再通过统计分析，看这两组样本在哪些胜任特征上存在区别，存在区别的胜任特征就是这一岗位所需具备的胜任特征。

由于胜任特征是通过比较表现优秀组和表现一般组而得出来的，所以采用这个模型对员工进行测评，就能准确地预测他们是否能表现出色。不过，它的操作过程特别复杂，如果结合采用专家访谈、小组讨论和问卷调查等方法来建立胜任特征模型，整个过程就会简单可行，并同样有效。

图3-4与图3-5是笔者于2018年所做的"医院急救岗位胜任力调查"，通过标准的胜任特征模型构建方法，最终得出急救医生与急救护士岗位间的不同测评指标体系。基准性胜任特征即任职资格，也称门槛性胜任特征，易于通过教育和培训加以改变；鉴别性胜任特征可区别绩效优秀者与一般者，在短期内较难改变与发展。

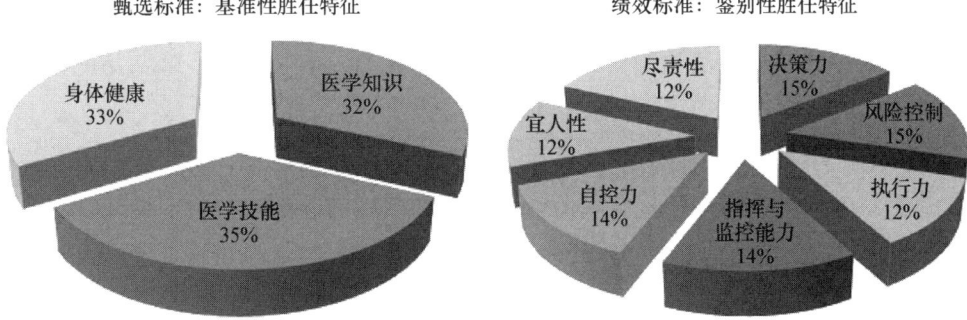

图3-4 急救医生胜任力图

三、理论推导法

理论推导法又称素质结构分析法，是指从某些理论出发，来确定人事测评的内容、目标与指标。理论推导法的理论来源有二：一是心理学、生理学、运动学、社会学等有

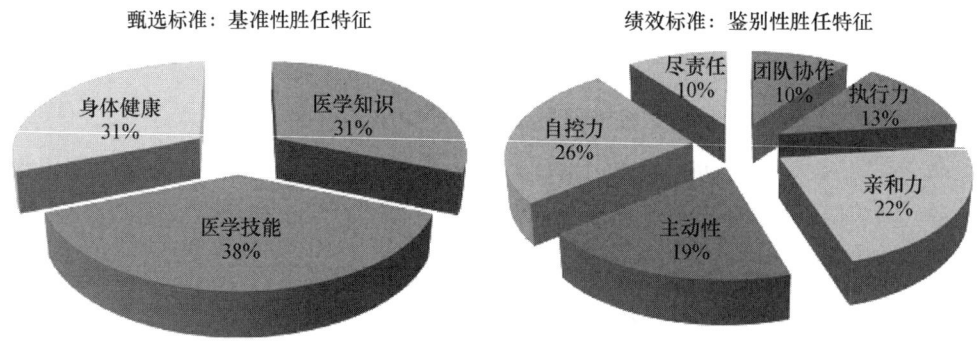

图 3-5 急救护士胜任力图

关人的学科理论,如个性心理学中的个性心理结构、个性类型论和特质论等理论,这些理论让我们知道可以从哪些维度来衡量一个人或一群人;二是与岗位相关的专业理论,这些专业理论有助于我们确定与岗位相关的岗位知识、岗位能力以及职业道德等。如我们可以根据管理的有关理论来确定一个技术管理人员应该具有哪些专业知识、实践经验和技能,可以根据市场营销学的理论来确定销售人员需要的人格、岗位知识和能力,可以根据医学的有关理论确定一个消化内科医生应该具有哪些专业知识和实际能力。

四、典型分析法

典型分析法是通过对少数典型的人员素质或工作角色特征的剖析研究来编制测评标准体系的方法。典型分析法的操作,第一要明确测评的目的与对象,第二要依据测评目的与对象特征来选择典型。

典型选择是否具有代表性直接关系到整个测评指标体系质量,因此这是非常关键的一个步骤。此外是要选择适当的分析方法,对典型作透彻全面的分析,关键要能在众多特征内容中找出最主要的特征,要能在众多特征的观察中寻求最为客观的标志。这样既能对每个调查对象进行深入细致的解剖,形成的要素比较切合实际,又能节省人力、物力和时间,可操作性较强,能以较小的代价获得较好的效果,具有较高的时效性。

例如,20 世纪 90 年代初,美国的《财富》杂志曾对比了美国历史上包括盖茨和洛克菲勒在内的 100 名富豪,发现他们具有一些共同特征,如具有强烈的成就动机和竞争欲,一心要干出一番事业等。美国丹纳公司的培训发展部主任就依据这个总结结果在自己的经理培训计划中加入了一个培训目标,即培养经理们的成就动机。

又如,领导力素质调查中最为著名的 LPI(Leadership Practices Inventory),最早产生于 1983 年,源自詹姆斯·库泽斯和巴里·波斯纳的研究项目。他们想要了解当人们"处于最佳状态"时会如何表现。然而前提条件是，要想了解这些最佳的行为表现并不一定要采访那些卓越企业中的明星人物。在研究中，他们的假设是从普通民众的最佳行为表现中也能够找到成功的模式。此次调查，他们收集了 7 万多名个人最佳行为，25 万名领导者个人分数，超过 100 万名观察者数据，每个人至少贡献一个故事。研究发现领导力素质排序如表 3-12 所示。

表 3-12　1987—2012 年五次"他们愿意追随的领导者的品质"调查汇总

素质名称	1987 年	1995 年	2002 年	2007 年	2012 年
诚实（Honest）	83	88	88	89	89
前瞻性（Forward-Looking）	62	75	71	71	71
有能力（Competent）	67	63	66	68	69
鼓舞人心（Inspiring）	58	68	65	69	69
智慧（Intelligent）	43	40	47	48	45
胸襟宽广（Broad-Minded）	37	40	40	35	38
公正（Fair-Minded）	40	49	42	39	37
可靠（Dependable）	33	32	33	34	35
支持（Supportive）	32	41	35	35	35
直截了当（Straightforward）	34	33	34	36	32
合作（Cooperative）	25	28	28	25	27
果断（Determined）	17	17	23	25	26
勇敢（Courageous）	27	29	20	25	22
雄心勃勃（Ambitious）	21	13	17	16	21
爱心（Caring）	26	23	20	22	21
忠诚（Loyal）	11	11	14	18	19
想象力（Imaginative）	34	28	23	17	16
成熟（Mature）	23	13	21	5	14
自我控制（Self-Controlled）	13	5	8	10	11
独立（Independent）	10	5	6	4	5

五、培训目标分析法

在培训目标中常常可以找到有关的任职要求和职责内容，这些都可以作为拟定测评要素的素材。例如，我们可以在一个优秀服务者的培训计划中看到以下四条要求[①]：

---

① 唐宁玉. 人事测评理论与方法［M］. 大连：东北财经大学出版社，2002.

(1) 理解顾客需求，为其提供满意的服务或商品；

(2) 采取不同方法让顾客称心如意，为其提供满意的服务或商品；

(3) 乐于提供其他的配套服务；

(4) 能抓住顾客的想法，提供令人信赖的建议忠告。

而这四个要求稍加分析、提炼就可以作为四个测评要素：

(1) 准确理解顾客需求；

(2) 灵活应变使顾客完全满意；

(3) 主动提供额外的配套服务；

(4) 有针对性地向顾客提供有效的建议和忠告。

六、历史概括法

历史概括法是指把历史上那些成功、失败且被证实过的一些人物的素质搜集起来作为正向测评指标与反向测评指标的方法。例如，秦桧的素质特征可作为反向测评指标。

历史概括法也包括对那些历史上用过且被证明有效的测评指标的收集与分析。我国许多民营企业家惯于从中国传统文化中吸取管理思想，也就借鉴了我国历史文化中的选人用人标准，这也属于历史概括法。

七、覆盖筛选法

覆盖筛选法是指在采取前述各种方法、收集到足以覆盖各类人员素质结构的内涵与外延的各种测评指标后，还需要对收集到的各种测评指标进行筛选，才能构建科学的、有针对性的测评指标体系。具体操作有四步。

首先，进行经验性筛选。即让测评者凭自己的经验进行主观估计，决定哪些要、哪些不要，一般按"非常重要""比较重要""不怎么重要"三个类别来筛选。操作时须特别注意保留下来的指标无重复，内涵尽可能少重叠，不能存在因果关系。

其次，进行专家型筛选。即选定对此类领域有研究或有经验的专家15人左右，将上述通过经验法所保留下来的测评指标，再经过3~4轮的专家匿名函询调查，最终由专家组筛选出认为重要的测评指标。

再次，进行小范围试测。

最后，进行多元统计分析。即在试测基础上，通过聚类分析、主成分分析等方法，从上述已筛选出的测评指标中，再筛选出数量更少的，但很关键且很有代表性的测评指标，由它们共同构成最终的测评指标体系。

【本章小结】

一个完整的人事测评指标应包括测评要素、测评标准。人事测评指标体系的构建方法主要有七种：工作分析法、调查访谈法、理论推导法、典型分析法、培训目标分析法、历史概括法、覆盖筛选法。

【关键概念】

测评指标　测评要素　测评标志　测评标度

【复习思考题】

1. 简述人事测评指标体系的构建方法。
2. 您认同"测评标准＝测评标志"吗？

【课后案例】最佳领导力案例——通用电气（GE）制胜法宝"群策群力"

"群策群力"（Work-Out）是通用电气（GE）开发领导力资源、打破组织藩篱、发掘员工的智慧、迅速解决组织中的问题，以及实现持续变革与高绩效的法宝。

"群策群力"不仅在通用电气取得了引人注目的成果，而且还在其他组织的实施中获得了巨大的成功，如通用汽车、家庭用品公司（Home Depot）、西尔斯和西弗吉尼亚政府等。

到1988年，每年都有大约5 000名GE员工来克罗顿维尔（即GE企业大学所在地）参加各种各样的学习课程。我仍然一次又一次地向他们提出同样的问题，让他们给予评论和回答。员工说这些信息和愿景目标非常有意义，但他们经常加上一句："我们那里不是这么回事。"真是该死，经过了这么多年的努力，这些信息仍然不能完全有效地传达给每一个人。

1988年9月的一天下午，我心情沉重地离开了克罗顿维尔。我感到忍无可忍了。那天我主持的培训研讨进行得特别好，学员们在课堂上尽情地倾诉着他们在各自公司进行改革时遇到的种种挫折。我感到，我们必须把这种坦率和热情从这教室里带回到每个人的工作场所。

在飞回费尔菲尔德的直升机上，吉姆·鲍曼不得不听我发泄着自己的情绪："我们为什么不能让克罗顿维尔的坦诚氛围出现在公司的每一个地方？"

我没有让他回答这个问题，我知道我们应该做什么。

"我们必须让克罗顿维尔的课堂在整个公司再现。"

当飞机在费尔菲尔德着陆的时候,我们心里已经有了答案。我们的想法经过随后几周的充实完善,成为GE公司一项新的改革方案,被称为"群策群力"计划。

克罗顿维尔的课堂交流之所以能够成功是因为人们在这里感到说话很自由。尽管我的确是他们的"老板",但我很少能够影响或者说根本影响不了他们个人的职位升迁——特别是对于那些较低级别的培训班学员。我们必须在所有的公司都创造出这种氛围。显然,我们不能让公司的领导组织这些交流会,因为他们认识这些员工。让公司领导组织这些意见交流会,会议的坦诚气氛就要减弱,人们就更难敞开自己的心扉自由交谈。

我们想出了一个办法,就是聘请外部受过训练的专业人员来提供帮助。这些人员多数是大学教授,他们听员工们的谈话不会别有所图,员工们与这些人交谈会感到放心。"群策群力"的运作方式就如同新英格兰地区的城镇会议。在这样的座谈会上,有40~100名员工被邀请参加,他们可以自由地谈论对公司的看法,讨论他们看到的一些官僚行为,特别是在申请批复、报告、开会和检查中遇到的一些不愉快的事情。

顾名思义,"群策群力"就是从系统中去除不必要的工作。为达到这个目的,我们希望每个公司能够进行数百次的"群策群力",这是项工作量巨大的计划。

一个典型的"群策群力"会议持续两到三天。会议开始时经理要到场讲话,他可能提出一个重要议题或安排一下总的会议日程,然后他就离开了。在老板不在场的情况下,外部专业人员启发和引导着员工进行讨论。员工们需要把自己的问题列成清单,认真地对这些问题进行争论,然后准备好在经理回来的时候向他反映。外部专业人员都是吉姆·鲍曼亲自确定的,共有24人。在他们的帮助下,员工和经理之间的这种交流变得容易多了。

"群策群力"会议真正的不同寻常之处在于我们坚持要求经理们对每一项意见都要当场做出决定。他们必须对至少75%的问题给予是或不是的明确回答。如果有的问题不能当场回答,那么对该问题的处理也要在约定好的时限内完成。任何人都不能对这些意见或者建议置之不理。由于员工们能够看到自己的想法迅速得以实施,这对消除官僚主义起到了巨大的推动作用。

我永远不会忘记1990年4月我在家电业务部门参加的一次"群策群力"会议。会议是在肯塔基州列克星敦的假日饭店会议室里举行,参加会议的员工有30人。一个工会工人正在作陈述,他认为可以对电冰箱门的生产工艺进行改进。为说明自己的想法,他开始描述第二层楼上生产线的部分流程。

突然,工厂的车间主任跳起来打断了他的讲话。

"你说的狗屁不通。"他说道,"你都不知道你在讲什么。你自己从来没有去过那里。"

他抓起了一支记号笔,开始在会议室前面的写字板上写了起来。还没等你弄明白怎么回事,他已经"喧宾夺主"地提出了答案。很快,他的解决方案被接受了。

看到两位工人师傅为改进生产工艺进行争论,这绝对是一件令人兴奋不已的事情。想象一下,那些刚刚从大学出来的毕业生如果面对这条生产线的话,他们恐怕做不到这一点。而现在,这些富有经验的工人帮助我们把问题迅速地解决了。

人们开始忘记了自己的本来角色,他们开始到处谈自己的看法,这并不奇怪。

公司里流传着千百个这样的故事。到1992年年中的时候,已经有大约20万名GE员工参加过"群策群力"会议。这一计划的意义可以用一位中年家用电器工人曾经做过的评论来进行总结。他说:"25年来,你们为我的双手支付工资,而实际上,你们本来还可以拥有我的大脑——而且不用支付任何工资。"

"群策群力"计划再次证实了我们很久以来的一个认识:距离工作最近的人最了解工作。GE公司发生的几乎每一件好的事情,不管是计划、行动,还是方针、政策,追根溯源,都与解放某些下属企业、某些团队或者某个人有关。"群策群力"计划解放了他们中的许多人。从克罗顿维尔孵化出的一个简单想法使我们得到了这样一个伟大的"群策群力"计划,它帮助我们创建了一种文化。在这种文化里,每一个人都能发挥自己的作用,每个人的想法都受到重视;在这种文化里,企业经理人是在"领导"而不是"控制"公司。他们提供的是教练式的指导,而不是牧师般的说教,因而,他们最终取得了更好的结果。

资料来源:本案例摘编自中信出版社2017年出版的《杰克·韦尔奇自传》第12章。

第四章 人事测评指标无量纲化与权重确定法

> **学习目标**
>
> 通过本章的学习，熟练应用人事测评各种量化形式，掌握人事测评指标无量纲化处理方法及其指标权重的确定方法。

【课前阅读】人事测评指标体系有效性及数据刻画问题探讨

表1中一级指标"能力素质"中的三级指标"乐群性"是卡特尔16PF（卡特尔16种人格因素问卷）中第一个根源性人格特质，这与一级指标"个性特质"产生交互性，而非相互独立，所以该指标体系需要进一步检验与处理。

表1 某企业职业经理人的三级指标体系表

一级指标	二级指标	三级指标	一级指标	二级指标	三级指标
能力素质 34%	交际沟通	宣传表达	个性特质 33%	自我认同感	自信心
		沟通说服			果断迅速
		乐群性			乐观豁达
	思维判断	逻辑推理		意志信念	自制力
		预见判断			顽强性
		开拓创新		进取奋发	竞争超前
	管理组织	决策能力			勇敢度
		知人善任			冒险精神
		动员激励		行为习惯	行为连贯
		授权协调			行为自觉性
思想品质 17%	公益性	服务性			行为乐意
		责任心	专业特征 16%	文化程度	—
	诚信度	相容			—
		正直		知识面	—
	政策理解	国家政策			—
		业务政策		专业水平	—
	作风态度	民主			—
		实践			

假设表1满足人事测评指标体系构建的一系列原则,那么,如何将该测评指标体系用于未来职业经理人的选育用留呢?

资料来源:笔者根据搜集素材整理而得。

第一节 人事测评指标的量化形式

所谓量化,即数量化,指给事物以数学形式的表示。人才素质的量化就是通过测量手段来揭示素质的数量特征与质量特征;人事测评的量化,除了方便简洁的物化表述功能外,还有助于促进测评实施者对于人才素质特征进行细致、深入的分析与比较,有助于从大量的具体行为中抽象概括本质的特征和作出尽可能准确的差异比较。

通过量化把单项的素质结果物化为分数形式后,可以采用计算机技术进行分析,使许多烦琐的数据分析变得简单。人事测评的量化形式,从理论上来说,有一次量化、二次量化、类别量化、模糊量化、顺序量化、等距量化、比例量化与当量量化等。

一、一次量化与二次量化

当"一"与"二"作序数词解释时,一次量化是指对人事测评的对象进行直接的定量刻画,量化过程可以一次性完成,人事测评的最后结果可以由原始的测评数据直接综合与转换。例如,出勤频数、产品数量、身高、体重等。一次量化的对象一般具有明显的数量关系,量化后的数据直接揭示了人事测评对象的实际特征,具有实质意义,因而也可称之为实质量化。二次量化即指对人事测评的对象进行间接的定量刻画,即先定性描述后再定量刻画的量化形式,量化过程要分二次计量才能完成。例如,工人的降低生产成本行为,先依据"成本意识"测评标准,用"强烈""一般""淡漠"三个词进行定性描述,并令"3"表示"强烈","2"表示"一般","1"表示"淡漠",这样对工人的"成本意识"测评就实现了量化。这种量化就是我们所说的二次量化。二次量化的对象一般是那些没有明显的数量关系,但具有质量或程度差异的素质特征。如果量化的结果并没有直接揭示量化的内容,换句话说,当量化的表现形式与量化的具体内容并不存在任何实质性的数量关系时,我们将把这种形式的量化称之为形式量化。

二、类别量化与模糊量化

类别量化与模糊量化都可以看作是二次量化。所谓类别量化就是把人事测评对象划分到事先确定的几个类别中去,然后给每个类别赋值。例如,把职员划分为管理型、技术型与非技术型三种，然后给管理型赋值3，给技术型赋值2，给非技术型赋值1。

类别量化的特点是，每个测评对象属于且仅属于一个类别，不能同时属于两个以上的类别。量化在这里是一种符号性的形式量化，"分数"在这里只起符号作用，无大小之分。

模糊量化则要求把人事测评对象同时划分到事先确定的每个类别中去，根据该对象的隶属程度分别赋值。例如，把管理者的风格划分为民主型、专制型、中庸型，每一种都提前拟定一些具体标准。一个管理者的所有行为，可能有些符合民主型，有些符合专制型，而有些则符合中庸型。因此，要把他完全归入到某一类中会十分困难。此时，可以根据该管理者实际符合民主型、专制型与中庸型三者标准的程度分别给出三个隶属度值，若认为其60%的行为符合"民主型"的标准，就给民主型赋值0.6。

模糊量化的特点是，每个测评对象同时且必须归属到每个类别中，量化值一般是不大于1的正数，是一种实质性量化。

由此可见，模糊量化的测评对象是那些分类界限无法明确，或测评实施者认识模糊、无法把握的素质特征，类别量化的测评对象则是那些界限明确且测评实施者能完全把握的素质特征。

三、顺序量化、等距量化与比例量化

在同一类别中常常需要对人事测评对象进行深层次的量化，这就是顺序量化、等距量化与比例量化，也可以把它们看作是二次量化。

顺序量化，一般是先依据某一素质特征或标准，将所有的人事测评对象两两比较排成序列，然后给每个测评对象均赋以相应的顺序数值。例如，按生产优质品数量，把全车间工人的生产效果顺次赋值，1（第一名）、2（第二名）……，就是一种顺序量化。

等距量化则比顺序量化更进一步，它不但要求人事测评对象的排列有强弱、大小、先后等顺序的关系，而且要求任何两个人事测评对象间的差异相等，然后在此基础上给每个测评对象一一赋值。例如，对于公司主要领导干部的能力实行量化测评，从第1个开始依次间隔一个难度等级赋值，排列第1位的赋值1，与第1位相差1个难度等级的人赋值2，与第1位相差2个难度等级的人赋值3，依次类推。等距量化可以使人事测评对象进行差距大小的比较。

比例量化又比等距量化更进一步，它不但要求人事测评对象的排列有顺序、等距关系，而且还要存在倍数关系。假设排在第2位的人的能力是第1位的2倍，则排在第3位的人是第1位的3倍，排在第4位的人是第1位的4倍，依次类推，然后在此基础上再给

每个测评对象赋值。标准分数可以说是一种比例量化。

比例量化的步骤可以在顺序量化的第一步基础上进行（当然也可以在等距量化的第一步基础上进行）。当人事测评对象排成序列之后，其赋值的法则规定如下：以排列在第 1 位的人事测评对象为基准，后续的每一个人事测评对象顺次与它进行倍数比较，当第 2 个人事测评对象是第 1 个人事测评对象的 2 倍时，给第 2 个人事测评对象赋值 2；当第 2 个人事测评对象是第 1 个人事测评对象的 0.5 倍时，则赋值 0.5。比例量化可以使人事测评对象进行差异比例程度的比较。

四、当量量化

在人事测评的量化过程中，我们常会遇到对于不同类别（或者说不同质）的对象如何综合的问题。类别量化仅起了给测评对象"数值"分类的作用，并没有解决其量化后的综合问题，因此，类别量化之后常常需要再做当量量化。

所谓当量量化，就是先选择某一中介变量，把诸种不同类别或并不同质的人事测评对象进行统一性的转化，对它们进行近似同类同质的量化。例如，对各项测评指标的纵向加权，实际上就可以看作是一种当量量化。当量量化实际上也是近似的等值技术，其作用是使不同类别不同质的人事测评对象量化，能够相互比较和进行数值综合。

第二节 人事测评指标无量纲化方法

在多指标综合评价中涉及两个基本变量：一是各评价指标的实际值，另一个是各指标的评价值。由于各指标所代表的物理含义不同，因此存在着量纲上的差异。这种异量纲性是影响对事物整体评价的主要因素。指标的无量纲化处理是解决这一问题的主要手段。无量纲化，也称作数据的标准化、规格化，是一种通过数学变换来消除原始变量量纲影响的方法。

一、直线型无量纲化方法

直线型无量纲化方法的基本思想是假定实际指标和评价指标之间存在着线性关系，实际指标的变化将引起评价指标一个相应的比例变化。代表方法有：阈值法、标准化法（Z-score 法）、比重法等。

1. 阈值法

阈值也称临界值，是衡量事物发展变化的一些特殊指标值，如极大值、极小值、满意值、不允许值等。阈值法是用指标实际值与阈值相比以得到指标评价值的无量纲化方法。满意值是在目前条件下可能达到的最优值；不允许值是该指标不允许出现的最低值，二者之差被称为允许变动的参照系。常用公式如下：

$$y_i = \frac{x_i}{\max\limits_{1 \leq i \leq n} x_i}$$

$$y_i = \frac{\max\limits_{1 \leq i \leq n} x_i + \min\limits_{1 \leq i \leq n} x_i - x_i}{\max\limits_{1 \leq i \leq n} x_i}$$

$$y_i = \frac{\max\limits_{1 \leq i \leq n} x_i - x_i}{\max\limits_{1 \leq i \leq n} x_i - \min\limits_{1 \leq i \leq n} x_i}$$

$$y_i = \frac{x_i - \max\limits_{1 \leq i \leq n} x_i}{\max\limits_{1 \leq i \leq n} x_i - \min\limits_{1 \leq i \leq n} x_i}$$

$$y_i = \frac{x_i - \max\limits_{1 \leq i \leq n} x_i}{\max\limits_{1 \leq i \leq n} x_i - \min\limits_{1 \leq i \leq n} x_i} k + q$$

其中，n 为指标个数，y 的取值范围为 $[q, k+q]$。

2. 标准化法

根据统计学原理，要对多组不同量纲数据进行比较，可以先将它们标准化，转化成无量纲的标准化数据。而综合评价就是要将多组不同的数据进行综合，因而可以借助标准化方法来消除数据量纲的影响。标准化（Z-score）公式为：

$$y_i = \frac{x_i - \bar{x}}{s}$$

其中，

$$\bar{x} = \frac{1}{n} \sum_{i=1}^{n} x_i$$

$$s = \sqrt{\frac{1}{n-1} \sum_{i=1}^{n} (x_i - \bar{x})^2}$$

$\bar{x}$ 为样本均值，s 为样本标准差，n 为指标个数。

3. 比重法

比重法是将实际值转化为它在指标值总和中所占的比重，常用公式如下：

$$y_i = \frac{x_i}{\sum_{i=1}^{n} x_i}$$

或
$$y_i = \frac{x_i}{\sqrt{\sum_{i=1}^{n} x_i^2}}$$

以上介绍了三种常用的直线型无量纲化方法,这些方法的最大特点是简单、直观。直线型无量纲化方法的实质是假定指标评价值与实际值呈线性关系,评价值随实际值等比例变化,但事物发展的实际情况不一定与此相符。这也是直线型无量纲化方法的最大缺陷。

二、折线型无量纲化方法

常用的有凸折线型、凹折线型和三折线型三种类型,现简单介绍一种用阈值法构建的凸折线型无量纲化方法作为代表。常用公式如下:

$$y_t = \begin{cases} \dfrac{x_i}{x_m} y_m & 0 \leqslant x_i \leqslant x_m \\ y_m + \dfrac{x_i - x_m}{\max\limits_{1 \leqslant i \leqslant n} x_i}(1 - y_m) & x_i > x_m \end{cases}$$

式中,n 为指标个数,x_m 为转折点指标值,y_m 为 x_m 的评价值,如图 4-1 所示。

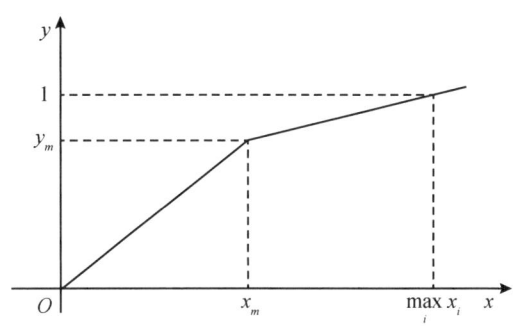

图 4-1 折线型无量纲化方法示意

从理论上来讲,折线型无量纲化方法比直线型无量纲化方法更符合事物发展的实际情况,但应用的前提是评价者必须对被评事物有较为深刻的理解和认识,合理地确定指标值的转折点及其评价值。

三、曲线型无量纲化方法

有些事物在发展过程中阶段性的临界点不是很明显,而且在前期、中期、后期发展情况截然不同,也就是说指标值是随事物发展逐渐变化的,而非突变的。在这种情况下,曲线型无量纲化方法更为适用。常用公式及对应图形和特点见表4-1。

表4-1　　　　　曲线型无量纲化方法常用公式及对应图形和特点

名称	解析式	图形	特点
升半Γ型	$y = \begin{cases} 0 & 0 \leq x \leq a \\ 1 - e^{-k(x-a)} & x > a \\ k > 0 \end{cases}$		指标评价值随实际值变化，到后期逐渐缓慢直至几乎不变，适合指标值在后期变化对事物发展总体水平影响较小的情况
升半正态型	$y = \begin{cases} 0 & 0 \leq x \leq a \\ 1 - e^{-k(x-a)^2} & x > a \\ k > 0 \end{cases}$		指标评价值随实际值中期变化较快，而前后期相对较慢。适合指标中值变化对事物发展总体水平影响较大的情况
升半柯西型	$y = \begin{cases} 0 & 0 \leq x \leq a \\ \dfrac{k(x-a)^2}{1+k(y-a)^2} & x > a \\ k > 0 \end{cases}$		指标评价值随实际值中期变化较快，而前后期相对较慢。适合指标中值变化对事物发展总体水平影响较大的情况
升半凹凸型	$y = \begin{cases} 0 & 0 \leq x \leq a \\ a(x-a)^k & a \leq x \leq a + \dfrac{1}{\sqrt[k]{a}} \\ 1 & x \geq a + \dfrac{1}{\sqrt[k]{a}} \end{cases}$		指标评价值随指标实际值的变化逐渐加快或逐渐减慢
升半岭型	$y = \begin{cases} 0 & 0 \leq x \leq a \\ \dfrac{1}{2} - \dfrac{1}{2}\sin\dfrac{x}{b-a}\left(x - \dfrac{a+b}{2}\right) & a < x \leq b \\ 1 & x > b \end{cases}$		指标评价值随指标实际值中期变化快，前后期较慢，且呈对称情况

无量纲化方法在使用时，应尽可能选择适合讨论对象性质的方法。当然也可以选用几种，然后分析不同的无量纲化方法对结论会产生多大的影响。实践经验表明，不是越复杂的方法就越合适，关键在于是否切合实际的要求，在这个前提下，应该说越简单、越方便使用，越会受欢迎。

第三节　权重的确定方法

权重是指测评指标在测评体系中的重要性或测评指标在总分中应占的比重，其数量表示即为权数或权重系数。加权形式分为绝对赋分方式（把一定数量的总分按照一定的比例分派到不同层次的测评指标上）和相对赋分方式（依据测评指标体系中各部分指标相对总体的不同"分量"赋予不同的百分数）。

一、权重确定的原则

1. 系统优化原则

在人事测评指标体系中，每个指标对系统都有它的作用和贡献，对系统而言都有它的重要性。所以，在确定它们的权重时，不能只从单个指标出发，而是要处理好各测评指标之间的关系，合理分配它们的权重。因此，应当遵循系统优化原则，把整体最优化作为出发点和追求的目标。

在这个原则指导下，对测评指标体系中各项测评指标进行分析对比，权衡它们各自对整体的作用和效果，然后对它们的相对重要性做出判断。在确定各自的权重时，应注意既不能平均分配，又不能片面强调某个指标，而忽略其他指标。在实际测评工作中，应该使每个指标发挥其应有的作用。

2. 评价者的主观意图与客观情况相结合的原则

测评指标权重反映了评价者和组织对人们工作的引导意图和价值观念。当他们觉得某项指标很重要，需要突出它的作用时，就必然赋予该指标以较大的权数。但现实情况往往与人们的主观意愿不完全一致，因此，确定权重时要考虑这样几个问题：

（1）历史的指标和现实的指标；
（2）社会公认的和企业的特殊性；
（3）同行业、同工种间的平衡。

只有同时考虑现实情况，把引导意图与现实情况结合起来，才能使测评发挥预期的作用。

3. 民主与集中相结合的原则

权重是人们对测评指标重要性的认识，是对定性判断的量化，往往受个人主观因素的影响。不同的人对同一件事情的看法经常是不同的，其中有合理的成分，也有受个人价值观、能力和态度造成的偏见。这就需要按照民主与集中相结合的原则，集中相关人员的意见互相补充，形成统一的方案。这个过程有下列好处：

（1）考虑问题比较全面，使权重分配比较合理，防止个别人认识和处理问题的片面性；

（2）比较客观地协调了评价各方之间意见不统一的矛盾，经过讨论、协商、考查各种具体情况而确定的方案，具有很强的说服力，预先消除了许多不必要的纠纷；

（3）这是一种让更多人参与管理的方式，在方案讨论的过程中，各方都提出了自己的意见，而且对测评指标系统目标都有进一步的体会和了解，在人事测评实施过程中，可以更好地按原定目标进行相关的测评工作。

4. 权重分配的原则

（1）合理性。权重分配要反映测评对象的内部结构和规律，防止因权重分配不当而脱离实际或产生偏向。

（2）变通性。权重分配要符合客观实际的需要，可以根据测评目的与要求而适当变通分配。

（3）模糊性。对权重的分配不必十分精确，可以为方便测评而模糊一些，实际上有些测评指标根本无法做到精确，只能模糊处理。

（4）归一性。各个测评指标的权数合计应为1或100。

二、权重确定的常用方法

权重确定的常用方法有：专家加权法，即聘请与素质测评有关的专家，要求他们各自独立地对测评指标体系加权，然后按每个测评指标进行统计，取其平均值作为权重系数；比较加权法，即首先确定测评指标中重要程度最小的那个指标，把其他测评指标与它进行比较，判断重要程度是它多少倍，然后进行归一化的处理，即得到各个测评指标的权重系数。下面介绍两种常用方法。

1. 德尔菲（Delphi）法——通过卓越人物来洞察和预见未来

德尔菲法是美国"兰德"公司20世纪40年代首先用于技术预测的方法。德尔菲是古希腊传说中的神谕之地，在德尔菲城中有一座阿波罗神殿，阿波罗是传说中的预测神，众神每年集会于德尔菲城以预测未来。

德尔菲法是头脑风暴法的一种发展。它以匿名方式通过几轮函询，征求专家们的意见。预测领导小组对每一轮的意见进行汇总整理，作为参考资料再发给每个专家，供他们分析判断，提出新的观点。如此多次反复，专家的意见渐趋一致，作为最后预测的根据。

德尔菲法已成为一种广为适用的预测方法。许多决策咨询专家和决策者都把德尔菲法作为一种重要的规划决策工具。具体操作有三个步骤。

第一步，提出要求，明确目的，制定调查表，准备必要背景材料。提供给专家的问题要具体、明确、便于答复、材料客观。

第二步，选择专家。专家应是具有较高理论水平或具有丰富实践经验的人，一般选择 10~50 人。德尔菲法是一项对于意见和价值进行判断的作业。如果应邀专家对预测主题不具有广泛的知识，则很难提出正确的意见和有价值的判断。

一般情况下，因为预测主题比较窄、针对性较强，所以要物色很多对这一专题涉及的各个领域有很深造诣的专家非常困难，因而，物色专家是德尔菲法成败的关键，是预测领导小组的一项主要工作。

从外部选择专家，大体按如下程序进行：

- 编制征求专家应答问题一览表；
- 根据预测主题，编制所需专家类型一览表；
- 将问题一览表发给每位专家，询问他们能否坚持参加规定问题的预测；
- 确定每位专家从事预测所消耗的时间和经费。

第三步，反馈调查。主持预测的单位或领导小组收集专家意见，加以综合、整理后，再反馈给各专家征求意见。一般经过 4 轮，专家的意见可以基本协调，会出现统计稳定性或结果收敛于某一建议的结果。

第一轮：发给专家的第一轮调查表不设任何框框，只提出预测主题。

预测领导小组对专家填写后寄回的调查表进行汇总整理，归并同类事件，排除次要事件，用准确术语提出事件一览表，并作为第二轮调查表发给每位专家。

第二轮：专家对第二轮调查表所列的每个事件做出评价，并阐明理由。预测领导小组对专家意见进行统计处理。

第三轮：根据第二轮统计材料，专家再一次进行判断和预测，并充分陈述理由。有些预测在第三轮时仅要求持异端意见的专家充分陈述理由，因为他们的依据经常是其他专家忽略的一些外部因素或未曾研究过的一些问题。这些依据往往对其他成员重新做出判断产生影响。

第四轮：在第三轮统计结果基础上，专家再次进行预测。根据预测领导小组要求，有的成员要重新做出论证。

2. 层次分析法（Analytic Hierarchy Process，AHP）

层次分析法是美国匹兹堡大学教授萨蒂（T. L. Saaty）于 20 世纪 70 年代提出的一种系统分析方法。他模仿人的决策思维过程，开发出一种综合的、定性与定量相结合的分析方法，主要适用于多因素复杂系统，特别是难以定量描述的社会系统。

1977 年第一届国际数学建模会议上，萨蒂发表了《无结构决策问题的建模——层次分析理论》，开始引起人们注意。1980 年以后，他陆续出版了相关的专著和文章，其理论逐步走向成熟。1982 年这一方法引入我国，天津大学许树柏等发表了我国第一篇介绍 AHP 的论文，此后层次分析法在我国得到广泛的应用。

层次分析法有别于其他方法的地方有两点。

第一，不把所有因素放在一起比较，而是两两相互比较。

这是因为如果影响决策的因素比较多，人们往往不容易分清哪个因素更重要，即便各因素能够排出顺序，其重要性也很难量化，为此，萨蒂等人提出了将各因素两两进行比较的方法，将比较结果用 1~9 比例标度来刻画，进而构造成对比较矩阵。

第二，采用相对尺度，以尽可能减少性质不同的诸因素相互比较的困难，以提高准确度。

在对各因素进行成对的定性比较时，人们头脑中通常有 5 种明显的等级，1~9 的比例标度便是这种比较结果的一种量化形式，其含义见表 4-2。

表 4-2　　　　　　　　　　A/B 打分标准及其含义表

A/B 分值	分值说明
1	A 与 B 相比，A 与 B 同样重要
3	A 与 B 相比，A 比 B 稍微重要
5	A 与 B 相比，A 比 B 明显重要
7	A 与 B 相比，A 比 B 强烈重要
9	A 与 B 相比，A 比 B 极端重要
1/3	A 与 B 相比，A 比 B 稍微不重要
1/5	A 与 B 相比，A 比 B 明显不重要
1/7	A 与 B 相比，A 比 B 强烈不重要
1/9	A 与 B 相比，A 比 B 极端不重要
如果上述九种分值不能代表您认为的"A 比 B 重要程度"状态，请参阅下列八种中间状态分值	
2	A 与 B 相比，A 比 B 重要程度介于 1 和 3 之间
4	A 与 B 相比，A 比 B 重要程度介于 3 和 5 之间
6	A 与 B 相比，A 比 B 重要程度介于 5 和 7 之间
8	A 与 B 相比，A 比 B 重要程度介于 7 和 9 之间
1/2	A 与 B 相比，A 比 B 不重要程度介于 1 和 1/3 之间
1/4	A 与 B 相比，A 比 B 不重要程度介于 1/3 和 1/5 之间
1/6	A 与 B 相比，A 比 B 不重要程度介于 1/5 和 1/7 之间
1/8	A 与 B 相比，A 比 B 不重要程度介于 1/7 和 1/9 之间

(1) 心理学的实验表明,大多数人对不同事物在相同属性上差别的分辨能力在5~9级之间,采用1~9的比例标度反映了大多数人的判断能力;

(2) 大量的社会调查表明,1~9的比例标度早已为人们所熟悉和采用;

(3) 科学考察和实践表明,1~9的比例标度已完全能区分引起人们感觉差别的事物的各种属性。

三、层次分析法的应用过程

在应用层次分析法之前,首先应将人事测评指标体系各层级结构加以明确。例如,我们将通过建立三级评价指标体系来实现对人员素质的评价。我们把身体素质、文化素质、品德素质、智能素质和心理健康作为衡量人员素质的主要标准,也由这五个指标构成一级指标层。一级指标层建立后,我们可以通过行业与职位分类要求,分别分解各个一级指标形成二级指标层,如品德素质一级指标可分解为:自律程度指标、廉洁程度指标、民主公开程度指标、政治学习情况等二级指标。二级指标层建立后,再分别对各个二级指标进行再分解,形成更加详细的三级指标层,如自律程度二级指标可分解为:收入申报如实率、出勤率等三级指标。这样经过层层分解,就形成了三级评价指标体系。

在明确指标体系层级结构后,一般应邀请11位左右的专家(一般是奇数)对每一级指标因素进行两两比较与判断,并采用1~9的比例标度,将专家的定性判断定量化,由此构造出若干个两两比较判断矩阵。

然后,对这些比较判断矩阵进行层次单排序,计算出各自的权重系数,同时还须进行一致性检验,即当 $CR<0.1$ 时,就认为该判断矩阵具有满意的一致性,层次分析法得出的结论是合理的,否则就需要调整判断矩阵。

(1) 判断矩阵的建立

以一级指标层中的身体素质指标为例,其下设有五个二级指标,分别为指标 a_1、指标 a_2、指标 a_3、指标 a_4、指标 a_5,11位专家对这五个二级指标打分原始数据详见表4-3。

表4-3 专家对二级指标打分的原始数据表

专家	a_1/a_2	a_1/a_3	a_1/a_4	a_1/a_5	a_2/a_3	a_2/a_4	a_2/a_5	a_3/a_4	a_3/a_5	a_4/a_5
1	3	3	0.3	3	1	1	1	1	0.3	0.3
2	2	1	3	4	0.3	0.5	0.5	0.5	2	1
3	3	2	2	2	0.3	2	1	1	2	1
4	2	3	4	5	2	3	4	2	3	2
5	1	3	3	3	1	1	3	3	1	1

续表

专家	a_1/a_2	a_1/a_3	a_1/a_4	a_1/a_5	a_2/a_3	a_2/a_4	a_2/a_5	a_3/a_4	a_3/a_5	a_4/a_5
6	1	3	3	3	3	3	3	1	3	3
7	0.3	0.3	0.3	0.5	0.3	0.3	0.3	4	0.5	0.3
8	5	7	5	9	1	1	3	5	7	1
9	3	0.3	0.3	1	0.2	0.5	1	5	7	3
10	2	2	2	0.3	1	1	0.3	1	0.3	0.3
11	5	3	5	5	0.2	5	0.2	5	1	1
中位数	2	3	3	3	1	1	1	2	2	1

对于专家打分后的结果，一般选取中位数来构造判断矩阵（见表4-4），表4-4中的 a_{12} 表示指标因素 a_1 与 a_2 相比，a_1 比 a_2 的重要性程度，其他依次类推。

表4-4　　　　　　　　　　判断矩阵表

指标因素	a_1	a_2	a_3	a_4	a_5
a_1	(a_{11}) 1	(a_{12}) 2	(a_{13}) 3	(a_{14}) 3	(a_{15}) 3
a_2	(a_{21}) 1/2	(a_{22}) 1	(a_{23}) 1	(a_{24}) 1	(a_{25}) 1
a_3	(a_{31}) 1/3	(a_{32}) 1/1	(a_{33}) 3	(a_{34}) 2	(a_{35}) 2
a_4	(a_{41}) 1/3	(a_{42}) 1/1	(a_{43}) 1/2	(a_{44}) 1	(a_{45}) 1
a_5	(a_{51}) 1/3	(a_{52}) 1/1	(a_{53}) 1/2	(a_{54}) 1/1	(a_{55}) 1

（2）权重的计算

令表4-4中的判断矩阵为 A，计算满足 $Aw = \lambda_{max} w$ 的特征根与特征向量，其中 λ_{max} 为 A 的最大特征根，w 为对应于 λ_{max} 的特征向量，并将此特征向量做归一化处理，即得权重。

采用方根法计算权重：n 为判断矩阵的阶数，如用表4-4判断矩阵中数据，则 $n=5$。

$$w_i = \frac{\sqrt[n]{\prod_{j=1}^{n} a_{ij}}}{\sum_{i=1}^{n} \sqrt[n]{\prod_{j=1}^{n} a_{ij}}}$$

其中，w 为权重，n 为判断矩阵的阶数。

采用求和法计算权重：第一步是列向量归一，第二步为行向量的算术平均，即得权重。

$$A = \begin{bmatrix} 1 & 2 & 6 \\ 1/2 & 1 & 4 \\ 1/6 & 1/4 & 1 \end{bmatrix} \xrightarrow{\text{列向量归一化}} \begin{bmatrix} 0.6 & 0.615 & 0.545 \\ 0.3 & 0.308 & 0.364 \\ 0.1 & 0.077 & 0.091 \end{bmatrix} \xrightarrow{\text{算术平均}} \begin{bmatrix} 0.587 \\ 0.324 \\ 0.089 \end{bmatrix} = w$$

$$Aw = \begin{bmatrix} 1.769 \\ 0.974 \\ 0.268 \end{bmatrix} \Rightarrow \lambda = \frac{1}{3}\left(\frac{1.769}{0.587} + \frac{0.974}{0.324} + \frac{0.268}{0.089}\right) = 3.009$$

(3) 判断矩阵的一致性检验

与其他确定指标权重的方法相比，层次分析法的最大优点还在于需要通过一致性检验，即要保证专家思维逻辑上的一致性。思维逻辑上的一致性是指专家在判断指标的重要性时，在3个以上的指标相互比较的情况下，各判断之间协调一致，不会出现内部相互矛盾的结果。如指标A、B、C之间两两比较，在A比B重要、B比C重要的情况下，如出现C比A重要的评价，则称专家思维逻辑出现了非一致性。这类不一致性的矛盾，在多阶判断矩阵中极容易发生，只不过不一致性的程度不同而已。

由于两两比较判断矩阵的元素是通过两个因素比较得到的，而在很多这样的比较中，往往可能得到一些不一致性的结论，要完全达到判断一致性是非常困难的，所以允许在一致性上有一定的偏离，为此要进行一致性检验。

由于 λ 连续依赖于 a_{ij}，则 λ 比 n 大得越多，A 的不一致性越严重。用最大特征值对应的特征向量作为被比较因素对上层某因素影响程度的权向量，其不一致程度越大，引起的判断误差越大。因而可以用（$\lambda-n$）数值的大小来衡量 A 的不一致程度，即一致性指标 $CI = \frac{\lambda_{\max} - n}{n-1}$。$CI=0$，有完全的一致性；$CI$ 接近于 0，有满意的一致性；CI 越大，不一致性越严重。

为衡量 CI 的大小，引入随机一致性指标 RI。表 4-5 中的 RI 值是 1 000 个 CI 的算术平均值（经过 1 000 次随机生成比较矩阵，得出 1 000 个 CI 值）。由于矩阵阶数小于 3 时，判断矩阵永远具有一致性，即 RI 值为零。因此，表 4-5 所列随机一致性指标数值是从 3 阶矩阵开始的。

一致性检验采用"一致性比例 $CR=CI/RI$"，只有当 $CR<0.1$ 时，所检验判断矩阵具有满意的一致性，说明所得权重是科学合理的。

表 4-5　　　　　　　　　平均随机一致性指标值表

矩阵阶数	3	4	5	6	7	8	9	10	11	12	13	14	15
RI	0.58	0.9	1.12	1.24	1.32	1.41	1.46	1.49	1.52	1.54	1.56	1.58	1.59

【本章小结】

本章主要解决了人事测评指标的量化形式及单位不一致测评指标之间的加总问题。

最后着重介绍了两种指标权重确定方法，即德尔菲法与层次分析法。

【关键概念】

量化　无量纲化　德尔菲法　层次分析法

【复习思考题】

1. 简述人事测评各种量化形式。
2. 标准化法是属于哪一种无量纲化方法？
3. 判断题：层次分析法中的一致性检验没有必要做。

【课后阅读】人事测评在企业中的实施与应用案例

一、背景描述

创建于1991年的湖北美岛服装有限公司（简称美岛公司），是一家中日合资企业。公司地处湖北省东部的黄石市，现有员工4 000多人，总资产达1.2亿元，是国家级中型服装企业。严谨的管理、精良的产品质量、一流的商业信誉使美岛公司经营业绩不断上升，并被日本《纤研新闻》称为"女装王国的万能工厂"。2001年2月9日，美尔雅临时股东大会通过关于出让美岛公司股权的议案，这次股权变动对于美岛公司来说，是机遇与挑战并存。面对激烈的市场竞争，美岛公司加快了向经营型企业转变的步伐，并制定了稳住日本市场、大力拓展国内市场和欧美市场的企业发展战略。公司管理层从企业发展战略出发，敏锐地认识到要实现这一目标，人才是关键。为了发现人才、用好人才并为人才的成长营造一个好的环境，美岛公司决定建立一套规范合理的绩效考核体系，并对公司所有非计件员工进行一次测评，以综合考查公司现有的人力资源状况。

美岛公司以生产高档女装为主，其业务长期以来集中在对日贸易方面，对内贸易、欧美贸易近年来也有所发展；与这种业务性质相适应，美岛公司的组织结构由人力资源部、财务部、公关部、生产技术部、外经贸部、信息部、内贸部、设备部和生产厂组成。美岛公司的非计件员工有80人，主要分布在辅助生产部门以及生产部门的管理岗位，与生产一线的计件员工不同，这些员工学历相对较高，岗位绩效无法定量，能力表现也多样化，是公司人力资源开发的重点。美岛公司管理层希望通过本次测评达到以下几个目的：(1) 希望通过科学的人事测评，对每个人的能力进行一次全面公正的评价，以便在实践中更好地配置人力资源；(2) 希望能够发现一些具有发展潜力的人才，以便公司重点培养和任用；（3）希望员工通过测评能够更好地认识自己，以便在以后的工作中改进工作绩效。

二、美岛公司人事测评方案的设计与实施

1. 人事测评指标体系的建立

能力是内在于人体之中的体力和智力的总和，每个人的能力都是由各种素质要素耦合而成的综合体，因而衡量人与人之间的能力差异首先要建立一套表示人员素质及其功能行为的各个方面相互联系、相互制约的要素体系。只有在此基础上，我们才能通过测量个体在各个素质要素上表现出来的差异来全面衡量人的能力。一般说来，人的能力由心理素质、身体素质、文化素质和工作技能等几个要素组成，其中心理素质包括智力、人格和价值观等要素；身体素质包括健康状况与体力状况两个方面；文化素质由知识素质与工作经验素质构成；而工作技能包括专业知识与专门技能。

能力要素体系涵盖了个体能力表现的总和，然而，在企业实施人事测评不可能针对每一个要素都进行测量，因此合理选择与工作绩效密切相关的要素进行测评往往成为人事测评成功的关键。美岛公司人事测评指标体系的建立，实质上就是根据美岛公司实际情况筛选出与绩效相关的要素并据以设计测评指标的过程。

美岛公司人事测评指标体系的设计大致分两步进行：第一步，通过对美岛公司员工的学历、工作年限、工作性质等项目的总体调查，发现参与测评的员工以事务性工作为主，较少参与体力劳动，因而剔除了身体素质要素；第二步，与美岛公司各部门员工代表进行访谈，并依据访谈结果确定绩效相关要素，最后设计测评指标体系，见表1。

表1　　　　　　　　　美岛公司人员测评指标体系

| 心理素质 | | | 文化素质 | 工作技能 |
价值观	智力	人格		
1. 事业心、进取心	2. 学习能力 3. 综合分析能力	4. 积极主动性 5. 自信与开拓性	6. 学历 7. 专业知识	8. 工作经验 9. 人际交往能力 10. 领导与管理能力 11. 科学决策能力

2. 人事测评方法体系的设计

明确了测评指标，接下来就需要确定用什么测评方法进行测评才能让个体能力在各项指标上表现出差异。常用的方法有心理测试、笔试、面试、情境模拟技术、绩效考评等。美岛公司此次测评综合使用了多种方法，其测评方法体系见表2。

表2　　　　　　　　　　　美岛公司人事测评方法体系

人事测评方法	对应的测评指标	权重
笔试+情境模拟技术	9. 人际交往能力	30%
	10. 领导与管理能力	
	11. 科学决策能力	
	8. 工作经验	
面试	1. 事业心、进取心	20%
	5. 自信与开拓性	
	7. 专业知识	
	3. 综合分析能力	
学历、工作经历	2. 学习能力	15%
	6. 学历	
	7. 专业知识	
	8. 工作经验	
绩效考评（目标考核与过程考核）	综合评定	20%
群体评议	9. 人际交往能力	15%
	8. 工作经验	
	4. 积极主动性	

上述测评方法体系之所以没有涉及心理测试和评价中心技术，是因为这两种人事测评技术主要用于企业招聘与甄选、人力资源开发及高层次管理人员的选拔。

在现代企业管理实践中，笔试被广泛运用于人员招聘、选拔和培训开发。在此次测评中，笔试主要用于测评员工的工作技能。为了提高测评的效度，我们将情境模拟测试技术引入笔试，让被测者直接针对实际的或模拟的工作内容和需要解决的问题进行分析。与此同时，为了增强试卷的区分度，试题的难度也依次有所变化。试题最后一项内容为结合本职工作写一篇建议书，它综合考核了被测者的工作能力。

学历是一个人综合智力的反映，而工作经历则是对工作经验的一个综合评价。面试法有结构化面试与非结构化面试两种，综合考虑两种方法的优缺点，美岛公司此次测评采用了以结构化面试为主、非结构化面试为辅的面试方式。具体说来，就是事先确定面试的题目、顺序和分项评分标准，而在实际面试过程中，针对每个人的实际情况，部分运用非结构化面试方式了解必要信息。

美岛公司此次人事测评对象主要是企业的在岗员工，其中在美岛工作5年以上的就有65人，占总人数的81%，因而，基于岗位职责对员工绩效进行考评与分析将为人事测评提供充分的信息，从而大大提高了人事测评的信度和效度。事实上，用于人员配置的科学的测评体系是建立在科学、合理的绩效考评体系基础之上的。实践证明，运用目标考核与过程考核相结合的方法可以较好地评价员工的工作绩效。其中，目标考核是在明确岗位职责的基础上，运用五个左右的关键绩效指标考核员工的工作量、工作质量、工作效率、工作能力和差错率，而过程考核主要考核员工的工作态度、服务质量等。

群体评议法是我国常用的人事管理工具，俗话说"群众的眼睛是雪亮的"，谁干得好，谁干得不好，每个人心里都有一杆秤，所以，这种方法用于人事测评具有一定的可靠性。例如，测评员工的人际交往能力，如果采用案例分析试题测评这些能力，要么结果不真实，要么显得比较单薄，显然用群体评议对这些能力进行测评更合理些。

上述五个测评项目各有侧重，因而此次测评依据各个项目测评指标的重要程度，确定了各个项目测评结果对测评总得分的影响程度，也即权重。

3. 人员测评方案的实施

美岛公司人事测评方案的实施可以分为两个部分：一是测定方法的实施，主要包括笔试与面试两个方面；二是评定方法的实施，主要包括绩效考核与群体评议。学历与工作经历的评定主要参考已有的员工档案信息，比较容易开展。

笔试与面试的实施过程比较简单，只需要依据上一步设计好的笔试试题与面试步骤按部就班实施就行了，不过需要注意的是确定一个合理的测定标准。例如，笔试试题最后一部分是一份建议书，由于这是主观试题，即使面对同一份试卷，不同阅卷人的评定也不会相同，这时就需要确定一个标准，这个标准包括测定项目，如对本职工作了解的深入程度、创新精神、建议可行性等，以及测定等级，如有重大创新得10分，具有一定的创新精神5分等。

绩效考评的实施分以下几步进行：第一，分发问卷并进行工作分析，确定每个岗位的职责；第二，依据岗位职责确定关键绩效指标；第三，根据年初目标分解到各个岗位的各项指标确定目标值；第四，根据实际完成情况考核各指标完成情况，得出目标考核成绩；第五，根据过程考核指标进行问卷调查，得出过程考核成绩。

群体评议法的实施需要注意两点。第一，评议人员的选择。通常群体评议是在一个评定单位（如一个部门）内进行，因为这个范围内的员工工作联系较多，互相之间比较了解，然而，具体到每一个人，还需要确定与其岗位职责密切联系的其他人参与评定，这些人包括上级、下级、其他部门员工或者是客户，只有这样评议结果才能全面。第二，等级评定法与排队法相结合。一般说来，在进行评议时，主要是将评定指标按照程度的不同分为ABCDE五档，然后由评议人选择；但是，假如评议人认为在一个评定单位（如一个部门）内，评议对象之间的差别不大，这时候，就需要运用排队法对等级评定结果进行修正。

4. 人事测评信息处理与反馈

在实施人事测评的过程中，施测方会获得各种各样的数据和主观印象，所谓人事测评信息处理就是将这些信息汇集成有用的测评信息。由于每种测评方法都是针对相应的测评指标进行的，所以信息处理的第一步就是将各项测评指标得分进行归集得出分项得分；对于用不同方法测评同一指标的情况则需要根据测评方法的可靠性确定权重得出加权分。获得了单项指标得分后，就可以按照预定的权重计算得出总分。需要注意的是，实施过程中获得的测评信息不是百分之百准确的，而且常常会出现不同测评方法获得的信息相互矛盾的情况，这时就需要在信息处理过程中进行适当修正。例如，某一会计人员在测评财务专业知识时得分很低，而其工作绩效表现良好，这时就需要对其本人进行求证。如果是由于其他原因影响了知识测试成绩，那么，就需要对该员工重新测试，以修正原来的测试成绩。

在此次测评中，美岛公司每个员工的单项测评成绩及总分一方面反馈到管理层，作为进行人力资源配置及开发的依据；另一方面反馈给员工个人，作为员工全面认识、评价自己的工具，为员工绩效改进提供依据。除了数据信息的反馈，信息分析与专家意见也是反馈的一个重要组成部分。例如，某员工测评结果反映学历高、学习能力较强，但是人际交往和管理能力较弱，施测方就会对管理层提出任用建议：该员工不适合提拔到管理岗位，而应该放到专业技术岗位。而对员工本人则提出改进建议：如果对管理岗位感兴趣，最好参加一些管理技巧和人际交往技巧的培训等。

三、结论与启示

人的能力素质包括能力的形成、能力的发挥和能力的发挥效果三个方面，学历和工作经历主要从能力的形成过程来考查人的能力大小；绩效考核则重在衡量人的能力发挥效果。但是，人的能力发挥效果常常会受到环境因素的影响，所以还需要其他方法的补充才能客观衡量人的能力水平。心理测验、情境模拟、评价中心技术等方法剔除了特定环境因素的影响，让所有的被测人员在同一测试标准或模拟环境下考核，可以弥补绩效考核的缺陷。然而，在测评实践中，这些方法常常受测评技术水平的限制而表现出不稳定的测评效果。因此，人事测评更重要的是结合工作岗位的测评。

当然，适用于一个企业的测评方案不一定适用于其他企业，要想设计一套适合企业需要的测评方案还需要注意四点。(1) 依据测评对象设计测评方案。基于绩效考评的测评方案只适合对在岗员工的测评，对于新员工而言，根本就没有绩效记录，所以，这时候设计测评方案应以学历、工作经历、面试、情境模拟等方法为主。(2) 依据测评目的设计测评方案。对于希望对多数员工进行测评,以优化人员配置的测评目的而言,基于岗位职责的绩效考核可以提供有力的数据;然而,对于希望对少数员工进行测评,以从中选拔出一个或几个员工予以提升的测评目的而言,考核绩效就不一定有效,因为参与测评的少数员工可能都是在各自岗位上表现突出的,这时如果仅从绩效入手,很难测出他们之间的差别,而需要用心理测验、情境模拟、评价中心技术等方法。(3) 人事测评的经济性分析。实施人事测评是需要成本的,测评方法的选择也是基于一定成本基础之上的,因此,只有在重要岗位的选聘时,才适宜采用一些高成本的测评方法。(4) 一次人事测评是否成功,还取决于被测方如何使用测评结果。人事测评不是万能的,它只是提供给管理层一些辅助决策信息,要用好人事测评还需结合企业管理实际。

资料来源:胡道美. 美岛公司的人力资源测评方案 [J]. 人力资源开发,2008 (6): 57-59.

第五章 人事测评量表的编制与质量检验

> **学习目标**
>
> 通过本章的学习,熟练应用人事测评题目的编制技巧,掌握人事测评量表信度、效度检验及项目检验的内涵及过程,掌握人事测评的标准化和常模。

【课前阅读】汽车司机安全驾驶性向测评量表的编制

各国的研究资料令人吃惊地表明,交通事故所造成的死亡人数和经济损失比其他任何灾害(包括地震、洪水)所造成的损失都大。汽车业的迅猛发展在给人类提供巨大便利的同时,也给社会带来了巨大的难题——交通事故。安全问题已成为各国迫切需要解决的课题。交通安全的研究早已在各国广泛开展。交通事故同样也是困扰我国的一个社会难题。据有关统计,我国每年有超过7万人因交通事故丧失生命。

关于交通安全的研究涉及诸多方面:有以改善道路管理为主;有以改善车辆构造,提高汽车性能为重点;有从生物学角度出发,考察人的各种变量指标与事故的关系;也有从人—机系统方面去寻找减少事故的途径。

各国的研究结果表明,所有因素中最重要的是人的因素。与人的因素有关的事故约占总事故的90%以上。仅驾驶员本身负有直接责任的事故就达81%以上。其中,最重要的是个性因素。因此,用心理测验的方法去测定驾驶员的心理特征,从人的内部因素去探求心理品质与事故的关系,并在此基础上研制出安全驾驶的性向测验,有利于驾驶员的选拔、培训和管理。

在查阅文献,收集有关资料,并参考国外有关测验的基础上,针对汽车驾驶员的特点,研究人员设计了汽车司机安全驾驶性向测评量表初稿(见表1)。它由两部分组成,一是能力测验(即表中的第1项至第6项),二是个性测验(即表中的第7项)。

表1　　　　　　　　汽车司机安全驾驶性向测评量表初稿

序号	分测验名称	所测内容	限定时间
1	通过辨别	判断的敏捷性和正确性	
2	图形推理	推断的速度和正确性	
3	镜像时钟判断	反向转换的敏捷性和正确性	

续表

序号	分测验名称	所测内容	限定时间
4	图形异同辨别	细微辨别能力	
5	错别字核查	注意的集中性和周密性	
6	方向把握	空间和方向把握能力	
7	个性测验	与安全驾驶相关的个性因素	

在全国七省一市随机抽取了2 045名有一年以上驾驶经验的司机作为样本，由研究人员亲赴各地进行现场施测。在集体分发问卷，并讲解指导语后，在正式施测前，还要组织被测者对每项测验进行练习，直到大家都明白如何做之后，再进行正式施测。同时，由两名以上工作人员进行监测。根据预测试所得数据在项目分析、信度分析、效度分析及区别度分析等中的表现，删除不合适题项或增加相关行为式题目，完成对测评量表的修正，最终达到能够有效测量与评价汽车司机安全驾驶性向的目的。

资料来源：凌文辁，方俐洛，徐敏全，等. 汽车司机安全驾驶性向测验的建构 [J]. 心理学报，1997（10）.

第一节 人事测评量表的编制流程与结构

任何实验结果都会有误差，误差自始至终存在于一切科学实验的过程之中，因此，人事测评结果存在误差不可避免。例如，同一批被测者，使用相同的人事测评量表，在不同时间测量时所得结果可能是不一致的。这时，我们会说出现了人事测评误差，即在人事测评过程中与测评目的无关的变化因素所产生的一种不准确或不一致的测评效应。这种误差主要分为三种。

第一种：随机误差（random error）——不可避免但可控可减少。

随机误差又称观察误差、偶然误差，是由与测评目的无关的不确定的偶然因素引起，使得几次测评结果不一致，且这种不一致是无系统的、随机的。

第二种：系统误差（systematic error）——可校正和消除。

系统误差是由与测评目的无关的因子所引起的恒定的、系统的、有规律的变化，存在于每次测评中，故又称常定误差。系统误差主要来源于人事测评量表的编制过程。

第三种：过失误差（gross error）——必须避免和消除。

过失误差是由测评实施者的主观性、片面性或设计错误、粗心大意引起的误差。

一、人事测评量表编制流程

人事测评量表编制流程一般包括如下步骤，如图 5-1 所示。

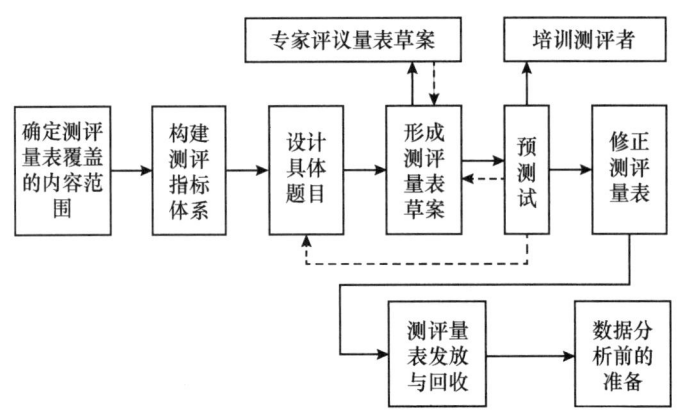

图 5-1 人事测评量表编制流程图

1. 确定测评量表覆盖的内容范围

确定测评量表的内容覆盖范围要注意三点：（1）明确调查的中心内容和相关问题；（2）必要时应咨询相关领域里的专家，以决定哪些相关的问题应该被包括在内；（3）可以利用已有的成熟的测评量表。

苗青、陈思静、宫准、洪雁编著的《人力资源管理研究与实践：前沿量表手册》（2015 年），从 1994—2014 年 10 种管理类世界顶级期刊中，精选了 20 类 242 个专业实用权威量表，分为行为、人际、成长与职场四篇，包括领导力、公民行为、伦理道德、合作与互信、沟通与冲突、学习与知识管理、绩效评估与管理、劳动关系等方面。对于每一个量表，从概念定义、量表来源、量表全文、维度分析、相关变量到参考文献，都提供了详细的说明，可以拿来即用。

李超平、王桢、毛凯贤主编的《管理研究量表手册》（2016 年），从 2005—2015 年 10 种国内管理学杂志（《管理世界》《心理学报》《南开管理评论》《管理评论》《中国软科学》《管理学报》《科研管理》《管理科学学报》《经济管理》《心理科学》）中，精选了 15 类 274 个专业实用权威量表，包括：个体特征、工作特征、工作行为、态度与情感、绩效、沟通、冲突与信任、团队、领导、就业与职业、组织特征、组织政治、公平与支持、人力资源管理、知识分享、组织学习、创新与创业等方面。每一量表均提供"简介、信度、效度、完整量表、计分方法、来源"等基本内容，可以拿来即用。

2. 测评指标体系的构建——列出量表要覆盖的内容清单

（1）列出素质行为的所有维度。这是因为一个抽象的素质概念往往对应于现实生活中的一组复杂的行为现象，而不仅仅只对应一个单纯的可直接观察到的行为现象。例如，全国妇联曾于1990年在全国进行过一项大规模的"中国妇女社会地位研究"，在她们的研究方案中，就是将社会地位的含义区分为政治地位、经济地位、法律地位、教育地位和家庭地位几个不同的维度。

（2）概念的操作化，建立测量指标。人事测评中所要测量的变量，许多都是十分抽象的，我们看不见摸不着，所以必须经过操作化处理，即将抽象的概念转化为可观察的具体指标的过程，这是测评量表编制过程中，最为重要也是最为困难的步骤之一。概念的操作化可分为两种方式。

第一种方式是寻找和利用前人已有的指标，主要针对测评内容所做的文献综述（示例见表5-1）。

表5-1　　　　　　　国内外学者对可雇佣能力测评维度的划分

学者/机构	可雇佣能力的测评维度
美国培训与开发学会（ASTD）	基本能力、沟通技能、适应性技能、开发技能、群体效果技能、影响技能
美国劳工部就业技能委员会（SCANS）	资源、人际、信息、系统、技能（五大类共21项）
艾丝·米切尔（Ayse G. Mitchell）	智力、人际交往能力、创业能力、多元技术应用能力
约克和奈特（Yorke & Knight）	学科理解力、技能、自我效能感、元认知
鲍夫（Bowe F.）	资本、发展、表达、个体环境、就业市场环境
迈尔·福古特（Mel Fugate）	个体适应性、职业认同、社会和人力资本
克莱曼·韦斯特（Kleinman West）	可雇佣能力要素、外部要素
菲利普·布朗（Phillip Brown）	个人能力或特质、劳动力市场供求状况等外部环境
麦奎德·林赛（Mcquaid Lindsay）	个体因素、个人环境、外部因素
哈维·克拉恩（Harvey Krahn）	基本智力、人际社交技能、行为及态度、求职技能
宋国学	专业技能、沟通技能、个人属性、人际技能、学习能力
张丽华、刘晟楠	思维能力、社会适应能力、自主能力、社会事件能力、应用能力
谢娟	信息素养、适应能力、职业认知、自我认知、求职技能
宋俊虹	个人特质、个人环境、个人策略、结构要素
许珍珍	知识与技能、通用技能、情智技能、职业自我认同、实践能力

续表

学者/机构	可雇佣能力的测评维度
谭亚莉	专业知识的学习运用与创新、职业操守与责任意识、职业生涯成功的信心和准备、人际沟通和团队合作、工作协调和领导技能
田双喜、艾楚君、田艳媚	专业技能、沟通技能、管理技能、个人属性、转换能力、社交能力

资料来源：①Canadian Labour Force Development Board. *Putting the pieces together*：*towards a coherent transition system for Canada's labour force*. Ottawa：Canadian Labour Force Development Board，1994.

②Hillage J., Pollard E. *Employability*：*Developing a framework for policy analysis*. //Research Report No. 85，Institute for Employment Studies，Sudbury：DfEE Publication，1998

③Harvey L. Defining and measuring employability. *Quality in Higher Education*，2001（2）：91-109

④Fugate M., Kinicki A. J. Employability：a psycho-social construct，its dimension，and applications. *Journal of vocational behavior*，2004（65）：14-38

⑤宋国学. 基于可雇佣能力视角的大学生职业能力及其维度研究［J］. 中国软科学，2008（12）：129-138

⑥刘青. 可雇佣能力：国家人才开发战略新视野［J］. 辽宁师范大学学报（社会科学版），2009（11）：17-22

⑦孙俊华，汪霞. 大学毕业生的可雇佣能力研究：分析视角、与构成维度和测量方法［J］. 全球教育展望，2010（8）：66-71

尤其是对于一些测量人格、态度方面的量表，在经过多次的实际运用和修改后，常常可以成为我们"拿来即用"的指标。但是也有一些前人的指标不一定完全适合我们的概念，需要做一定的修改和补充（示例见表5-2）。

表5-2　　　　　　　　　"夫妻权力"测评量表的继承与发展

年份	夫妻权力的界定	测评题目
1960年	美国社会学者布拉德和沃尔夫（Brad & Wolff）：丈夫和妻子在家庭决策中各有侧重，二者的权力相当	1. 丈夫的职业选择 2. 买什么样的汽车 3. 是否买人寿保险 4. 到什么地方度假 5. 买什么样的房子 6. 妻子是否应该参加社会工作 7. 家里有人生病时，应去看哪位医生 8. 全家每周在食品方面应花多少钱
1971年	美国学者森特斯（Centus）与研究者在对同一问题进行研究时，在继承原测评题目的同时，将"家庭中决策权"又增加了六个指标，表明丈夫的权力在下降	1. 请谁来做客和与谁一起出门 2. 怎样装饰房间和摆设家具 3. 收看什么电视节目和收听什么广播节目 4. 家庭的正餐吃什么 5. 买什么样的衣服 6. 配偶应买什么样的衣服

续表

年份	夫妻权力的界定	测评题目
1986 年	台湾地区陈明穗在研究夫妻权力时,针对前人研究确立的 14 道测评题目,做了中国本土化修订,如增加"生育子女数目""子女的教育"等题目	1. 丈夫的职业选择 2. 妻子的职业选择 3. 家人生病该看哪个医生 4. 家庭生活费的支配 5. 度假、旅游及休闲活动 6. 生育子女数目 7. 购买贵重物品 8. 置产（买房子、土地等） 9. 房子布置及购买家具 10. 订阅报刊、选择电视节目等 11. 子女的教育 12. 谁代表参加婚丧喜庆 13. 谁决定送礼与回赠礼物 14. 是否买保险 15. 何种家电用品该淘汰换新

资料来源：笔者根据相关资料整理而得。

前人的指标具有可与其他研究所得结果进行比较的优点，同时，这种做法比每个研究者都发展一套自己特定的指标的做法，更有利于社会知识的积累和形成。

第二种方式是先探索性研究，后采用实地观察和无结构式访谈进行初步资料收集，尤其是与被测者中的关键人物进行比较深入的交谈，从与这些人的接触中获得符合实际的答案。

这样做能从被测者的角度、用被测者的眼光来看待事物，了解其所思所想，以及他们考虑问题的方式。

20 世纪 70 年代起，美国企业管理协会用了 35 年时间，调查了 4 000 名经理，从中选出 1 812 名成功的经理加以剖析，拟定了 19 项优秀经理测评要素。它们分别是：工作效率高，有主动进取心，逻辑思维能力强，富有创造性，有判断力，有较强的自信心，能辅助他人，为人师表，善于使用个人的权力，善于动员群众的力量，利用交谈做工作，善于建立亲密的人群关系，乐观，善于与群众打成一片，有自制力，主动果断，客观，善于自我批评，勤俭艰苦和具有灵活性。

3. 设计具体题目

常见题目分为开放式和限选式（有固定的备选答案）两种形式。有些题目可先设计成开放式，经预测试后再转换成限选式。具体内容详见本章第二节。

4. 形成测评量表草案

在此环节要注意：（1）开放式题目和限选式题目要适当搭配；（2）量表中应包括对

题目的说明和回答指导。

5. 专家评议量表草案

应尽可能选择代表不同观点的专家，以便找出由于测评量表设计者的个人价值观和技术缺陷导致的偏见和盲点。

6. 预测试

预测试即找部分被测者去做量表（包括当面访谈），测评实施者应了解量表设计意图和每一个题目的目的。重点了解：在量表中是否存在与测评内容无关的题目？被测者对题目的理解和回答有何困难？被测者回答"不知道"时想的是什么？等等。

还要注意的是题目措辞、题目次序、被测者对题目的理解、哪些题目被测者无法回答等，有问题的题目可能会损害整个量表的实际应用价值，因此，要重点关注上述问题。预测试有助于在实际测试前消除量表缺陷，防止这种情况在正式测试中发生。

预测试除上述作用外，还有三大作用：（1）确定合适的量表长度，决定是否需要增加或删除一些题目；（2）收集答案，将被测者对开放式题目的各种回答，作为限选式题目的备选答案；（3）量表质量检验，为测试项目的有效性分析收集数据，培训测评实施者。

7. 培训测评者

测评实施者的培训在预测试前初步进行，在预测试后进一步强化。

培训测评实施者时，要向其解释问卷中的每一个题目和答题指南，要预先想好一切可能遇到的问题，对如何处理这些问题做出说明。

在预测试开始后，还应要求测评实施者每测试10人报告一次工作情况。量表设计者要仔细检查量表填写情况以便及时发现问题。

8. 分析预测试结果，修正测评量表

量表的修正包括内容、形式以及对题目的说明和回答指导等方面。如果改动很大，还要进行第二次预测试。

9. 测评量表的发放与回收

随着智能时代的到来，智能手机已普及化，自陈式量表发放可采用电子邮件、微信小程序或问卷等方式。好处就是数据即时获得，被测者可以即时获得测评结果及相应报告。

完成以上流程后，测评量表编制工作基本结束，可以进入数据分析前的准备工作阶段。

二、人事测评量表的结构

1. 标题

标题是对测评内容的高度概括。

2. 前言部分

前言是对测评说明的部分。无论是自填问卷还是由测评人员填写的问卷都应当有清楚明白的问答指南。

（1）"致辞""填答说明"中的"请在括号内打勾"及"请选择一项最佳答案"，如果要求被测者填写他们认为合适的其他答案，也应另做说明。

（2）说明测评实施者的身份。

（3）说明本量表设计意义。

（4）说明被测者客观回答问题的重要性。

（5）向被测者保证回答无所谓对错，他们的身份、姓名不会被透露，以及量表原始资料的处理是安全保密的。

3. 测评题目构成的主体部分

主体部分，即量表的核心组成部分。

4. 基本资料

基本资料是指被测者的基本情况和社会背景资料，主要包括性别、年龄、教育程度、婚姻状况及职业等。

5. 结尾部分

提醒被测者不要漏答。例如，本问卷到此完毕，请您再次看一遍问卷题目，检查一下有无遗漏之处。再次感谢您的支持和帮助！

6. 鉴别不回答的原因

如果不回答率在20%以上，就有必要进行跟进访谈。

如果"不答卷人在他们情感或不感兴趣的问题上保持中立"的假设是成立的，不回答率高也是可以忍受的。

访谈法可以有效避免不回答或问题遗漏现象，有利于较为深入调查研究，资料可信度高。

第二节 人事测评量表题目编制原则与技巧

一个效果好的人事测评量表，其题目的编制是核心环节，因此，就必须掌握编制各类题目的原则与技巧。人事测评量表题目编制原则，可以归纳为四点。

第一，内容。要求题目内容符合测评目的，避免贪多而乱出题目；各个试题必须彼此独立，不可互相重复或牵连，切忌一个题目的答案会影响另一个题目的回答。

第二，语言。使用准确的当代语言，不要使用怪僻艰深的词句；词句须简明扼要，既排除与解题无关的陈述，又不遗漏解题的必要条件；最好一句话说明一个概念，不要说明两个或两个以上的概念；意义必须明确，不得含糊，尽量少使用双重否定句。

第三，表达。尽量避免主观性和情绪化的词句；不要伤害被测者感情，避免涉及社会禁忌或个人隐私；避免诱导和暗示答案；避免令被测者为难的问题，如被测者没有明确结论或羞于启齿的问题。

第四，理解。题目应有确切答案，不应具有引起争议的可能性（创造力类测验例外）；题目内容不要超出被测者的知识和能力范围；题目的格式不要引起误解。

一、选择题编制技巧

选择题通常包括两个部分：一是题干，即呈现一个问题的情境，由直接问句或不完全的陈述句构成；二是选项，即对问题的几种可能的回答，包括正确答案及若干（一般1~5个）错误答案，这些错误答案叫作诱答，其主要作用是迷惑那些不知道正确答案的被测者。因此，选择题可以考查记忆分析、鉴别推理、理解和应用知识的能力，也可以考查对某一事物的看法和观点。

1. 选择题的优势

（1）适用范围广，从一般知识到复杂能力的测量均可使用。

（2）题意明确，对被测者的反应要求简单，容易计分。

（3）与其他形式的客观题相比，更少受猜测和反应定势的影响，较为客观。

（4）选择题的题量可以较大，考查的范围更广，取样代表性较高。

2. 选择题的劣势

（1）诱答难以编制，由于诱答数量要求较多，而且还要似是而非，相对来说编制较为困难。

（2）选择题较难测出个体组织能力、表达能力和创造性等特征。

3. 选择题具体编制技巧

（1）题干所提出的问题必须明确，使用简单而且清晰的词句，使被测者在不看选项的情况下，也能理解题干的完整意思。

（2）不要将选项夹在题干中间，或者在题干前出现与问题无关的材料。

（3）选项要简练，尽量将选项中共同的词句（如限定语、条件）移至题干中。这样不仅可以使题意清楚，而且可以减少被测者的阅读时间。

（4）除特殊情况，所有选项的长度应该大致相等，而且与题干的联系要紧密。否则，本来正确的答案可能会因为逻辑上或语法上与题干不一致而被错误地排除。

（5）避免在题目中出现帮助被测者猜测正确答案的线索。例如，不应将正确选项描述得比诱答详细得多，应避免出现两个意义相同的诱答等。

（6）对于在有关人格和态度的人事测评工具中出现的选择题，其题干的陈述不应带有任何倾向性。例如，俗话说"三人行，必有我师"，你认为同伴间相互学习：①很有必要，可获得广泛的知识；②帮助不大，浪费时间。这样的题干会导致被测者倾向于选择社会赞许性高的选项。

（7）如果选项是数字、日期、年龄等有逻辑顺序的材料，则最好按顺序排列，否则应随机排列。另外，所有选项最好形式相同，如所有选项都为时间、人名、地点等，其长度、难度也大致相同。

（8）答案在选项中的位置应当随机出现，没有任何规律。

二、是非题编制技巧

1. 是非题的优势

（1）易于快速书写和阅读，因此题量可以较大，便于广泛取样。

（2）计分较为客观。在能力测验中，是非题多用于只需快速粗略判断被测者能力的情况；在人格测验中，多用于只需判断一般行为的问卷中。

2. 是非题的劣势

（1）易受被测者反应定势和猜测的影响，测验结果的可靠性不如选择题。而所谓反应定势就是指部分被测者在回答问题时，其答案的选择建立在题目的形式或位置上（如偏向正面回答或否定回答），而不是建立在对题目内容理解的基础之上。

（2）仅有两种答案，即使猜测，也有50%答对的可能性，如果还有其他额外的线索，猜对的可能性还会更高。因此，弥补这一缺陷的方法之一就是加大题目数量，使每一题目得分的偶然性对总分的影响相对减小。

3. 是非题具体编制技巧

（1）测评的内容应以有意义的事实、概念或原理为主。

（2）每道题目只能包括一个重要的概念，避免两个以上的概念出现在同一题目中，造成"半对半错"或"似是而非"的情况，而且还要把各个概念放在题干的重要位置上。

（3）决定一个题目是否正确，应以主要的概念为基础，不要着重于对次要的或琐碎的观念的判断。

（4）除特殊情况，尽量避免否定式叙述，尤其是要避免双重否定式叙述。因为采用否定式叙述容易使人困惑，否定词也容易被一些粗心的被测者所忽略。例如，题目"猜测的校正不是永远不可以使用的"就不如改为"我们有时可以校正猜测"。

（5）测评中正确的题目与错误的题目的长度、复杂性应尽量一致。

（6）正确的题目数量与错误的题目数量应该基本相等，两种题目应按随机方式排列。

三、匹配题编制技巧

1. 匹配题的构成

匹配题可以说是选择题的一种变式。匹配题一般包括多个反应项（匹配项）和多个刺激项（被匹配项），用反应项来匹配刺激项。匹配题有完全匹配（刺激项与反应项的数量相等）和不完全匹配（反应项多于刺激项）两种形式。通常，刺激项和反应项分别排成两列。匹配题比较容易编制，而且可以在短时间内测评大量相关联的材料，覆盖面较广，但它一般只适用于测评简单记忆的事实材料或概念关系，而且要求编制的选项必须是同质的。

2. 匹配题具体编制技巧

（1）刺激项和反应项应该分成两列，通常反应项安排在右边。

（2）配对数目不可过多或过少，最好使用不完全匹配，使反应项数量多于刺激项数量，并且最好不限制每个反应项被选择的次数。这样可以降低猜测的概率。一般可以列举6~15项，其中反应项应比刺激项多2~3项。

（3）匹配题的反应项与刺激项的性质必须相近。选项如存在逻辑顺序，应按顺序排列。

（4）应该对匹配方法、匹配依据加以明确的规定和说明，同时说明反应项可以被选择的次数。

（5）同一组反应项与刺激项最好印在同一页纸上。

（6）反应项与刺激项应以不同形式的序号加以标识，如在反应项前冠以数字，在刺激项前则冠以英文字母或甲、乙、丙、丁等，以免混淆。

四、填充题编制技巧

1. 填充题的优势与劣势

填充题是由被测者对删去关键字、句的句子进行补充填答的开放式题目。前面的选择题、是非题、匹配题均属于封闭式题目，就记忆的测量而言，封闭式题目属于"再认性"测量，而开放式题目属于"回忆性"测量。回忆性测量的难度大于再认性测量。填充题应用范围较广，其优势是猜测因素比封闭式题目少，特别适合测量记忆性。但它在评分时较封闭式题目费时间，客观性也不如封闭式题目，无法用计算机阅卷。

2. 填充题具体编制技巧

（1）填充题只能有唯一的正确答案，而且可以用一个词、词组或短语作答，否则，不适宜采用填充题。

（2）删去的词句必须是有重要意义的，除了语言测验中特殊需要的以外，不宜省略连词、介词、冠词等。

（3）最好不用指定参考资料中的原句，以免被测者死记硬背。

（4）填充题中删去的词句不宜过多，以免破坏题意的完整性。

五、问答题编制技巧

问答题能够测量被测者组织材料的能力、综合能力和文字表达能力，有的甚至可以测量评价能力和创造能力，而这些能力是其他客观题难以测量的。

1. 问答题的优势

（1）较好编制，题目无须太多。

（2）不需准备备选答案，答案是由被测者自己生成的。

（3）可以避免被测者随机猜测答案。

2. 问答题的劣势

（1）问答题一般回答时间长、分值大，因此题量不宜太多，所以能测量到的内容也有限，对行为的取样受到局限。由于取样代表性差，则可能出现因被测者对某个论题碰巧熟悉，得到"虚假的高分"；而另外一些被测者对论题碰巧不熟悉，而得低分的现象。因此造成得分的偶然性，其结果的信度自然就会受到影响。

（2）问答题的评分标准不容易标准化。相对来说，评分者在掌握评分标准时可能有相当的主观性，而且不同评分者的评分结果很难保持高度一致。已有研究发现，不同评分者对同一答案的评分一致性相关系数仅有 $0.62 \sim 0.72$。同一评分者对两份等值的答案的评分信度更低，仅有 $0.42 \sim 0.43$。即使同一评分者在隔一段时间后再评价同样的测验，也会前后评分不一致。

（3）问答题的评分容易受书写的整洁程度、个人成见等无关因素的影响。这可能是评分者的非客观性的主要来源之一。一方面，卷面形象可能使评分者形成印象分，影响最终评价；另一方面，问答题的阅卷比较费时，对评分者的耐心和仔细程度也是一个挑战。

3. 问答题具体编制技巧

一般来说，在可以用客观题施测的情况下，尽量不要采用问答题形式。如果需要采用问答题施测，题目编写者应该使问题及评分标准尽可能的客观，在编制时应注意以下三点。

（1）问题应清楚而且明确，使被测者了解答题要求。

（2）题目的数量不要太多。

（3）在编制题目时应该有一个理想答案或一系列答题标准，对一些可接受的答案应提前有所规定和说明。

六、操作性测试题编制技巧

1. 操作性测试题的构成

操作性测试题通常分为注重过程和注重结果两种形式。大多数情况下，操作性测试题注重的是操作方法和过程，如考查仪器操作、演讲、演奏乐器等；也有些操作性测试题注重的是操作任务结束后的效果，如文章、绘画、书法等；还有些操作性测试题需要同时注重操作的过程和结果，如师范院校学生的教学实习等。

2. 操作性测试题具体编制技巧

（1）明确所要测量的目标，并将其操作化。即要通过工作分析得出操作中最重要的因素，找出具有代表性的工作样本。

（2）要建立作业标准，规定通过此项作业的最低标准。如操作的准确性（误差多少）、速度（时限多少），步骤的正确性或某些主观品质（如熟练程度、优秀水平）等，都应该标准化。

（3）选择合适的仿真度。通常情况下仿真度越高，成本也越高。应根据所考核目标的不同，选择不同仿真度的测试方法，以便在最节约的前提下获得最多的信息。

（4）指示语应简单明确，让被测者知道要干什么和在什么条件下去做。

（5）有明确的计分方法。操作项目的计分有不同形式，差别很大。有些项目根据完成题目的数量和错误次数客观计分就可以了；有些项目的评分则较为困难，这种项目可以采用"作品量表"来计分。作品量表一般包括一系列按顺序排列的不同作业程度、水平、质量的标准样本，评定时参照这些标准样本对被测者进行评分。如果被考核的操作活动可以分为多个方面或几个步骤，则可以按每个方面或步骤完成的情况分别给分，最后统计总分。

七、面试题编制技巧

面试是目前在企业及各类组织中最流行的考查手段。但面试缺乏心理测量学的严格性，易受考官个人偏见的影响。不仅如此，由于面试既要看被测者对问题回答的质量，还要看其在整个面试过程中的行为表现，如情绪紧张度、应变能力等，更加大了面试计分的难度。

因此，面试效果的好坏往往取决于考官，所以，考官必须对面试主题有充分的了解，对于所要求的反应有清晰的认识。另外，用于描述或评定被测者反应的词语，必须具体化，避免含糊不清的陈述。

第三节 人事测评量表的信度检验

在人事测评工作中，无论是测评实施者还是被测者都非常关心测评的结果与质量，结果和质量涉及两个方面。一方面，在不同时期、不同情境下完成的测评所得到的测评结果是否一致；另一方面，测评所反映的真实程度。为了提高人事测评的真实性和可靠性，需要对人事测评量表进行信度检验，这也是人事测评科学性的体现。

一、信度概念

信度是测验不受随机误差干扰的程度，简而言之，就是测评结果的前后一致性程度或稳定性，又称可靠性程度。信度是衡量任何测验质量的基本指标，一个测验的信度较高，则说明它的分数是稳定的、一致的，它的测量结果是可靠的。如果用某套试题对同一应试者先后进行两次测试，结果第一次得 80 分，第二次得 50 分，则该套试题测评结果的可靠性就值得怀疑了；相反，如果该套试题无论是一人多次再测，还是由多人进行测验，其结果都大致相同，则说明此套试题测评结果可信。当然，没有一个测验是绝对可靠的，只是其误差有大小之别而已。

信度一般用信度系数来表示。信度系数是同一样本在不同时间、不同情境条件下或不同评价材料的评定结果之间的相关系数，即测评两次或多次结果间的相关系数。那么，信度系数多高才算合适呢？一般来说，当信度系数大于 0.7 时，可以将测验结果进行不同团体间的比较；当信度系数大于 0.85 时，测验结果才能应用于个体之间的比较和评价，总的来说信度系数是越高越好。具体而言，若信度系数为 1，表明测评工具完全可靠，完全没有测量误差影响;信度系数大于 0.9 的人事测评被认为是可靠的,是高信度的,比较知名的智力测验基本上都在这个水平;0.8 左右的信度系数意味着在实得的分数中,误差的变异占到 20%,属于中等信度,通常也被认为是比较可靠的,多数编制良好的个性测验题能够达到这个水准;信度系数低于 0.7 的则被认为可靠性较低,如一些投射测量;信度系数为 0,则表明该测评工具完全不可靠,更加具体的信度划分见表 5-3。

表 5-3 信度系数取值范围

信度系数	可信程度
0.0~0.3	不可信
0.3~0.4	初步的研究,勉强可信
0.4~0.5	稍微可信
0.5~0.7	可信
0.7~0.9	很可信
0.9~1.0	十分可信

总之,信度是指测评结果的稳定性,反映测量中随机误差的大小。而信度检验的终极目标是"如何控制和减少随机测量误差对测评结果的影响,从而达到增强测评工具可靠性和预测性的目的。"

对信度系数的理解,还需要注意三个方面:第一,在不同情况下,对不同样本,采用不同方法会得到不同的信度系数,因此,一个人事测评量表可能有多个信度系数(见表 5-4);第二,信度系数只是对测量分数不一致程度的估计,并没有指出不一致的原因;第三,获得较高的信度系数只是表明测量工具有效的一个必要条件。

表 5-4 信度系数与误差来源

信度系数类型	误差方差
重测信度	时间取样
复本信度(即时)	内容取样
复本信度(延迟)	时间取样和内容取样
分半信度	内容取样
库—理信度和 α 系数	内容取样和内容异质性
评分者信度	评分者之间差异

二、重测信度

1. 重测信度概念

重测信度是信度系数中比较常用的,又称稳定性信度,用于分析两次间隔一定时间的评定结果之间的相关关系。具体来说，就是使用同一测验在不同时间对同一群体施测两次，分析这两次测验分数的一致性（见图 5-2）。

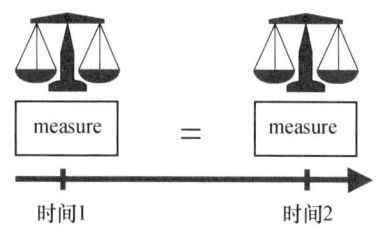

图 5-2　重测信度

注：此处 measure 译为信度系数的测量值。

重测信度是衡量一个测验的结果是否可靠的标准之一。例如，选用 A 测验测查某一名被测者的智商时，第一次结果智商是 100；而一个星期以后，用同样的 A 测验对他进行第二次测验，结果发现他的智商变成了 140。若没有极特殊的原因，一个人的智商是不可能在一周之内发生如此大的变化的。由于两次测验结果相差很大，就很难根据测验对这名被测者的智商下结论。所以，在一般情况下，若两次测验的得分相差较大，则说明测验结果不稳定、不可靠，当然也不值得信赖。

2. 重测信度使用条件

（1）所测量的心理特征必须是稳定的。

（2）遗忘和练习的效果基本上相互抵消。

（3）在两次测试时间间隔内，被测者在所要测查的心理特征方面没有其他的学习和练习。

3. 重测信度的误差来源

（1）测验本身：测验所测的特征本身就不稳定，如情绪。

（2）被测者方面：成熟、知识的发展并非人人都等量增长，且练习因素、记忆效果也存在个体差异。

（3）施测情境：偶发因素的干扰，如计时错误、情绪波动、健康状况、动机变化等。

如果重测信度高，说明得分受被测者状况和测验情境变化影响小。这里题目取样并不影响重测信度。

4. 重测信度的优缺点

重测信度的优点是能提供有关测验结果是否随时间而变化的资料，可作为被测者将来行为的依据。重测信度一般只反映由随机因素导致的变化，而不反映被测者行为的长久变化。

重测信度的缺点是容易受练习和记忆的影响,前后两次施测间隔的长短必须适度。对同一对象再测试同样的内容,难免会受记忆的影响,由此造成的第二次测试得分的提高会降低两次测试的相关性。这样得到的重测信度很难反映真正的时间间隔的稳定性。另外,第一次尝试所发现的错误也可能导致第二次反应的变化而增加误差变异。这是重测信度的局限性。

三、复本信度

1. 复本信度概念

所谓复本是指在难度、区分度、形式、考核内容等方面基本一致,两份或几份复本在测验中原则上可以互相替代。复本信度又称等值信度,是指用两份或几份在构想、内容、难度、题型和题量等方面都平行的问卷进行测试,考查这两次或几次测验分数的一致性,其所得分数的积差相关系数,就是复本信度(见图5-3)。

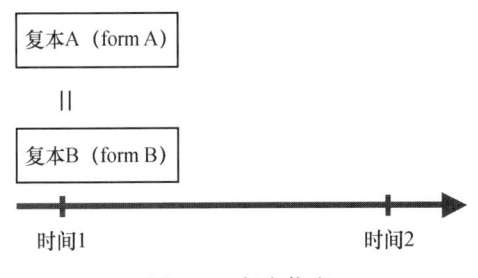

图5-3 复本信度

复本信度规避了重测信度的局限性。由于被测者使用的复本内容不同,被测者对第一份问卷的回忆和复习并不影响第二份问卷的回答;且第二份问卷内容也不完全是第一份问卷的内容,对被测者的兴趣也无影响。但是,在命题时要使两份问卷完全等值,难度很大。

2. 复本信度误差来源

第一,两份问卷形式是否等值:(1)测验题目取样是否匹配;(2)格式是否相同;(3)内容、题数、难度、平均数、标准差是否一致。

第二,被测者方面情绪波动、动机变化等。

第三,测验情境的变化,偶发因素的干扰。

3. 复本信度使用条件

第一,两份问卷必须在题目的内容、形式、数量、难易、时限、指导语等方面相同或相似。

第二,两次测验的时间间隔要适当。若太短,由于测验太相似被测者可能厌倦;若太长,被测者可能又会因新的学习而产生干扰。

四、内部一致性信度

1. 内部一致性信度概念

内部一致性信度反映测验内部题目之间的同质性,考查测验的各个题目是否测量了相同的内容或特质。如果内部一致性信度测量的是单一特质,那么,当测量掺杂了该特质以外的东西时,其同质性就会受到很大影响。因此,一个具有可靠性的测评工具必须具有很好的内部一致性。

有时候,一套完整的测验会把某个内容分为多种特质来测量,典型测验如卡特尔16种人格因素测验,从16个方面(特质)来测量,每一个特质因素由10~13个测题予以确定。例如,对情绪稳定性测量题目有13道,这13道题目从不同角度测量个体情绪稳定与否,实施测试后,统计被测者对此13道题目的总体反应差异程度,这个差异程度就是内部一致性信度。

2. 分半信度

分半信度是指试卷内部各题目之间的一致性,通常是将试卷一分为二,然后计算一半试卷与另一半试卷之间的相关系数。这个相关系数实际上代表的是两个同等测验内容取样的一致性程度,所以也属于内部一致性信度。这种信度系数获得较为简单,只需要一份试卷且只需要测验一次,避免了重测信度和复本信度的缺点。

如何将一个测验分成两半呢?一般来说,采用的是奇偶分半的方法,即将测验题目按照奇数和偶数分成两半。当然,划分时还要注意测验自身的特性,注意题目之间的关联等。值得说明的是,一般情况下,前后各取一半内容的划分方法是不足取的,因为,被测者在前后部分答题时有更多的其他因素会造成二者之间的误差,如被测者的疲劳程度、练习程度、准备状态、重视程度等,在前面的和后面的题目之间会产生不同的影响,进而影响到这种测评方法的信度。

由于分半信度使用的题目数量比整体减少了一半,对所求得的相关系数可能造成低估,所以需要再用公式(Spearman-Brown)对分半信度进行修正,由此获得的修正后的分半信度,称为原长测验的信度估计值。

3. 库得-理查森信度

库德-理查森信度适用于计算"对或错"类是非题的同质性信度。

库德-理查森公式:

$$r_{KR_{20}} = \frac{n}{n-1}\left(1 - \frac{\sum_{i=1}^{n} p_i q_i}{S_X^2}\right) \qquad 式(5-1)$$

其中，KR_{20} 是库德-理查森提出的用于计算两点计分（如取值只能是 0 或 1）的问卷信度；S_X^2 为量表测评总得分的方差；p_i 表示答对该题的人数占总被测者的比例，p_i 可视为该题的难度；$q_i = 1 - p_i$；n 为量表所包含的题目数。

4. 克隆巴赫的系数

克隆巴赫的 α 系数是指测验内部的各题目在多大程度上考查了同一内容，即测验内部各题目之间在测验内容方面的相关程度。克隆巴赫的 α 系数是克隆巴赫于 1951 年创立的，用于评价量表的内部一致性。一般地，测评量表的 α 系数在 0.8 以上表明该量表具有使用价值。若各分测验 α 系数均达到 0.85 以上，表明该量表的信度良好。

克隆巴赫的 α 系数：

$$\alpha = \frac{n}{n-1}\left(1 - \frac{\sum_{i=1}^{n} S_i^2}{S_X^2}\right) \qquad 式(5-2)$$

其中，α 系数会与测验题目数 n 呈正相关关系。即题目数量越多，或量表长度越长，则 α 系数值越高。下面将举例（见表 5-5）来说明 α 系数的应用。

表 5-5　　环境领域测评量表各题目得分情况及环境领域总分的相关分析表

环境领域题目	平均得分	方差	相关系数
1. 日常生活中您感觉安全吗？	3.425 5	0.380	0.565**
2. 您生活的环境对健康好吗？	3.340 4	0.534	0.488**
3. 您的钱够用吗？	3.063 8	0.887	0.697**
4. 在日常生活中您需要的信息都齐备吗？	3.021 3	0.543	0.546**
5. 您有机会进行休闲活动吗？	3.574 5	0.858	0.630**
6. 您对自己居住地的条件满意吗？	3.574 5	0.598	0.528**
7. 您对得到卫生健康服务的方便程度满意吗？	3.425 5	0.685	0.608**
8. 您对自己的情况满意吗？	3.356 5	0.787	0.752**
环境领域总分*	26.826 1	15.614	1.00

根据表 5-5 的基本数据，α 系数利用式（5-2），计算得 0.757。

$$\alpha = \frac{k}{k-1}\left(1 - \frac{\sum_{i=1}^{k} S_i^2}{S_T^2}\right) = \frac{8}{7}\left(1 - \frac{0.380 + 0.543 + \cdots + 0.787}{15.641}\right) = 0.757$$

将表 5-5 中的 8 道题目分为前后两部分，前半部分由 1~4 题构成，后半部分由 5~8

题构成。① 前半部分各题目得分总和计为 h_1，后半部分各题目得分总和计为 h_2，计算二者的相关系数为 0.585，最后分半信度为 0.738 2。

$$r_u = \frac{2r_{h_1h_2}}{1 + r_{h_1h_2}} = \frac{2 \times 0.585}{1 + 0.585} = 0.738\ 2$$

五、评分者信度

在有些研究中，研究者或观察者的评分会出现不一致的情况，这也会造成误差。特别是在情境模拟测验、投射测验、工作样本分析、面试、实战演习、无领导小组讨论、绩效考评等人事测评中，由于评分者自身的阅历、看问题的视角不同会造成评价的不一致，甚至得出完全相反的结论。

1. 评分者信度概念

评分者信度是指不同评分者对同一对象进行评定时的一致性。考察评分者信度的方法为，随机抽取相当份数的测评量表，由两位评分者按计分规则分别给分，然后根据每份量表的分数计算相关系数，就得到测评者信度。

评分者信度也可以是一位评分者两次评分的相关系数。如果是多个评分者或一位评分者两次以上的评分，可采用肯德尔和谐系数（用于等级评分）和卡帕（Kappa）系数（用于定性资料）。

2. 斯皮尔曼（Spearman）等级相关系数（适用评分者为两人时）

适用于定序数据，包括收集到的测量的定距与定比数据为非正态分布时，可先进行等级排列后再计算斯皮尔曼等级相关系数。下面将举例（见表 5-6）来说明斯皮尔曼等级相关系数的应用。

$$r_R = 1 - \frac{6\sum D^2}{N(N^2 - 1)} \qquad \text{式}(5-3)$$

其中，N 为被测者人数，$D = R_A - R_B$。

表 5-6　　　　　　　　　评分者 A 与 B 分别给 9 名被测者打分表

候选人	评分者 A	评分者 B	等级差 D	D^2
1	1	1	0	0
2	8	9	-1	1
3	2	2	0	0

---

① 在做分半信度时，经常这样操作。

续表

候选人	评分者 A	评分者 B	等级差 D	D^2
4	3	4	-1	1
5	5	6	-1	1
6	4	5	-1	1
7	9	7	2	4
8	6	3	3	9
9	7	8	-1	1
				18

根据式（5-3），表 5-6 经过计算，斯皮尔曼等级相关系数为 0.85。表明此两位评分者打分达到满意的一致性，他们对于评判标准掌握是一致的。

3. 肯德尔和谐系数（适用评分者为三人及以上时）

肯德尔和谐系数是指定序变量间的相关系数，或称肯德尔 W 系数。例如，了解几个评分者对同一组被测者面试成绩等级评定的一致性程度等。下面将举例（见表 5-7、表 5-8）来说明肯德尔和谐系数的应用。

$$W = \frac{\sum (R - \bar{R})^2}{\frac{1}{12}K^2(n^3 - n)} \qquad 式(5-4)$$

其中，K 为等级变量的列数或评分者人数；n 为被评价项目数或被测者人数；R 为每一个被评价项目由所有评分者给出的等级序数和。

表 5-7　　　　　　　　三位评分者给六位被测者打分后的排序表

评分者姓名	李一	王二	张三	刘四	陈五	杨六
A	4	1	3	5	2	6
B	2	3	4	5	1	6
C	3	2	5	4	1	6
R	9	6	12	14	4	18

根据式（5-4），表 5-8 经过计算，肯德尔和谐系数为 0.86。表明此三位评分者打分达到满意的一致性，他们对于评判标准的掌握是一致的。

实际上，当同一个评分者对被测者不同素质的等级评价出现相同等级时，应校正 W 系数，其校正公式为：

$$W_c = \frac{SS_R}{\frac{1}{12}K^2(n^3 - n) - K\sum C} \qquad 式(5-5)$$

其中，$\sum C = \sum \dfrac{(t^3-t)}{12}$，$t$ 为相同等级数。

面试小组针对四项内容对某应聘者打分，将分数转换为等级后的结果见表5-8。

表5-8　　　　　　　　　　　某应聘者面试等级结果表

	内容一	内容二	内容三	内容四	
面试官1	2.5	4	2.5	1	
面试官2	3.5	3.5	1.5	1.5	
面试官3	2.5	2.5	1	4	
面试官4	4	2	2	2	
面试官5	3	4	1.5	1.5	
面试官6	1	2	3	4	
面试官7	2	4	2	2	
意见和 R	18.5	22	13.5	16	$\sum R = 70$
R^2	342.25	484	182.25	256	$\sum R^2 = 1\,264.5$

表5-8告诉我们，第一位面试官评的有2个等级相同，第二位面试官评的有2个3.5和2个1.5等级，第三位面试官评的有2个等级相同，第四位面试官评的有3个等级相同，第五位面试官评的有2个等级相同，第七位面试官评的有3个等级相同。所以，$\sum C = 6.5$。

$$\sum C = \dfrac{2^3-2}{12} + \dfrac{2^3-2}{12} + \dfrac{2^3-2}{12} + \dfrac{2^3-2}{12} + \dfrac{2^3-2}{12} + \dfrac{2^3-2}{12} + \dfrac{2^3-2}{12}$$
$$= 6.5$$

$$W_c = \dfrac{SS_R}{\dfrac{1}{12}K^2(n^3-n) - K\sum C}$$
$$= \dfrac{39.5}{\dfrac{1}{12} \times 7^2(4^3-4) - 7 \times 6.5}$$
$$= 0.198$$

根据式（5-5），表5-8经过计算，肯德尔和谐系数为0.198。表明此七位面试官打分没有达到满意的一致性，他们对于评判标准掌握是不一致的，其对应聘者面试结果不可信。

总之，重测信度需要估计测验中跨时间的一致性，复本信度需要估计测验跨形式的一致性，内部一致性信度需要估计测验跨项目或两个分半测验之间的一致性，测评者信度需要估计测验跨评分者的一致性。

六、影响信度因素

一个好的测评工具需要通过设计尽可能避免干扰因素，这包括量表的开发、测量程序的标准化、对被测者的培训及数据的收集等，任何一个环节出问题都可能影响测评结果的可靠性。为了提高测评工具的信度，应注意五个方面。

1. 测量程序标准化

测量的一系列过程应经过严格的设计，按照测量学的要求去做。只有这样才能保证测验的稳定性和内部一致性，避免测试实施者误差等。

2. 样本要具有广泛的代表性

如果样本缺乏代表性，都集中于某一层次，可能会造成分数分布狭窄或集中，从而影响信度系数。如果在某一个总体内抽样，样本应尽可能具有异质性。从统计上看，异质样本的分布越宽广，得出的信度系数越高。

3. 注意测验的环境因素影响

影响测验的环境包括心理环境与物理环境，测试时要努力使被测者保持轻松自然的心态，否则就容易发挥不正常，如在招聘或升学考试中很多人会因过分紧张而发挥失常。当然，安静的答题环境也是十分重要的。

4. 根据不同的测评选择合适的信度系数

易于找到复本的测评可采用复本信度，如英语标准化考试；具有跨时间稳定性的测评可采用重测信度，如智商测验、个性测验、管理能力测验等；测评内容可以分割为均等的两个部分的可选择分半信度。

5. 注意测验的难度与长度

成就型测验如果太难，就会出现地板效应（即分数都很低，如全部不及格）；如果题目太易，又会出现天花板效应（如百分制试卷，分数均在90分以上），这都会影响信度。另外，测验时还要注意测验的长度，虽然测验同一内容的题目个数越多，信度也越高，且不容易受到猜测的影响，但测验也不宜太长，否则会引起被测者的疲劳和厌倦，从而影响答题质量。

七、提高信度的方法

人事测评量表的信度越高，受到人、时、地、物的干扰就越低，其所能反映的事实或让人相信的程度也越高。因此，在测评量表施测前，如何有效提高信度是测评质量高低的关键。

第一，适当增加测评题目数量。测评题目数量较大时，在一定程度上排除了偶然因素的影响，从而提高了信度。

第二，测评题目难度要适中。测评题目难度 $P=$ 在该题目上通过人数与总人数之比。$P<0.1$ 时，测评题较难；$P>0.9$ 时，测评题较易；$P=0.5$ 时难度最适宜。

题目太难或太简单，都会使得实际测评分数间的方差减少，会造成信度系数的降低。只有测评难度为 0.5 时，才能使测评分数分布范围最大，求得的信度也最高。

第三，测验时间要充分。一份问卷应保证绝大多数被测者能在规定的时间内完成测验。当被测者不能从容地回答所有题目时，问卷的得分就不能反映被测者的真实情况。

第四，测验程序要统一。具体来说，包括问卷题目要统一，指导语、回答问题的方式、分收试卷的方法和问卷测验的时间等都要统一，这些是问卷有较高信度的基本保证。

第四节 人事测评量表的效度检验

一个测验仅有信度还不够，测验分数是稳定的，并不能说明它就能够准确地测量想要测的特质。例如，一台磅秤长期使用后，弹簧早已疲劳，一个 50 千克的人站上去，显示的却是 55 千克，一天称 10 次，显示的都是 55 千克，"信度"足够好，但测得结果却一点都不准。由此，效度的概念应运而生。

一、效度概念

效度也称有效性，测评量表的效度就是指测量的有效性和正确性，即测验能够测出所欲测量属性的程度，也是指测验使用者的预定目的与实际测评结果相吻合程度。

1966 年，美国心理学会（APA）、美国教育研究会（AERA）、美国国家教育测量委员会（NCME）联合推出的《教育与心理测验的标准和指南》中，将效度类型简化为内容效度、标准关联效度和结构效度三种。

在测量理论中，效度被定义为在一系列测量中，与测量目的有关的真变异数（即有效变异）与实得分数总变异数之比。效度具有特殊性和相对性，即每个测量工具只对某特殊目的有效，仅能对其特定项目作正确度量，或者说测量的效度总是针对要解决的问题来说的。

测评的效度越高，表明它所测得的结果就越能代表欲测特质的真正水平。效度是一个相对概念，而不是一个绝对概念，即效度只有高低之分，而没有全部有效和全部无效之说。

二、效度的分类

1. 表面效度

表面效度是指测量方法或测试结果所要说明的问题符合专家和公众的共识。表面效度是一种直觉判断,未体现效度在程度上的高低,严格说来,它不算是效度,只是表面上的认可,但表面效度可取得被测者的合作。表面效度一般不能作为测量工具有效的有力证据。例如,被测者主观上认为测试与测试目的无关,测试内容无聊或测试的量表印刷太差,他们就有可能排斥这个测试,从而影响效果,损害该项测试的实际效度。

2. 内容效度

内容效度是根据理论基础及实际经验,考查测评量表是否包括足够的项目且有恰当的内容分配比例所作出的判断,其目的是要评估测试是否充分代表了所要测试的内容范围。

内容效度需要建立在大量文献查阅、工作经验及综合分析、判断的基础上,大都由非常熟悉所测评内容领域的相关专家(但他们不是测评量表的编制者)组成的专家委员会(专家委员会一般3~10人,5人较为合适)进行评议,以判断测试题对所研究领域的取样是否具有代表性,通过这些评定资料来确定量表的内容效度。

3. 标准关联效度

标准关联效度是以一个公认有效的量表作为标准(通常称为金标准),检验新量表与标准量表测量结果的相关性,即测评结果与某种标准结果的一致性程度。根据效标(即我们想要测量的素质的一种理想样本,是能够用来作为检验测试本身是否正确的外在标准)是否与测评结果同时获得,可以划分为共时效度与预测效度。

共时效度要求相比较的两份测评量表由同一组被测者在时间相隔较近的情况下进行测评。预测效度要求相比较的两份测评量表由同一组被测者在半年或一年或更长的时间间隔后进行测评。

不论是共时效度还是预测效度,都以某种独立的、可靠的效标为参照系,从而确定测评结果与效标之间的相关程度。其中,共时效度是测评结果与现有标准之间的相关程度,而预测效度是测评结果作为未来情况预测指标的有效程度。

4. 结构效度

结构效度是指研究者所构想的量表结构与测试结果的吻合程度。它表明,在多大程度上,实际的测评结果能够被看作所要测评的素质在结构上的替代物。结构效度是个相对概念，其建立最为复杂，目前采用因素分析法、收敛—区别法来考查量表的结构效度。由于不同的研究人员使用不同的研究手段或从不同的角度进行研究，往往结论也不同。

三、信度与效度关系及效度提升方法

1. 信度与效度关系

信度与效度是表现人事测评量表质量的两个主要指标，两者不是并列的、无关的、相互独立的。

效度表示的是测评结果的正确性和可靠性，它是测评情境真实性的量度；而信度则表示测评结果的一致性和稳定性。它是测评施测准确性的量度。

正确和可靠，必须稳定和一致；稳定和一致，不一定表示正确和可靠。这就是说，高信度是高效度的必要条件，但不是充分条件。换言之，效度高的测评量表信度一定高，但信度高的测评量表效度不一定高。

2. 提高效度的方法

（1）理论正确，解释清楚。

（2）操作规范以减少误差。

（3）控制系统误差。主要包括仪器不准，题目和指导语有暗示性，答案安排不当（被测者可以猜测）等，控制这些因素可以降低系统误差，提高效度。

（4）样本适宜且要预防流失。

（5）适当增加问卷的长度。增加问卷的长度既可以提高问卷的信度，也可以提高问卷的效度，但增加问卷的长度对信度的影响大于对效度的影响。

（6）排除无关因素干扰。认清并排除足以混淆或威胁结论的无关干扰变量。

第五节 人事测评量表的项目检验

一般来说，仅仅依靠人事测评量表编制者的丰富经验和所受训练，还不足以保证量表的信度与效度。为了提高测评量表质量，应对量表题目的内容进行项目检验，即对量表题目的难度和区分度进行分析，以帮助我们筛选和修订题目，从而通过科学定量的方法提高测评量表的可靠性和有效性。

一、难度检验

1. 难度概念

难度是指测评题目的难易程度。一道试题，如果大部分被测者都能答对，则该题的

难度就小;如果大部分被测者都不能答对,则该题的难度就大。

一道题目的难度大小,除了与所测内容本身的难易程度有关之外,还与测评量表的编制技术和被测者的知识经验有关。由于表述不清或者是因被测者没学过,一个本来容易的题目可能变得较难。这就是说测评题目的难度具有相对性,正因如此,必须先进行小范围试测,通过实践来对题目难度做检验。

2. 难度计算

(1) 采用二分法计分的项目

1) 是非题的难度计算。由于是非题是典型的采用二分法计分的项目,其难度常用通过率来表示,即用答对该题人数的百分比作为难度值。其计算公式是:

$$p = \frac{r}{n} \qquad 式(5-6)$$

其中,p 为试题的难度值,r 为试题的答对人数,n 为被测者总人数。

但当参与测试的人数较多时,可以先将被测者依照测验总分从高到低排列,然后将总分最高的27%和最低的27%的被测者分别定为高分组和低分组,再计算此两组在该题目上的通过率。其计算公式是:

$$p = \frac{p_H + p_L}{2} \qquad 式(5-7)$$

其中,p_H 与 p_L 分别表示高分组与低分组的难度值。

2) 多项选择题的难度计算。多项选择题由于受猜测因素的影响,答对的人数比例可能增加,而且选择项越少,猜对的概率越大,对此类题目的难度应进行校正。校正公式为:

$$cp = \frac{kp - 1}{k - 1} \qquad 式(5-8)$$

其中,cp 代表校正后的难度值,p 代表校正前的难度值,k 代表选择项的数量。

通常,校正后的试题难度值均要低于校正前的难度值。

(2) 不采用二分法计分的项目

由于论述题是典型的不用二分法计分的项目,其难度计算公式是:$p = \frac{\overline{X}}{X_{max}}$(其中 p 代表题目的难度值,$\overline{X}$ 为全体被测者在该题目上的平均得分,X_{max} 为该题目的满分分值)。

难度值从某种程度上说就是题目的通过率,显然,题目的难度值越高,表示题目越容易;题目的难度值越低,则表示题目越难。一般认为,题目的难度值在0.3~0.7比较合适,整份测评试卷的平均难度值最好掌握在0.5左右,高于0.7和低于0.3的题目不能太多。

二、区分度检验

1. 区分度概念

区分度是反映测评题目区分被测者能力水平高低的指标。题目区分度高,可以有效拉开不同水平被测者分数的距离,使高水平者得高分,低水平者得低分;而区分度低则反映不出不同被测者的水平差异。

2. 区分度计算

区分度常用的计算公式是:

$$d = \frac{h - l}{n} \quad \text{式}(5-9)$$

其中,d 代表区分度指数,h 代表高分组答对题的人数,l 代表低分组答对题的人数,n 代表高分组与低分组各组人数。

区分度指数越高,题目的区分度就越强。一般认为,区分度指数高于 0.3,题目便可以被接受。

题目的区分度与难度直接相关,通常来说,中等难度的题目区分度较大。另外,题目的区分度也与被测者的水平密切相关,题目难度只有等于或略低于被测者的实际能力,其区分度才能充分显现出来。在此需要特别指出的是,题目的难度值和区分度指数只能作为筛选题目的参考,而不能看成是绝对的标准。

第六节 人事测评标准化与常模

一个人在人事测评中的表现,不仅决定于自身固有的素质,有时还会受到考场环境、考官的指导语、评分者的水平等与测评无关因素的影响。因此,为了使测评的结果更加准确、可靠,减少误差,就要在测评实施的过程中尽量控制无关因素对测评结果的影响,使测评分数能够真正反映一个人真实的能力水平。这个控制的过程,称作测评标准化。

一、人事测评标准化的动因

1. 人事测评标准化后具有较高的质量

人事测评标准化后它的效度、信度都较高,增加了测评的客观性,所得的结果较为真实。

2. 人事测评标准化后，能得到广泛的运用

人事测评标准化后可使测评实施者不必把大量的时间花在测评题目的编制、实施和评价上，而是致力于其他更重要的活动，如指导及对分数进行解释。

3. 使用标准化测评促进了测评实施者及被测者之间的交流

测评结果体现了有关个体或团体的一些有用信息甚至是科学发现，对其他专业工作者来说可能具有参考和研究的价值。

人事测评标准化只是使测评程序达到统一，在使用时还应注意每种测评都有它的使用范围，只能在一定情况下使用，否则会造成不良后果。这也是测评实施者必须加以注意的，即如何选择适当的测评方式，使之对于测评目标来说是最适用的。

二、人事测评标准化的具体内容

1. 内容标准化

内容是标准化的第一个要素，即对所有被测者施测相同的题目。若不同的被测者所使用的题目不同，所得的测评分数是无法相互比较的。

2. 施测过程标准化

实施是标准化的第二个要素。一方面，无论在何时何地给何人施测，考官宣读的测评指导语必须完全一致；另一方面，测评的时间要统一，并被严格控制，这一点对能力测评尤为重要。

3. 评分标准化

评分是标准化的第三个要素。对于那些需要主观评分的测验，要求至少有两个以上受过专业训练的评分者同时评分，而且他们的分数必须具有一致性。不同评分者之间取得完全的一致是最理想的状况，但实际上对主观题的评分很难完全一致。一般认为，在成对的受过训练的评分者之间平均一致性达到90%以上，就是客观的。

4. 分数解释标准化

从某个测评中得出的单个分数往往并不能说明什么问题，只有把分数与常模进行比较，才能对测评结果进行很好的解释。建立常模以对测评分数进行客观、公正的解释是标准化的第四个要素。

三、常模

不同被测者的同一项人事测评的原始分数本身并不具有任何可比性。应将他们个人所得的分数与代表一般人同类行为水平的分数分布情况相比较，通过比较他们各自所处位置，从而判别其所得分数的高低。此处所指的"代表一般人同类行为水平的分数分布情况"，即为"常模"。

常模又称测验常模，它是一种描述由个体所组成的总体的行为特性的概念，这种总体行为特性的描写一般需借助于测验才能实现。因此常模可以直接解释成一个总体关于其某一被测量对象确定的特殊分数的分布状态，即某一标准化样本组在某一测验上的平均分数，以此为其他被测者测验分数提供比较的标准，从而对测验分数加以解释。

1. 常模产生条件

常模是针对一个具体的总体而言，从理论上说这个总体的容量应该是无限大的，而且在实践中其容量也的确非常大，因此要产生一个常模并不是一件简单的事。常模产生的关键在于寻求一个能有效代表总体的样本组，即标准化样本组。常模可根据标准化样本组的测验分数经过一定的数据统计处理而产生。

标准化样本组的产生与抽样的方法有关。只有经过恰当的抽样设计，并有较大的样本容量，才能产生能够恰当代表总体的标准化样本组。对于总体容量很大，而且个体之间的差异也比较大的总体而言，一个测验能通过其标准化样本组的测量而产生常模，可以实现对总体行为特性描述的目的。

2. 常模表达形式

常模表达形式多种多样，不同的测验分数表示方式可相应地形成不同的常模表达方式，如以原始分数直接表示测验结果时，一般把频数分布中的平均数作为常模值。如果测验分数是以百分等级形式表示时，通常以百分等级量表中的中位数（第 50 个百分等级）作为常模值。此外还有标准分数、九段分数、T 分数等一系列常模表达方式。

总之，常模是总体（或标准化样本组）测验分数的分布状态，其本质上只有一种分布状态，而由于测验分数表达方式的不一样，所以它可以有多种表达形式。每一种表达形式都可以用其分布形式的某些参数（如平均数、中位数、等级位数等）直接表示。

3. 常模的解释

常模是针对一个总体的某一具体特性而言的，因此，常模可因标准化时选取样本组的不同而有不同的类别，形成不同的亚常模。常见的亚常模有年龄常模、年级常模、性别常模、地域常模、民族常模、职业常模等。

常模的含义与常模的标准一词有严格区别。个体达到标准并不一定意味着此个体在总体中处于领先位置；同样，个体分数在总体常模处于平均数之上，也并未说明他达到了标准。这两个概念之间没有必然的联系。常模是客观的，而标准则是主观的。

常模是可以变化的，尽管它是客观的。总体的行为特性随着教育、社会影响、时间推移等诸因素的影响而变化，所以常模也是暂时稳定的。所以，常模必须不断更新，不仅结果要更新，测验本身也要更新。

4. 常模样本的确定和选择

常模样本的确定包括确定一般总体、确定目标总体、确定常模样本。不同的测验性质，不同的文化教育水平，不同的性别，都可能影响常模。样本选择需要注意五点。

（1）常模样本的构成必须明确。一个测验可能有许多常模样本。在选取常模样本时，首先要保证常模样本中的所有成员是同质的，可以相互比较。

（2）常模样本必须是被测群体的代表性样本。

（3）必须详尽地描述取样过程，即必须介绍常模样本的大小、取样策略、取样时间以及其他有关情况等。

（4）注意常模的时效性。常模必须定期修订。要以批判的眼光看待旧常模，并尽可能采用新常模。

（5）常模样本大小要适当。一般来说，取样误差与样本大小成反比，所以在其他条件相同的情况下，样本越大越好。常模取样适当性由三个方面决定。

第一，取决于总体的规模。总体规模小，如只有几十个人，则常模样本应包括所有成员；如果总体规模大，相应地，样本也应较大，一般最低不应少于30个。

第二，取决于总体性质。总体性质越复杂，越需要较大数量的样本。

第三，取决于施测结果。样本大小适当的关键是样本要有代表性。

5. 常模取样方法

（1）简单随机抽样。简单随机抽样也称纯随机抽样，这是一种最简单的抽样方法。要求在总体中抽选样本单位时，不附加任何条件，完全按随机原则抽选，并且保证每个样本单位都有相等机会被抽选出来。抽取办法是将抽样范围中的每个人或每个样本单位编号，以避免由于标记、姓名或其他社会赞许性偏见而造成抽样误差，然后按随机数码表选择被测者作为样本。

（2）等距抽样。等距抽样也称机械抽样、系统抽样。等距抽样是指根据被测者的某些与所测特征无关的特性（如电话号码、学号），将被测者按一定的顺序排列，再确定一个随机的起始点，如果从数目为 N 的总体中抽取 $1/K$ 个被测者作为样本，那么排序中的 K 的倍数就成为样本组成中的被测者。如果到达排序末尾时仍不够预定的样组容量，只需简单地从列表的前面重新按此规则抽取便可。也可以把所有的人分为 N/K 组，当然分组也是按随机性原则，再从每组中随机选择一个人，则刚好组成 $1/K$ 的样本。总之，等距抽样在没有更好的列表单时特别有用。

（3）整群抽样。当被测者以一些自然的组合单位成为各种团体时，如班级、工厂、医院等，我们便可以以一整群为单位进行随机抽样，这种方法叫整群抽样。在第一阶段整群抽样中，被选中的单位团体将全部进入样本，每个团体都有同等的机会被抽到。为得到样本，可以将每一个"整群"赋予从 1 到 N 的序号，然后利用随机数码表，就像从简单随机抽样中抽取单个被测者一样。

（4）分组抽样。在总体数目较大、无法编号，并且总体成员又具有多样性的情况下，可以先将总体分为一定的小组，再从小组内随机抽样。例如，将全国大学生按地区分为许多小组，然后再在各小组中抽取一定比例的学生作为被测者。

（5）分层抽样。在确定常模样本时，最常用的是分层抽样方法。它是先将目标群体按某一种变量（如年龄）分成若干层次，再从各层次中随机抽取若干个体 n_i，各层次的个体总和即为样本个体数目 n。分层抽样常用的有两种方法。

第一种，分层比例抽样法。即各层抽取的个体数目 n_i 是根据各层的个体数目 N_i 占总体数目 N 的比例而决定的。其中，$n_i = \frac{N_i}{N} n$（n 为所抽取样本个数）。

第二种，分层非比例抽样法。若有些层次的重要性大于其他层次，则应采用非比例抽样法。这种方法的目的在于降低各层次的标准差，使总体平均数的估计较为准确。

6. 常模的类型

（1）发展常模。发展常模是表示个人在以正常途径发展的心理特征方面处于什么样的发展水平。例如，一个 8 岁儿童的智力表现与 12 岁儿童的平均水平一样，则可以说他有 12 岁的智力年龄。这种表示方式是将被测者的表现与各种发展水平的人的平均表现做比较，根据这种平均表现所制成的量表就是发展常模或年龄量表，包括智力年龄、年级当量、发展顺序表等几种形式。

（2）百分位常模。一是百分等级。百分等级是应用最广的表示测验分数的方法，是指把一个总体的所有分数按大小顺序排列后，将所有分数按个数等分为 100 份，每一份对应的序列数就是这个分数分布的百分等级，而刚好把所有分数个数分为 100 份的分数值叫作百分位数。一个分数的百分等级就是指在常模样本中低于这个分数的人数百分数。例如，如果一个原始分数对应的百分等级为 98，就表示在常模样本中有 98% 的人的得分比这个分数低。百分等级是以百分率形式来表示一个人的相对等级，即如果我们将常模样本分成一百等份时该被测者所占的等次。

二是四分位数和十分位数。在很多情况下，并不需要将所有分数分成 100 等份那样精密的区分，只要分成少数的段落区间就足够了。四分位数的计算将数据分成四等份，实际上就是第 25、50、75 等百分点段。同样，十分位数计算与计算第 10、20、…、90 等百分点段相同。

7. 常模的表示方法

（1）转化表。最简单而且最基本的常模表示方法就是转化表，也叫常模表。它是由原始分数表、相对应的导出分数表和对常模样本的具体描述三个要素组成的。根据转化表进行解释时，须注意，常模转化表总是来自特定的常模样本，这种转化表只能表示被测者在常模样本内的相对等级，若要依此做出某种结论或预测，需要进一步获得信度和效度的依据。

（2）剖析图。剖析图是将测验分数的转换关系用图形表示出来的一种模式图。使用剖析图做解释，要求各个分测验所使用的常模样本必须相同，否则各个分测验分数之间无法比较。须注意，使用剖析图容易夸大各个分测验间分数的差异。为避免这个问题，有些剖析图注明了多少距离代表两分数间差异显著，使用者可以依此很快地确定某对分数间是否存在差异。另一种方法是将被测者分数用一段范围表示，假如范围不重叠，表明分数间有显著差异存在。

第七节 人事测评结果报告及分数的解释

从信息论的观点来看，人事测评实际上是一个搜集信息、处理信息、输出信息或反馈信息的过程。测评结果报告作为人事测评信息的输出或反馈，是人事测评过程的一个重要环节。

一、测评结果报告方式

测评结果报告按形式常分为口头报告、分数报告、等级报告、评语报告等；按内容又可分为分项报告与综合报告。

1. 分项报告

分项报告是按照主要测评指标逐项测评并直接报告，不再做进一步的综合。其优点是全面详细，但缺乏总体可比性，不能做出单项比较。

2. 综合报告

综合报告是即先分项测评，最后根据各项测评指标的具体测评结果，报告一个总分数、总等级或总评价。其优点是总体上具有可比性，但有"削峰填谷"之弊，看不出具体优缺点。

3. 分数报告

分数报告是以分数的形式反馈测评结果。分数的形式有原始分数、导出分数。

（1）原始分数。即在测评活动中直接得到的分数。施测之后，将被测者的反应与答案做比较即可得到每个人的分数。这种直接从测验上得到的分数叫作原始分数。原始分数本身没有多大意义。例如，某学生成绩单上写着数学 85 分、语文 80 分，由此既看不出该学生水平高低，也看不出他哪一门课学得更好。为了使原始分数有意义，同时为了使不同的原始分数可以比较，必须把他们转换成具有一定的参照点和单位的测量表上的数值。

（2）导出分数。通过统计方法由原始分数转化到量表上的分数叫作导出分数。有了导出分数，我们才可以对测验结果做出有意义的解释。根据解释分数时的参照标准不同，可以将导出分数分为常模参照分数与标准参照分数。

常模参照分数是把被测者的成绩与具有某种特征的人所组成的样本做比较，根据一个人在该样本内的相对位置来报告他的成绩。这里，用来做比较的参考样本叫常模样本，常模样本的分数分布叫常模。

常见导出分数又可分为五种形式。

第一，名次。即根据被测者得分的多少顺序排位的一种自然分数形式，其优点是简单直观，缺点是相邻名次间差距悬殊。如第一名与第二名可能相差 1 分，第二名与第三名可能相差 10 分。

第二，百分位数。这是一种标准分数，当两个被测群体总体水平结构相当，但个体总数不等时，其个体的百分位可以相互比较，而名次却做不到这一点。例如，公司某部门 25 人，另一部门 20 人，两部门中排名第十位的人的水平是否一样呢？从名次中无法知道，但将其转换成百分数后，就可以知道差距了。其公式是：

$$p_i = 100 - \frac{100i - 50}{N} \qquad 式（5-10）$$

式中，N 为被测群体中个体的总数，i 为名次数。

经测算，第一个部门的第 10 名位于该部门 62% 的职员之上，第二个部门的第 10 名位于该部门 52.5% 的职员之上。虽然他们排名相同，但水平存在差异。

第三，Z 分数。Z 分数也是一种标准分数，它是百分制分数的一种转换分数。其公式为：

$$Z = \frac{X - \bar{X}}{S} \qquad 式（5-11）$$

式中：X 为原始分数，$\bar{X}$ 为所有原始分数的算术平均数，S 为所有原始分数的标准差。

显然，当 Z 分数在 0 左右时，即为中等水平；Z 分数在 2.5 以上为优秀水平；Z 在 -2.5 以下为极差水平。但 Z 分数因有正负号，使用不便，因此，经常把它转换为 T 分数。

第四，T 分数。T 分数也是一种标准分数，是由公式：$T=10Z+50$ 转换而来。由 Z 转换而来的 T 分数，消除了原来 Z 分数的负号，若进行四舍五入（T 分数进行这种数学处理对于原测评结果影响不大，而在 Z 分数中则影响很大），则 T 分数还可以消去原 Z 分数的小数点。T 分数不仅与 Z 分数、百分位数一样，意义明确，可比性强，而且可以进行加、减、乘、除、开方等运算。

第五，其他标准分数。在这里介绍三种。标准九分、C 量表分数、斯坦分数。

标准九分。标准九分是把整个素质测评的原始分数按顺序排列并划分为九段，从最低分数开始逐个划段。见表 5-9，取开头的 4%（最低分数段）分段为 1 分，其次的 7% 分段为 2 分，再次的 12% 分段为 3 分，接下来的 17% 分段为 4 分，中间分段的 20% 为 5 分，之后的 17% 为 6 分，再后的 12% 为 7 分，接下去 7% 为 8 分，最后的 4%（最高分数段）为 9 分。

表 5-9　　　　　　　　　　标准九分分布表

分数	1	2	3	4	5	6	7	8	9
分布比率（%）	4（最低分数段）	7	12	17	20	17	12	7	4（最高分数段）

C 量表分数。C 量表分数是一种类似于标准九分的分数，也是从高分到低分排列，按原始分数的分布比率来划分，但分段不同（见表 5-10）。

表 5-10　　　　　　　　　　C 量表分数分布表

分数	0	1	2	3	4	5	6	7	8	9	10
分布比率（%）	1	3	7	12	17	20	17	12	7	3	1

斯坦分数。斯坦分数首先把所有的原始测评分数分作两部分，与上述两种分数相比，它没有最中间的分数，但按分布比率划段定分的做法与前面相同（见表 5-11）。

表 5-11　　　　　　　　　　斯坦分数分布表

分数	1	2	3	4	5	6	7	8	9	10
分布比率（%）	2	5	9	15	19	19	15	9	5	2

分数报告的优点是简洁、可加、可比性强，但缺点是所反馈的信息缺乏准确性。

4. 评语报告

评语报告即指以书面语言的形式反映测评的结果，这是一种最原始也是最常见的测评结果报告形式。它的优点是信息详细、准确，但可比性差。

二、测评结果报告的评估及存在的问题

1. 标准分数的优势

标准分数用等距量表来表示测验分数，使进一步统计分析成为可能；常态化标准分数可参照常态曲线面积表直接转化成百分等级，因而容易解释；允许将几个测评或量表上的分数作直接的比较。将分数转换成标准分数可校正各种分布间平均数与标准差的差异，换句话说，不管原来分布的平均分数与标准差大小，同样的标准分数表示同样的相对位置。

2. 标准分数的劣势

由于统计上较复杂，标准分数不像百分等级那样为一般人所熟悉，难以让"门外汉"了解；在实际应用时，通常只以标准分数来表达，而未区分是常态化的还是经线性转化的分数；常态化标准分数是人为使分数呈常态分布，当所测特质的分数在实际上不是常态时，便扭曲了分布的形状。

3. 分数解释时注意事项

一个人在任何一个测评上的分数，都是他的遗传特征、测评前学习与经验以及测评情境的函数，这三个方面对测评成绩都有影响。所以应该把测评分数看成是对被测者目前状态的测量，至于他是如何达到这一状态的，则受许多因素影响。为了能对分数做出有意义的解释，必须将个人在测评前的经历或背景因素考虑在内。例如，在词汇测验上得到相同的分数，对于大城市孩子与边远山区的孩子具有不同的意义。

为了对测评分数做出确切的解释，只有常模资料是不够的，还必须有效度资料。没有效度资料作为证据的常模资料，只能表明一个人在一个常模样本中的相对等级，不能做预测或更多的解释。在解释分数时，人们最常犯的错误就是仅依据测评的标题和常模数据去推论测评分数的意义，而忽略效度的不足或缺乏。当然，即使有效度资料，在对测评分数做解释时也要十分谨慎，因为测评效度的概括能力是有限的。不同的常模样本和不同的施测条件，往往会得到不同的结果，在解释分数时，一定要依据从最匹配的样本和最相近的情境中获得资料的原则。

由于测评不是完全可靠（信度不足），应该永远把测评分数视为一个范围而不是一些确定的点，也就是要对测评分数提供带图形的解释。倘若是用确切的分数，应说明这些

分数不是精确的指标，而是对某人真实分数的最佳估计。

对不同测评中的分数不能直接加以比较。即使两个测评名称相同，由于所包含的具体内容不同（因而所测量的特质不完全相同），建立标准化样本的组成不同，量表的单位（如标准差）不同，其分数也不具有可比性。

三、测评中的心态及其控制策略

测评中的心态主要是指测评实施者对被测者主观评定的有关心理效应与现象。当测评实施者在施测过程中出现了主观评定心态，会对被测者进行不公正打分，因此，我们有必要对此类测评中的不良心理有所了解并加以控制。

1. 首因效应误差及其控制策略

首因效应是以第一印象为主的效应，其误差是指经测评实施者观察形成的第一印象而产生的测评误差。测评实施者对被测者观察形成的第一印象，往往极其深刻、形象鲜明，因此，测评时无形之中倾向于以第一印象结果为测评依据而忽视了被测者后面的表现，这样就会导致开始印象好的便容易得到优秀的分数，而开始印象不好的无论后来表现如何变化也很难得到优秀的分数。因此，控制首因效应误差的策略是，要求测评实施者学会全面、客观与动态地进行考评。

2. 近因效应误差及其控制策略

近因效应误差是指受新近观察的结果影响强烈而产生的测评误差。新近的观察印象往往记忆犹新、历历在目，会在一定程度上抑制先前观察的作用。因此测评实施者往往会忘记或忽视先前观察了解的情况而以新近观察印象作出测评。控制近因效应误差的策略是，测评实施者应随时记录观察的结果，测评时要翻阅与分析以前记录的情况再作决定。

3. 新奇效应误差及其控制策略

新奇效应误差是指因某种突发性的、与以往或一般情况形成鲜明对比的观察印象而产生的测评误差。例如，突然发现被测者在某种技能上有某种出乎意料的失手行为，就把问题看得过重，夸大错误的性质和危害性，做出过低的评价，或者看到被测者意外地表现某种技巧性行为，因此给他过高的评价。控制新奇效应误差的策略是，测评者要善于进行系统分析，要分析"突然行为"的背景与原因，区分本质与非本质、偶然与必然的现象。

4. 光环效应误差及其控制策略

光环效应误差是指测评实施者因对某种特点或某方面的测评结果有清晰、强烈的观察印象而冲淡了对其他方面测评结果的印象而产生的测评误差。这种效应又有两种具体形式：遮掩性与弥散性。所谓遮掩性，即"一俊遮百丑"，以某一方面测评的突出印象掩盖了对其他方面的全面了解，以表面的测评印象代替深入的了解和分析；所谓弥散性，即指测评的整体印象或某一突出的特点会扩散到相关与不相关的因素测评上，无端地给以同样的印象或特点，无论是积极印象或消极印象都会发生这种效应。控制这种光环效应误差的策略是，要求测评实施者测评时能一分为二、客观地观察分析和评价每个被测者。

5. 定势效应误差及其控制策略

定势效应误差是指观察测评时，测评实施者因某种主观臆断的逻辑定势而产生的测评误差。这种效应误差表现在两个方面：其一，牵制测评者的注意力和观察点，使其围绕着固有的看法去收集信息、聚敛材料、认识事物；其二，控制对所收集信息的分析、综合与解释。例如，在解释分析测评中的因果关系时，测评实施者或者会忽略与固有看法（印象）相悖的结果和原因，或者会按自己的观点（印象）去解释因果关系。对此种心态，事先应有预期并加以控制。定势效应的积极作用在于能够保持测评结果的稳定性与一致性，而消极作用在于容易造成测评的惰性，不能具体情况具体分析。控制定势效应误差的策略是，测评实施者要学会用科学分析的方法代替主观经验推理，重眼前事实而不重过去经验，透过现象看到本质，实事求是。

6. 期望效应误差及其控制策略

期望效应误差是指测评实施者因为事先对被测者期望过高或过低而产生的测评误差。当测评实施者事先对被测者的期望过于理想化时，在实际测评中就会自觉或不自觉地提高测评标准，容易产生不满意的体验：优秀的测评为合格，合格的则测评为不合格。当测评实施者事先对被测者过于低估时，实际测评中就会不自觉地降低标准，容易产生满意的体验：把不合格的测评为合格，合格的测评为优秀。因此，对期望效应误差控制的策略是，要求测评实施者明确标准、实事求是。

【本章小结】

为了提高人事测评的真实性和可靠性，需要对人事测评量表进行检验，包括信度检验、效度检验和项目检验。在测评实施的过程中，通过标准化和应用常模进行比较，使测评分数能够真正反映一个人真实的能力水平。

【关键概念】

信度　效度　难度　区分度　标准化　常模

【复习思考题】

1. 什么是信度？它与效度有何联系与区别？
2. 什么是区分度？它与难度有何联系？
3. 简述常模的概念及种类。

【课后阅读】飞行员安全心理测量量表的编制

飞机的发明让人类受益的同时，也带来了新的航空安全问题。收集近年飞机空难数据发现，2014年，发生严重人员伤亡的空难事件共有8次。飞行安全（Viation-Safety）航空安全数据库资料显示，2015年共发生16次致命的飞行事故，共有560人遇难。其中A320客机的遇难引起了大家的广泛关注。调查发现，A320客机的副驾驶安德里亚斯·卢比茨涉嫌蓄意制造空难，其压力大、抑郁心理和自杀动机是造成德国之翼坠毁最主要的原因。飞行过程中，飞机遇到危机情况，飞行员的危机应对能力不够、情绪不稳定、心理异常等导致操作不当是造成飞行事故的重要因素。

有学者调查飞行事故的原因发现，飞行事故的频率逐年增加，人为因素所占比例达到60%~80%。美国航空航天局对客机事故进行的调查发现，70%左右的事故原因涉及人的因素。航空安全专家经分析一致认为：人为因素是导致目前飞行事故率居高不下的主要原因，将近占了80%，而机械等其他因素，仅占20%。

查阅文献资料发现，对飞行员心理因素影响飞行安全的研究主要集中于心理健康方面，一般采用SCL-90症状自评量表和康奈尔健康指数（CMI）测验，陈燕于2013年编制了飞行学员心理素质量表。除此之外，国内还没有针对飞行员群体的安全心理测量工具。

下面以飞行员安全心理测量量表为例，介绍人事测评量表的编制。

一、方法

1. 量表题目的来源和初步筛选

（1）量表题目的来源。在阅读相关文献并与飞行员访谈后，将飞行员的安全心理分为飞行态度、安全保障、决策能力、人际交往、飞行动机五个维度。在参考相关文献的基础上，根据这五个维度初步编制了60个题目。

（2）量表题目的修订。选取数10名经验丰富的飞行学员、飞行员、辅导员、飞行教员、心理学专家依据飞行员安全心理测量量表内容框架及经验要素，审定各题目的内容，淘汰了一些题目，最终形成了飞行员安全心理初测量表。飞行员安全心理初测量表每个维度包括 10 个题，此外还有 5 个测谎题，共 55 个题目。

量表采用李克特（Likert）自评式 5 点评分法：1 代表很不符合，2 代表不符合，3 代表一般，4 代表符合，5 代表很符合。要求被测者根据自身情况对量表中每一个题目描述的符合程度进行评定。

2. 飞行员安全心理测量量表的形成

（1）被测者。向中国某航空公司飞行员发放飞行员安全心理初测量表 217 份，回收有效问卷 201 份，有效率为 92.63%。由于飞行员工作的特殊性，被测者都为男性，平均年龄 28 岁，标准差 0.702。这些被测者通过随机抽样的方式选取，包括飞行学员、第一副驾驶、第二副驾驶、机长、教员。抽样覆盖的范围较大，既有民航现役飞行员，也有退休飞行员；既有已婚飞行员，也有未婚飞行员；既有专科学历飞行员，也有本科和研究生学历飞行员。

（2）程序测评。采取集体施测方式。施测前讲明测验的目的，被测者按照自愿原则完成问卷，完成一份问卷的平均时间为 10 分钟。采用 SPSS17.0 统计软件对回收的 201 份有效问卷进行项目分析和信度检验、效度检验。

（3）计分方法。按照各情境与自己的相符程度计分：采用 1~5 分五级评价，分别为"非常不符合"计 1 分，"不太符合"计 2 分，"不确定"计 3 分，"比较符合"计 4 分，"非常符合"计 5 分。

二、结果与分析

1. 项目分析

项目分析包括定性分析和定量分析两部分。定性分析是请专家对项目内容进行逻辑分析，考查内容编写的适当性和有效性。本研究选取数十名经验丰富的飞行学员、飞行员、辅导员、飞行教员、心理学专家对问卷进行定性分析，修改或者删除与理论不符合的项目，这部分工作在问卷首次测试前完成。

定量分析是对初编的试题全部进行测试后，逐项分析难度、区分度和被测者的反应情况。因为本研究调查的是典型行为，不需要进行难度分析。项目区分度也叫鉴别力，指测验项目对被测者心理特性的区分能力，目的在于初步筛选合适的题目组成测验试题，据此修订从而提高量表的信度和效度。经分析，删除第 6 题与第 9 题两个没有区分度的题目，最终确定 53 道题目，包括 5 道测谎题，最终形成"飞行员安全心理测量量表"。

2. 因素分析

因素分析常用来测量心理学家所假定的框架或个人内部的潜在特质，包括探索性因子分析和验证性因子分析。

对飞行员安全心理测量量表进行 KMO 分析以及 Bartlett 的球形检验，样本适当性系数 $KMO=0.791$，表明各题目间的相关程度较高，可以对这些题目做因素分析。Bartlett 的球形检验近似卡方值为 9 842.475，$p<0.001$，表明题目间并非独立，五个维度是相互关联的，适合做因素分析。两个指标的结果都说明数据适合进行因素分析。

采用主成分分析法进行初步分析，发现特征值大于 1 的因素有 5 个，可解释项目总变异的 42.475%。由因子分析结果可知，5 个分量表均从属于民航飞行员安全心理测量量表。各项目的因子负荷率分别为飞行态度 0.884，安全保障 0.878，飞行动机 0.724，人际交往 0.681，决策能力 0.572，均在 0.5 以上。因此维度的选择是恰当的。

3. 信度分析

下面采用克隆巴赫的 α 系数测试量表的内在信度。α 系数属于内部一致性系数，用来测量组成量表各个题目的一致性程度，也就是说测试这些题目测量的是不是同一个事物，是目前最常用的测量信度的系数。α 系数的取值范围为 0~1，α 系数越大，表示量表的信度越好。表 1 中，飞行员在量表各个维度的 α 系数均在 0.6 以上，是可以接受的水平，也说明量表的各层题目之间有较高的内部一致性，表明量表有较好的信度。

表 1　　　　　　　　飞行员安全心理测量量表的信度检验值

维度	飞行态度	安全保障	决策能力	人际交往	飞机动机
α 系数	0.709	0.806	0.750	0.845	0.838

4. 效度分析

（1）内容效度分析。内容效度测试的是量表有没有反映原本想要测量的内容，通常是请有关专家对所要测验的题目与原内容的符合性做判断。量表的内容效度即指每一道题、每一个维度是否准确表达了飞行员的安全心理。本量表是在大量文献分析的基础上，经过半结构性的访谈收集题目，经由心理学专家组成的小组讨论，并听取飞行学员、飞行员、辅导员、飞行教员等具体实施者的意见，由心理学家评鉴形成，从而保证了良好的内容效度。

（2）结构效度分析。结构效度指的是量表测量了哪些特征，因素分析是评价量表结构效度最精确的方法。如果因素分析的结果显示，每个因子的内部一致性系数均大于该因子与其他因子的相关系数，每个题目与其所属因子的相关系数均大于与其他因子的相关系数，则说明这个量表的结构效度较好。

使用 SPSS17.0 软件中分析—降维—因子分析模块或用分析—相关—双变量进行斯皮尔曼分析均可，本次采用斯皮尔曼分析。表 2 可以看出总分与各维度的相关系数均高于各维度间的相关系数，也就说明量表的结构效度是可以接受的。

表 2　　　　　　　　　　　各维度间相关系数

	F_1	F_2	F_3	F_4	F_5	总分
飞行态度（F_1）	1					
安全保障（F_2）	0.833**	1				
决策能力（F_3）	0.756**	0.647**	1			
人际交往（F_4）	0.747**	0.684**	0.837**	1		
飞行动机（F_5）	0.841**	0.809**	0.812**	0.776**	1	
总分	0.917**	0.865**	0.903**	0.887**	0.939**	1

三、小结

飞行员安全心理测量量表包括飞行态度、安全保障、决策能力、人际交往、飞行动机五个维度；此次编制的飞行员安全心理测量量表具有良好的信度和效度，可以作为选拔飞行员和监测飞行员安全心理状况的有效工具。

量表的编制是一个长期的过程，由于受到主客观因素的制约，在量表设计方面可能存在一些不足，今后需要针对两个方面进一步完善。

一方面，由于本量表常模样本的数量受到研究条件制约，数量相对较少，并且只涉及一家航空公司。今后需要进一步扩大样本量，从国内其他航空公司抽取样本，增强可推广性。

另一方面，需要进行纵向动态研究，监测我国飞行员安全心理的动态变化趋势，为组织心理动态管理的开展、保障飞行安全提供科学依据。

资料来源：宋海荣，李甜甜. 飞行员安全心理测量量表的编制［J］. 鲁东大学学报（哲学社会科学版）. 2016（5）：92-96.

第六章 面试技术

> **学习目标**
>
> 通过本章的学习,从概念、特点、构成要素、内容与分类等方面掌握面试的内涵;从遵循原则、编制要求和编制程序等方面了解面试题目的编制技巧;学习掌握招聘面试前放松技巧及面试中心理引导技巧;了解面试在我国运用中的主要问题及解决对策。

【课前阅读】优秀的面试官需遵循"黄金十四点"

谷歌公司曾提出:招聘是唯一有价值的人力资源活动。虽然招聘每个人都会干,但要干得好,比想象中要难得多,所以,面试是一门技术活。在常规面试中,面试官一般在最初的10秒已经做了判断,后面99.5%的时间都在验证这个最初判断。

有学者研究了是否有一些面试官比其他人更为出色的课题,在这项研究中,最好的面试官对于人才的预测效度是最差的面试官的10倍。研究提出,一位优秀的面试官在整个面试环节中,应很好地遵循面试流程中的"黄金十四点"。

第一点:尊重应试者,让应试者感到舒适。

第二点:介绍面试结构。

第三点:尽可能地让应试者表达。

第四点:控制好面试的进度(要有结构性)。

第五点:问开放式问题,但必须有针对性。

第六点:询问封闭式问题以确定事实。

第七点:问题与问题之间要有逻辑性,尽量与应试者的回答相关联,或者能展开另一话题的讨论。

第八点:仔细听应试者的回答并给他们以反馈。

第九点:针对式发问,并运用行为式面试法。

第十点:使用沉默技巧——给应试者一定时间考虑,并表示愿意倾听。

第十一点:用赞同的评价、姿势、语言鼓励应试者。

第十二点:结合他们所说的观察其表情和肢体语言。

第十三点:给应试者机会发问。

第十四点：友好地结束面试。

如果你是应试者，请你观察在整个面试流程中，面试官的表现是否符合上述十四点的要求？如果不是，该面试官未能有效遵循的是什么？对你而言，面试感受是怎样的？

第一节　面试的内涵

一般来说，在招聘录用中，大多是按照初选（资格审查）、笔试、面试、根据考核结果确定录用者这种流程来进行的。有些情况下，甚至要经过初步面试、二次面试或更多次的考查来对人才相关素质做出全面准确的测评。

面试是现代人事测评技术中的一种非常重要的方法，有着其他测评技术不可代替的优势。

一、面试的概念

关于面试的概念众说纷纭，归纳起来有以下几种：有人认为面试即是面对面的交谈；有人认为面试是一种口头考试的形式，即口试；有人认为，面试是一种既包括口试，也包括模拟操作演示的考试形式；也有人认为，面试就是面谈加口试，是通过面试官与应试者直接见面，边提问、边观察分析以评价应试者的仪表气质、言谈举止、体质精力以及相关素质能力，权衡其是否与岗位要求相适应的考试形式，等等。这些观点虽然包含了面试的某些特点和方式，但都不十分完善，没有突出面试作为人事测评技术所特有的精察细观、推理判断的特点。

所谓面试是一种经过精心设计，在特定场景下以面对面的交谈与观察为主要手段，由表及里地测评应试者有关素质的一种方法。"精心设计"的特点使它与一般性的面谈、交谈、谈话相区别。在"特定场景下"的特点使它与日常的观察、考察测评方式相区别。"以面对面交谈与观察为主要手段，由表及里地测评"的特点，不但突出了面试"问""听""察""觉""析""判"的综合性特色，而且使面试与一般的口试、笔试、操作演示、情境模拟、访问调查等人事测评技术区别开来。"有关素质"说明了面试的功能并非是万能的，是有选择性地针对其中一些必要的素质进行的测评。

二、面试的特点

1. 面试对象的单一性

面试一般都是针对一个特定的对象，是"一对一"或"多对一"的关系，即使在集体面试中,面试官一般也是逐个提问进行测评。

2. 面试内容的灵活性

尽管有面试提纲,但在实际面试过程中,面试官会根据实际情况随时更改。例如,面试的内容可能会因为应试者的个人经历、背景等情况的不同而灵活改动,也可能会因为应试者在面试过程中的表现不同而灵活调整。

3. 面试信息的集合性

面试中对任何信息的确认,都是通过身体感官综合进行的。既有语言形式的信息,也有非语言形式的信息。语言形式的信息就是面试官与应试者的一问一答,而非语言形式的信息就是来自面试官对应试者面部表情及身体语言的观察。研究表明,从应试者的面部表情获得的信息量可达 50% 以上。

4. 面试交流的直接互动性

面试的过程是面试官与应试者的接触、交谈、观察的过程,由于是面对面进行的,因此信息的交流属于互动性的。这种直接互动性交流提高了面试官与应试者的沟通效果和真实性,可以了解许多笔试中了解不到的信息。

5. 面试判断的直觉性

其他人事测评技术大多是以逻辑判断与事实判断为主,而面试中的判断却带有一定的直觉性。它不仅依赖于面试官严谨的逻辑推理与辩证思维,而且往往带有很强的印象性、情感性。

三、面试的构成要素

面试要素,是指构成面试的一些基本的必要因素。面试要素有十个,即面试目的、面试内容、面试方法、面试考官、面试考生、面试试题、面试时间、面试考场、面试信息、面试评定。这些要素是任何一项面试活动都不可缺少的,它们的有机构成是面试活动成立的前提条件。在不同的面试活动中,这些要素的表现形式和作用是不同的。合理地配置和使用这些要素,是做好面试的基础。

1. 面试目的

面试目的,是指面试想要达到的境地,希望实现的结果。如在公务员录用考试中,面试的目的是从职位需要出发,实现对考生素质的有效测评,选拔德才兼备的高素质人才。

2. 面试内容

面试内容,也叫测评项目或测评要素,指面试需要测评应试者的基本素质内容。在面试时一般把应试者的素质结构划分为许多具体的素质指标，施测时，只选择部分重要的和相关的素质指标进行测评。因此，如何恰当地有针对性地选择与岗位要求密切相关的素质进行测评，是十分重要的问题。

3. 面试方法

面试方法，是指面试活动的组织方式，是影响面试效果的重要因素之一。不同的面试方法对考生素质测评的侧重点也不同，在面试时存在一个面试方法的选择问题。常见的面试方法很多，如面谈法、情境模拟法、无领导小组讨论法等。

4. 面试考官

面试考官，也称面试官、考官，本书多称为考官。他们是面试的直接组织者，在面试中扮演着十分重要的角色，面试考官的素质如何对面试结果有很大影响。面试考官的任务是向应试者提问，观察应试者在面试中的行为表现并进行素质评定。

5. 面试考生

面试考生，也称应试者、应聘者、考生等，是面试试题的直接承受者。在面试中，考生通过对面试试题的"反应"，即作答，达到被测试的目的。

6. 面试试题

面试试题，主要指面试考官向考生提出的各种不同的行为要求。面试方法不同，提出的要求也不相同。在自由式面谈中，这种要求表现为"随意的话题"；在结构化面谈中，这种要求表现为精心设计的一个个具体的"问题"；在小组讨论面试中，它表现为"讨论的议题"；在情境模拟测评中，试题则体现为具体问题情境中的各种要求。

7. 面试时间

面试时间，是面试活动在时间维度上的体现。一般而言，面试时间越长，面试结果可信度越高。但是，受各种因素影响，面试时间往往比较短。因此，如何在较短时间内得到全面准确的应试者信息是一个值得研究的问题。

8. 面试考场

面试考场，是面试活动在空间维度上的体现。面试时，场地的大小、温度的高低、光线的明暗，以及噪声、干扰等因素对面试都有很大影响，不可忽视。

9. 面试信息

面试信息，包括面试考官信息和应试者信息。面试考官信息，指面试测评过程中考官所发出的信息。最主要的面试考官信息，是考官对应试者下达的测评指令，以及对应试者的行为反应所表现的态度等。应试者信息，指面试测评过程中应试者所表现出的行为反应信息，包括自觉发出的和不自觉发出的、语言的和非语言的。最主要的应试者信息是对面试考官的测评指令所作出的行为反应,即作答情况。

10. 面试评定

面试评定,指面试考官对应试者素质能力情况进行评分或评价。

四、面试的内容

1. 个人信息

个人信息是指应试者的主要背景情况,包括姓名、性别、年龄、主要家庭关系及主要学习、工作经历等。

2. 仪表、仪态与风度

仪表、仪态和风度这是指应试者的体格外貌、穿着举止以及精神风貌等。研究表明,仪表端庄、衣着得体、举止稳重的人,一般做事有规律,注意自我约束,责任心较强。

3. 工作经验

工作经验主要包括应试者过去曾经做过的工作或担任过的职务、取得的成就、工作的满意度、工作的收获、人际关系情况、薪金情况等。通过应试者的工作经历可以了解其过去工作的有关情况,从而考察和判断其所具有的工作经历和实践经验是否适应未来岗位工作的需要。

4. 知识的广度与深度

面试对专业知识和技能的考察更具有灵活性和深度,所提问题也应更接近岗位或工作对专业能力的要求。除正面考察外,还可从应试者接受的专业知识和训练的努力程度、成绩高低等进行侧面考察。

5. 工作态度与求职动机

从工作的积极性与工作绩效的角度来看,工作态度与求职动机对于工作完成的情况往往有直接的影响。对工作态度的考察既包括应试者过去对工作、学习的态度,也包括现在其对工作的态度与愿望。对应试者过去工作、学习态度的了解,可以判定他是否热爱工作,钻研业务;从应试者现在对工作岗位的态度与愿望,可以判定他是为了施展个人才干,追求个人事业的发展,还是为了追求高工资等优厚的福利待遇等不同的工作动机。

6. 事业进取心

有事业进取心的人,一般都能确立事业上的奋斗目标,并为之积极不懈努力,他们在工作表现上兢兢业业、锐意进取,同时,勇于开拓、改革创新。对事业进取心的考察可从奋斗目标、理想抱负、工作意愿、工作要求、工作成就、薪金变动情况、工作业绩和奖励情况等方面进行。

7. 反应能力与应变能力

反应能力与应变能力是面试考核的主要内容，也是面试功效的体现。主要考察应试者对面试官所提问题能否迅速、准确地理解并尽快地做出贴切、繁简适当的相应回答，对突发问题的反应是否沉着镇定、回答恰当，以展现其思维的敏捷性和机智程度。面试官借此判断应试者在工作中是否能迅速准确地理解上级指示和意图，以及准确应付面临的问题，恰当地处理意外事件的能力水平。

8. 分析判断与综合概括能力

分析判断与综合概括能力主要考察应试者在面试中是否能对面试官所提问题通过分析抓住本质和要害，是否能说理透彻、分析全面、条理清晰，对众多观点和看法的概括是否全面、得当、要领突出，是否能提出自己的观点和独特看法。

9. 兴趣爱好与活动

通过了解应试者业余时间的安排、兴趣爱好、娱乐活动、生活方式等来侧面分析一个人的情趣，包括他的精力和活力等。

10. 自我控制能力与情绪稳定性

在对管理层和其他领域高级人才的面试测评中，自控力和稳定性的考察是一项重要内容。一方面，在面临上级批评指责、不公正的待遇、无端的责难、工作上的困难与压力、个人利益受损失时，能否克制、宽容、忍让、理智地对待，不因情绪的剧烈波动导致激烈反应，影响工作；另一方面，做工作是否有足够的耐心和韧性等。这是体现一个人成熟度和社会化程度的重要组成部分。

11. 口头表达能力

口头表达能力主要是通过对应试者语言的逻辑性、感染力、影响力、清晰度、准确性、音调、音量、节奏等具体内容的考察来评价应试者是否能够将自己的思想、观点或意见顺畅、准确、有逻辑地表达出来。

五、面试的分类

1. 依据面试的结构化（标准化）程度，面试可分为结构化面试、半结构化面试和非结构化面试等三种

（1）结构化面试又叫模式化面试，通过将考评要素、面试题目、面试实施程序、评分标准等规范化、结构化和精细化，并且统一培训面试官，使测评更具有公正性，使面试结果更为客观、可靠，使同一岗位的不同应试者的测评结果更具有可比性。结构化面试可以综合考查应试者各个方面的素质与能力，结合笔试的结果，为组织高效地选择合适的人才提供充分的依据。因此，正规的面试一般都为结构化面试。

结构化面试的最主要特点在于其结构性，主要内容有四点。

一是面试考评要素结构化。结合对具体岗位的专业知识和技能方面的要求，分析、筛选、概括面试考评要素，对每一个要素一一做出定义，并设置权重，以便面试官对应试者的行为表现进行观察评估。

二是面试题目结构化。由于不同类型的题目与不同的考评要素相适应，因此，在面试过程中，面试官要考察应试者哪些方面的素质，围绕这些考察角度主要提哪些问题、在什么时候提出、怎样提，在面试前都要明确。

三是面试实施程序结构化。在面试的起始阶段、核心阶段、收尾阶段，面试官要做些什么、注意些什么，以及要达到什么目的，事前都会明确。

四是面试评分标准结构化。从哪些角度来评判应试者的面试表现，等级如何区分，甚至如何打分等，在面试前都会明确，并在众面试官间统一尺度。

（2）半结构化面试是指只对面试的部分因素有统一要求的面试，如规定有统一的实施程序和评分标准，但面试题目可以根据面试对象而变化。

（3）非结构化面试则是对与面试有关的因素不做任何限定的面试，也就是没有任何规范的随意性面试。在非结构化面试中，面试的组织非常"随意"。关于面试过程的把握、面试中要提出的问题、面试的评分角度与面试结果的处理办法等，面试官事前都不需要精心准备与系统设计。非结构化面试类似于人们日常非正式的交谈。除非面试官的个人素质极高，否则很难保证非结构化面试的效果。目前，非结构化面试的应用越来越少。

2. 依据面试对象的多少，面试可分为单独面试和集体面试

（1）单独面试是一次只有一个应试者的面试，现实中的面试大都属于此类。单独面试的优点是能够给应试者提供更多的时间和交流机会，使面试能进行得比较深入。单独面试又分为两种类型，一种类型是只有一名面试官负责整个面试过程，这种面试方式大多在较小的单位录用较低职位的人员时采用；另一种类型是多名面试官共同面试一名应试者，这种类型在国家公务员录用面试和大型企业的招聘面试中广泛采用。

（2）集体面试又叫小组面试，指多名应试者同时面对面试官，面试官同时要对多名应试者进行评价的面试。在集体面试中，通常要求应试者进行小组讨论，相互协作解决某一问题，或者让应试者轮流担任领导主持会议、发表演说等。这种面试方法主要用于考察应试者的人际沟通能力、洞察与把握环境的能力、领导能力等。无领导小组讨论是最常见的一种集体面试法。在不指定召集人、面试官也不直接参与的情况下，应试者自由讨论面试官给定的讨论题目，这一题目一般取自于拟任岗位的专业需要，或是现实生活中的热点问题，具有很强的岗位特殊性、情境逼真性和典型性。讨论中，面试官坐于离应试者一定距离的地方，不参加提问或讨论，通过观察、倾听为应试者进行评分。

集体面试的优点是效率比较高，而且便于同时对不同的应试者进行比较，不足之处是应试者的表现会受到其他应试者行为的影响。

3. 依据面试目的的不同，面试可分为压力性面试和非压力性面试

（1）压力性面试是将应试者置于一种人为的紧张气氛中，让应试者接受诸如挑衅性的、非议性的、刁难性的刺激，以考察其应变能力、压力承受能力、情绪稳定性等。典型的压力性面试，是以面试官穷追不舍的方式连续就某事向应试者发问，且问题刁钻棘手，甚至逼得应试者手足无措。通过这种"压力发问"方式逼迫应试者充分表现其对待难题的机智灵活性、应变能力、思考判断能力、气质性格和修养等方面的素质。

（2）非压力性面试是在没有压力的情境下考察应试者有关方面的素质。

4. 依据面试内容设计的重点不同，面试可分为常规面试、情境面试和综合性面试三种

（1）常规面试就是我们日常见到的，面试官和应试者面对面以问答形式为主的面试。在这种面试条件下，面试官处于积极主动的位置，应试者一般是被动应答的姿态。面试官提出问题，应试者根据面试官的提问作出回答，展示自己的知识、能力和经验。面试官根据应试者对问题的回答以及应试者的仪表仪态、身体语言、情绪反应等对应试者的综合素质状况作出评价。

（2）情境面试通过给应试者创设一种假定的情境，考察应试者在情境中如何考虑问题、作出何种行为反应。在情境面试中，突破了常规面试中面试官和应试者那种一问一答的模式，引入了无领导小组讨论、公文处理、角色扮演、演讲、答辩、案例分析等多种情境模拟方法。情境面试是面试形式发展的新趋势。在这种面试形式下，面试的具体方法灵活多样，面试的模拟性、逼真性强，应试者的才华能得到更充分、更全面的展现，面试官对应试者的素质也能作出更全面、更深入、更准确的评价。

（3）综合面试兼有前两种面试的特点，而且是结构化的，内容主要集中在与工作职位相关的知识技能和其他素质上。

5. 依据面试的功能，面试可分为测量性面试、鉴别性面试、诊断性面试和预测性面试

（1）测量性面试，即对应试者的素质作出客观评价的面试。

（2）鉴别性面试，就是依据面试结果把应试者按相关素质水平进行区分的面试。

（3）诊断性面试，即对应试者素质结构的缺陷进行测试的面试。

（4）预测性面试，即对应试者的素质发展以及行为成就倾向等进行预测的面试。

6. 依据面试结果的使用方式，面试可分为目标参照性面试和常模参照性面试

（1）目标参照性面试，就是面试结果须明确应试者的素质水平是否达到某一既定的目标水平，通常分为合格与不合格两种。

（2）常模参照性面试，则是根据面试结果对应试者按素质水平高低进行排序，从而进行优胜劣汰决策，结果往往分为若干档次。

7. 依据面试的进程，面试可分为一次性面试和分阶段面试

（1）一次性面试，是指用人单位对应试者的面试集中于一次进行。在一次性面试中，面试官的阵容一般都比较"强大"，通常由用人单位人力资源管理部门负责人、业务部门负责人及人事测评专家组成。在一次性面试情况下，应试者是否能面试过关，甚至是否被最终录用，就取决于这一次面试表现。面对这类面试，应试者必须集中所长、认真准备、全力以赴。

（2）分阶段面试是指分为几次进行的面试，又可分为两种类型：一种叫依序面试，一种叫逐步面试。

依序面试一般分为初试、复试与综合评定三步。初试的目的在于从众多应试者中筛选出较合适的人选。初试一般由用人单位的人力资源管理部门主持，主要考察应试者的言谈举止、工作态度、进取精神等，将明显不合格者予以淘汰。初试合格者则进入复试，复试一般由用人单位的业务部门负责人主持，以考察应试者的专业知识和业务技能为主，衡量应试者对拟任工作岗位是否胜任。复试结束后再由人力资源管理部门会同业务部门综合评定每位应试者的成绩，确定最终合格人选。

逐步面试，一般是由用人单位的主管领导、处（科）长以及一般工作人员组成面试小组，按照小组成员职位由低到高的顺序，依次对应试者进行面试。面试的内容各有侧重，基层一般以考察专业及业务知识为主，中层以考察能力为主，高层则实施全面考察与最终把关。逐步面试实行逐层淘汰筛选、越来越严。应试者要对各层面试的要求做到心中有数，力争在每次面试中均留下好印象。在基层面试时，不可轻视大意，不可骄傲马虎；在面对高层面试时，也不必胆怯拘谨。

8. 依据面试实施时的模式，面试可分为口试和模拟操作试

（1）口试，是应试者以口头语言方式作答的面试。按照具体模式，口试还可以分为六种：交谈式，即考官与应试者以谈话方式进行的面试；问答式，即考官逐个提出问题，

应试者逐个回答问题进行的面试；辩论式，即应试者与考官，或应试者与应试者双方就某个论题持相互对立的论点而进行辩论的面试；答辩式，即应试者就考官的诘问进行解释、辩白的面试；演讲式，即应试者就某个题目向考官发表演说的面试模式；讨论式，即应试者讨论某种问题的面试模式，如会议讨论、案例分析等。

（2）模拟操作试，是应试者扮演一定角色完成一定的实际工作，以表现自己的某项技能的面试模式。这种考试要求应试者扮演一定角色，在模拟的工作情境中完成"实际工作"。

第二节 面试题目的编制技巧

面试题目编制是面试准备中的一个重要环节。对于应试者来说，了解面试题目编制的有关要求和程序，可以更好地应对面试。为此，本节将对面试题目设计遵循的原则、面试题目编制要求、面试编制程序、面试题目主要类型等方面进行系统介绍。

一、面试题目设计遵循的原则题目

1. 针对性原则

针对性原则是指面试试题是根据面试的具体情况，围绕岗位要求、应试者的状况和面试本身的特点来设计的。其原因有三点。

其一，面试总是为特定的岗位选人，所以面试题目设计通常要紧密围绕招考岗位在能力素质上的具体要求（包括哪些素质要求是重要的、决定性的，哪些素质要求是附带的），充分体现不同职类、不同职位工作要求的特点，突出需要测试的内容重点。

其二，面试题目设计会考虑应试者群体状况，包括应试者群体的受教育程度、专业背景、工作经验的多少等，如果背离了应试者群体的实际状况，题目设计得再好也难以达到选拔的目的。

其三，面试具有与笔试不同的特点，面试题目设计一般与笔试有较大的区别，如在面试中一般不会设计纯知识性的问题，而更侧重考查职位所要求的能力、潜力和个性品质。

2. 代表性原则

代表性原则是指面试题目不能过于简单，也不能过于繁杂，应在某一方面或某一环节上具有一定的代表性，足以测试某一特定素质。以面谈法为例，如果应试者的思维敏捷性对完成工作十分重要，应测评应试者的思维能力，新颖的题目可以用于测定应试者是否具有灵敏而正确的推论能力。

3. 可行性原则

面试属于短时间的抽样测评,不可能面面俱到。灵活性、应变性的题目不宜过多过杂,难以测试的项目,如道德品质,一般列为参考项目。可行性原则也包含从应试者实际出发的原则,内容深浅难易要顾及应试者的情况,不宜一味求新求异求难。

如果录用缺乏实际工作经验的应届大中专毕业生,应着重一般素质(尤其是发展潜力)的测评;如应试者有一定的工作经验或专业工龄,可着重进行特殊素质的测评。因此,对不同类型的应试者在项目的权重分配上可考虑有所区别。

二、面试题目编制要求

尽管面试题目类型繁多、性质不同、功能各异,但在设计、编制时,都有一些最基本的要求。

1. 题目内容要明确、具体

笔试的重点,在于考查应试者的知识水平,而面试的目的是要进一步考查应试者的能力水平、工作经验、个性品质以及其他方面的情况,以弥补笔试的不足,为选择合适人才提供充分依据。题目内容如果不明确、不具体,则面试的目的就难以达到。因此,要依据面试评价目标编制面试题目。

2. 题目必须体现重点

既然面试的目的是特定的,那么,面试题目必须是面试所要考查的重点。否则,面试时就会出现面试官漫无边际地提问、应试者不得要领地应答的局面。

3. 题目要兼具科学性和实用性

面试题目不仅应该是正确的、科学的,而且从达到面试目的这个角度而言应该是实用的、有效的。并不是任何表述科学、严密的题目(如笔试中的题目)都可以用在面试之中,用逻辑类的问题来考查应试者的思维能力效果往往并不好,因为这类题目在面试的压力情况下,常令应试者张口结舌、无话可说,使面试无法进行下去。请应试者就某一社会现象自由地发表自己的看法,常能使应试者有话可说,于自然表述中体现出其思维水平。

4. 题目既要有个性又要有共性

从面试的重点内容看,通常除仪容仪表与言谈举止方面不必编制题目外,其余各项均要编制相应的题目,以便面试时有针对性地提问、考察。另外,由于应试者的经历不同,不可能对每个人都用同一套题目依序一问到底。因此,针对每项面试内容可以从不同角度出一组题目，以便面试时根据情况有选择地提问。

同类岗位的面试题目也可分为个性题目和共性题目两大类。

（1）个性题目。要针对应试者的不同经历和岗位要求提问，而且题目必须非常明确具体，能紧紧抓住个人经历和岗位要求中有代表性的东西，题目不在多而在精。个性题目事先要经过周密考虑，基本上是定型的，但并不排斥根据临场情况做必要的变通。

（2）共性题目。共性题目主要是指围绕岗位所需专业知识设计的题目，对各个应试者使用的题目范围和重点应基本相同，故称为共性题目。但要注意，所谓共性，是指题目的范围、类型、性质、大小和难易程度等，而不是对所有应试者都使用同一套题目。

5. 题目要有穿透性和张力

题目要有穿透性和张力是指问题能够拓展应试者的素质。要达到这一目的，题目就不能太直白，即"正面提问，正面回答，正面评价"，好题目是具有一定的穿透性的。

例如，一些机关工作会议多，效率较低，你认为怎样才能提高会议效率？此题的测试目标是计划组织能力。测试点有制订计划能力、协调配合能力、组织实施能力，以及如何处理好行政首长层层负责制与充分发挥每个人的积极性的关系。

6. 题目要有新颖性

为提高题目的效度，应该注意材料新、视角新、观念新、表述新、形式新，避免简单重复，以便于测评应试者某些方面的真实水准。需要注意的是，这种新颖性要与启发性结合起来，从而促使应试者的相似联想和对比联系进入活跃状态，摆脱拘束与紧张，切实挖掘其潜力、表现潜在素质。

例如，孙中山说，青年要立志做大事，不要立志做大官。拿破仑却说，不想当元帅的士兵不是好士兵。请你对此加以评析。从应试者对两种看似截然相反的观点的比较、分析和评价中，可以比较有效地测评其思维能力、表达能力、价值观和进取心。

7. 题目要注重形式

面试题目在形式选材上还需要注意以下四个方面。

一是题目的长短要适度。

过长的题目本身会成为应试者理解问题的障碍，这也是面试与笔试的一个重要区别。因此，面试题目应尽量短小精练，采取"大题化小、成套组合"的方法，通常阅读时间不宜超过40秒。否则，会使应试者觉得题目太大，无从下手；或者太琐碎，也会影响面试质量。

二是题目要有开放性、启发性。

题目能触发思想火花，启发应试者思路，并运用自己的实践经验作答。如辩论、演讲的题目，就要有争议性，利于思辩，应试者愿谈、可谈。

三是题目所引用材料应试者要熟悉。

题目力求与应试者的实际生活接近，便于其理解，并能从容自然地回答，使面试官了解到其真实的思想情况。如果选择生僻的材料，其结果是应试者无从作答。例如，根据你以往的经验，要想获得多数同事的好评，最主要的靠什么？这道题目紧贴应试者的实际，让其凭借自身以往的经验答题，使应试者不感费解，能够自然地表露真实的想法。

四是题目要表达清晰。

题目的表述要做到清晰易懂，不会给应试者带来思考障碍，即以精练、明确的表达使得应试者能迅速、准确地理解题意。

提问的宗旨不是为难应试者，而是给应试者一个展示自己的机会，应试者的相关素质表现出来了，面试官才能够作出准确的判断，因此，"问准、问巧"是出题的宗旨。

三、面试题目编制程序

编制面试题目，有五个基本环节，即职位分析、制订题目编制计划、编制题卡、试测分析、题目组合等环节。

1. 职位分析

面试测评项目要反映职位的任职素质条件，因此，设计面试测评项目，首先要弄清楚拟录用职位的要求，任职者须具备什么样的素质条件。如果面试题目设计者自己都不知道该职位需要什么样的人，那又何谈录用称职的优秀的人员呢？所以，职位分析是面试题目编制的基础。

2. 制订题目编制计划

制订题目编制计划，就是对整个题目编制工作做出全面的总体设计，把最基本的框架先确定下来，以便后面的工作据此进行。事实证明，制订好题目编制计划，是使编题工作按部就班、顺利完成的保证。

制订题目编制计划时应该明确七个问题。

问题一，测评目的。明确为何测评及测评结果的用途。

问题二，测评项目。根据职位分析结果，进一步明确对哪些素质项目进行测评以及测评结果的质量要求。

问题三，测评对象。对应试者的总体情况，如学历、专业、工作经历等构成有所了解，使命题有针对性。

问题四，题型。明确采用哪些题型。

问题五，取材范围。明确选用哪些素材。

问题六，对命题工作的质量与数量要求。

问题七，工作程序与工作进度。

3. 编制题卡

对于比较规范化的面试，为了便于面试官临场选择、组合题目，最好编制"面试题卡"或"面试题本"。

"面试题本"应包括五项内容。

内容一，题目。即题面，包括"给定条件"和"作答要求"两部分。有时候，当"给定条件"不言而喻，或应试者容易想到时，也可省略。

内容二，答案。面试题的答案，情况比较复杂。有的只有唯一正确答案，如专业知识；有的没有统一答案，但有理想的答案模式；有的是既没有统一答案，也没有理想的答案模式，而是考察应试者回答问题过程中所表现出来的思维逻辑等方面能力。题卡中，要针对这些情况分别说明答案的类型，如正确答案、理想的答案模式、参考答案、无答案但需观察的行为要点，等等。

内容三，用途。即该题目的测评意图、测评要素或预期效果等。

内容四，标准。根据答案要点，提出面试官评价的可操作性指标及水平刻度，以便面试官进行结果评定或打分等。

例如，你所在的企业目前由于经营不佳发不出工资，人心浮动、人才流失。但公司产品、市场前景很好。你作为部门负责人，怎么应对这种局面？怎么做员工工作？

答题标准：优秀，全力与上级及有关部门洽谈，共同想办法，落实员工工资；好，力争解决员工工资问题，但强调部门经理权力有限，一旦解决不了，拿出自己积蓄，帮助最困难员工，同时要求大家和企业共渡难关；较好，意识到"发不出工资"是重要问题，但将关注点放在以身作则、宣传"前景"，要求大家共渡难关上；一般，没有意识到工资问题是要害，一味强调宣传"前景"，共渡难关；差，认为这正是企业考验员工忠诚度，择优淘劣的好机会。

内容五，备注。对操作实施中需注意的有关事项予以说明。

4. 试测分析

题目编制好以后，要对其质量进行评估，包括题目的可行性、鉴别力、难度等指标。最好的鉴别方法，是先选择一些"应试者"进行测评，通过试测来发现题目可能存在的质量问题，以便于对其进行修订和完善。

5. 题目组合

对于结构化面试来说，还需要根据测评目的、测评项目、测评时间、题目类型等进行组合,组配成"面试题本"。面试实施中,面试官应以此为根据对应试者进行面试,针对应试者的作答也可以进行相关的追问。

四、面试题目主要类型

面试中一般以开放性题目为主,以便给应试者留有发挥的空间,偶尔也有一些封闭式的题目。按面试题目设计的功能和题目性质来分,常见的面试题目有八种类型。

1. 背景性题目

通常是有关考察应试者背景的问题。在面试开始时,往往用3~5分钟时间来了解应试者工作生活方面的基本情况、教育背景和工作经历等。此类题目主要有三个方面的作用:一是让应试者放松、自然地进入面试情境,形成融洽交流的面试气氛;二是验证和澄清简历上的有关个人信息;三是为后续的面试提问提供引导,便于深入面试。例如,请用3分钟时间简单介绍一下你自己;你对自己将来要达到的事业目标有什么设想,可简单谈一谈。

对于此类题目,理想的应试者应在短短的几分钟内既尽可能多地展现自己的优势,又做到简明扼要、重点突出。

2. 知识性题目

知识性题目主要是考察应试者对所要从事的工作所必需的知识的了解和掌握。知识性题目包括一般性知识和专业性知识。一般性知识是指从事该工作的人都应具有的一些常识,例如,财务会计人员应了解必要的财务制度,人事经理应了解必要的劳动人事制度和法规。专业性知识指专业领域的专门知识,例如,在司法系统或税务系统招录公务员面试题目的设计中应注意考察有关司法或税收方面的专业知识。

对于此类题目的回答并没有什么窍门,只能靠应试者自己平时的积累所形成的扎实的基本功。

3. 智能性题目

智能性题目主要是考察应试者对一些事物和现象的理解和分析判断能力,通常会选择一些较复杂的社会热点问题,考察应试者的综合分析能力。这类题目一般不是要应试者发表专业性的观点,也不是对观点本身正确与否作出评价,而主要是看应试者是否能言之成理。下面举两个例子。

第一题:所谓流动人口指的是人户分离(居住地与户口登记地不一致且离开户口登记地半年以上的人)的人,不包括市辖区内人户分离的情况。在中国一线发达城市中,存在大量低质量就业的户籍人口和数量庞大的高质量就业的流动人口。请分析造成户籍人口就业满意度低的原因，并简单谈谈你认为合适的解决办法。

第二题：目前社会上"献爱心，捐助危重病人"的活动很多，你是怎样看待这个问题的？

就第二题来说，高水平的应试者不仅要谈到"爱心、互助"的意义，而且能进一步分析并提出我国医疗制度的现状及改革、发展方向，这样才说明应试者考虑问题的能力比较强，既全面又细致深入。

4. 意愿性题目

意愿性题目一般考察应试者的求职动机与拟任职位的匹配性，内容会涉及应试者的价值取向和生活态度等多个方面。下面举两个例子。

第一题：根据专业和能力情况看，你可选择的职业范围很广，为什么选择国家机关而且特别选择了我部门呢？

第二题：你为何想离开原工作单位？又为什么报考现在的岗位？这次报考倘若未能如愿，你将有何打算？

就第一题来说，面试官可就事业追求和现实生活需要两方面对应试者加以追问，尽可能全面了解应试者对事业和生活方面的真实要求。应试者只需实事求是地将自己的想法表达出来即可。

5. 情境性题目

情境性题目是假设一种情境，考察应试者的反应。此类题目是建立在这样的心理学知识基础上的，即一个人说他会做什么，与他在类似的情境中将会做什么是有联系的。此类题目考察应试者的应变能力，计划、组织、协调能力，情绪稳定性等方面的能力和个性特征。下面举两个例子。

第一题：假设这样一个情况，本来你的工作负担已经很重了，可上级却又给你安排了另一项任务。你觉得已没有精力再承担更多的工作，但又不想与领导发生冲突，你会怎样对待这个问题？

第二题：某部机关新录用了一批公务员，假如领导要你组织他们去某个基层单位参观，你准备如何做好这项工作？

对于此类题目，应试者首先要理解自己的角色，把自己放到情境中去，然后提出比较全面的行为对策。

6. 行为性题目

行为性题目关注的是应试者过去的行为，问的是应试者实际上做了些什么、怎么做的、有什么结果，此类题目可考察应试者的人际交往能力、组织协调能力、解决实际问题的能力等。下面举两个例子。

第一题：在你的工作经历中可能出现过这样的情况，你所在的组织与另一兄弟组织之间产生了矛盾或冲突，要由你来参与解决，请你举例谈谈具体情况。

追问1——你当时遇到了什么问题？

追问2——你的任务是什么？

追问3——你采取了哪些措施？

追问4——最终的结果如何？

第二题：生活、工作中需要与各种各样的人交往，请你回忆一下，你遇到的最难打交道的一个人或几个人。为了把事情办成，你做了哪些努力？结果如何？

对于此类题目，应试者最重要的是要有实事求是的态度，如实回答自己以前经历过的相关事件，不要过分夸大甚至编造事件，否则对用人单位是不负责的，对自己也不利。

7. 压力性题目

这种题目通常是故意给应试者施加一定的压力，看看其在压力情境下的反应，以此考察应试者的应变能力与忍耐性。此类题目可能会触及应试者的"痛处"。下面举两个例子。

第一题：据我们了解你在三年内换了四个单位，有什么证据可以证明你能在我们单位好好干呢？

第二题：你的领导让你送一份急件给某单位，第二天却发现送错了单位，可领导不但不承认错误，还生气地指责你马虎大意。此时，你会怎样做？

对于此类问题，应试者应有快速反应能力，提出两全其美的措施。

8. 连串性题目

连串性题目一般也是为了考察应试者承受压力的能力，包括在有压力的情境中的思维逻辑性和条理性等，但也可以用于考察应试者的注意力、瞬时记忆力、情绪稳定性、分析判断力、综合概括能力等。下面举两个例子。

第一题：你的外语和专业知识水平都很高，为何不去外资企业？国家单位现在工资和福利水平并不高，你能忍受这些条件吗？如果工作后发现自己的作用不能正常发挥怎么办？

第二题：我想问三个问题，你为什么想到我们单位来？到我们单位后有何打算？如果你工作几天后，发现实际情况与你原来想象的不一致时你怎么办？

对于此类题目，应试者应该提前做好思想准备，特别是对自己的选择与考虑，要如实反映，不要说大话、空话，要从自己的价值观和志向方面进行剖析。

第三节 招聘面试技巧

一、面试前放松技巧

在面试前的准备阶段,考官的主要工作,其实是设法令自己及应试者放松。

1. 让自己放松

有些考官喜欢利用面试机会,来向其他考官证明他有高明的面谈技巧,如令应试者无言以对的口才,他们可能会提出一些极难回答的问题,令面试气氛向负面方向发展。也有一些考官自以为手握尚方宝剑,掌握生杀大权,态度因而较为倨傲,不乐意用亲切友善的行为来与应试者接触,无形中为面试加压,令应试者心理负担加重。

这种行为首先会令考官分心,难以集中精神准备面试;而且,有经验的应试者便会乘虚而入,趁考官自顾不暇之际将准备已久的台词背诵出来,引导考官步入面试的误区,作出错误的评估决定;而经验较浅的应试者会因此比较紧张,影响正常发挥。

使考官自我放松步骤有六步。

第一步:面试前十五分钟,结束其他工作,如从会议中走出来,或放下手头上的文件,或到洗手间走一趟,整理一下衣装,慢慢地走回办公室。

第二步:取出应试者的资料,翻看一遍,不要强逼自己记忆,只需记着姓名,便足以顺利地打开话匣。

第三步:事先拟好面试提纲(即整个面试过程中的问话提纲)。

面试提纲分为通用提纲和重点提纲两部分,其中,通用提纲涉及问题较多,适合于提问各类应试者;而重点提纲则是针对应聘者的特点提出的。

第四步:掌握面试评价维度内涵及打分标准(见表6-1)。

第五步:准备名片,应试者可能会索取。

第六步:开始面试前,心中念一遍"我已准备好了",向自己微笑,然后请人通知应试者准备。

2. 让应试者放松

一般而言,应试者会比考官紧张,一些不善于控制自己情绪的人,表现会因此而大大地失准。考官也许以为,通过观察应试者在面对陌生人的压力时作出的反应,会有助于了解其日后的工作表现。但实际的情况是,只有很少数岗位的工作,是要求员工在陌生人前有敏捷得体的反应的,大多数工作都会与"处变表现"无关。所以为了较为准

表 6-1　　　　　　　　　　　　面试测评表示例

应试者	姓名	李××	性别	男	身份证号	
	毕业院校			专业要求		
	简要工作经历					
	应聘职位		某部门经理	联系方式		
测评内容	考察项目	权重档次	差	一般	较好	好	优秀
	逻辑思维	8%			√		
	信息处理	10%			√		
	组织协调	14%			√		
	应对能力	14%			√		
	人际沟通	10%		√			
	执行力	14%					√
	职业素质	10%				√	
	角色定位	12%				√	
	自我认知	8%			√		
	总分数	65			总次位	3	
考官意见	考官评述： 　　活跃、表现欲强，有独特的逻辑思维方式，勤奋、好强、爱学习，容易接受新事物，追求卓越，对自己热衷的事业有执着追求的精神，敢于剖析自己。易冲动，但事后自省性强，若承担一个部门或课题的组织领导工作会想方设法做到出色，但是否能协调好与下属的关系还有待考察。建议录用。						
	考官姓名		张×	测评日期	2020-5-03		

确地评价应试者的日常工作表现，考官应尽力使其感到舒服自在，从而逐渐适应面试气氛，将自己的正常水平发挥出来。

令应试者放松的工作，应在面试开始前，而非在面试过程中运用，否则应试者阵脚已乱，要重新镇定下来并非易事。下面简单列出一些方法，可协助应试者放松自己。

（1）通知应试者来面试时，除了要清楚说明日期、时间及地址外，还要说明向谁报到，带什么证明文件、附加资料，公司联络电话，重申他应聘的岗位名称。

（2）预先通知接待员，应试者大约在何时到达，应往何处等候。

（3）预留房间，让应试者静静地等待，不会被其他访客及同事打扰。

（4）若需要应试者在面试前填写表格或接受技术性测验，必须预留充分时间，并准备有效的文具。

（5）征求应试者的同意，给予饮品。

（6）不要让应试者等候超过 15 分钟。

（7）将已接受面试的应试者，与未接受者分开。

（8）若考官希望将面试过程录音或录像，必须先行知会应试者，并征求其同意。

一切准备就绪，面试便可以在压力最低的情况下开始了。

二、面试中心理引导技巧

面试的目的就是要了解应试者的素质与工作岗位职责之间的匹配情况，并预测应试者今后的工作行为将会怎样。尽管面试有不同的类型，但所有的面试过程都是考官和应试者之间的互动过程，双方之间是相互影响的。因此，在面试过程中，考官应该掌握心理引导技术，引导应试者，使之保持开放、主动的心态，以期取得良好的面试效果。考官的心理引导技巧主要包括三个方面。

1. 考官的态度

良好的面试不仅是一种谈话技术的运用，更是一种考官与应试者之间态度的互动过程。影响应试者现场发挥的最重要因素就是他们自己对考官情绪状态的知觉。当应试者认为考官温和、开放、关心、投入、承诺性高、有兴趣时，自己就能产生相应的积极情绪；相反，当应试者认为考官冷酷、防卫、乏味、被动、冷漠和厌倦时，也容易诱发应试者相应的消极情绪。由此看来，面试过程中考官和应试者之间需要建立和谐的关系，而且考官必须首先表现出积极的态度，才能保证面试过程的顺利进行。

面试场所的环境直接影响考官和应试者的情绪，从而影响双方的态度。因此，考官在设计和选择面试的场所时应考虑应试者所承受的环境心理压力。首先环境的设计要简洁、安静，有良好的采光效果，光线柔和、色调和谐，温度适宜，能够让应试者安心、放松、舒适、注意力集中。其次是考场面积要适中，一般在 30~40 平方米为宜。面积过大，显得空旷，应试者容易产生孤独、无助的感觉。面积过小，显得拥挤，又容易使应试者产生焦虑、急躁的情绪。最后是每个独立的面试地点除主考场外，还应根据人数的多少设立若干候考室，给应试者一个独立准备的空间，可以使其放松、镇静，做好面试的准备，从容应聘。

2. 考官的提问

面试是一个双向互动的过程，在这个过程中考官占据着主导地位，应通过多种提问方式，努力保持考官和应试者之间互动的顺利进行。封闭式提问和开放式提问是面试中两种必不可少的提问方式，考官要熟练掌握两种提问技巧。

封闭式提问要求应试者回答的内容简单，信息量有限，例如，"你喜欢辩论吗？"应试者用简单几个字就能够圆满回答这一问题。但这种提问却容易使双方的交流过程中止在浅层次的水平上。在结构性面试中这样的提问是必需的，但不是唯一的方式，考官应注意与应试者的深层交流，以获得更多的有用信息。

相比之下，开放式提问能够更有效地促进面试的顺利进行，因为开放式提问通常是应试者不能用简单几个字就能回答的提问，需要应试者详细陈述自己的观点。开放式提问没有统一的答案可循，例如，"请你简要叙述一下你的教育经历"。这样的提问允许应试者做多样的回答，应试者可以提供受教育过程中的各种细节，也可以只陈述教育经历中涉及的主要事件。有时开放式提问还允许应试者选择自己认为重要的主题，这就给了他们更大的自由度，因此常常能够使考官了解更多的关于应试者的信息。

除了主动提出问题来观察应试者的反应外，考官还要认真倾听应试者的回答，如果感觉回答跑题，要及时引导其回到当前的问题上。

3. 考官的回应

面试的目的是要得到应试者尽可能多的相关信息，因此，在面试中考官不仅要能够恰当地提出问题，还要能够对应试者的回答作出合适的回应，以减弱应试者的不舒适和焦虑之感，从而解除其防卫心理。

第一类：不良的回应方式

考官的不良回应方式可能会压抑应试者回答问题的积极性，甚至还会诱导或误导应试者的回答方向，使之有意无意地去迎合自己的偏好，从而不能真实地表达自己的感受。不良的回应方式主要有以下四种。

（1）评价性回应。当考官使用诸如"不错、糟糕、优秀、可怕、可恶、丢脸和愚蠢"等术语来回应应试者时，就是在对应试者的回答作评价性的回应。考官的这种回应可能会抑制或误导应试者对问题的进一步回答，因为评价性回应意味着考官在判断应试者的思想、感情或行为表现的优劣，从而使应试者产生防卫或者迎合心理。例如，"我认为你这种做法是欠妥的"。这样的判断会压抑应试者在表露重要信息时的舒适性和开放程度，或者会误导应试者有意地去迎合考官，掩盖自己的真实想法。因此，除非面试的目的是为了确定应试者对被评价的反应如何，否则考官应避免用这种方式来回应应试者。

（2）查探性回应。这种回应意味着主考官在迫使应试者提供他们本不情愿提供的更多信息。查探性回应最常用的方式是提出以"为什么"开头的问题，但过多地询问"为什么"往往引起应试者的防卫。例如，"你为什么一直得不到晋升？"中间的"为什么"表明考官要求应试者对自己得不到晋升的现状作出解释。在查探的过程中，考官可能会诱导应试者泄露他们自己不乐意泄露的信息和情绪。如果这种情况发生，应试者可能会感到焦虑，不愿坦露更多的相关信息，在随后的面试过程中表现得更加拘谨。

当然在有些情况下，查探性回应是必要的。例如，对于高度焦虑或退缩的应试者，为了突破表面层次的交流，可能需要考官作出查探性回应。在这样的情况下，考官必须巧妙地使用查探技术，一般情况下避免用"为什么"来提问，而是用"如何"或"怎么样"取而代之，这样可以降低应试者的紧张或防卫程度。

（3）敌意性回应。这种回应意味着考官直接将自己的愤怒或敌意指向应试者。例如，考官用嘲讽的口吻询问应聘者："没有接受过大学教育，是不是因为你智商低？"这极易引起应试者强烈的情绪反应，轻则引起应试者的不快，极力掩饰自己的不足，不愿意透露自己的真实想法；重则激怒应试者，或反击或采取不合作态度，使面试无法进行下去。但压力面试是种例外，因为在压力面试中，考官对应试者需要有意采取一种不友好甚至敌对的态度，以观察应试者的情绪反应，目的是要发现高度情绪化的应试者。但面试结束后，考官应该向应试者说明情况，以免其心理受到伤害。

（4）安慰性回应。即考官对于应试者的回答一律采取安慰的方式进行回应。例如，"别担心，你会成功的"。尽管适当的安慰对于应试者放松紧张的心情是有益的，但考官应该避免虚假或无用的安慰。试想一个应试者因下岗来应聘，谈及生存的艰难，几次泪下，而考官只是一味地安慰她，"别担心，没问题，你会应聘成功的。"显然这种客气地安慰对她是毫无益处的。考官应该明白面试的目的是考察她的素质，看其能力是否与当前的工作岗位相匹配，过多的安慰与当前的任务无关。

第二类：有效的回应方式

一般情况下，在给应试者提出问题之后，考官要用心倾听。但如果应聘者没有对提问及时作出反应时，考官就应设法引导应聘者对问题进行回答。具体说来，有效的回应方式主要有六种。

（1）巧用过渡句。当考官觉察到应试者对某一问题的回答不完整时，考官可追问一句："还有吗？"虽然这只是三个字的问话，却可以对应试者的心理产生足够的刺激力，引导应试者马上说出更多的想法来。过渡性的词语还有"哦，后来呢？"或"嗯，请继续吧！"诸如此类的过渡性语句均暗示应试者应该继续深入这个话题。当运用过渡性的回应不能起到预期的促进沟通的效果时，考官应该围绕面试主题作出与刚才交流相关的进一步的明示反应，以免应试者继续沉默或者在不相关的主题间跳来跳去。

（2）重复性回应。即考官对自己提出的问题或对应试者的最后回答作简单的重复，以打破应试者的沉默。面试过程中出现冷场时，考官首先要分析原因，然后对症下药。如果是应试者没有听清问题，这时考官就要重复一遍问题；如果是题目本身太抽象，可以问得再具体一些，或者在不改变测评要素的情况下变化一下提问的方式；如果是应试者由于紧张一时理不清思路而不知如何继续回答问题时，考官可以重复应试者最后的回答，给其一个缓冲的时间，让其平静之后再回答。例如，当考官提出请应试者谈谈自己的受教育情况时，应试者回答"大学时我主修的专业是历史和社会学。"之后便保持沉默，不知如何继续下去，这时考官可以回答："哦，我明白，你主修的是历史和社会学科。"这样就可以给应试者一个缓冲的时间，帮其打开因紧张而抑制的思路，对前面的提问作更详细的阐述。

（3）解释性回应。即考官对应试者的回答作出进一步的解释。这种回应比简单重复更能捕捉到应试者回答的要义，从而激发应试者回答问题的热情。例如，当应聘者陈述"我的硕士学位应该有助于我承担新职位的责任"时，考官可以回答："你觉得你的硕士学位在申请职位中是一笔有益的财富。"考官引入"有益的财富"来解释应聘者对于硕士学位的态度。这种解释性的回应没有对应聘者的回答添加其他含义的词句，却能引导应试者作出进一步的精确陈述。

（4）总结性回应。即考官对应试者的回答进行总结，把应试者零散的观点系统化，这种回应超越了应试者每一次具体回答的内容。在总结性回应中，考官把应试者的几次回答内容融合在一起。例如，在一次面试中，考官对于应试者前面的回答内容进行总结后，做了这样的回应："作为一个青年人，你从来没有拥有属于自己的太多的时间，因为你要负责照顾年龄幼小的弟妹（应试者观点一）；因工作繁忙，你至今仍然很少享受那些独处的时光（应试者观点二）；每当你找到独处的时机，你就会驱车到湖边去，这样做你只是想拥有一个安静思考的空间（应试者观点三）。"考官的回应总结了应试者的所有回答内容，帮助应试者理清了自己陈述的要点，使其思路更加明确，明白接下来该如何继续表述自己的观点。

（5）澄清式回应。顾名思义，澄清式回应是指考官进一步阐明应试者回答的意思，帮助应试者澄清自己的观点。例如，当应试者回答："我并不是憎恨承担责任，哦，也许有时是这样，我从来就没有拥有过属于自己的时间。"这样的回答语句有点混乱，考官应该帮助应试者澄清其极力想表达的意思，即应试者并不是憎恨这种额外的责任，他只是想拥有一些自己独处的时间。因此，考官通过"你不是不想承担责任，但为自己留出独处的时间对你来说是很重要的"这样的陈述澄清了应试者的观点，易于与应试者产生共鸣。

（6）移情或理解性回应。移情就是替他人着想，推己及人，体会到与他人类似的情感。移情或理解性回应指的是考官能够设身处地为应试者着想，理解应试者的感受。考官的这种回应方式对应试者是更有力的触动，因为这样的回答传递给应试者的信息是考官对应试者的理解。在上面例子当中，如果考官回应应试者"我知道这些独处的时光对你来说是珍贵的"时，他不是在作简单的释义或复述，而是表明他理解应试者对于留有自己时间的感受如何。当考官向应试者表明理解时，应试者可能会在更深的层次上袒露自己的真实想法。换言之，准确的移情能够引导应试者进行深层次的自我查探。

总之，面试是员工招聘或选拔中一种有效的人事测评方法，而考官对心理引导技巧的娴熟掌握和运用，是提高面试质量的重要条件。

三、应试者面试技巧

1. 不做准备不面试

几乎所有的考官都强调，应试者面试一定要有备而来，曾任北京外资企业服务集团人力资源分公司的李毅光说："一定要记住，不做准备不面试。"面试前的准备包括以下两个方面。

第一方面，充分了解应聘单位和应聘职位。

曾任金山软件公司人力资源部经理的胡斌说，面试前一定要知道你去应聘的这家单位主要业务是做什么的，主要对手是谁，你所应聘职位的工作内容，同时，你还应该了解自己，清楚你在哪些方面适合这个职位。曾任IBM资深人力资源专员的付蓉说："面试时，我们都会问应聘者对我们公司了解多少，如果他能很详细地回答出我们公司的历史、现状、主要产品，我们会高兴，会认为他很重视我们公司，对我们公司也有信心。"

第二方面，着装。

面试时的着装很重要，曾任吉通通信招聘经理的伊力扎提说，考试官对应聘者的印象常常在前30秒就已经形成了，所以考官们都强调应试者一定要注意自己的着装和精神风貌。付蓉说，以前大家都认为面试时一定要穿正装，如男士要西装革履，女士必须着职业套装，其实着装主要看公司的风格和职位特点，像雅虎、搜狐这些网络公司着装都比较随意。伊力扎提认为，对于应届毕业生来说，着装不强调西装革履，但一定要整洁干净。

2. 调整面试的心态

伊力扎提说，如何摆正自己的心态很大程度上关系着招聘的成败。面试心态的调整有以下三个方面。

第一，展示真实的自己，不要卖弄技巧。

应试者面试时切忌伪装和掩饰，一定要展现自己的真实实力和真正的性格，这不仅是面试成功的基础，也是以后职业生涯顺利发展的基础。有些应试者面试前阅读了很多谈面试技巧的书籍，按照所谓的流行标准在面试时把自己塑造一番，例如，自己明明很内向、不善言谈，面试时却拼命表现得很外向、健谈。这样的结果一是不自然，很难逃过有经验的考官的眼睛；二是不利于自身发展。由于企业人力资源部门往往会根据面试时所表现的性格、能力给应试者安排适合的职位，因此即便是通过了面试，对应试者的职业生涯也是有害的。

第二，以平等的心态面对考官。

考官和应试者是平等的关系，很多应试者面试时非常紧张，是因为把二者的关系理解成上下级的关系，如果能够以平等的心态对待考官，就能够避免紧张情绪。特别是在回答案例分析的问题时，一定要抱着我是在和考官一起讨论这个问题的心态，而不是觉得他在考自己，这样就可能做出更多精彩的论述。

第三，面试时的态度一定要坦诚。

做人优于做事，所以，面试时应试者一定要诚实地回答问题。付蓉说，她以前面试过一个女孩，面试时她说自己有男朋友，进入公司后又说没有男朋友。付蓉问她原因，她说在一些介绍面试技巧的书里看到如果说有男朋友就会给人稳重、有责任感的印象。付蓉说这样做非常不好，面试时的欺骗行为将不利于以后的发展。

3. 面试的注意事项

注意一：准时。

这是所有的考官都强调的，因为面试的人一个接一个，顺序都是安排好的，如果一个人迟到的话，就要影响后面的人，而且也会给考官留下不好的印象。所以应试者一旦遇到堵车或有其他紧急情况不能按时到达，应该立即给对方打电话予以说明。

注意二：证件。

面试时要携带简历及相关材料，如证件、证书等，其他无关物品最好少带。

注意三：肢体语言。

李毅光说，很多应试者由于紧张，会做出一些不好的肢体动作，像腿抖、手抖、说话带颤音等，这些一定要注意避免。同时，还要注意纠正一些不好的习惯性动作，如思考时手不自觉地放到嘴边，或是咬手指头，做沉思状。好的肢体语言应该是微笑，并注视对方的眼睛，因为对方在问你问题的时候，肯定也通过你的眼睛来观察你（见表6-2）。

表6-2　　　　　　　　　面试中肢体语言信息含义表

非语言信息	典型含义
目光接触	友好、真诚、自信、果断
不做目光接触	冷淡、紧张、害怕、说谎、缺乏安全感
摇头	不赞同、不相信、震惊

续表

非语言信息	典型含义
打哈欠	厌倦
挠头	迷惑不解、不相信
微笑	满意、理解、鼓励
咬嘴唇	紧张、害怕、焦虑
跺脚	紧张、不耐烦、自负
双臂交叉在胸前	生气、不同意、防卫、进攻
眯眼睛	不同意、反感、生气
手抖	紧张、焦虑、恐惧
身体前倾	感兴趣、注意
懒散地坐在椅子上	厌倦、放松
坐在椅子边缘上	焦虑、紧张、有理解力的
摇椅子	厌倦、自以为是、紧张
坐得较直	自信、果断

注意四：礼节礼貌，例如进来之后问好，面试结束时表示感谢。

第四节　面试在我国运用中的主要问题及解决对策

一、面试在我国运用中的主要问题

面试这种方法在我国测评领域中得到了广泛的运用，但从当前面试实践来看，存在的主要问题是运用的随意性很大，具体来说，这种随意性主要表现在以下三个方面。

1. 考什么——内容的随意性大

一提到面试，大家脑海里所熟悉的情境就是几位考官坐在那里随意地问一些诸如此类的问题：你毕业于哪个学校？学过哪些课程？有什么兴趣爱好？为什么来应聘这个职位？为什么离开上一份工作？你生命中真正想要的是什么？这类问题要么像拉家常，要么是放之四海皆准，并不与某个特定的工作或特定的对象相关。就面试本身而言，并没有在对工作/岗位所需的相关知识、技能、能力或动力等进行透彻分析的基础上，对面试的测评要素作出统一的规定，设问的问题缺乏与工作的相关性，带有很大的随意性。

这类问题在测评人员素质方面效果不大。原因有三点。

第一，对于大部分人来讲，他们其实并不非常了解自己的能力、优缺点，更有甚者他们说不出自己真正喜欢或不喜欢的是什么。

第二，应试者可能没有从内心深处表露其个性特点和能力。对于考官的问题，大部分人都会思考考官想要听到的是什么样的答案，以社会期望的答案来回复考官，结果往往是应试者自吹自擂自己的工作经历、优点和能力，却没有真正提供可预测其以后工作行为的可靠信息。

第三，考官的问题常常是一些理论和信仰问题，与实际工作无关，因此他们无法有效预测应试者以后的工作行为和绩效。

2. 怎么考——程序的随意性大

面试的实施程序通常分为五个阶段：初始阶段—引入阶段—正题阶段—变换阶段—结束阶段。而在面试实践中我们看到，面试实施过程随意性很大，有的程序不合理，有的则根本没有实施程序。这种程序上的随意性加大了应试者间的程序差异，可能提供给不同应试者的表现时间和表现情境是不一样的，使有些人有机会将真实的自己充分展示给考官，而有些人则没有这种机会。应试者不是在一个完全公平的平台上竞争，结果也就不具有可比性。

3. 谁来考——考官的随意性大

有些面试的考官甚至没有接受过面试方面的培训，因而并不清楚自己该干什么，与其他考官该如何配合，正参加的这次面试在整个招聘活动中处于什么样的位置等，因而他可能会问一些重复的问题或让人摸不着头脑的问题，更有甚者会问一些侵犯个人隐私权的问题。他们在作出判断或决策时也往往凭借个人的直觉和所谓的洞察能力，更有甚者，在考官中存在一个权力中心，他尽管并不直接干涉其他考官的投票和计分，但是其在面试中的态度倾向性对整个面试团队却具有相当大的导向作用，结果往往是一个人的意见代表了面试团队的意见。

考什么、怎么考、谁来考是直接关系面试成败的三大主要问题，这三个问题规范了，面试的质量得以保证，面试往往取得成功。相反，在这三个问题上操作的随意性将直接导致面试的信度效度大打折扣，并直接影响到面试的测评效果。

二、结构化面试与传统面试比较

许多研究和实践表明，构建规范的结构化面试能克服面试过程中的随意性，具有较高的信度效度。这些积极的面试研究证据极大促进了面试研究的发展和面试应用的推广，使得规范的结构化面试逐步成为一种比较有效的人事测评方法。

在此，我们将那种毫无准备的或准备不充分、信马由缰式的随意性面试称之为传统面试。与传统面试相比，规范的结构化面试对面试的结构要素作出了具体和统一的规定。

它还特别强调以下三点。

1. 内容

要通过科学的工作分析来确定面试考核要素、考核问题和评价标准，而不是靠主观臆想一些与工作无关的、放之四海皆准的内容。目的在于收集有效的信息来预测应试者以后的工作行为和绩效，提高面试的有效性。

2. 程序

要按一套既定的标准程序来循序渐进地实施面试，而不是随意而为。目的在于降低应试者间的程序差异，减少面试官在面试过程中的随意性。

3. 考官的选择和培训

强调按照面试需求，严格选择考官，并对考官开展系统培训。目的在于控制考官因缺乏面试经验、技巧、能力和知识等而产生的评价误差，提高评价的客观性和准确性。

要根据工作岗位要求，选拔在此岗位上有潜力的应试者，这是保证新员工质量的关键之处。要做到这一点，必须重视招聘工作的质量，重视考官自身的水平！

（1）考官对工作的了解程度：了解的程度越高，面试的效果越好。

（2）面试经验与培训的程度：经验对面试的效果作用不是太大，考官是否训练有素对面试结果有重要的影响。

（3）录用人数比例：当有录用压力时，考官的评价高；反之，则低。

三、结构化面试程序

结构化面试将大幅提高面试的科学化水平，而且由此所得到的面试结果，无论在何时何地或由谁来主持都将被证明是可靠的或准确的。具体来讲，结构化面试程序可以按工作进行的先后顺序划分为准备、培训、实施和结果汇总评议四个阶段。

1. 准备阶段

准备阶段的工作质量直接影响面试的最终效果。在准备阶段需要完成七项工作任务。

（1）工作分析。实际上，工作分析不仅仅是在面试这种方法中需要做的工作，它是整个人事测评指标体系制定的基础。这项工作的质量将直接关系人事测评的方向与准确度。面试中测评要素的确定也是建立在工作分析乃至建立在对整个人事测评指标宏观和整体把握的基础之上的。具体来说，通过工作分析，明确合格任职者应具备的素质条件，确定测评要素；在此基础之上，分析、测评这些要素；最后，确定面试考评的具体要素和范畴。

（2）考官的选择。考官的职业素养直接关系面试的质量。俗话说，一流人才识一流之善，二流人才识二流之善，能够识别千里马的那一定是伯乐。因此考官的选择一定要慎之又慎。在考官选择上，我们从两方面进行考虑。一方面是人员类型构成。考官通常由人力资源管理部主管、用人部门主管和其他甄选专家或高级主管构成。另一方面是考官的素质要求。考官应具备良好的个人修养和品格，具备相关专业知识，善于把握人际关系，评分公正客观，能熟练运用面试技巧，了解组织状况和职位要求。

（3）面试人选的确定。面试人选的产生一般是对申请者所提交的申请表、履历表等材料以及推荐材料进行客观分析、评价后做出的。一般情况下，在所有方面都出类拔萃的申请者是极为少见的。因此为了保证分析评价工作的公平和公正，应根据工作分析所得的合格任职者条件及权重顺序进行加权评定或等级量化评定。这样才能保证筛选出来的面试候选人的确高出一筹。

（4）面试问题提纲的确定。面试问题提纲实际是对整个面试过程中所要问的问题及其先后次序安排所做的统筹规划。确定问题提纲的目的一方面是为了高效、全面的了解应试者的真实情况，另一方面有助于最终结果在不同应试者间的分析比较。而凌乱无序、彼此重叠或矛盾的提问无助于这两个目的的达成，徒耗时间和精力。因此，面试问题提纲的确定事关面试质量，非常重要。

（5）面试评价系统和记录系统的设计。面试评价系统包括面试测评要素表和面试成绩评定表（见表6-3、表6-4）。面试评价量表实质是统一的评价标准，它的制定是为了减少面试官主观臆断的概率，确保不同面试官评估的前后一致性及相互可比性。面试成绩评定表是记录面试官对应试者回答的意见的一种表格，可方便后期的成绩汇总和统计。

（6）面试方式的确定。一般而言，面试方式的安排应根据组织的规模、结构以及待聘岗位的重要性而定。具体来讲，面试方式的确定需要考虑两方面的问题，一方面是接受面试的次数，即单轮面试还是多轮面试；另一方面是接受面试的形式，即个体面试还是集体面试。

（7）面试场所的选择。面试场所的选取是最后一项准备性工作。面试场所安排不当可能会对面试的顺利进行产生很大的干扰。因此大到面试场所的大小、布局，小到座椅的摆设、灯光的强弱都要精心安排和设计。

2. 培训阶段

一场成功的面试离不开对考官的培训。经过选择的考官只有经过相应的培训才能胜任特定的面试工作。当然，针对考官的培训是多层面的，一个层面就是有关面试知识、技能的一般培训，另一个层面就是针对特定的面试所进行的特殊培训。一般来讲，只有接受过一般培训的考官才有资格介入一些特定的面试培训。经过培训之后，考官是否能胜任面试工作，在具体实践之前，我们还可用相应的问卷进行测查。

3. 实施阶段

准备工作一完成，考官的培训也已结束，那么接下来就要进入"真枪实弹"的实施阶段。面试的实施是面试的具体操作阶段，它是以考官为主导，以应试者为主体，协力互动配合完成的。在这个过程中，已经具备相当知识、技能的考官在经验积累基础上形成的面试技巧直接影响着面试的质量。因此在实施阶段，考官在面试过程是否善于运用心理引导技巧，是决定面试成败或好坏的至关要素。

4. 结果汇总评议阶段

在面试中，根据面试测评要素表（见表6-3），每位考官对每位应试者都有一份独立的评价结果，即面试成绩评定表（见表6-4），面试结束后，应根据每位考官的评价结果对应试者的面试表现进行综合分析，形成对面试对象的总体看法，以便决定是否录用。这个工作可以在综合评价表上完成，综合评价表是将多位面试官的评价结果汇总后得出的，有时根据需要还要将所有应试者的面试评价结果综合排序。

表 6-3　　　　　　　　　　　　　　面试测评要素表

测评要素	观察内容	提问问题	评价要点
形象谈吐	1. 仪容、衣着 2. 行为、举止 3. 敲门、走路、坐姿、站立等仪态 4. 口语表达		1. 穿着整齐、得体、无明显失礼 2. 沉着、稳重、大方 3. 走路、敲门、坐姿符合礼节 4. 口语文雅、礼貌
求职动机		1. 您选择本公司的原因？ 2. 您选择本公司最重视什么？ 3. 希望公司如何安排您的工作待遇？ 4. 您怎么知道我们公司的？	1. 是否以企业发展为目标兼顾个人利益 2. 回答完整、全面、适当 3. 说服力
语言表达能力	1. 将自己表达的内容有条理的准确的传给对方 2. 引用实例、遣词准确 3. 语气、发言合乎要求 4. 谈话时的姿态表情合适	1. 请谈谈您自己 2. 谈谈您的优缺点 3. 谈谈您的兴趣爱好 4. 据您自我分析，最适合您的工作是什么？	1. 谈话前后连续性 2. 主题、语言简洁明了 3. 逻辑清楚 4. 说服力 5. 遣词准确
社交及人际关系		1. 请介绍您的家庭 2. 您的朋友如何看待您？ 3. 您希望在什么样的领导下工作？ 4. 您交朋友最注重什么？	1. 自我认识 2. 交往能力

续表

测评要素	观察内容	提问问题	评价要点
情绪控制力	1. 准确判断面临的情况 2. 处理突发事件 3. 迅速回答对方问题 4. 对难堪问题的反应	1. 假如A公司与B公司同时录用了您，您将如何…… 2. 公司工作非常艰苦，您将如何对待？ 3. 您怎么连这种问题都听不懂？ 4. 您好像不太适合本公司的工作	1. 理解问题的准确性、迅速性 2. 自我判断能力 3. 是逻辑判断还是感性判断 4. 有自己的独到见解
行动与协调能力、工作经历	1. 对自己认定的能够坚持 2. 工作节奏紧张、有序 3. 集团工作的适用性 4. 组织领导能力 5. 能够更多地从他人的角度解释问题	1. 您从事过何种勤工俭学工作？ 2. 您参加过何种组织活动？ 3. 您对某问题有过何种研究？ 4. 谈谈您的论文写作过程	1. 表现力 2. 考虑对方处境和理解力 3. 实践能力 4. 交往能力
责任感	1. 负责到底的精神 2. 对工作的坚持 3. 令人信服地完成工作 4. 考虑问题全面 5. 对本职工作的要求	1. 您对委派的任务完成不了时如何处理？ 2. 您对学校规章制度的看法是什么？	1. 自信力 2. 纪律力 3. 意志力
性格品质	1. 有无不良的性格（过分狂妄和过分自卑） 2. 有无偏激的观点 3. 回答问题是否认真、诚实 4. 掩饰性	1. 您认为现在社会中一个人最重要的是什么性格？ 2. 您能否"受人之托忠人之事"？	1. 诚实真诚 2. 人生观 3. 信用
专业知识	1. 对专业知识的了解程度 2. 成绩 3. 对所要从事工作的认识	1. 您为何选择您的专业？ 2. 介绍一下自己成绩和擅长科目 3. 您有何特长和具备何种资格？ 4. 谈谈您从事这项工作的优势 5. 您有什么重要的工作经验？	1. 专业知识学识是否符合工作要求 2. 有无特殊技能 3. 有无工作经历
	面试结束后您的评价	经过上述面试，请您对您的面试结果作一评价，说明为什么？	1. 综合全面评定 2. 尽量减少误差影响

表 6-4　　　　　　　　　　　　　面试成绩评定表　　　　　　　　　　填表日期：

姓名		应聘部门		应聘岗位	
初试评价记录					
评价项目	评价记录				说明
教育背景	佳	较好	一般	较差	
专业知识	对口	较对口	相关	无关	
业务能力	很强	较强	一般	较差	
工作经历	吻合	较吻合	相关	无关	
学习能力	很强	较强	一般	较差	
形象谈吐	佳	较好	一般	较差	
英语水平	六级+	六级	四级	四级-	
理解能力	很强	较强	一般	较差	
反应能力	敏锐	灵活	正常	迟钝	
承受能力	很强	较强	一般	较差	
领导潜力	很强	较强	一般	较差	
合作性	很强	较强	一般	较差	
价值观	吻合	较吻合	认同	抵触	
总体评价					
建议复试考察内容					考官签名：
初试结论	□可以试用　□可以复试　□可以考虑　□不予考虑				
复试评价记录					
评价意见					考官签名：
复试结论	□建议录用，岗位：_____　□可以试用　□不予考虑				

一般来说，结构化面试题库可用于测试个性倾向和一般通用能力，具体见表 6-5。

表 6-5　　　　　　　　　　　　　结构化面试题库

以下问题仅限于测试个性倾向和一般通用能力，专业能力测试由招聘部门自定。

一、简单寒暄
1.□您怎么过来的？交通还方便吧！
2.□从××到某地要多长时间？路上辛苦吗？
3.□以前来过某地吗？对这里的印象如何，跟您所在的城市有何不同的感受？
4.□这几天的（或这边的）天气较××，您还能适应吧！
5.□您来自来哪里？（简单与应试者聊聊他出生地的特点）

续表

二、形象谈吐
1. 衣着整齐度。
2. 精神面貌。
3. 行、坐、立动作。
4. 口头禅、礼貌用语等。

三、语言表达能力（注意语言逻辑性、用语与修辞、口头禅、语言波幅等）
1. □请您先用3~5分钟的时间介绍一下自己吧！
2. □您先说说您最近服务的这家公司（由简历而定）的基本情况（规模、产品、市场）吧！
3. □您在目前工作岗位中主要有哪些工作内容？主要的顾客有哪些？
4. □请您简要介绍一下自己的求学经历。
5. □请您简要介绍一下自己的成长历程。

四、求职动机（也涉及工作态度）
1. □您为何要离开目前服务的这家公司？（答案可能是待遇或成长空间或人际氛围或其他，待回答完毕后继续发问）
——您跟您的主管或直接上司有没有针对以上问题沟通过？（如果没有，问其原因；如果有，问其过程和结果）
2. □除了简历上的工作经历，您还会去关注哪些领域（或有没有其他潜在的兴趣或是否想过去尝试、从事的其他职业）？
——（若有，继续发问）您觉得这跟您目前要从事的职业有哪些利弊关系？
——（若无，继续发问）您是否觉得您的知识结构有些狭窄或兴趣较贫乏，说说未来的改善计划？
3. □您在选择工作中更看重的是什么？（可能是成长空间、培训机会、发挥平台、薪酬等答案）
——（若薪酬不排在第一，问）您可不可以说说您在薪酬方面的心理预期？（待回答完毕后）那您刚才的意思也可以这样理解：薪酬方面可以适当低于您的心理预期，对吗？
——（若薪酬排在第一或者薪酬显得不太让步，可问）有人说挣未来比挣钱更为重要，您怎样理解？
4. □您觉得您在以前类似于我们公司提供的这个岗位上的工作经历中有哪些方面做得不足？
——（若答有，问）您打算在以后的工作中采取哪些改善措施？（待回答完毕后，继续发问）您再想想如果到我们公司来任职还有没有补充的改善措施？
——（若答无，问）您好像不太连续去追求卓越，您认为您能胜任我们提供给您的这份工作吗？
5. □您认为《致加西亚的信》中的罗文和推荐罗文的加西亚将军哪一个对企业更为重要？
——（若答罗文，问）您不认为现在的企业面临着"千里马常有，而伯乐不常有"的状态吗？
——（若答加西亚，问其理由）
——（若答两者兼有，问其理由）

五、兴趣爱好（知识广博度）
1. □您工作之余有哪些兴趣爱好？兴趣中有没有比较拿手的？
2. □您在大学所设的专业课中最感兴趣的是哪一门？（待回答完毕，问）谈谈您对这门课程的相关看法。
3. □您是怎样理解自然科学（如数学）与社会科学（如说政治经济学）之间的关系或者说两者有何异同？
4. □就您个人的理解说说您对我们公司所处行业的前景和发展途径。
5. □谈谈您目前想去学习或弥补的知识。
6. □如果让您重新选择一次，您对自己的专业领域会有所改变吗？

六、情绪控制力（压力承受力）
1. □我们的工作与生活历程并不是一帆风顺的，谈谈您的工作或生活或求学经历中出现的挫折或低潮期，您是如何克服的？
——（如果回答无此经历，问）您的生活是不是太过于顺畅，成长中往往伴随着失败，您觉得自己的成长来自哪些方面？

续表

2. □请您举一个您亲身经历的事例来说明您对困难或挫折有一定的承受力。
3. □假如您的上司是一个非常严厉、领导手腕强硬、时常给您巨大压力的人，您觉得自己是否能适应？这种领导方式对您有何利弊？
4. □您的领导给您布置了一项您以前从未触及的任务，您打算如何去完成它？（如果有类似的经历说说完成的经历）
5. □您有没有过失业或暂时待业经历，谈谈那时的生活态度和心情状态。
6. □您有没有过在感情上的失败或不顺利经历，它对您那时和现在的生活有什么样的影响？
7. □假如您喜欢上了一个人，但您对他（她）表白后遭到拒绝并说你是不可能的，拒绝的原因是她已有女（男）朋友，但她也并不讨厌您，接着您将采取什么行动？
8. □假如在公众场合中，有一个人有意揭您的短处或您的隐私，您会怎样处理？
9. □谈谈您以往职业生涯中最有压力的一两件事，并说说是如何克服的。
10. □谈谈您以往职业生涯中令您有成就感的一两件事，并说说它给您的启示。

七、上进心与自信心
1. □谈谈您求学经历中令您感到成功的事例及成功的因素。
2. □说说您对成功的看法。
3. □您认为自己有哪些优势可以胜任这份工作？
4. □说说您未来3~5年的职业定位计划。
5. □您如何看待学校的学习与工作中的学习的区别？
6. □谈谈您最近的充电经历，并说说它对您的益处。
7. □您怎样看待游戏中的输赢？
8. □谈谈您认真追求过的一件事或一个人，并说说过程和结果。
9. □有人说幸福是个人偏好的满足程度，举例来说，一个儿孙满堂、子女孝敬的老人认为自己与李嘉诚有同样的成功感，您怎样理解？

八、责任感与归属意识
1. □请描述一下您以往所就职公司中您认为最适合自己的企业文化的特点。
2. □您的下属未按期完成您所布置给他的任务，如果您的上司责怪下来，您认为这是谁的责任，为什么？
3. □描述一下您对上司所布置任务的完成思路与过程。
4. □当您所在的集体处于竞争劣势时，您有什么想法和行动？
5. □在跨组织的任务中，由于涉及过多成员，最后易形成"责任者缺位"现象，您如果身处其境，会是什么心态？
6. □您每一次离职时有没有失落感？您跟过去就职公司的上司或同事还有联系吗？说说他们目前的处境。

九、管理能力
（一）领导与指挥
1. □请问您在求学时参加过哪些社团组织或参加过哪些公益活动，您在其中负责什么方面工作？
2. □课堂上您对老师的讲解有所疑惑，您是采取何种方式去消除这种疑惑的？
3. □在长途旅行的火车或飞机上，您不认识周围的人，大家都在沉默，您是如何去适应这种陌生环境的？
4. □工作中您发现上司的管理方式有些不妥，并有了自己的想法，您会如何去做？
5. □在您以往的工作中是如何约束下属的，是如何去调动他们积极性的？
6. □假如您是足球队队长，队中有两名队员有些不和，他们都是主力队员，而此时有一场重要比赛，您将如何去协调和处理？
7. □您认为上司对下属做些什么更利于他们的成长？

（二）计划与控制
1. □您来面试的过程中有没有想过整个过程？说说您先前是如何打算应对这场面试的，包括各个阶段。

续表

2. □举个例子来说明一下您曾经做过的一个成功计划及实施过程。
3. □假如您今天晚上有一场重要的约会,说说您打算怎么去赴约?(可提示答案方向:是倾向于去了再随机应变,还是事先做好准备?)
4. □工作中您发现行动的实施结果与事先计划出现较大的偏差,您将如何去调整?
5. □您觉得自己的个性适合井然有序的工作环境还是灵活自如的工作环境?或者是其他形式的工作环境?
6. □说说您对下属布置的任务在时间方面是如何要求的?
7. □说说您在完成上司布置的任务时,在时间方面是如何要求自己的?

(三)决策
1. □您在逛超市时,碰到了一件十分符合您审美意识的物品,如果这件物品目前对您来说没有多大的实用价值,您会怎么做?
2. □假如您现在的月收入是 3 000 元人民币,您在商场看上了一件非常符合您审美意识的西装,价格是 2 800 元人民币,您会购买吗?为什么?
3. □假如您目前的处境不算太好,而此时您一位十分要好的朋友跟您借相当于您 10% 的财产且归还期较长,您会如何去做?
4. □您在购买您所需要的一件重要物品时,是如何去实施的?
5. □您对一个紧急决策项目收集了八成信息,您下一步倾向于如何去做?
6. □说说您是怎样理解决策方案中的"最优"与"更优"的关系,它们对您的决策有怎样的影响?

(四)授权与激励
1. □假如您是部门领导,您会如何安排每半月一次的例会议程?(可提示回答方向:直奔主题,还是先给下属打气)
2. □您跟您下属在一个月里的业余沟通频率是多少?您目前有几个下属?(待回答完后,问)简单说说他们各自的优缺点。
3. □您以往在领导岗位中,一个月内分别有哪些主要的工作任务?它们占用您时间比例是怎样的或者说各自的频率是怎样的?(可提示回答方向:开会、跨组织协调、日常事务管理、审核资料、策划方案、实施方案等)
4. □当您发现您的下属士气较低沉时,您一般从哪些方面去调动他们的积极性?
5. □说说您在以往领导岗位中出现管理失控的事例及事后的原因分析。
6. □描述一个在您以往工作经历中出现的士气较低沉的团队氛围的情境,那时您的角色是怎样的,现在回想起来有何感触?
7. □您的下属在一个专业性较强的问题上与您发生争执,您会如何处理?

注:(1)本题库前八类提问项适合所有应试者,第九类更适合中层以上管理人员;(2)本题库所涉及的每个提问项中至少要提一个问题,并对已提的问题在"□"中打"√";(3)结构化面试时间控制在 30~45 分钟;(4)结构化面试完毕后,若时间充足可进行非结构化面试(灵活提问);(5)面试结束前,可留出 5~15 分钟时间由应试者提问。

【本章小结】

面试是一种经过精心设计、在特定场景下以面对面的交谈与观察为主要手段,由表及里地测评应试者有关素质的一种方法。面试要素有十个,合理地配置和使用这些要素,是做好面试的基础。依据面试的结构化(标准化)程度,面试分为结构化面试、半结构化面试和非结构化面试三种。在面试题目的编制中,需要遵循针对性、代表性和可行性原则,同时还要满足一些最基本的要求。设计、编制面试题目,有职位分析、制订题目编制计划、编制题卡、试测分析、题目组合等五个基本环节。在面试前的准备阶段，考官需要设法令自己及应试者放松。在面试过程中，考官应该掌握心理引导技巧，引导应试者，使之保持开放、主动的心态，以期取得良好的面试效果。面试在我国测评领域中得到了广泛的运用，但存在的主要问题是运用的随意性很大。而构建规范的结构化面试能克服面试过程中的随意性，具有较高的信度效度。

【关键概念】

面试　面试题目　编制　结构化面试

【复习思考题】

1. 简述面试的内容与构成要素。
2. 面试的分类有哪些？
3. 简述面试题目的编制程序。
4. 面试题目的类型有哪些？
5. 传统面试与结构化面试的区别是什么？

【课后阅读】广东公选年轻干部新招频出：情境模拟　视频评分

11月14日，陈晓丹终于有时间回到共青团广州市白云区委办公室整理一下文件了。不久，她将上任广州市越秀区副区长。刚刚结束了在中共广东省委党校的培训，这位参加过两次公选的基层干部总算把悬在心上3个多月的石头放了下来。和她一起参加培训班学习的，还有通过今年8月广东省省市联合公选选拔上来的另外99名年轻干部。

1998年，刚从中山大学毕业的陈晓丹抓住广东省直单位公开招录公务员的机会，经过层层选拔，被录用到中共广东省委办公厅工作。五年后，她参加广州市副处级领导干部公选，任共青团广州市白云区委书记。今年8月，广东省面向全国公开选拔百名年轻干部，她又参加并成功入选了。

"参加公选考试虽然累，但从中受益匪浅。"陈晓丹坦言，这是她经历过场次最多、程序最严密的考试，不仅考知识、能力，也考体力和心理素质，是一次比较全面的检验和历练。

四成以上来自外省，六千多人报名

8月1日，中共广东省委组织部通过媒体发出《广东省省市联合公开选拔100名年轻干部公告》。

"面向省内外选拔珠海、佛山、东莞、中山、江门市副市长5名,广州、深圳等市辖区副区长27名及一批厅处级职位。"正在美国做访问学者的暨南大学37岁博士生导师李凤亮教授在网上也看到了这个消息。

这场被网友和媒体称为"堪比超女快男选拔晋级"的公选,仅年龄条件就卡了很多人:省管职位要求在40岁以下,广州、深圳两市市管职位要求在38岁以下,其他珠三角5个市市管职位要求在35岁以下。

学历和经验条件也让很多人"望而却步"。

李凤亮符合条件的高校组副校长的报名条件是:"985工程"或"211工程"重点建设大学40岁以下的博士生导师,任处级职务3年以上,留学归国人员。

最终,网上报名6 227人,4 337人通过资格初审,其中四成以上来自广东省外,17名来自日本、澳大利亚等,全部都具有本科以上学历,平均年龄不足35岁。

公选所有职位的平均报考比例为1∶43,其中珠三角5个副市长和珠海、佛山市辖区副区长的报考比例超过1∶100。"拿出中国市场经济发展较快地区的副市长来公选,可以看出广东吸引人才的诚意。"广州大学教授刘雪明说。

原以为公选与自己无关,回国10天后,来不及做更多准备,李凤亮就和3 828名考生一起走进了公选笔试考场。经笔试、面试、测试3轮10场考试后,他才从3 000多人中脱颖而出。

记者发现,100名即将任职的干部中,省管职位干部平均年龄37.5岁,最大的40岁,最小的31岁;广州、深圳市管职位干部平均年龄35.4岁,最大的38岁,最小的31岁;地级市管职位干部平均年龄31.9岁,最大的35岁,最小的26岁,团委干部比较集中。广州市管一组5人中有白云、南沙、番禺三个区的团委书记,年龄都在31岁至32岁。除前面提到的陈晓丹即将履任越秀区副区长外,番禺区团委书记徐柳即将履任番禺区副区长,南沙区团委书记霍阳即将履任南沙区副区长。

3轮10场考试,面试测试分组

参加考试时,陈晓丹发现,按照该公告明确的"考试采取按职位组别报名、分组遴选"方式,她和广州市番禺区团委书记徐柳、南沙区团委书记霍阳分在了广州市管职位第一组,而李凤亮则在省管职位第五组。

按照规则,考生需参加综合素质和领导工作案例的笔试,外语成绩不计入笔试总分,但须达到合格分数线。"公选考察的是综合素质、平时积累,不是十天半个月的临时突击。"在各个环节考试中,李凤亮对此深有体会。

李凤亮发现,公选的题目很务实,笔试、面试、测试共10个环节,涉及高校工作的方方面面：本科教学评估、人才培养、专业调整、师资引进、机关管理、大学生就业、思想政治工作……没有实际工作经历或思考，要答好题并不容易。

9月20日，李凤亮和陈晓丹都顺利进入了面试环节。除了参加专题发言（占40%）、结构化面试（占40%）、人机对话（占20%），还要加试外语听说能力。

陈晓丹感受最深的，是这次公选的外语分量较重。和她一起进入第二轮面试的600人中，199人的笔试成绩虽然靠前，但因外语成绩达不到60分合格线而被淘汰，占进入面试人员的33.2%。

在"结构化面试"环节中，李凤亮被问到"机关人员素质不错，但效率不高，作为分管校领导，你打算采取哪些措施？"这样十分实际却又不易解决的难题。好在平时有过一些管理经验，又了解高校行政运作的程序，李凤亮提出"优者竞岗、能者轮岗、庸者下岗"。

公选过程严肃而紧张。个别考生因为紧张，不小心透露了自己的姓名、单位等信息，有些因为漏答题而失分，李凤亮为他们感到惋惜，"有些是很不错的"。

9月24日的测试包括驻点调研（占40%）、情境模拟（占30%）、无领导小组讨论（占30%）三部分。

情境模拟环节让李凤亮觉得颇有意思。他遇到的情境是，模拟某大学副校长，就当前大学生培养、教育与就业问题答"记者"问。由于紧张，答完第一题，李教授问模拟"记者"的考官："这位记者能否重复一下刚才的第二个问题？"下面的评委都笑了，却没有人提示。李教授突然又想起来了。

报考珠三角某市副市长职位的凌智（化名）正好就"栽"在这个环节。凌智一路过关斩将，对自己很有信心，抽签后第一个进考场，他对场下的人说，"我愿意回答大家提出的任何问题"，没人回应。十几秒后，他才看到问题贴在桌面上，之前自己并不知道。而在他之后的人都得到了"有人提问"的待遇，凌智说自己"有点背"。

无领导小组讨论环节，自由发言时，每两个人一个话筒，总体发言时间有限制。"抢还是不抢，有技巧。"凌智事后说，自己当时也顾及考试礼节，"如果多一个话筒就好了，大家不用抢"。陈晓丹和"考友"们则自觉控制了发言时间。

记者了解到，广东公选的笔试问答题关注"排头兵"、产业与人口"双转移"、"干部浮躁"等热点话题，紧扣广东发展实际，切中当前时弊，得到考生和专家的好评。而外语考试作文题写"祝酒词"，则引起了不小的议论，后来命题专家释疑为"常规国际礼仪"才平息。而在外语考试中，"问题奶粉""矿难""解放思想"成为热门词汇。

万人大评委、视频评分

在专题演讲环节，陈晓丹一进考场就发现，与以前一个人面对十来个评委不同的是，有一两百名评委在等着她。而在结构化面试中，评委又换了另外一拨人。

今年公选的一大亮点就是改革过去"少数评委选人、容易拉票打招呼"的弊端，创新推行"万人选百官"的"大评委制"。所有面试、测试环节打分，每组评委最多的有380多人，最少的也有55人，主要由"两代表一委员"（党代表、人大代表、政协委员）、职位所在单位的干部和相关单位负责人三部分组成，其中民主党派和无党派人士占10%~20%，由电脑随机抽取产生。

据中共广东省委组织部介绍，广东这次公选史无前例地提出了"大评委现职制"，要求"扩大群众参与面，提高评分的准确性"。面试环节动用了5 000名评委，包括省、市的党代表、人大代表和政协委员，职位所在市（单位）的干部群众，省直、市直相关单位的中层以上干部。

记者了解到，根据"大评委现职制"，此次公选的每个环节、每个步骤的评委都由三部分人组成：一是省、市的党代表、人大代表和政协委员，二是职位所在市（单位）的干部群众，三是省、市直相关单位的中层以上干部。"大评委现职制"的实施，使一半以上提供公选职位单位的干部群众参加了对考生的评价，落实了群众对干部选拔任用的知情权、参与权、选择权和监督权，提高了选人用人的公信度。

中共广东省委组织部有关负责人介绍，"大评委制"在此次公选中的体现是，累计超过1万人参加了评委工作。为实现公平、公正的"阳光公选"，在所有面试和测试环节中，评委均由电脑随机抽签确定，提前一天由专人通知到位，每人在同一职位组中只能参加其中一个环节的评委工作，以防止和克服"拉票""打招呼"等非组织行为。"虽然考试考点设在省委党校，考场的工作人员基本上都从其他各大单位借调过来。"

除了面试、测试计分去掉10%的最高分和5%的最低分，广东在这次珠三角副市长面试中还首创了分考场"视频评分"，其他环节全程录像。也就是说，凌智在专题发言等环节中，面对的不仅仅是在场的评委，还有他报考的市的机关干部，通过视频直播对他进行"远程评分"。

广州大学教授刘雪明前几年曾担任过某地的公选评委，对比过去"少数评委选人"的现象，他说增加评委是一次进步，但同时指出这样做可能需要承担相应的成本。

此前，中共广东省委组织部负责人解释，"万人"只是总数，每个环节评委最多380人。绝大部分现场评委都在广州工作，参加完一个环节就走，不包吃住。

等额考察，职位递补

10月8日，中共广东省委组织部公布了此次联合公选的100名考察对象名单，这些名单是依照综合成绩由高至低按1∶1比例确定的。也就是说，多人竞选同一个职位，如无意外，最终出任的只能是成绩排在第一的那位。

公示期间，有35人以信件等方式反映了21名考察对象的情况和问题，经过了解核实，有4名考察对象的情况和问题属实。

11月10日公布的公选任职情况中，细心的人不难发现，中山大学教授朱竑等原来不在考察名单之列的8人有职位安排。经考察，由于有考察对象存在有意隐瞒个人实情等原因不适合提拔使用，其中一人自动放弃任职。省委组织部依照综合成绩由高至低，依次相应递补考察了8人。

对此，中共广东省委党校副校长陈鸿宇指出，实行等额考察，有助于防止出现某些人在最终的组织考察环节"做手脚"的现象。

一位不愿透露姓名的人士表示，以前在干部考察环节通常采取1∶3的比例，但往往当上该职位的干部，成绩并不是排在第一名。因此，很多人就会觉得公选最终还是流于形式，就算前面考核多么严格，最关键的考察环节还是有很多人为的因素。

广东公选为何会引起社会舆论高度的关注，频频被誉为"阳光公选"，很多人觉得，此次公选中各环节自始至终紧密相扣，容不得半点暗箱操作，体现了广东省对干部任用的谨慎。

值得一提的是，这几天参加省委党校培训的，还有43名在广东全省公推产生的副厅级领导干部。其中的5名党外人士是经过了组织推荐、述职述廉、专题发言、会议测评、人机对话等环节的竞争，最后胜出的。

28岁的丁凯获任中山市发展和改革局副局长，此前他是浙江发展和改革委社会发展处主任科员。他觉得，此次公选不在资格上设置过多的条条框框，让他这样今年刚刚提为主任科员的一般干部也有尝试的机会。而公选的一系列制度设置，也有效杜绝了不良现象。"我作为一个在广东举目无亲的外省人，能够最后入围，是这次选拔公正、公开的最好体现。"

党外人士有效行使选择监督权

这两天，广东公选百名年轻厅处级干部名单引起社会各界热议。其中有8名党外干部，而37岁的安徽省蚌埠市副区长王玲拟任职佛山市副市长，其无党派、女性的身份尤为瞩目。

广东省政协副主席、中国国民党革命委员会广东省委会主委周天鸿发现，以往公推公选，党外干部就是"看热闹"，这次前所未有地可以"登台唱戏"，还"计划单列、指标定向"，开辟了"专门通道"。具体做法是：省8个民主党派分别在全省范围推荐本党派干部两名，无党派干部由省委统战部协助推荐两名，共18名人选，独立成为一个组，按照规定程序竞争择优产生5名人选，然后根据个人德才条件安排担任省直机关和高等院校的副职。

不仅如此，中共广东省委常委、组织部部长胡泽君专门主持召开民主协商会，就公选100名人选选得怎样、如何安排，专门听取省各民主党派、工商联主要负责人和无党派及民族宗教界代表人士的意见。在为期3个多月的广东公选100名年轻干部全过程中，民主党派和无党派人士的作用可谓"举足轻重"，有效行使了选择权、监督权。

在监督权方面，这次公选聘请党外干部担任巡考员、监督员，对报名、命题、评卷、考试、计分等环节进行全程监督，对于监督员反映的问题，件件有落实、有回音。在最受关注的珠三角5市副市长组角逐中，一名考生专题发言时脱口而出"我们珠海……"，透露了自己所在城市，违反了不得"自报家门"的规定，有评委对此提出异议，经重放录像和多名监督员确认，考生被取消该环节成绩。

"总共1万名评委，民主党派和无党派占了1 000余个，这个'打分权'是很实在的。"知名党外人士、广东技术师范学院副院长林伦伦对此感受深刻。他担任了公选笔试、面试的副主考、副总监考，以及省属高校组的评委。他认为，这不是"点缀"，而是把党外人士的"选择权"真正落到实处，探索创新了参政议政的方式和渠道，有利于提高选人用人的公信度。

资料来源：林洁，陈倩. 广东公选年轻干部新招频出：情境模拟 视频评分[N]. 中国青年报，2008-11-17.

第七章 心理测验技术

学习目标

通过本章的学习,掌握心理测验的内涵,熟悉心理测验的分类,一般了解心理测验的发展历程和我国运用心理测验技术存在的问题;要在理解能力及能力倾向概念的基础上,把握能力倾向测验的特征、设计原则与功能,了解编制能力倾向测验量表的意义,要对几种常用的人格测验量表有一定的认识。

【课前阅读】合作能力测验的编制研究

一、问题的提出

回顾整个20世纪100年来的社会历程,国际间竞争与合作的格局发生了突破性的变化,国家之间的交往越来越秉信"我们同是地球人"的理念。

在组织内部,原来以个体员工为单位的工作方式逐渐被工作团队所取代。工作方式的改变,对个体在新时代的素质结构提出了新的要求,即团队成员是否具备以协作方式开展社会活动,最终实现彼此共同目标的意识和技能——合作能力。

在团队情境中,合作能力包括合作意识与合作技能两方面。合作意识体现为个人是否具备信任感和集体意识;合作技能则指个人的资源分享、责任担当、多元容纳和合作—竞争导向等方面的行为表现。

本研究的目的是设计合作能力测验,并将它应用于实际的人才选拔。对个人而言,了解自身的合作能力是进一步把握自身素质结构的需要,为职业发展规划提供建议和指导;对组织而言,合作能力测验是甄选员工的新工具,是人力资源管理顺应时代发展的体现。

二、合作能力测验的编制构想

根据科学严谨的人事测评量表编制思路,我们设计并完善了合作能力测验。合作能力测验的编制依据演绎的原则,即对本研究中的合作能力及其构成维度在有明确定义的基础上,设计测验项目,因而在编制的过程中,严格地控制了测验的内容效度。

测题编制大多取材于现实生活,具有时代性和代表性。从相关量表中借鉴的测题并没有简单的照搬,而是针对本研究对合作能力各维度的定义,在分析和修改的基础上加以应用。

经过合作能力测验的预试及项目分析,将不合格的项目删除或修改,获得正式施测的量表。将正式测验的有效数据进行信度检验,若各项指标均达到统计上可接受的水平,再对合作能力的构想模型进行验证性因素分析。

三、合作能力测验量表的缺陷

为了尽可能提高测验对真实生活反映的预测性,合作能力测验尝试了多样化的测题编制形式。

首先,增加情境题的比例,使测验并非是脱离实际的泛泛问答。

其次,设计投射题,降低个体回答的掩饰性。

最后,借鉴了实验室研究、分析实验的思路和实质,将它们改编为自陈式的测题。

在编制的过程中仍不断感受到考察个人合作能力的困难。合作能力属于社会适应能力的一方面,在现实生活和工作中,个人合作能力的表现受到合作对象、当时情境等多种因素的影响,也和个人价值偏好、利益权衡有关。

因此合作能力需要在个体和情境互动过程中才能最真实地表现,而目前的合作能力测验以笔试和网络形式为主。这也为下一步研究提供了方向:设计现实互动情境,通过行动表现考察评估个人的合作能力。

资料来源:吕晓俊,苏永华. 合作能力测验的编制研究[J]. 人类工效学,2005(2).

第一节 心理测验概述

自我们出生起,测验已经极大影响了我们的生活。测验是一种测量工具或技术,用量化行为(以是否可以被观察到,分为可见行为与内隐行为)帮助我们理解并预测行为。组成测验的特定问题,我们称之为项目,这是一种特定的刺激,会对它做出看得见的反应。这种看得见的反应,可以被计分(如分类、排序、计数)。

儿科医生抚摸我们的手掌和脚掌时,她便是在进行一个测验;上学时,测验便决定我们是否升学,一定程度还决定我们是否需要特殊教育。例如,拼写测验就是测量会拼写的程度。各种各样层出不穷的测验,让我们思索:

第一,这些测验的有用程度如何?

第二,它们测量到有用的东西了吗?

第三,测量结果的精确性如何?

一、心理测验的内涵

1. 心理测验的概念

安娜·斯塔西（Anne Anastasi）认为：心理测验实质上是对行为样组客观化和标准化的测量。这个定义中，我们可以看出心理测验是由一组精心设计的测试题目或项目组成，抽取一组标准化的行为样本，通过对这组行为反应进行观察分析，测验者就可以对引起行为的心理活动做出推论和解释。

被抽取的行为样本，需要具有五大特点。

特点一，是可被心理控制的而非先天反射性生理行为。

特点二，是外显的而非内心的。

特点三，是成组的而非单个的。

特点四，不一定是真实的具体行为，许多被抽取的行为样本是概括化的模拟行为，是一种间接的行为反应。

特点五，是代表性行为。

一个完整的心理测验必须具备五个基本条件：计分客观化，信度、效度、常模和实施标准化。

心理测验测量的对象是心理特质。而心理特质指的是使个人对于较广泛的一类情境稳定地做出同一反应的心理特点，它是建立在对人类大量相似行为进行观察的基础之上的一种科学构想，是心理学家用以描述或解释行为的工具，不是客观事物。如求职动机、推理能力、自信心和情绪稳定性等。

因为心理特质作为一种科学构想本身是抽象的，不可能直接观察到，所以只能从行为样例中推理得出。即通过对人的有限的具有代表性的行为进行提取，依据预先确定的原则，对贯穿在行为活动中的心理特征进行推论和数量化分析，由外部行为推及内在特征。

2. 心理测验的性质

从 1905 年第一个作为测量人智力的工具的比奈-西蒙智力量表问世至今，心理测验一直面临着两种对它的应用和发展的错误态度。一种是未思索与探索其原理、内容、方法，就妄加批评；另一种是盲目迷信，夸大测验功能，且对测验结果的解释极不慎重。这两种态度形成的共同原因之一都是对心理测验的性质缺乏足够的认识。

例如，大家都非常熟悉的学校教育考试（如学科结业考试）通常由一系列问题组成，要求学生根据问题给出书面答案，然后老师根据评分标准给出学生相应的考试成绩，判断学生对某门学科知识的掌握程度；而驾照考试虽然包含交通规则等方面的知识笔试，但主要是让学员开车，考官考察学员的开车行为表现，根据其在特定情境（路段）中的驾车表现来判断某一学员是否具备在无人监督的情况下独立驾车上路的能力。表面上看，这两类考试与心理测验有非常大的差别，这两类考试之间也存在着很大的差别，但仔细分析其实质，还是可以发现它们的共性之处。

（1）活动取样的代表性。如学校教育考试所包含的问题一般都是那些能代表本学科知识或技能要求的知识点，老师在出题时不会考虑要穷尽所有的知识点。同样，驾照考试时所要测量的行为也是诸如快速拐弯、倒车等代表性行为。而心理测验也是抽取一组标准化的行为样组，通过对这组行为反应进行观察分析，测验者就可以对引起行为的心理活动做出推论和解释。

（2）施测过程的标准化和系统化。施测过程对所有参加测试的人都是一样的。在学校教育考试中，通过向所有的考生问同样的问题而达到这一目标。在驾照考试中，通过要求学员做同样的操作而达到这一目的。在心理测验中，通过要求被测者完成同样的项目来达到这一目的。

由于心理测验是将个人的行为表现与多数人的行为进行比较，所以它具有相对性。即使标准化程度较高的心理测验，其可靠性和准确性也只有80%左右。因此，在临床上，医生不会单靠几套心理测验量表来确定患者病情，他们还要结合病人的病史及其他情况进行综合性评估，以避免使用单一测验结果可能导致的误差。

二、心理测验的分类

编制心理测验量表的材料，一般都是经过科学方法慎重选择的，能够反映人们某些心理行为特点的问题或任务。把这些材料用标准化的方法加以组织编制，进行对行为样本的测查和统计处理，就形成一种"常模"。这种常模，就像一种"标尺"。

现代流行的各种心理测验量表很多。据调查统计，仅以英语发表的就已超过5 000种。每年几乎都有新的量表出现。尽管心理测验的种类繁多，但可以从不同的角度将其归纳为几种类型。

1. 根据测验对象区分

（1）智力测验。目的在于测量智力的高低，一个人的智力水平用智商（IQ）表示。我国始于汉代、兴于隋唐的科举制度就被中外学者公认为是世界上最早的智力测验的实践。智力测验结果是衡量智力高低的参考，它对于在管理中预测一个人的能力水平，为其安排恰当的工作有重要的作用。例如，某项工作要求智商120，那么，智商过低或过高于这个水平的人都不值得用人部门考虑。前者会由于能力低而无法胜任，后者则可能由于智商远超该项工作性质要求而可能不安于现状，甚至轻视这项工作，容易造成不良后果。因此，在选用和安排人员时，应当尽可能做到使每个人的智力水平与其工作性质相适应。

（2）能力倾向测验，又称性向测验。其目的在于发现被测者的潜在才能，深入了解其长处和发展倾向。能力倾向测验一般可以分为两种。一种是一般能力倾向测验，可以测量一个人多方面的特殊潜能。例如，区分能力倾向测验，可以预测一个人某一方面潜在能力较强或较弱，多用于选择人才和就业指导。另一种是特殊能力倾向测验，偏重测量个人的特殊潜在能力，例如，音乐能力倾向测验、机械能力倾向测验。

（3）成绩测验。测量一个人经教育训练后的学业成绩，又称成就测验。它可分为科学测验和综合测验。前者测量被测者某方面的知识、技能，后者测量被测者各方面的知识、技能。成绩测验同能力倾向测验的区别在于，前者是测量在工作学习中所具有的实际能力；后者是用心理指标测量在未来工作中的胜任能力。

（4）人格测验，又称个性测验。其主要用于测量性格、气质、兴趣、态度、品德、情绪、动机、信念等方面的个性心理特征。

2. 根据测验人数区分

（1）个别测验。它只能由同一个测验者在同一时间内测量一个人。个别测验的优点是测验者对被测者的行为反应有较多的观察与控制机会，即测验者会对被测者的言语、情绪状态仔细观察，并且与被测者充分合作，调动被测者最大能力，以保证其结果正确可靠。个别测验的缺点有两点，一是费时间，不易大量施测；二是对测验者训练要求高，一般人不易在短期内掌握。

（2）团体测验。可由一位测验者同时测量若干人。各种教育测验都是团体测验，一部分智力测验也是团体测验。它的优点是省时省钱，便于大量施测，而且测验者不必接受严格的专业训练即可担任。它的缺点在于对被测者的行为不能作切实的控制，所得的结果不及个别测验准确可靠。

3. 根据测验材料区分

（1）语言或文字测验。它可以测量人类高层次的心理功能，编制和实施都较容易。人类的心智能力不能完全以图形或实物测量出来，所以语言或文字测验应用范围较广，团体测验多数采用它。语言测验的缺点是不能应用于语言有困难的人，而且难以比较语言文化背景不同的被测者；文字测验的缺点是易受被测者文化水平的影响。

（2）非文字测验或操作性测验。以图画、仪器、模型、工具、实物为测验材料，被测者以操作表达。因而，受文化水平的影响很小，但这种测验不利于大量的团体施测，费时费钱。

4. 根据测验功用区分

（1）预测测验和成就测验。预测测验用于推测某人在某方面未来成功的可能性，智力测验、能力倾向测验均属于此类。它大多根据作业分析的结果来选择测验材料。成就测验在于考查目前被测者有某方面的成绩，如一般教育测验，因此它所测量的是被测者现在的成绩，往往是根据作业样本来选择测验材料。

（2）难度测验和速度测验。难度测验的作用在于测量被测者的能力或水平高低。它的时间限制标准通常是使95%的被测者有做完测验的机会。测量由易到难排列，以测量被测者解决难题的最高能力。速度测验在于测量被测者作业的快慢，它的测题难度相等，但严格限制时间，看规定时间内所完成的测量数量。

（3）普通测验与诊断测验。普通测验在于考查一个人或一个团体在某些心理品质方面的分布情况；诊断测验则进一步去诊断被测者某方面的特殊优点和缺点。

三、科学心理测验的产生与发展

1. 心理测验的产生是社会的需要

在西方一些国家，工业革命成功后，对劳动力的需求急剧增加，且分工日益精细，因而有了专门人才的训练、人员选拔与职业指导的需要，这是促使心理测验发展的重要因素。19世纪，在欧洲和美洲开设了一些护理精神病人的特殊医院，因而急需确定收护标准和客观化的分类方法，这是促使心理测验发展的另一个重要因素。

2. 心理测验的先驱

首先倡导心理测验运动的是优生学创始人、英国生物学家和心理学家高尔顿爵士（Francis Galton）。他在研究遗传问题的过程中，认识到有必要测量那些有亲缘关系和没有亲缘关系的人们的心理特性，以确定其相似程度。他设计了许多简单的测验，如判断线条长短与物体轻重等，企图由各种感觉辨别力的测量结果来推估个人智力的高低。高尔顿还是应用等级评定量表、问卷法以及自由联想法的先驱。

在心理测验的发展史上，美国心理学家卡特尔（J. M. Cattell）占据了一个特别突出的位置。他出生在宾夕法尼亚的伊斯顿城，1883—1886年在德国莱比锡跟随冯特（W. Wundt）学习。他主要的研究兴趣是反应时间，可是，他是个极端独立的青年学生，敢于向冯特就一些关键的方法问题提出挑战。卡特尔提出怀疑说，认为并不是所有的人都能真正以冯特提出的办法内省的，他把反应时间分成感觉、选择等。结果，卡特尔尽管是冯特的实验室助手,但他只能在自己的住处进行自设计的此类实验,因为冯特不允许在实验室进行不遵守内省法的实验。

卡特尔对他测验过的一些人当中不同的反应时间感到有兴趣,并在1885年的一篇论文里讨论了这件事,把它看作是"特别兴趣"。1886年获取博士学位后,1888年,他来到伦敦。在英国剑桥大学任教期间,他与高尔顿过从甚密,深受其影响。尽管他们年龄相差40岁,他觉得高尔顿为人十分亲近。他对高尔顿的工作留下了深刻印象。许多年之后,卡特尔称他是"我认识的最伟大的一个人"。在两年时间里,他在南肯辛顿博物馆的"人体测验实验室"里时不时地为高尔顿工作,并熟悉了在这里进行的一些测验。

回美国后,卡特尔收集了一套测试题,包括测量肌肉力量、运动速度、痛感受性、视听敏度、重量辨别力、反应时间、记忆力以及类似的一些项目,约50个。其中,有些是高尔顿的,有些是从费希纳(G. T. Fechner)、冯特和其他的来源获得的。他把其中的10项测验交给学生去测量智力的个体差异。他提出,如高尔顿所说,通过这些测量得出的主要生理特征与智力是相关的:握力、臂膀运动的速度、对声音的反应时间、重量上仅仅可以辨别出来的差别、对字母的记忆宽度和其他五种特征。1890年,他在《意识》杂志发表的一篇论文中描述了他的工作,这篇文章叫作《心理测试和测量》。在这篇文章中,他首创了"心理测验"这个术语,并掀起了心理测验运动。

著名美国学者波林(E. G. Boring)认为,在心理测验领域中,19世纪80年代是高尔顿的10年,90年代是卡特尔的10年,20世纪头10年则是比奈(A. Binet)的10年。

比奈,1857年生于法国尼斯市。1904年,法国教育部组织一个委员会,专门研究公立学校中低能班的管理方法,比奈亦是委员之一。他极力主张用测验法去辨别有心理缺陷的儿童,经过细心研究,次年与其助手西蒙(T. Simon)发表了一篇论文,题为《诊断异常儿童智力的新方法》。在这篇文章中介绍的就是世界上第一个智力测验——比奈-西蒙量表。

1905年的量表有30个由易到难排列的项目,可用来测量判断、理解、推理能力,亦即比奈所谓智力的基本组成部分。虽然这些测验也包括了感知觉的内容,但其中言语部分所占的比例远高于同时代的其他测验。1908年他对该量表做了修订,采用智力年龄的方法计算成绩,并建立了常模,这是心理测验史上的一个创新。1911年他对该量表做了第二次修订后,不幸谢世。

目前世界上的智力测验为数众多,其基本原理和主要方法都是由比奈奠定的,在心理测验的发展史上,比奈的贡献是不可磨灭的。

3. 心理测验的发展

比奈-西蒙量表问世后,迅即传至世界各地。各种语言的版本纷纷出现,其中最著名的是美国斯坦福大学推孟（L. M. Terman）教授1916年修订的斯坦福-比奈量表，其最大的改变是采用了智商的概念，从此智商一词便为全世界所熟悉。

心理测验运动自20世纪初兴起，20年代进入狂热，40年代达到顶峰，50年代后转向稳步发展。在此期间测验主要有以下几方面的发展：编制了一批操作测验，既可弥补语言文字量表在理论上的缺陷，又可适用于文盲和有语言障碍的人；编制了团体智力测验，扩大了测验的应用范围。在第一次世界大战期间，为满足美国军队对官兵选拔和分派兵种的需要，编制了团体测验，对200多万官兵进行了智力测查；随着30年代因素分析理论的发展，多重能力倾向测验在第二次世界大战后编制出来，这种成套测验为分析个人心理品质的内部结构提供了适用的工具；正当心理学家们忙于发展智力测验的时候，传统的学校教育考试也在进行一场改革。卡特尔的学生桑代克（E. L. Thorndike）等人，利用心理测验原理，编制了第一批标准化的教育测验。因此后人尊称他为教育测验之鼻祖。一些专门的教育测验机构也在一些国家陆续成立，如美国教育测验中心成立于1947年，是世界上最大的测验编制和研究机构。

20世纪60年代后，由于认知心理学的崛起，将实验法与测验法结合，产生了信息加工测验，为了解心理能力提供了一些补充方法，使心理测验出现了新的发展趋势。如心理测验大量出现在人事管理领域，甚至人格测验成为人才甄选程序的必要过程，这是因为现代企业已经认识到许多非智力因素，如性格、情绪特质、人际关系技巧、动机、兴趣和态度模式等方面，对工作方式甚至工作绩效都有十分重要的影响。各种对人格进行测量的工具受到企业的欢迎。

四、心理测验在我国的传播及应用

清朝末年，心理学由西方传入我国。1920年，北京高等师范学校和南京高等师范学校建立了我国最早的两所心理学实验室。廖世承和陈鹤琴在南京高等师范学校开设测验课，并用心理测验试测报考该校的学生，这便是我国正式开始的科学心理测试。1921年二人正式出版《智力测验法》一书。1922年，比奈-西蒙量表由费培杰译成中文，并在江苏、浙江两省的一些小学生中进行测试。同年美国测验专家麦柯尔（W. A. McCall）博士应中华教育改进社聘请来华讲学。在他的指导下，北京师范大学、北京大学、燕京大学、北京女子高等师范学校、东南大学等校的教授和学生开始编制测验。据他回忆，当时中国心理学家所编制的各种测验至少都与美国的水平相等，有许多竟比美国还要好。1923年，在中华教育改进社的主持下，进行了全国小学生教育抽样调查，调查地区包括22个城市和11个乡镇，测验了9.2万名儿童。这个大规模的调查，引起了当时教育界对测验的注意。1924年，陆志韦先生发表了《订正比奈-西蒙智力测验说明书》，1936年又与吴天敏再次做了修订。1931年中国测验学会成立。1932年《测验》杂志创刊。根据不完全的资料统计，到抗日战争前夕，我国心理学工作者制订或改编出合乎标准的智力测验和人格测验约20种，教育测验50多种，出版心理与教育测验方面的书籍20多种。

1949年后，由于多方面原因，心理测验一直成为禁区。粉碎"四人帮"后，心理测验才在科学的春天中复苏。1980年年初，北京师范大学心理系首次开设心理测验课。许多单位陆续编制或修订了一些心理测验。由于心理测验量表作为一种测量和选拔的工具，具有标准化、相对客观性等特点，因此，心理测验开始在实际部门应用，如飞行员的选拔、运动员的选材、精神病的诊断、儿童多动症以及智力超常与落后儿童的检查等。特别是在1992年年底，全国有29个省、国务院有3个部门都不同程度地采用了人事测评方法补充人员，取得了良好效果，这使得以心理测验为主要内容的人事测评技术在社会上引起人们的广泛关注，推动了各类人事测评研究和服务机构应运而生。

进入21世纪以来，人事测评的方式逐渐丰富，投射测验、情境模拟等方式被更多地应用，题目的本土化有了很大进步，人事测评的信度与效度也不断提高。北京、上海、浙江、四川等地区已经在选拔领导干部时进行性格、职业兴趣等心理特征的测量。企业在员工选拔上的关注点，也经历了学历背景—知识技能—工作经验—素质要求等漫长的转变历程。人格、兴趣、动机等影响工作效率的关键心理因素越来越受到关注。

但是我国对心理测验的运用毕竟尚处在起步阶段，还有六个方面的问题需要注意。

第一，理念上和理论上的问题。从理论上来说，任何测验量表，都有其应用的目的、适用的范围，都有一定的信度和效度。因此，应当慎重选择具体的心理测验工具，不能"拉来黄牛当马骑"，特别是必须要由有资格的心理测验工作者进行操作。但是，我国有些测验者却忽视对量表选择的重要意义，随便乱加使用。

第二，测验的保密问题。对测验的保密主要有两个方面。一个方面对测验内容的保密。心理测验的内容，包括测验工具，是不可以向社会泄漏的，也不可以随意让不够资格的人员使用，以免使测验失去控制，造成滥用。另一方面是对测验结果的保密。这是具有个人档案机密性的资料，是不应该随便让无关人员，甚至当事人知道的。

第三，量表设计中存在的问题。特别是在为企业员工的招聘选拔录用方面的量表设计上，存在对企业的实际运作缺乏深入研究，只是对国外测评工具简单修改的情况，对所设计量表缺乏足够的研究和验证，致使量表存在"针对性不强"的重大缺陷。

第四，量表使用操作上存在的问题。集中表现在操作者的专业水平不够。由于操作者的专业水平不够可能造成测试结果的不准确，而且还会使被测者对心理测验产生负面的印象，最终影响到心理测验的运用。

第五，测验结果解释问题。每一个标准化的测验，都是用分数来表示其结果的，而测验的分数只是一个相对的数值。因此，一般来说，不应当把这种结果告诉被测者或他们的家属和单位领导，而应告诉他们对测验结果的解释。如测得 IQ 为 100 左右，并不是要把 IQ 的数值告诉他们，而应向他们说明智商是一般的，和大多数人差不多。但在实际运用中，人们却常反其道而行之。

第六，结果运用上存在的问题。尽管我国各企事业单位对心理测验的运用具有巨大需求，但其测量效果局限了运用的扩展，因此，心理测验只能"汰劣"难以"择优"。

第二节　能力倾向测验

不同职业人员其能力的发挥也有很大区别，例如，机关工作人员重在行政管理，事业单位工作人员重在科学研究，企业家重在生产和经营等。此外，还有潜能开发及人才效益问题，由此能力倾向测验便成为测试、鉴别人才适用范围和发展状况的新型测试。在各类人员选拔方案中，能力倾向测验被认为是十分重要、必不可少的部分，如我国技校招生，国外高校招生考试、学能考试中，都有能力倾向测验性质的考试。例如，技工能力倾向测验、美国大学招生学能测验（SAT、ACT）和研究生入学考试（GRE）等。

一、能力与能力倾向概念辨析

1. 能力的概念

能力是一种使用频率比较高的概念，由于能力现象的复杂性，尚没有一个大家公认的解释。学术界通常把能力理解为顺利完成某种活动且直接影响活动效率所具备的心理特征。它是在遗传素质的基础上经过学习培训，并在实践活动中吸取集体智慧和经验而形成发展起来的。

（1）知识、技能和能力关系。知识涉及一个人知道什么。从整体而言，知识是人类在从事各种社会认识与实践活动的过程中逐步形成的对客观事物运动规律的系统认识成果；对个体而言，知识是指一个人对事实、理论、系统、惯例、规则和其他一些与工作有关的信息的知晓和理解。它既包括处于零散、个别、孤立、肤浅或不完整的感性认识阶段的感性知识，也包括达到理性认识高度的理论化、系统化和科学化的理性知识。后者是通过学习和实践所得。

技能和能力涉及一个人能做什么。技能可以定义为通过一定练习而形成的使个体得以完成一定任务的动作和智能的操作系统，常体现为一定的熟练性。能力可以概括为能胜任某种工作或完成某项任务的主观条件，这种主观条件可以是由先天因素决定的，也可以是由学习和实践而得的。不论能力是来自先天遗传还是后天习得，都是指当时已经具备而不需要进一步训练的主观条件。

（2）能力的分类。一般对能力的划分有四种。

第一种，根据能力的地位分优势能力和非优势能力。每个人的能力是由多种能力要素构成的体系或系统，所有这些能力在整个能力体系中有不同的地位和作用，其中占主导地位、规定能力体系倾向性的能力要素，即为优势能力；其他能力属附属地位，即为非优势能力。

第二种，根据能力的创造性水平分再造能力和创造能力。再造能力是指按照常规和现成模式进行活动的能力，创造能力是指创新超常的能力。

第三种，根据能力的现实程度分实际能力和潜在能力。实际能力是指在实际生活中表现出来的能力，潜在能力是指通过学习培训可释放出来的能力。

第四种，根据能力的内容分一般能力和特殊能力。这是最常用的一种划分方式。一般能力是指在不同种类的活动中表现出来的共同能力，它是人们有效掌握知识和顺利完成活动所必不可少的心理条件，即使最简单的活动，也不能脱离这一能力。它一般包括观察能力、记忆能力、思维能力和想象能力。特殊能力是指从事某种专业领域所必需的专门能力或几种专门能力的结合体。任何一种专门活动都要求与该专业内容相符合的几种能力集合。总体来看，一个人要顺利完成某种活动，既要依靠一般能力的参与，也要有特殊能力的参与，特殊能力就是一般能力在具体活动中的具体化。

2. 能力倾向的概念

（1）智力、知识、技能和能力倾向关系。能力倾向的含义，有广义与狭义之分。广义来说，它包括人的身体条件、智能、性格、兴趣等是否适合于某个方面的职业领域。狭义来说，是指为了有效地进行某种特定活动所必需的特殊能力，是一些对职业的成功，在不同程度上有所贡献的心理因素。

本节中能力倾向一般指狭义的概念，就是指经过适当训练或被置于适当的环境下完成某项任务的可能性，而不是当时就已经具备的现实条件。换言之，能力倾向是指一个人能学会做什么，即一个人获得新的知识、技能和能力的潜力如何。

人的能力倾向与智力（即人的最基本的认知能力，或者一个人聪明与否，它影响一个人从事一切活动的效率）之间无必然的相关。心理学的实践证明，人的特殊能力与智力的关系很小。一个人具有较强的智力水平，可能会有一些特殊的才能，但也可能缺乏某些（如音乐、美术）特殊才能。而那些有特殊才能的人，其智力既可能在平均者之上，也可能在平均者之下。所以我们不能从一个人的能力倾向来推测他的智力，同样也不能从智力水平来推测他的特殊才能。人的能力倾向与工作绩效的相关性是比较明显的，如果一个人的能力与他所从事的工作特点相匹配，那么就容易获得成功。我们提倡"用人所长"就是这个道理。

智力、知识、技能和能力倾向都是人认知能力的组成部分，严格区分它们并不容易。心理学上一般认为它们相互联系且处于人的认知能力结构的不同层次上（见图7-1）。

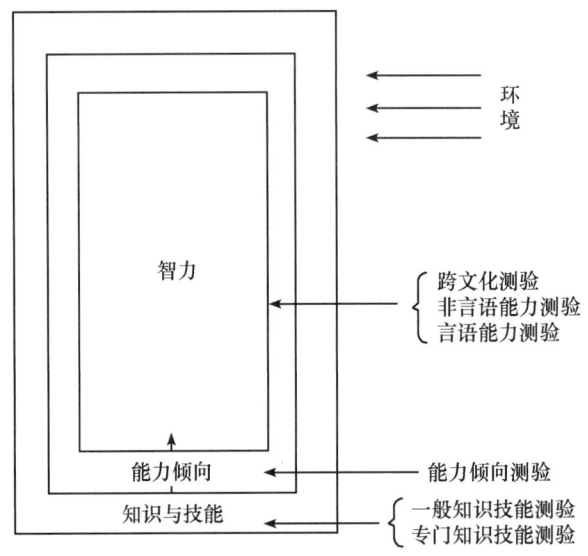

图7-1　认知能力结构的层次图

（2）能力倾向的特性。能力倾向既不同于人的智力，也不同于在某方面由于学习培训获得的专业知识技能。

能力倾向具有三个特性。

第一，相对广泛性。智力的高低几乎影响人一切活动的效率，但这是一种间接的影响；能力倾向影响一个人在某一职业领域中多种活动的效率，而专业知识、技能则仅仅影响某一有限的或具体的活动。例如，人的手指灵巧性这一能力倾向，指一种能快速而正确地活动手指、用手指很准确地操作细小东西的能力。它有利于从事手指活动的一系列职业活动，如计算机录入、打字、制版、描图，甚至舞蹈。而通过学习培训获得的如"绣花"这样的技能，则不过就是绣花的技能而已。

第二，相对稳定性。能力倾向是相对稳定的，它既不像人的智力水平几乎很难改变，又不同于具体的专业知识、技能那样容易通过强化训练而在短期内提高或由于遗忘而丧失。例如，人的手指灵巧与否，不是通过练习就可以很快提高的，但纺织女工接线头的技能却可以很快掌握。

第三，能力倾向是一种潜能。能力倾向表现为一种成功的可能性，而不是已有的水平与现实性。一个人的空间想象力强，我们可以预期他在许多与空间关系密切的活动领域中有取得成功的可能，但这仅是可能而已，这个人也许并没有机会发挥他的优势。

理论上讲，认知能力结构的各个部分都可以通过一定的测评工具来评价，如测验等，而能力倾向测验考查的就是处于人的能力结构中间层次的能力倾向。它是智力测验和其他知识、技能考试所无法代替的。

在第二次世界大战以后，心理学的主要贡献就是在能力倾向测验的发展上，现在有很多研究迹象表明，智力测验越是趋于一般化，其价值越低。能力测验如果能突出特殊性就等于提高其价值。在我们现行的考试内容设计中，大家似乎已经注意到这个因素的重要性，但在考查手段上还是一个薄弱环节。

二、能力倾向测验的设计原则与作用

1. 能力倾向测验的概念

鉴别能力倾向的测验方法，是伴随着实验心理学而发展起来的。目前，这类方法在国外已被广泛应用于发现人才和员工考核的工作领域。

人的能力倾向是客观存在的，并且总是在一定的质和量的界限中表现出来。因而对于人的能力结构和倾向，不仅可以定性分析而且可以定量分析。所谓能力倾向测验，即考查构成某种知识、技能和一定行为模式的各种个人特质的心理测验。

就能力倾向测验的作用来看，可以测量被测者目前的能力倾向性，由此来推测他们的潜在能力及预测他将来经过进一步的训练和实践锻炼后可能取得的成就。所以说，能力倾向测验只能预测一个人将来在某方面"可能"的成就，并不能保证他在某方面"必然"的成就。因为一个人的能力倾向能否获得充分的发展，与他的身体状况、兴趣、爱好、学习态度、工作动机、机会等条件都有关系。

2. 能力倾向测验的设计原则

由于能力倾向是潜在的可能性，所以测验方法必须以基础特性中具有预见性的东西为对象。在测验的设计中，必须选择不产生练习效果的特质作为测试的项目。因为从对容易受到学习和练习影响的项目的反应中，难以推定出基础的并且具有恒常特性的能力倾向。

在能力倾向测验的设计中，一般遵循四原则。

（1）在成为能力倾向对象的活动中，要把握必要的带有区分度的基础特性（如在配置职务时，应进行职务分析）。

（2）编制问题项目，用以发现这些基础特性在行为中的作用。

（3）设定与项目相对应的选拔等级或回答范围。

（4）保证信度和效度。

为了提高信度和效度，所设计的能力倾向测验必须充分地进行预测试。在预测试的基础上，不断严密地验证刺激与反应间的函数关系及规律性，即实现标准化过程。应该注意的是，预测的效度不可忽视。既然能力倾向测验是以预测性为基本，那么它的效标必须在将来应得到的现实成果（如任职后的工作绩效）中获得。

3. 能力倾向测验的作用

能力倾向测验是为了判定一个人能力倾向的有无和倾向程度。因此，标准化的能力倾向测验，具有两种功能：一是判断一个人具有什么样的能力优势，即所谓的诊断功能；二是测定在所从事的工作中，成功和适应的可能性，包括发展的潜能，即所谓的预测功能。

具体到人才选拔考试和人事管理工作，能力倾向测验的作用主要体现在职业选择和指导、人员的录用和选择配置、合适岗位的开发和职务的再设计方面。

能力倾向测验不仅对人才录用考试工作提供了帮助，对被测者个人也颇有益处。首先，通过测验可以使被测者获得有关自己能力倾向的客观信息，帮助其正确地理解和认识自身的能力特点以及自己更适合的工作领域。其次，测验结果往往揭示被测者以前全然不知或没有充分注意到的自己某些能力倾向。通过测验将有助于促进其本人正确地选择职业，并激发其自我开发的积极性。

总之，为了迅速而又可靠地选拔适合某种工作的人员，有效地预测他们今后的职业成就，以满足不同部门对工作人员多样化的需求使用能力倾向测验是十分必要的。

三、普通能力倾向成套测验（general aptitude test battery，GATB）

能力倾向测验，一般可以分为：普通能力倾向测验，职业能力倾向测验，辨别能力倾向测验，管理监督能力倾向测验，音乐、艺术能力倾向测验等。现以普通能力倾向成套测验为例说明其具体做法。

普通能力倾向成套测验是美国劳工部队从1934年起用10多年时间研究制定的。它可以同时测试不同职业各自的不适合者。由于这套测验在许多国家被广泛使用，因而备受推崇。后来，日本劳动省将其进行了日本版的标准化，即《一般职业适应性检查》（1969

年修订版)。这套测验主要是实现对许多职业领域中所必需的几种工作能力倾向的测定。它由 15 个测验项目构成,其中 11 个是笔试、4 个是操作测验,两类测验可以测定 9 种能力倾向。这 9 种能力倾向对完成各种职业的工作都是必要的。

G——智能。指一般的学习能力。包括对测验说明、指导语和诸原理的理解能力,推理判断的能力,迅速适应新环境的能力。

V——言语能力。指理解言语的意义及与它关联的概念,并有效地掌握它的能力。包括对言语相互关系及文章和句子意义的理解能力,也包括表达信息和自己想法的能力。

N——数理能力。指在正确快速进行计算的同时,能进行推理以及解决应用问题的能力。

Q——书写知觉。指对字词、印刷物、各种票类之细微部分正确知觉的能力。能直观地比较辨别字词和数字,有发现错误和校正的能力。

S——空间判断能力。指对立体图形以及平面图形与立体图形之间关系的理解、判断能力。

P——形状知觉。指对实物或图解之细微部分正确知觉的能力。根据视觉能够对图形的形状和阴影部分的细微差异进行比较辨别的能力。

K——运动协调。指正确而迅速地使眼和手相协调,并迅速完成操作的能力。要求手能跟随着眼看到的东西正确而迅速地作出反应动作,并进行准确控制的能力。

F——手指灵巧度。指快速而正确地活动手指,用手指很准确地操作细小东西的能力。

M——手腕灵巧度。指随心所欲地、灵巧地活动手及手腕的能力,如拿着、放置、调换、翻转物体时手的精巧运动和腕的自由运动能力。

以上 9 种能力中的每一种能力,都可通过测验得到相应分值。

普通能力倾向测验,是从个人在完成各种职业所必需的能力中,提炼出最有特征的 2~3 种能力,其中纸笔测验可集体进行。测验的计分采用标准分数,各能力因素的原始分数转换为标准分数后便可绘制个人能力倾向剖析图,并与职业能力倾向类型相对照,被测者就可以从测验结果中知道能够充分发挥个人能力特性的职业活动领域。

四、行政职业能力倾向测验

1. 概念

职业能力倾向就是指一个人所具有的有利于其在某一职业取得成功的潜力素质的总和。它是经过适当学习或训练后或被置于一定条件下时,能完成某种职业活动的可能性或潜力。若再具体些，职业能力倾向又可细分为与特定职业相联系的各种职业能力倾向，如音乐（职业）能力倾向、美术（职业）能力倾向、机械操作（职业）能力倾向，行政（职业）能力倾向，等等。

职业能力倾向测验可以有效地测量人的某种潜能，从而预测人在一定职业领域中成功的可能性，或者筛除在该职业领域中没有成功可能性的人。人们编制了许多针对不同职业领域的能力倾向测验，用于人员的选拔、安置和职业设计。例如，在选择计算机操作员时，我们着重考查被测者对数据的计算、加工能力，以及手指灵活性、眼手配合能力等；在选择汽车驾驶员时，则考查被测者是否具有一般的学习、计算和言语能力，机械推理能力，空间感，以及眼、手、足的配合能力。

行政职业能力倾向测验最初出现在发达国家，在我国则始于1988年，当时是作为机关工作人员测试内容的一部分进行试点，经过几十年的试点、实践、研究、总结和开发，行政职业能力倾向已经成为我国公务员考试的必考科目。公务员录用考试把对行政职业能力倾向的评价作为一个重要方面，它有利于帮助人事部门了解考生从事行政工作的潜能与差异，避免选人过程中可能出现的"高分低能"现象，提高选人、用人的准确性。行政职业能力倾向测验是由人力资源社会保障部组织心理学、管理学等学科的专家编制而成的，主要用于国家行政机关招考主任科员以下非领导职务公务员。它是专门用来测量与行政职业上的成功有关的一系列心理潜能的考试。它既不同于一般的智力测验，也不同于行政职业通用基础知识或具体专业知识技能的测验，其功能是通过测量一系列心理潜能，进而预测被测者在行政职业领域内的多种职位上取得成功的可能性。

2. 作用

录用考试的目的是选拔能胜任机关行政工作的优秀人才，考试总体设计中报名、资格审查、笔试、面试、考核、体检的每个环节都是为了达到这个目的，分别从不同的角度考察被测者的素质。不同的环节有不同的功能，测查不同方面的能力素质（见图7-2）。

从能力的层次结构来看，只考一般能力和知识技能而不测能力倾向，我们就不知道被测者在行政职业方面是否有发展前途。考取者即使暂时表现得适应工作，很可能是"高分低能"的人，没有发展后劲。这就好比盖大厦时，只确定了地下岩石很坚固，也知道用于施工的材料要好，甚至设计了琉璃瓦的楼顶，却没有落实如何建造好地基一样。

在各国的公务员录用考试总体设计中，具有行政职业能力倾向测验性质的考试也都作为重要的筛选工具，具有否决权。例如，英国文官考试的程序中（小组活动、书面或口头模拟考试、认知测验、三次面谈）包含有11项分测验的认知测验，其性质就是能力

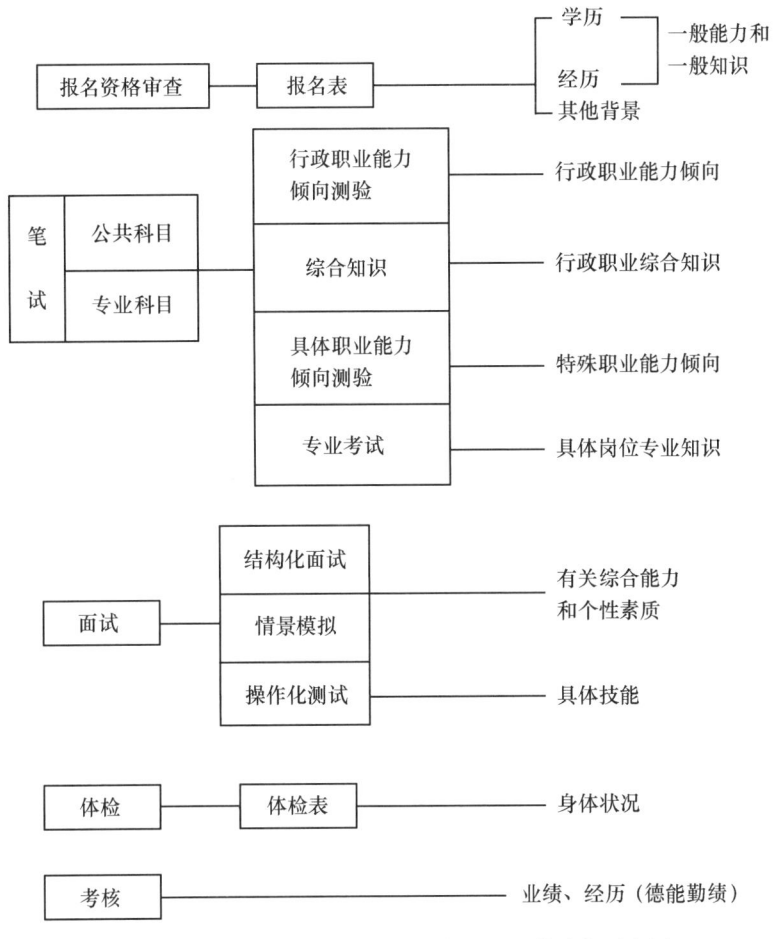

图 7-2　我国公务员录用考试的各环节及其功能示意图

倾向测验,其中既有文字测试,也有非文字测试。有些内容是直接考查一个行政官员所必须具备的文字和数字方面的能力,另外一些则是考查其逻辑推理能力。在美国的文官考试中,由芝加哥大学为政府设计的"基础能力倾向测验"也是一种能力倾向考试,测查的内容包括空间能力、数量关系理解能力、观察力、记忆能力、文字表达能力、语言关系理解能力、知觉速度和归纳能力八项。在加拿大公务员选拔考试中,这方面的考试则更为具体,例如,在行政和外交类初级水平人员的录用考试中,有一项一般行政能力考试,用于测验完成基本行政任务的潜在能力,如规划、决策、分析和解决问题、评估信息等能力。此外,还有更为普遍的认知能力测验、更为具体的潜能测验,分别了解一个人学习计算机程序编制、计算机终端操作、航空导航、数据处理、飞行服务和电报业务的潜能有多大。在我国目前的考录工作实践中,行政职业能力倾向测验已被广泛地应用。

3. 内容结构

行政职业能力倾向测验所要测量的是与做好一般行政管理工作有关的影响面较广、稳定性较高、潜在的能力，这些能力决定了行政职业能力倾向测验的内容结构。根据国外公务员录用考试的经验和国家部委组织有关专家进行的多年研究，在职业能力倾向方面，机关行政工作要求有知觉速度与准确性、言语理解与运用、数量关系理解与运算，以及推理能力等基础层次的能力素质。只有当这些基本能力达到一定程度并得到一定知识经验的支持后，才能形成综合判断、组织与人际协调能力以及资料分析能力等较高层次的职业能力。在这些较高层次的行政职业能力中，除部分判断能力和资料分析能力外，通常都很难通过客观性的纸笔测验来考察（有些可以通过考核和面谈来考查）。显然，要测查这些能力、素质，仅凭一两道试题是难以奏效的，理想的测验考题应当涉及广泛的知识，但又不依赖于具体的知识点。此外，内容设计上还应充分考虑大规模选拔性考试操作上的方便。基于这些认识，我们选择了上述能力要素中最基本的、主要的和便于实际测查的方面，作为行政职业能力倾向测验所测查的内容。基本上，我们把行政职业能力倾向测验的内容定为六大部分，即数量关系、言语理解、判断推理、常识判断、资料分析、知觉速度与准确性。

（1）数量关系

数量关系部分的试题主要考查应试者解决算术问题的能力。它包括数字序列推理和数学计算等。涉及的知识和所用的材料一般不超过高中范围，甚至多数是小学或初中水平的，以此为媒介，考查被测者对数量关系的理解和计算能力。

（2）言语理解

言语理解部分的试题考查被测者对文字材料的理解、分析与运用的能力。它包括字词理解能力、句段意义的理解能力、语法的运用能力、字词拼写能力等。作为一个公务员需要具备快速、准确地阅读、理解各种形式的文字材料的能力，需要具备灵活、准确、简练地运用文字材料表达信息的能力。基于这种认识，行政职业能力倾向测验把对言语理解能力的考查作为重要组成部分。

（3）判断推理

判断推理能力是人的智力的核心成分，它的强弱往往反映一个人对事物本质及事物间联系的认知能力的高低。国家公务员担负的行政管理工作，所面临的事物间的关系和矛盾十分复杂，要处理好这些复杂的关系，必须具备较强的判断推理能力。判断推理能力涉及对图形、词语概念、事件关系和文字材料的认知理解、比较、组合、演绎、综合判断等能力。

(4) 常识判断

常识判断主要是测查被测者的知识面。此类试题取材广泛，从古至今，从无生物到人类，从自然到社会，因此不存在专业歧视。但考生要在短时间内提高常识判断能力的水平是很难的，重要的是在于平时的观察、思考和积累。大致范围涉及政治、经济、法律、管理、科学技术、历史、国情、国力及公文写作处理等多方面内容。

(5) 资料分析

资料分析部分的试题考查被测者对图形、表格和文字形式的统计资料进行准确理解与综合分析的能力。现代信息社会中，大量的信息往往是以统计资料的形式来反映的，要正确地、准确地做出决策，必须能对信息进行综合分析与加工，能从统计信息中找出"关键点"，这就是公务员必须具备的资料分析能力。

(6) 知觉速度与准确性

知觉速度与准确性在有些测验中又叫文书速度与准确性，主要考察被测者对数字、字母和汉字等视觉符号快速而准确地觉察、比较、转换和加工的能力，涉及感觉、知觉、短时记忆和识别、判断等心理过程，是一个典型的速度测验。当然，这类试题极其简单，如果时间充裕，几乎所有智力正常而又认真作答的人在这类试题上都可以得满分，但时间很紧张时，从中就可以看出人与人在速度和准确性上的个体差异了。

第三节 人格测验

人与人之间的差异主要反映在能力与人格两方面。有关能力差异可以通过能力测验去考查，而个性上的差异就要求助于个性测验，国际上习惯称为人格测验。

一、人格的概念

所谓人格是一个人心理特征的统一，这些特征决定人的外显行为和内隐行为，并使它们与别人的行为有稳定的差异。严格讲，个性与人格，不是一个概念，不过在此可以通用。

我国古代汉语中没有"人格"这个词，但是有"人性""人品""品格"等词。最早讲到"人性"的是孔子："性相近也，习相远也"（《论语·阳货》）。"人格"是日文对英文"Personality"的意译，该词源于拉丁文"Persona"，本意是指面具（Mask），是演戏时应剧情的需要所画的脸谱，它表现剧中人物的角色和身份。

心理学意义的人格，是相对于认知、情绪、意志等而言的一种心理现象。它是指一个人在一生发展的漫长历程中,逐渐形成的表现为稳定的和持续的心理特点,以及行为方式的总和。它包括气质、性格、能力、兴趣、爱好、需要、理想、信念等,其中气质、性格是人格的重要组成部分。黄希庭认为人格是个体在行为上的内部倾向,是动力一致的连续自我,是个体在社会化的过程中形成的给人以特色的身心组织。

一个人的个性可以分为两部分:一部分是天生的,生而有之,这部分极其稳定,如气质;另一部分是在社会生活中形成和发展而成的,也较稳定,但在某些特定的条件下也能发生变化,如性格、能力等。

1. 个性

个性即个体差异性、独特性,是一个人区别于他人的特征,"我就是我""与众不同",个性与共性对应。人格是共性与个性的结合。

2. 气质

气质是人的天性,无好坏之分。每种气质既有其利的一面,也有其弊的一面。例如,多血质的人虽然灵敏活泼,但却容易浮躁、学习不踏实、没耐力、行事马虎;抑郁质的人虽然胆小、忧郁,但却细心敏锐、见微知著、聪明过人(见图7-3)。

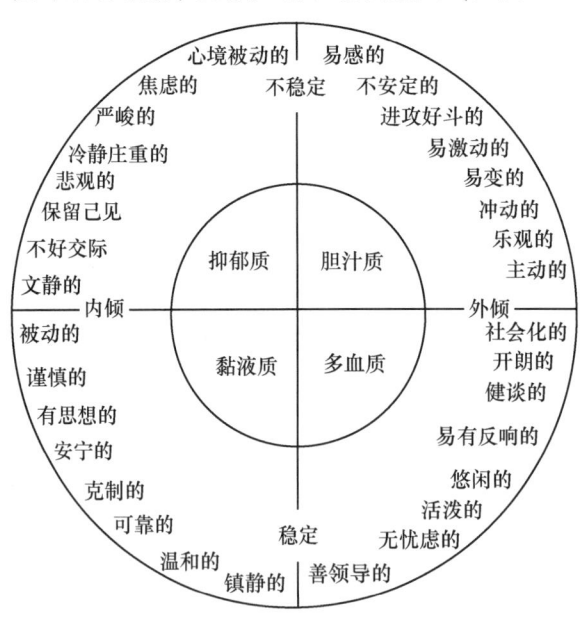

图7-3 艾森克人格理论(EPQ)给出人格二维结构图

气质不能决定人的社会价值和成就大小。它仅对人们从事不同活动的效率有影响。当气质与活动性质相适宜时,活动效率就会提高;反之,则降低。

3. 性格

性格反映了人们对于现实和周围世界的态度,并表现在言行中。性格是在社会生活中形成和发展而成的较稳定的行为方式,但在某些特定的条件下也能发生变化。

二、结构化人格测验的编制策略

结构化人格测验的编制策略主要包括演绎式和实证式两种。

1. 演绎式编制策略（逻辑内容法、理论推导法）

演绎式编制策略是利用对人格概念的逻辑推理和理性理解来确定测验应包括的内容。

逻辑内容法要求测验的编制者挑选的题目具有表面效度,如要测量关于"吃"的行为,应该编制"我经常在两餐之间吃东西"这样的问题,而不应编制和"吃"没有任何关系的如"我喜欢解决复杂的事情"之类的问题。

理论推导法要求题目的编制必须与理论保持一致,如英国伦敦大学心理系和精神病研究所艾森克（Eysenck）教授采用神经类型与特质概念,结合实验室和临床依据,提出人格维度理论。他从人格特质和维度的研究角度,将人格特征分为三个基本维度：E 维度指内外向（与中枢神经的兴奋、抑制的强度密切相关）；N 维度指神经质（情绪的稳定性,与植物性神经的不稳定性密切相关）；P 维度指精神质（又称倔强,未建立解释精神质特征的神经生理机制,高精神质个体行为表现为自我中心、冷漠、倔强、固执、冲动、敌意、攻击性、怀疑、精神病态和反社会）。艾森克强调编制三部分题目必须适应理论假设,而且这些题目必须跟理论假设有一定联系。

2. 实证式编制策略（效标团体法、因素分析法）

实证式编制策略是依据数据收集和统计分析去决定某一人格测验应包括哪些方面。

（1）效标团体法是对效标组（如精神分裂症人群）和参照组（如普通人群）进行比较,以确定两组在某一特质上的不同。在这里,刺激本身的性质可能产生的意义并不重要,重要的是它引起的反应与某些人格变量的关联情况如何,进而决定了反应的意义。

心理学家哈撒韦（S. R. Hathaway）和麦金利（J. C. Mckinley）将明尼苏达大学医院的 800 名精神病人（效标组[①]）与 700 名普通人（控制组[②]）,按照临床表现的不同分为八组。

[①] 效标组是指具有一个测验所要测量的某种共同特征的一组人。例如,其行为已被确认为精神病特征的一组精神病患者,对其行为表现的测量可作为该测验的效标。控制组是指不加入任何研究因素的对象组,或者自然状态下不对研究因素做任何实验处理的对象组。在这里是指自然状态下不进行条件处理,用来对照效标组的一组人。

[②] 控制组由病人亲属或探望者组成,由于参照组样本代表性不够,这也是该明尼苏达多项人格测验（MMPI）量表受到批评的根本原因。

第一组疑病症：个体异常关心自己的身体健康，害怕有病；

第二组歇斯底里：个体心因性的不随意机能丧失，如无端感到疼痛；

第三组精神病态性偏倚：个体表现出反社会规范行为，侵犯别人权益无悔恨羞愧感；

第四组偏执狂：个体表现出极端猜疑、过敏、欺瞒（如总认为别人要迫害他）；

第五组精神衰弱：个体表现出无精神、焦虑、强迫动作/观念、无原因恐怖；

第六组精神分裂：个体的思维、情感、行为混乱，如出现幻觉、妄想等；

第七组轻躁狂症：个体无缘由愤怒、极其健谈、无法入睡、控制不住冲动；

第八组抑郁症：个体情绪低落，没有欲望，没有感兴趣的事，有自杀想法。

这个测验总共566个题目。原先并没有设定哪些题目引起的反应属于某一类临床症状的患者反应。后来把患有不同临床症状的病人的反应汇集后，才决定某些反应是某种病患者的反应。

（2）因素分析法是利用主成分分析方法对测验的题目进行降维处理，即寻找能用最少的因素代表最多变量的数据。

因素分析法由奥尔波（Orpo）等人首先运用。他从搜集形容个人的词语开始，再加入心理因素分析，最后得到16种人格因素。卡特尔人格测验所要测量的就是这16种人格特质。卡特尔认为，人格结构的潜在特质有16个。应该指出的是，在这里测验刺激本身并没有什么清楚的规则，只是汇集将它施测于被测者所有的或能形成的反应，再对这些反应做统计分析，然后根据反应的结果决定反应的意义。

三、人格测验的方法

人格测验主要有两种方法，即问卷法和投射法。

1. 问卷法

问卷法又称自陈量表。问卷法是一种自我评定问卷。即针对拟测量的个性特征编制若干测题（问句），使被测者逐项回答，从其答案来衡量评价某项个性特征。问卷法不仅可以测量外显行为（如态度倾向、职业兴趣、同情心等），同时也可以测量自我对环境的感受（如欲望的压抑、内心冲突、工作动机等）。问卷法的个性测验往往存在一个难题，即被测者是否坦率而真实回答测题。在录用考核（或入学许可）中进行该类测验时，被测者回答时往往偏向好的一面，即选择社会所期望的答案，或把自己表现得更好的倾向。

由于个人的行为随时间而有所改变，所以问卷法测验所测量的行为，比能力测验的稳定性差。由于这些问题的存在，问卷法测验只能作为参考工具加以使用，也有一些临床心理学家把它当作咨询或人事选拔的工具。

尽管问卷法测验有如上的缺点或限制，但它的计分比较客观，解释比较容易，可操作性强，因而在国内外人事选拔，尤其是中级以上管理人才的选拔中应用较多。

2. 投射法

投射法在心理学上的解释，是指个人把自己的思想、态度、愿望、情绪或特征等，不自觉地反应于外界的事物或他人身上的一种心理作用。此种内心深层的反应，实为人类行为的基本动力，而这种基本动力的探测，有赖于投射技术的应用。

投射评价理论认为，被测者对测验题材的解释，可以反映其心理功能。编制投射测验心理学家认为，人类的日常反应，固然决定于当时的刺激或情境，但个人本身当时的心理状况，和他过去的经验以及对将来的期望等，都会对当时的知觉与反应的性质和方向，产生很大作用。人们常将内心情感及感觉投射到环境里去，假定面对空泛而无限制的刺激情境（测验题材），个人可以自由想象或不自觉地对它作出种种反应，那么便会将一个人一些潜在深层动机和人格特性投射出来。由于每个人的经验不同，对刺激所知觉的内容不同，因此，所作的反应就不可能相同。所以分析反应的结果，可以揭示一个人的人格形态和深层动机，这就是投射设计的基本原理。

由于投射测验的材料，大都是刺激模糊、结构疏松，使被测者仁者见仁、智者见智。所以被测者不易知道测验的目的及他的反应在心理解释上具有什么意义。投射研究最大的特点是对所呈现的刺激情境，其意义完全由被测者决定，并不是由测试者武断地代他决定，因此，被测者可以毫无顾忌地表现某种行为或感情，对刺激情境作出反应。实际上，刺激情境本身并不重要，刺激情境的作用像银幕一样，只是被测者把他的内心需要和态度投射到这张银幕上而已。在国外投射技术多用在职业兴趣测量、态度及人格测验中。一般比较通用的投射法有五种。

（1）联想法，通常要求被测者说出某种刺激（如字词、墨迹）所引起的联想，一般指首先引起的联想。

（2）构造法，要求被测者编造或创造一些东西，如故事、图画等。

（3）完成法，要求被测者完成某种材料，如完成语句等。

（4）选择或排列法，要求被测者依据某种原则对刺激材料进行选择或予以排列。

（5）表露法，要求被测者利用某种媒介自由地表露他的心理状态。

上述分类法较为实用，但必须注意各类方法之间的界限并不是绝对的，有许多测验可能兼有不同的形式。

值得指出的是运用投射法编制的测验原理简单，但计分和解释都比较困难，对测试者的理论修养和专业技术要求较高，故在国内很少使用。

人格测验的关键在于工具的编制。这需要编制者个人有专门的心理学、数理统计等知识以及专业工作经验。它以传统的个性特质理论作为技术基础，这种方法分为三个基本步骤：一是分析岗位所需要的个人以及工作有成效者的人格特质；二是研究能测量人格特质的测量工具和方法；三是用所研究的测量方法对被测者进行测试，达到相当分数者，将来工作取得成就的可能性最大。由于人格测验工具的编制难度较大，所以目前国内很少有自己编制的人格测验工具，修订并用于国内的国外心理测验技术也不是很多。本书只对几个著名的人格测验做介绍。

四、卡特尔16种人格因素测验

美国心理学家卡特尔（R. B. Cattell）经过多年的研究，提出人的个性是由许多特性所构成的，由于各种特性在一个人身上的不同组合，构成了一个不同于他人的独特个性。他把人的个性分为"表面特性"和"根源特质"，所谓表面特性是指一个人经常发生的、可以从外部观察到的行为；而根源特质则是制约着表面特性的潜在基础。他把对人类行为的1 800种描述称为人格的表面特性，并将这种描述通过因素分析的统计合并成16种因素，称这16种因素为根源特质。他认为只有根源特质才是人类的潜在的、稳定的人格特征，是人格测验应把握的实质。然后他又据此编制了专门的量表来测量这16种特质。这就是卡特尔16种人格因素测验。

这16种人格因素有：A. 乐群性；B. 聪慧性；C. 稳定性；E. 恃强性；F. 兴奋性；G. 有恒性；H. 敢为性；I. 敏感性；L. 怀疑性；M. 幻想性；N. 世故性；O. 忧虑性；Q1. 实验性；Q2. 独立性；Q3. 自律性；Q4. 焦虑性。卡特尔16种人格因素测验具有较好的信度和效度，因而在全世界应用范围很广。我国是20世纪80年代开始引进此种测验的。卡特尔16种个性因素问卷是卡特尔运用一系列严密的科学手段编制的，简称16PF量表，它适用于中学生、青年和成人，测验大约需要45分钟。

1. 16种人格因素的含义解释

（1）因素A。高分者：开朗、热情、随和，易于建立社会联系，在集体中倾向于承担责任和担任领导，在职业中容易得到晋升，推销员、企业经理、商人、会计、教士、社会工作者等多具有此种特质；在性方面倾向于自由、早婚。典型代表人物如狄更斯、富兰克林、罗斯福等人。

低分者：保守、孤僻、严肃、退缩、拘谨、生硬，在职业上倾向于从事富于创造性的工作，如科学家（尤其是物理学家和生物学家）、艺术家、音乐家和作家。典型代表人物如达尔文、爱迪生、牛顿、张伯伦等人。

(2) 因素 B。这是一个智力因素，并非产生于人格因素测验。高分者较聪明，低分者较迟钝。

(3) 因素 C。高分者：情绪稳定、成熟，能够面对现实，在集体中较受尊重；较少患慢性病，不容易罹患精神疾患；容易与别人合作，多倾向于从事技术性、管理性工作，如飞行员、空中小姐、护士、研究人员、运动员。典型人物如华盛顿、阿尔弗烈德大帝（英格兰韦塞克斯国王）、俾斯麦等人。

低分者：情绪不稳定，幼稚，意气用事；当在事业和爱情中受挫时情绪沮丧，不易恢复，身体易罹患慢性疾病，婚姻稳定性较差。在职业上，多为会计、办事员、农业工人、艺术家、售货员、教授等。典型人物如尼采、莫泊桑、尼禄（罗马暴君）等人。

(4) 因素 E。高分者：武断、盛气凌人、争强好胜、固执己见。有时表现出反传统倾向，不愿循规蹈矩，在集体活动中有时不遵守纪律，创造性和研究能力较强，经商能力稍差，社会接触较广泛，有时饮酒过量，睡眠较少，不太注重宗教信仰，在婚后更看重独立性；在学校学习期间，学习成绩一般或稍差，在大学期间可能表现出较强的数学能力。在职业上，倾向于飞行员、竞技体育运动员、管理人员、艺术家、工程师、心理学家、作家、研究人员。典型代表人物如恺撒、威廉二世、路易十六、希特勒、巴斯德等人。

低分者：谦卑、温顺、随和，职业选择倾向于教士、咨询顾问、农业工人、教授、医生、办事员。典型人物如释迦牟尼、达尔文、莎士比亚以及许多宗教著名领袖。

(5) 因素 F。高分者：轻松、愉快、逍遥、放纵，身体较健康，不容易得各种精神疾患和冠心病，经济状况较好，性方面的自我约束力较差，社会联系广泛，在集体中较引人注目；在家庭中，夫妻相互独立性较强；在职业上，倾向于运动员、商人、飞行员、战士、空中小姐、水手，惯犯中具有此种特质的人较多。典型人物如鲍斯威尔（英国作家）、惠特曼、王尔德（英国作家）、惠斯勒（美国画家）、威尔斯（英国作家）、伏尔泰等人。

低分者：节制、自律、严肃、沉默寡言，不容易犯罪，在经济生活、道德行为、体育活动等方面都较谨慎，不喜欢冒险，学术活动能力比社会活动能力强一些。职业上倾向于会计、行政人员、艺术家、工程师、教士、教授、科研人员等。典型人物如帕斯卡、达尔文、狄更生（美国女诗人）、约伯（俄主教）、丁尼生（英国诗人）、欧文（英国诗人）等人。

(6) 因素 G。高分者：真诚、重良心、有毅力、道德感强、稳重、执着，孝敬父母，对异性较严谨，受到周围人的好评，社会责任感强，很少有犯罪违法行为，重视宗教，宗教先知和宗教领袖多具有此特质，工作勤奋，睡眠较少，在直接接触的小群体中会自然而然地成为领导性人物。在职业上倾向于会计、教士、民航驾驶员、空中小姐、百货经营经理等。典型人物如勃朗宁、丁尼生、吉卜林（英国作家）、华盛顿、林肯、纳尔逊（英国海军统帅）、康德、南丁格尔等人。

低分者：自私、唯利是图，不讲原则、不守规则，不尊重父母，对异性较随便，缺乏社会责任感，轻视宗教。具有此种特质的人可能有违法行为。那些声名狼藉的人多具有此特质。在职业上倾向于艺术家、社会工作者、社会科学家、竞技体育运动员、作家、记者等。典型人物如卡萨诺瓦（意大利作家、间谍，以放荡不羁闻名）、切利尼（意大利雕塑家）、卡廖斯特罗（意大利魔术师、江湖骗子）等人。

（7）因素 H。高分者：冒险、不可遏制，在社会行为方面胆大妄为，副交感神经占支配地位。在职业上，倾向于竞技体育运动员、商人、音乐家、机械师等。典型人物如西奥多、罗斯福、丘吉尔、杰克逊（美国总统）、理查一世、邓肯等人。

低分者：害羞、胆怯、易受惊吓，交感神经占支配地位。在职业上，倾向于牧师、编辑人员、农业工人。典型人物如狄更生、卡文迪许等人。

（8）因素 I。高分者：细心、敏感、依赖，通常身体较弱、多病，不太爱参加体育锻炼；遇事优柔寡断、缺乏自信；儿童期间多受到家庭的溺爱和过分保护；很少喝酒；一般女性得分高于男性；在学习上，语文优于数学；在职业上倾向于美术、牧师、教士、教授、行政人员、生物学家、社会科学家、社会工作者、编辑。典型人物如王尔德、罗素、罗斯福夫人（富兰克林·罗斯福的夫人）等人。

低分者：粗心、自立、现实，通常身体较健康，喜爱参加体育活动，遇事果断、自信。职业上倾向于物理学家、工程师、飞行员、电气技师、销售经理、警察等。典型人物如塞缪尔、马克·吐温、拿破仑等人。

（9）因素 L。高分者：多疑、戒备，不易受欺骗，易困、多睡眠；在集体中与他人保持距离，缺乏合作精神，有时有自杀、同性恋、违法、吸毒等行为；职业上倾向于艺术家、编辑、农业工人、管理人员、创造性科学研究人员。典型人物如本尼迪克特、亚历山大大帝、斯大林、巴顿（美国将军）、戴高乐等人。

低分者：真诚、合作、宽容，容易适应环境，在集体中容易与人形成良好关系。职业上倾向于会计、飞行员、空中小姐、炊事员、电气技师、机械师、生物学家、物理学家。典型人物如居里夫人、艾森豪威尔、伯里克利（希腊政治家）等人。

（10）因素 M。高分者：富于想象，生活豪放不羁，对事漫不经心。通常在中学毕业后努力争取继续学习而不是早早就业，在集体中不太被人们看重。不修边幅、不重整洁、粗枝大叶。经常变换工作，不易被晋升。具此种特质的人大多属于艺术家，有吸毒、同性恋、违法方面的行为。典型人物如斯宾诺莎、福楼拜、卡洛尔（英国童话作家）、梵高、毕加索、拜伦等人。

低分者：现实，脚踏实地，处事稳妥，具忧患意识，办事认真谨慎。典型人物如胡佛、鲍尔温（英国前首相）、卡耐基、柯立芝等人。

(11) 因素 N。高分者：机敏、狡黠、圆滑、世故、人情练达、善于处世，不易罹患精神疾病；在社会中容易取得较好的地位，善于解决疑难问题，在集体中受到人们的重视。职业上倾向于心理学家、企业家、商人、空中小姐等。典型人物如欧·亨利（美国小说家）、辛普森夫人、劳合·乔治（英国首相）、伏尔泰等人。

低分者：直率、坦诚、不加掩饰、不留情面，有时显得过于刻板，不为社会所接受，在社会中不易取得较高地位。职业上倾向于艺术家、教士、汽车修理工、矿工、厨师、警卫。典型人物如托尔斯泰、第欧根尼（希腊哲学家）、陀思妥耶夫斯基、卢梭、圣女贞德等人。

(12) 因素 O。高分者：忧郁、自责、焦虑、不安、自扰、朋友较少；害羞、不善言辞、爱哭。在集体中既无领袖欲望，亦不被推选为领袖；常对环境进行抱怨，牢骚满腹。大多数宗教领袖都具有此种特质，他们总是首先洞察到灵魂在暗夜中独行。职业上倾向于艺术家、教士、农业工人。典型人物如基督、释迦牟尼、圣约翰。其他典型人物如爱伦·坡（美国诗人）、陀思妥耶夫斯基、丘吉尔等人。

低分者：自信、心平气和、坦然、宁静，有时自负、自命不凡、自鸣得意，容易适应环境，知足常乐。职业上倾向于战机飞行员、竞技体育运动员、行政人员、物理学家、机械师、空中小姐、心理学家。典型人物如成吉思汗、斯大林、罗伯斯庇尔以及许多成功的行政领袖。

(13) 因素 Q1。高分者：好奇，喜欢尝试各种可能性，思想自由、开放、激进，接近进步的政治党派，对宗教活动不够积极，身体较健康，在家庭中较少大男子主义。职业上倾向于艺术家、作家、会计、工程师、教授。典型人物如 A. 赫胥黎（文学家、神秘主义者）、J. 赫胥黎（生物学家、社会活动家）、萧伯纳、马克思、理查德·施特劳斯、拿破仑等人。

低分者：保守，循规蹈矩，尊重传统。职业上倾向于运动员、教士、农业工人、机械师、军官、音乐家、商人、警察、厨师、保姆。典型人物如丘吉尔、维多利亚女皇、黑格（英国元帅）等人。

(14) 因素 Q2。高分者：自信，有主见，足智多谋，遇事勇于自己做主，不依赖他人，不推诿责任。职业上倾向于创造性工作，如艺术家、工程师、科学研究人员、教授、作家。典型人物如哥白尼、牛顿、嘉宝（美国电影演员）等人。

低分者：依赖性强、缺乏主见，在集体中经常是一个随波逐流的人，对于权威是一个忠实的追随者。职业上倾向于空中小姐、厨师、保姆、护士、社会工作者。典型人物如奥斯汀（英国诗人）、饶勒斯（法国社会主义者）、施莱辛格（美国历史学家）、拉斯基（英国政治家）、霍法（美国劳工领袖）等人。

(15) 因素Q3。高分者：有较强的自制力、坚强的意志力，较坚定地追求自己的理想，有良好的自我感觉和自我评价，通常注重性道德，饮酒适度。在集体中，可以提出有价值的建议。职业上倾向于大学行政领导、飞行员、科学家、电气技师、警卫、机械师、厨师、物理学家。典型人物如威尔逊（美国总统）、山本五十六、恺撒、布莱（英国海军将领）、罗伯斯庇尔等人。

低分者：不能自制、不遵守纪律，自我矛盾，松懈、随心所欲，漫不经心、不尊重社会规范，不太注重性道德，饮酒无节制。在职业上倾向于艺术家。典型人物如吉斯林（第二次世界大战中挪威卖国者）、本尼狄克、尼禄等人。

(16) 因素Q4。高分者：紧张、神经质，不自然、做作，有挫折感，经常处于被动局面，在压力下容易惊慌失措，在集体中很少被选为领导，通常感到不被别人尊重和接受，经常自叹命薄，多患高血压症。职业倾向于农业工人、售货员、作家、记者。典型人物如马克白斯、爱德华八世、奥本海默（美国物理学家）等人。

低分者：放松、平静，有时反应迟钝、不敏感，很少有挫折感，遇事镇静自若。职业倾向于空中小姐、飞行员、海员、地理学家、物理学家。典型人物如伊壁鸠鲁、毛姆（英国作家）等人。

上述人格因素是各自独立的，每一种因素与其他因素的相关度极小。由这些因素的不同组合，就构成了一个人不同于其他人的独特个性。将16个因素分量表的得分放在一起，可以得到关于被测者个性的剖析图。在卡特尔16种人格因素测验的经验效度标准资料中，包括50种不同职业的剖析图类型和"职业方程式"，这些方程是通过对不同职业组的测验结果的回归分析得到的。这些方程可以被用来评价被测者在不同职业上的发展潜力，作为就业咨询的参考因素之一。效度标准资料中还包括50种不同精神心理疾患的典型剖析图，这些剖析图可以作为精神心理诊断的一种参考。

2. 测验内容

卡特尔16种人格因素测验共由187道测验题目组成。每一种人格因素由10~13道测题予以确定。16种因素的测题采取按序轮流排列，以便于计分，并保持被测者作答时的兴趣。每一测题备有 3 个可能的答案，方便被测者选择。测验的指导语和题目可由被测者自己看，也可由测试者念给被测者听；可以个别施测，也可团体施测。测验时，每个被测者发一份答题卡，没有时间限制，但要求被测者以第一印象依题序作答，不要迟疑不决。表 7-1 是卡特尔 16 种人格因素测验的全文。

表 7-1　　　　　　　　　　卡特尔 16 种人格因素测验（全文）

问卷说明：
　1. 下面这个问卷将不仅使你了解自己的内在 16 种性格特征，而且会通过 16PF 量表对你的个性特征做出全面的综合评价。
　2. 在选择时，请根据自己的第一印象回答，不要做过多的思考；在你的回答中，没有正确与错误之分，只是反映了你的想法和感觉。
　注意：不要遗漏，请对每一道题目都做出回答；除非在万不得已的情形下，尽量避免"不一定"这样的中性答案。请在答题卡上填写你认为最恰当的选项。

1	我很明了本问卷的说明：		
	A. 是的	B. 不一定	C. 不是的
2	我对本问卷的每一个问题，都能做到按自己真实的情况回答：		
	A. 是的	B. 不一定	C. 不同意
3	如果有度假机会的话，我宁愿：		
	A. 去一个繁华的城市	B. 介于 A、C 之间	C. 闲居清静而偏僻的山区
4	我有足够的能力应付各种困难：		
	A. 是的	B. 不一定	C. 不是的
5	即使是关在铁笼内的猛兽也会使我感到惴惴不安：		
	A. 是的	B. 不一定	C. 不是的
6	我总避免批评别人的言行：		
	A. 是的	B. 有时如此	C. 不是的
7	我的思想似乎：		
	A. 走在时代前面	B. 不太一定	C. 比较保守
8	我不擅长说笑话、讲趣事：		
	A. 是的	B. 介于 A、C 之间	C. 不是的
9	当我见到亲友或邻居争吵时，我总是：		
	A. 任其自己解决	B. 介于 A、C 之间	C. 予以劝解
10	在社交场合中：		
	A. 我谈吐自如	B. 介于 A、C 之间	C. 我保持沉默

续表

11	我愿意做一名：		
	A. 建筑工程师	B. 不确定	C. 社会科学教员
12	阅读时，我宁愿选读：		
	A. 自然科学书籍	B. 不确定	C. 政治理论书籍
13	我相信许多人都有心理不正常，虽然他们都不愿意承认：		
	A. 是的	B. 介于A、C之间	C. 不是的
14	我所希望的结婚对象应擅长交际而无须有文艺才能：		
	A. 是的	B. 不一定	C. 不是的
15	对于性情急躁、爱发脾气的人，我仍能以礼相待：		
	A. 是的	B. 介于A、C之间	C. 不是的
16	受人侍奉时我常感到不安：		
	A. 是的	B. 介于A、C之间	C. 不是的
17	从事体力劳动或脑力劳动后，我比平常需要更多的休息才能恢复工作效率：		
	A. 是的	B. 介于A、C之间	C. 不是的
18	半夜醒来，我会为各种忧虑而不能入眠：		
	A. 常常如此	B. 有时如此	C. 极少如此
19	事情进行不顺利时，我常会急得掉眼泪：		
	A. 从不如此	B. 不常如此	C. 常常如此
20	我认为只要双方同意就可以离婚，不应当受传统礼教的束缚：		
	A. 是的	B. 介于A、C之间	C. 不是的
21	我对于人或物的兴趣都很容易改变：		
	A. 是的	B. 介于A、C之间	C. 不是的
22	在筹划事务时，我宁愿：		
	A. 和别人合作	B. 不确定	C. 自己单独进行
23	我常常会无缘无故地自言自语：		
	A. 常常如此	B. 偶然如此	C. 从不如此
24	无论工作、饮食或出游，我总是：		
	A. 匆匆忙忙，不能尽兴	B. 介于A、C之间	C. 从容不迫

续表

25	有时我会怀疑别人是否对我的言行真正有兴趣：		
	A. 是的	B. 介于 A、C 之间	C. 不是的
26	在工厂中，我愿做：		
	A. 技术工作	B. 介于 A、C 之间	C. 宣传工作
27	我喜欢阅读的书籍是有关：		
	A. 太空旅行的	B. 不太确定	C. 家庭教育的
28	下面列出的三个字词，哪个与其他两个不是同一类：		
	A. 狗	B. 石头	C. 牛
29	如果我能到一个新的环境，我要把生活安排得：		
	A. 和从前不一样	B. 不确定	C. 和从前相仿
30	在一生中，我觉得自己能达到我预期的目标：		
	A. 是的	B. 不一定	C. 不是的
31	当我说谎时，总觉得内心不安，不敢正视对方：		
	A. 是的	B. 不一定	C. 不是的
32	若我手持一支装有子弹的手枪，我必须取出子弹后才安心：		
	A. 是的	B. 介于 A、C 之间	C. 不是的
33	朋友们大都认为我是一个说话风趣的人：		
	A. 是的	B. 不一定	C. 不是的
34	如果人们知道我内心的成见，他们会大吃一惊：		
	A. 是的	B. 不一定	C. 不是的
35	在公共场合，若我突然成为大家注意的中心，我会感到局促不安：		
	A. 是的	B. 介于 A、C 之间	C. 不是的
36	我总喜欢参加规模庞大的晚会或集会：		
	A. 是的	B. 介于 A、C 之间	C. 不是的
37	在学科中，我喜欢：		
	A. 音乐	B. 不一定	C. 手工劳动
38	我常常怀疑那些对我过于友善的人的动机是否如此：		
	A. 是的	B. 介于 A、C 之间	C. 不是的

续表

39	我宁愿自己的生活像：		
	A. 一个艺术家	B. 不确定	C. 一个会计师
40	我认为目前世界所需要的是多一些：		
	A. 改造世界的理想家	B. 不确定	C. 脚踏实地的公民
41	有时候我觉得我需要剧烈的体力活动：		
	A. 是的	B. 介于A、C之间	C. 不是的
42	我愿意与有礼貌、有教养的人来往，而不愿和粗鲁野蛮的人为伍：		
	A. 是的	B. 介于A、C之间	C. 不是的
43	在处理一些必须凭借智慧的事务中，我的父母的确：		
	A. 比一般人差	B. 普通	C. 超人一等
44	当领导召见我时，我总觉得：		
	A. 可以趁机提出建议	B. 介于A、C之间	C. 自己做错了什么事
45	如果待遇优厚，我愿意专任照料精神病人的职务：		
	A. 是的	B. 介于A、C之间	C. 不是的
46	看报时，我喜欢读：		
	A. 当前世界基本社会问题	B. 介于A、C之间	C. 地方的新闻报道
47	在接受困难任务时，我通常是：		
	A. 有独立完成的信心	B. 不确定	C. 希望有别人帮助和指导
48	在逛街时，我宁愿观看一个画家写生，也不愿意旁听人家议论：		
	A. 是的	B. 不一定	C. 不是的
49	我的神经脆弱，稍有刺激性的声音就会使我震惊：		
	A. 时常如此	B. 有时如此	C. 从不如此
50	我在清早起身时，就常常感到疲乏不堪：		
	A. 是的	B. 介于A、C之间	C. 不是的
51	如果待遇相同，我愿意做一个：		
	A. 森林管理员	B. 不一定	C. 中小学教员
52	每逢过年过节或亲友生日、结婚时，我：		
	A. 喜欢互相赠送礼品	B. 不太确定	C. 认为交换礼物是麻烦多事

续表

53	下列数字中，哪个数字与其他两个数字不同类：		
	A. 5	B. 2	C. 7
54	猫和鱼就像牛和：		
	A. 牛奶	B. 牧草	C. 盐
55	在为人处世的各个方面，我的父母很值得敬佩：		
	A. 是的	B. 不一定	C. 不是的
56	我觉得我有一些别人所不及的优良品质：		
	A. 是的	B. 不一定	C. 不是的
57	根据我的能力，即使让我做一些平凡的工作，我也会安心的：		
	A. 是的	B. 不太确定	C. 不是的
58	我喜欢看电影或参加其他娱乐活动：		
	A. 比一般人多	B. 和一般人相同	C. 比一般人少
59	我喜欢从事需要精密技术的工作：		
	A. 是的	B. 介于A、C之间	C. 不是的
60	在有思想、有地位的长者面前，我总较为缄默：		
	A. 是的	B. 介于A、C之间	C. 不是的
61	对于我来说在大众面前演讲或表演，是一件难事：		
	A. 是的	B. 介于A、C之间	C. 不是的
62	我愿意：		
	A. 指挥几个人工作	B. 不确定	C. 和大家一起工作
63	即使我做了一件让人笑话的事，我也能坦然处之：		
	A. 是的	B. 介于A、C之间	C. 不是的
64	我认为，没有人会幸灾乐祸地希望我遇到困难：		
	A. 是的	B. 不确定	C. 不是的
65	一个人应该：		
	A. 考虑人生的意义	B. 不确定	C. 考虑家庭的温饱
66	我喜欢去处理被别人弄得一塌糊涂的工作：		
	A. 是的	B. 介于A、C之间	C. 不是的

续表

67	当我非常高兴时,总有一种"好景不长"的感觉:		
	A. 是的	B. 介于A、C之间	C. 不是的
68	在一般的困难情境中,我总能保持乐观:		
	A. 是的	B. 介于A、C之间	C. 不是的
69	迁居是一件极不愉快的事:		
	A. 是的	B. 介于A、C之间	C. 不是的
70	在年轻的时候,当我和父母的意见不同时,我经常:		
	A. 保留自己的意见	B. 介于A、C之间	C. 接受父母的意见
71	我希望我的家庭能成为:		
	A. 适合自身活动和娱乐的地方	B. 介于A、C之间	C. 邻里朋友交往活动的一部分
72	我解决问题多数依靠:		
	A. 个人独立思考	B. 介于A、C之间	C. 和别人互相讨论
73	在需要当机立断时,我总是:		
	A. 镇静地运用理智	B. 介于A、C之间	C. 常常紧张兴奋
74	最近,在一两桩事情上,我觉得自己是无辜受累的:		
	A. 是的	B. 介于A、C之间	C. 不是的
75	我善于控制我的表情:		
	A. 是的	B. 介于A、C之间	C. 不是的
76	如果待遇相同,我愿做一个:		
	A. 化学研究师	B. 不确定	C. 旅行社经理
77	"惊讶"与"新奇"犹如"惧怕"与:		
	A. 勇敢	B. 焦虑	C. 恐怖
78	下列三个分数哪一个分数与其他两个不同类:		
	A. 3/7	B. 3/9	C. 3/11
79	不知道为什么,有些人故意回避或冷淡我:		
	A. 是的	B. 不一定	C. 不是的
80	我虽善意待人,却得不到好报:		
	A. 是的	B. 不一定	C. 不是的

续表

81	我不喜欢那些夜郎自大、目空一切的人：		
	A. 是的	B. 介于A、C之间	C. 不是的
82	和一般人相比，我的朋友的确太少：		
	A. 是的	B. 介于A、C之间	C. 不是的
83	出于万不得已时，我才参加社交集会，否则我总是设法回避：		
	A. 是的	B. 不一定	C. 不是的
84	我认为对领导逢迎得当，比工作上的表现更为重要：		
	A. 是的	B. 介于A、C之间	C. 不是的
85	参加竞赛时，我看重的是竞赛活动，而不计较其成败：		
	A. 总是如此	B. 一般如此	C. 偶然如此
86	按照我个人的愿意，我希望我的工作：		
	A. 有固定可靠工资收入	B. 介于A、C之间	C. 工资能随我工作表现随时调整
87	我愿意阅读：		
	A. 军事与政治的实事记载	B. 不一定	C. 富有情感和幻想的作品
88	我认为，有许多人之所以不敢犯罪，其主要原因是怕被惩罚：		
	A. 是的	B. 介于A、C之间	C. 不是的
89	我的父母从未很严格地要我事事顺从：		
	A. 是的	B. 不一定	C. 不是的
90	"百折不挠""再接再厉"的精神似乎完全被现代人忽视了：		
	A. 是的	B. 不一定	C. 不是的
91	如果有人对我发怒，我总是：		
	A. 设法使他镇静下来	B. 不太确定	C. 也会恼怒起来
92	我认为对任何人：		
	A. 都要和善	B. 不一定	C. 都要斗争
93	不论是在极高的屋顶上，还是在极深的隧道中，我很少感到胆怯不安：		
	A. 是的	B. 不一定	C. 不是的
94	只要没过错，不管别人怎么说，我总能心安理得：		
	A. 是的	B. 不一定	C. 不是的

续表

95	我认为，凡是无法用理智来解决的问题，有时就不得不靠权力来处理：		
	A. 是的	B. 介于 A、C 之间	C. 不是的
96	我在年轻的时候和异性朋友交往：		
	A. 较别人多	B. 介于 A、C 之间	C. 较别人少
97	我在社交场合中或社团活动中是一个活跃分子：		
	A. 是的	B. 介于 A、C 之间	C. 不是的
98	在人声嘈杂时，我仍能不受干扰，专心工作：		
	A. 是的	B. 介于 A、C 之间	C. 不是的
99	在某些心境下，我常因困惑引起幻想而将工作搁置下来：		
	A. 是的	B. 介于 A、C 之间	C. 不是的
100	我很少用难堪的话去中伤别人的感情：		
	A. 是的	B. 不太确定	C. 不是的
101	如果让我选择，我宁愿：		
	A. 选做列车员	B. 不确定	C. 选做描图员
102	"理不胜词"的意思是：		
	A. 理由如词	B. 理多而词少	C. 辞藻华丽而理由不足
103	"铁锹"与"挖掘"犹如"刀子"与：		
	A. 琢磨	B. 切割	C. 铲除
104	我在大街上，常常避开我所不愿意打招呼的人：		
	A. 极少如此	B. 偶然如此	C. 有时如此
105	当我聚精会神听音乐时，假使有人在旁边高谈阔论：		
	A. 我仍能专心听音乐	B. 介于 A、C 之间	C. 我不能专心而感到恼怒
106	在课堂上，如果我的意见与老师不同，我常常：		
	A. 保持沉默	B. 不一定	C. 当场表明立场
107	我单独跟异性谈话时，总显得不自然：		
	A. 是的	B. 介于 A、C 之间	C. 不是的
108	我在待人接物方面，的确不太成功：		
	A. 是的	B. 不完全是这样	C. 不是的

续表

109	每当做一件困难工作时,我总是:		
	A. 预先做好准备	B. 介于A、C之间	C. 相信到时总会有办法解决
110	在我结交的朋友中,男女各占一半:		
	A. 是的	B. 介于A、C之间	C. 不是的
111	我在结交朋友方面:		
	A. 结识很多的人	B. 不一定	C. 维持几个深交的朋友
112	我愿意做一个社会科学家而不愿做一个机械工程师:		
	A. 是的	B. 不确定	C. 不是的
113	如果我发现了别人的缺点,我会不顾一切地提出指责:		
	A. 是的	B. 介于A、C之间	C. 不是的
114	我善于设法影响和我一起工作的同志,使他们能协助我实现我所计划的目标:		
	A. 是的	B. 介于A、C之间	C. 不是的
115	我喜欢戏剧、音乐、歌舞、新闻采访等工作:		
	A. 是的	B. 不一定	C. 不是的
116	当人们表扬我的时候,我总觉得不好意思:		
	A. 是的	B. 介于A、C之间	C. 不是的
117	我认为一个国家最需要解决的问题:		
	A. 是政治问题	B. 不太确定	C. 是道德问题
118	有时我会无故地产生一种面临横祸的恐惧:		
	A. 是的	B. 有时如此	C. 不是的
119	在我童年时,害怕黑暗的次数:		
	A. 极多	B. 不太多	C. 几乎没有
120	在闲暇的时候,我喜欢:		
	A. 看一部历史探险电影	B. 不一定	C. 读一本科学幻想小说
121	当人们批评我古怪不正常时,我觉得:		
	A. 非常气恼	B. 有些动气	C. 无所谓
122	到一个新城市里去找地址,我经常:		
	A. 见人问路	B. 介于A、C之间	C. 参考市区地图

续表

123	当朋友声明他要在家休息时,我仍设法怂恿他同我一起外出:		
	A. 是的	B. 不确定	C. 不是的
124	在就寝时,我:		
	A. 不易入睡	B. 介于A、C之间	C. 容易入睡
125	有人烦扰我时,我总是:		
	A. 能不露声色	B. 介于A、C之间	C. 说给别人听,以泄气愤
126	如果待遇相同,我愿做一个:		
	A. 律师	B. 不确定	C. 航海员
127	时间永恒是比喻:		
	A. 时间过得很慢	B. 忘了时间	C. 光阴一去不复返
128	下列三项中,应接在"×OOO××OOO×××"后面的是:		
	A. ×O×	B. OO×	C. O××
129	我不论到什么地方,都能清楚辨别方向:		
	A. 是的	B. 介于A、C之间	C. 不是的
130	我的确比一般人幸运,能够从事自己所喜欢的专业和工作:		
	A. 是的	B. 不一定	C. 不是的
131	若我急于想借用朋友的东西而朋友又不在时,我认为不告而取也没关系:		
	A. 是的	B. 介于A、C之间	C. 不是的
132	我喜欢向朋友讲述一些我个人有趣的经历:		
	A. 是的	B. 介于A、C之间	C. 不是的
133	我宁愿做一个:		
	A. 演员	B. 不确定	C. 建筑师
134	业余时间,我总是做好安排,不使时间浪费:		
	A 是的	B. 介于A、C之间	C. 不是的
135	在和别人交往中,我常常会无缘无故地产生一种自卑感:		
	A. 是的	B. 介于A、C之间	C. 不是的
136	和不熟悉的人交谈,对我来讲:		
	A. 毫不困难	B. 介于A、C之间	C. 是一件难事

续表

137	我所喜欢的音乐，多数是：		
	A. 轻松活泼的	B. 介于A、C之间	C. 富有感情的
138	我爱沉浸于幻想之中：		
	A. 是的	B. 不一定	C. 不是的
139	我认为未来二十年的世界局势定将好转：		
	A. 是的	B. 不一定	C. 不是的
140	在童年时，我喜欢阅读：		
	A. 神话幻想故事	B. 不确定	C. 战争故事
141	我向来都对机械、汽车等发生兴趣：		
	A. 是的	B. 介于A、C之间	C. 不是的
142	即使让我做一个缓刑释放罪犯的管理监视人，我也会工作得较好：		
	A. 是的	B. 介于A、C之间	C. 不是的
143	我仅仅被认为是一个能够苦干而稍有成就的人而已：		
	A. 是的	B. 介于A、C之间	C. 不是的
144	在逆境中，我仍能保持精神振奋：		
	A. 是的	B. 介于A、C之间	C. 不是的
145	我认为人工节育是解决世界经济与和平问题的要诀：		
	A. 是的	B. 不太确定	C. 不是的
146	在工作中，我喜欢独自筹划，避免家人的干涉和建议：		
	A. 是的	B. 介于A、C之间	C. 不是的
147	尽管有的同志和我的意见不和，但我仍能跟他团结：		
	A. 是的	B. 不一定	C. 不是的
148	我总是设法使自己不粗心大意，不忽略细节：		
	A. 是的	B. 介于A、C之间	C. 不是的
149	与人争辩或险遭事故后，我常发抖、精疲力竭，不能安心工作：		
	A. 是的	B. 介于A、C之间	C. 不是的
150	没有医生处方，我从不乱用药：		
	A. 是的	B. 介于A、C之间	C. 不是的

续表

151	为了培养我的个人兴趣，我愿意参加：		
	A. 摄影组活动	B. 不确定	C. 文艺队活动
152	"星火"与"燎原"犹如"姑息"与：		
	A. 同情	B. 养奸	C. 纵容
153	"钟表"与"时间"犹如"裁缝"与：		
	A. 服装	B. 剪刀	C. 布料
154	生动的梦境，常常干扰我的睡眠：		
	A. 经常如此	B. 偶然如此	C. 从不如此
155	我爱打抱不平：		
	A. 是的	B. 介于A、C之间	C. 不是的
156	在一个陌生城市，我会：		
	A. 到处闲逛	B. 不确定	C. 避免去不安全的地方
157	我爱穿朴素的衣服，不愿穿惹人注目的服装：		
	A. 是的	B. 不太确定	C. 不是的
158	我认为，安静的娱乐远胜过热闹的宴会：		
	A. 是的	B. 不太确定	C. 不是的
159	我常常明知故犯，不愿接受好心的建议：		
	A. 偶然如此	B. 极少如此	C. 从不如此
160	我总是把"是非""善恶"作为判断或取舍的原则：		
	A. 是的	B. 介于A、C之间	C. 不是的
161	当我工作时我不喜欢有许多人在旁参观：		
	A. 是的	B. 介于A、C之间	C. 不是的
162	侮辱那些即使有错误的文化人如医生、教师等，也是不应该的：		
	A. 是的	B. 介于A、C之间	C. 不是的
163	在各种课程中，我喜欢：		
	A. 语文	B. 不确定	C. 数学
164	那些自以为是、道貌岸然的人最使我生气：		
	A. 是的	B. 介于A、C之间	C. 不是的

续表

165	和循规蹈矩的人交谈：		
	A. 很有兴趣	B. 介于 A、C 之间	C. 他们思想的肤浅使我厌烦
166	我喜欢：		
	A. 有几个对我很苛求，但富有感情的朋友	B. 介于 A、C 之间	C. 不受别人的干涉
167	若征求我的意见，我赞同：		
	A. 切实杜绝有心理缺陷的人生育	B. 不确定	C. 对杀人犯判处死刑
168	有时我会无缘无故感到沮丧、痛苦：		
	A. 是的	B. 介于 A、C 之间	C. 不是的
169	当和立场相反的人辩论时，我主张：		
	A. 尽量指出彼此基本观点的差异	B. 不一定	C. 彼此让步以解决矛盾
170	我一向是重感情而不重理智，因而我的观点常常动摇不定：		
	A. 是的	B. 大致如此	C. 不是的
171	我的学习效率多依赖于：		
	A. 自己阅读好书	B. 介于 A、C 之间	C. 参加团体讨论
172	我宁选一个工资高的工作，不在乎有无保障，而不愿做工资较低的固定工作：		
	A. 是的	B. 不太确定	C. 不是的
173	在参加辩论前，我总先把握住自己的立场：		
	A. 经常如此	B. 一般如此	C. 必要时才能如此
174	我常常被一些无谓的琐事所烦扰：		
	A. 是的	B. 介于 A、C 之间	C. 不是的
175	我宁愿住在嘈杂的闹市区，而不愿住在僻静的郊区：		
	A. 是的	B. 不太确定	C. 不是的
176	下列工作如果任我挑选的话，我愿做：		
	A. 少先队辅导员	B. 不太确定	C. 修表工作
177	在"一人（　）事，众人受累"这一填空句中，我认为应填：		
	A. 偾	B. 愤	C. 喷
178	望子成龙的家长，往往（　）苗助长：		
	A. 揠	B. 堰	C. 偃

续表

179	气候的变化并不影响我的情绪:		
	A. 是的	B. 介于 A、C 之间	C. 不是的
180	因为我对一切问题都有些见解，所以大家公认我是个有头脑的人:		
	A. 是的	B. 介于 A、C 之间	C. 不是的
181	我讲话的声音:		
	A. 洪亮	B. 介于 A、C 之间	C. 低沉
182	一般人都认为我是一个活跃热情的人:		
	A. 是的	B. 介于 A、C 之间	C. 不是的
183	我喜欢做出差机会较多的工作:		
	A. 是的	B. 介于 A、C 之间	C. 不是的
184	我做事严格，力求把事情办得尽善尽美:		
	A. 是的	B. 介于 A、C 之间	C. 不是的
185	在取回或归还借的东西时，我总是仔细检查，看是否保持原样:		
	A. 是的	B. 介于 A、C 之间	C. 不是的
186	我通常总是精力充沛、忙碌多事:		
	A. 是的	B. 不一定	C. 不是的
187	我相信我没有遗漏或不经心回答上面的任何问题:		
	A. 是的	B. 不确定	C. 不是的

3. 测验的计分方法

16PF 量表中的每一道题目各有 A、B、C 三个答案，可得 0 分、1 分或 2 分不等；但因素 B 的量表测验每题答对者 1 分，不对者 0 分。测验附有两张计分纸，每张有八个因素量表的标准计分。将被测者的个人答题卡上的答案与此对照，计算每个人在某一因素量表所得原始分的总分，并记录在计分纸各因素的空格内。然后，根据被测者的年龄查常模表，将各因素的原始分数转换成量表分，得到关于个性的剖析图。

4. 次元人格因素

16PF量表还能根据实验统计结果所得的公式推算出许多种可以形容人格类型的次级因素。这些次级人格因素并不直接用原始分推算，而是由几个有关的基本因素的标准分，经过数量权衡，连同指定常数相加而成的。常数和均衡数量的多少是由卡特尔根据多年的研究，经统计分析的结果。

次元人格因素类型的标准也分为十级，即每一类型的最高分为10分，最低分为1分，3以下为低分，7以上为高分。

（1）适应与焦虑型的计算公式为：

$$(38 + 2L + 3O + 4Q4 - 2C - 2H - 2Q3) \div 10 \qquad 式(7-1)$$

高分者：焦虑性高、易激动、易出现不满意感；高度焦虑不但会降低工作效率，而且会影响身体健康，易患神经症。

低分者：焦虑性低，通常感心满意足，能做到所期望的和认为有重要意义的事；生活适应顺利；极端低分者，可能对困难的工作缺乏毅力。

（2）内向与外向型的计算公式为：

$$(2A + 3E + 4F + 5H - 2Q2 - 11) \div 10 \qquad 式(7-2)$$

高分者：外向、开朗、善交际，不受拘束、不拘小节。

低分者：内向，趋于胆小、自足，和别人交往中拘谨而不自然。

个性的内向与外向没有好坏之分，应根据具体工作要求而定。内向者较专心，能从事较精确的工作；外向者则善于从事社会交往方面的工作。

（3）感情用事与安详机警型的计算公式为：

$$(77 + 2C + 2E + 2F + 2N - 4A - 6I - 2M) \div 10 \qquad 式(7-3)$$

高分者：安详机警、富于事业心、果断、刚毅、进取，但也易贸然行事、不顾后果，有时过分现实，忽视生活情趣。

低分者：感情用事，情感丰富，含蓄，敏感，性格温和；讲究生活艺术；情绪多困扰不安，常会感觉受挫折气馁。

5. 怯懦与果断型的计算公式为：

$$(4E + 3M + 4Q1 + 4Q2 - 3A - 2G) \div 10 \qquad 式(7-4)$$

高分者：果断、独立、有气魄、锋芒毕露、有攻击性；有创造性，通常主动寻求可以施展所长的机会和环境，以充分表现自己的独创能力。

低分者：怯懦、顺从、优柔寡断，被动而易受人驱使，依赖、迎合迁就他人。

6. 16PF量表的应用

用16PF量表既可以测出一个人某一方面的个性特征，又可以对一个人的个性进行综合分析，作出全面评价。在16PF量表的多年应用过程中，积累了大量的各种职业和患各种类型心理疾病的人的个性资料，经过分析研究，又可以用一些特殊的公式，计算出如下几种综合性的个性因素。

（1）心理健康者的个性因素。心理健康状态是一切工作和学习的基础。以此方法计算出来的心理健康标准分是4~40，平均分为22分。一般不足12分者占人数分布的10%，这种人一般情绪显著不稳定。担任艰巨工作的人要求有较高的心理健康标准分。其计算公式为：

$$C + F + (11 - O) + (11 - Q_4) \qquad 式(7-5)$$

（2）专业有成就者的个性因素。智力高低固然是选择专业人才的标准，但是某些人格因素也是取得专业成就的重要成分。专业有成就者的个性因素得分是10~100，平均分为55，60分约等于标准分7，63分以上者约等于标准分8、9、10。总分在67分以上者，一般应有所成就。其计算公式为：

$$2Q_3 + 2G + 2C + E + N + Q_2 + Q_1 \qquad 式(7-6)$$

（3）创造性强者的个性因素。具有较高创造力的人一般具有某些方面的人格因素，其推算公式为：

$$(11 - A) \times 2 + 2B + E + (11 - F) \times 2 + H + 2I + 2M + (11 - N) + Q_1 + 2Q_2$$
$$式(7-7)$$

由上式得到的因素总分可通过表7-2转化成相应的标准分，其标准分越高，则创造能力越强。

表7-2　　　　　　　　　　　创造性因素标准分转化表

因素总分	15~62	63~67	68~72	73~77	78~82	83~87	88~92	93~97	98~102	103~150
相应标准分	1	2	3	4	5	6	7	8	9	10

（4）在新环境中有成长能力的个性因素。在新环境中有成长能力的个性因素的推算公式为：

$$B + G + Q_3 + (11 - F) \qquad 式(7-8)$$

由式（7-8）得到的因素总分是4~40，平均分为22分，不足17分者占人数分布的10%，成功的可能性很小。27分以上者则成功的希望较大。

五、霍兰德职业兴趣测验

如果职业兴趣测验表明一个人对一种职业或工作完全不感兴趣，那么他在这个职业或工作上成功的可能性就较小。职业兴趣测验的目的在于通过对被测者兴趣特点的了解，选拔和使用那些对内容和活动本身感兴趣的人，或者具有与该工作中获得成功者类似或一致的兴趣和爱好的人。第一个职业兴趣量表是 1927 年斯特朗编制的斯特朗职业兴趣表（SVIB）；1934 年库德编制了库德职业兴趣调查表（KOLS）。

霍兰德从 20 世纪 50 年代起开始编制职业兴趣测验量表，他把职业兴趣分成 6 个方面，与之相对应的职业也有 6 个平行领域。1959 年，霍兰德提出了以人格类型学说为基础的职业指导理论。他于 1973 年指出个体的人格特征和背景理论因素决定了他的职业选择方向，职业选择是个体人格的一种表现方式。霍兰德理论的核心思想是，个体趋向于选择最能满足个人需要、实现职业满意的职业环境。理想的职业选择使人格类型与职业类型相互协调和匹配。

霍兰德认为，在美国社会中主要存在 6 种人格类型和 6 种与之相对应的环境模式。具体而言，第一种是现实型（R）。具有这种现实取向兴趣偏好的人遵守规则，更加实际、安定，喜欢现实操作性强的工作。例如，木匠、农民、操作 X 光的技师、工程师、飞机机械师、鱼类和野生动物专家、自动化技师、机械工、电工、无线电报务员、火车司机、长途公共汽车司机、机械制图员、机器修理工、电器师。第二种是研究型（I）。具有这种研究取向的兴趣偏好者，内省、理性，具有创造力，喜欢独立分析与解决抽象问题的工作。例如，气象学者、生物学者、天文学家、药剂师、动物学者、化学家、科学报刊编辑、地质学者、植物学者、物理学者、数学家、实验员、科研人员、科技工作者。第三种是艺术型（A）。具有这种艺术取向的兴趣偏好者，善于想象、相信直觉、更易冲动、偏向无序，喜欢从事自我表达艺术创造性强和以个人为主的工作。例如，室内装饰专家、图书管理专家、摄影师、音乐教师、作家、演员、记者、诗人、作曲家、编剧、雕刻家、漫画家。第四种是社会型（S）。具有这种社会取向的兴趣偏好者，乐于助人、善于合作、具有责任感、同情心，喜欢社会交往性工作，乐意对人进行说服、劝导、帮助、教育和治疗的工作。例如，社会学者、导游、福利机构工作者、咨询人员、社会工作者、社会科学教师、学校领导、精神病工作者、公共保健护士。第五种是管理型（E）。具有这种管理取向的兴趣偏好者，自信、精力旺盛，喜欢指挥、支配、劝导别人接受自己意见的工作。例如，推销员、进货员、商品批发员、旅馆经理、饭店经理、广告宣传员、调度员、律师、政治家、零售商。第六种是常规型（C）。具有这种常规取向的兴趣偏好者，有条理，更加稳定、顺从、有序，喜欢程序化的条理性工作。例如，记账员、会计、银行出纳、法庭速记员、成本估算员、税务员、核算员、打字员、办公室职员、统计员、计算机操作员、秘书。

表 7-3 是霍兰德人格特质模型词量表，表 7-4 是霍兰德 36 种职业兴趣类型量表，表 7-5 是霍兰德 36 种职业兴趣类型定义与职业示例表。

表 7-3　　　　　　　　　　　　　　霍兰德人格特质模型词表

第一组：现实型（R）	第二组：研究型（I）	第三组：艺术型（A）
1. 爱好运动的	16. 分析的	31. 艺术的
2. 顺从的	17. 富有创造性的	32. 富有创造性的
3. 坦诚的	18. 挑剔的、苛刻的	33. 无序的
4. 物质的	19. 好奇的	34. 情绪化的
5. 机械的	20. 独立的	35. 善于表达的
6. 户外的	21. 聪明的	36. 理想的
7. 固执的	22. 逻辑的	37. 不实际的
8. 实际的	23. 数学的	38. 独立的
9. 实用的	24. 细心的、有条不紊的	39. 革新的、创新的
10. 粗犷的	25. 精确的	40. 具有洞察力的
11. 害羞的	26. 探询的、疑问的	41. 直觉的
12. 稳定的	27. 合理的	42. 新颖的、新奇的
13. 强壮的	28. 缄默的	43. 知觉的
14. 有技巧的	29. 科学的	44. 沉思的、熟虑的
15. 节俭的	30. 用功的、好学的	45. 敏感的
R：_____	I：_____	A：_____
第四组：社会型（S）	第五组：管理型（E）	第六组：常规型（C）
46. 易接受的	61. 物欲的、贪心的	76. 顺从的
47. 利他的	62. 勇敢的	77. 事务性的
48. 细心的、关心的	63. 有抱负的、有野心的	78. 依赖的
49. 易合作的	64. 能清楚表达的	79. 有效率的
50. 富有同情心的	65. 断言的、断言主张的	80. 细心的，有条不紊的
51. 友好的	66. 自信的	81. 服从的
52. 大方的	67. 有决断的	82. 整洁的、有序的
53. 乐于助人的	68. 支配的	83. 有组织的
54. 仁慈的	69. 精力充沛的	84. 固执的
55. 理想的	70. 热心的	85. 实际的
56. 好心的	71. 有影响力的、有势力的	86. 精确的
57. 感性的	72. 感性的	87. 可靠的
58. 负责的	73. 政治的	88. 系统的
59. 随和的	74. 丰产的、具有生产力的	89. 依照事务规则的
60. 理解的	75. 机智的	90. 控制力强的

S: _____	E: _____	C: _____

表 7-3 中每选择一项计 1 分，然后把各项得分的汇总填在相应的空白处。请检查你回答的一致性，其中第 2 题和第 76 题、第 7 题和第 84 题、第 17 题和第 32 题、第 20 题和第 38 题、第 24 题和第 80 题、第 25 题和第 86 题、第 36 题和第 55 题、第 57 题和第 72 题等 8 组词是相同的，被测者需要保证 8 对当中至少有 6 对回答一致，否则此次测量结果不可信。

表 7-4　　　　　　　　　霍兰德 36 种职业兴趣类型测验

请你根据对每一题的第一印象作答，不必仔细推敲，答案没有对错之分，根据与实际情况的符合程度来判断，与实际情况相符合的得 2 分，不符合的得 0 分，难以回答的得 1 分。对于有些你没有机会从事的工作，你可以在假设的情形下做出判断。

现实型问题：
1. 你曾经将钢笔全部拆散加以清洗并能独立地将它装起来吗？
2. 你会用积木搭出许多造型吗？或小时候常拼七巧板吗？
3. 你在中学里喜欢做实验吗？
4. 你对一些动手较多的技术工作（如修电、修钟表、印照片、织毛线、绣花、剪纸等）很感兴趣吗？
5. 当你家里有些东西需要小修小补时，常常是由你来做吗？
6. 你常常偷偷地去摸弄不让你摸弄的机器或机械（如打字机、摩托车、电梯、机床等）吗？
7. 你是否深深体会到身边有一把老虎钳等工具，会给你提供许多便利吗？
8. 看到老师傅在做活，你能很快地、准确地模仿吗？
9. 你喜欢把一件事做完后再做另一件事吗？
10. 做事情前，你经常害怕出错，而对工作安排反复检查吗？
11. 你喜欢亲自动手制作一些东西，从中得到乐趣吗？
12. 你喜欢使用锤子、斧头一类的工具吗？
13. 如果掌握一门手艺，并能以此为生，你会感到非常满意吗？
14. 你曾经渴望当一名汽车司机吗？
15. 小时候，你经常把玩具拆开，把里面看个究竟吗？
16. 你喜欢修理自行车、电器一类的工作吗？
17. 你喜欢跟各类机械打交道吗？
18. 你亲手制作或修理的东西经常令你的朋友满意吗？

研究型问题：
1. 你对电视或单位里的智力竞赛很有兴趣吗？
2. 你经常到新华书店或图书馆翻阅图书（文艺小说除外）吗？
3. 学生时代你常常会主动地去做一些有趣的习题吗？
4. 你对一件新产品或新事物的构造或工作原理感兴趣吗？
5. 当有人向你请教某事物如何做时，你总喜欢讲清内部原理，而不仅仅是操作步骤吗？
6. 你常常会对一件想知道但又无法详细知道的事物想象它将是什么或将怎么变化吗？
7. 看到别人在为一个有趣的难题争论不休时，你会加入或者独自一人思考，直到解决为止吗？
8. 看推理小说或电影时，你常常分析并推理谁是罪犯，并且这种分析时常与最后结果相吻合吗？
9. 你喜欢做一些需要运用智力的游戏吗？
10. 相比而言，你更喜欢独自一人思考问题吗？

续表

11. 你的理想是当一名科学家吗？
12. 你经常不停地思考某一问题，直到想出正确的答案吗？
13. 你喜欢抽象思维的工作吗？
14. 你喜欢解答较难问题吗？
15. 你喜欢阅读自然科学方面的书籍和杂志吗？
16. 你能够做那种需要持续集中注意力的工作吗？
17. 你喜欢学数学吗？
18. 如果独自在实验室里做长时间的实验，你能坚持吗？

艺术型问题：
1. 你对戏剧、电影、音乐、美术、文艺小说等，至少其中某一个方面较感兴趣吗？
2. 你常常喜欢对文艺界的明星品头论足吗？
3. 你参加过文艺演出、绘画训练或经常写诗歌、短文吗？
4. 你的朋友经常赞扬你把自己的房间布置得比较优雅并有品位吗？
5. 你对别人的服装、外貌以及家具摆设等能做出比较准确的评价吗？
6. 你认为一个人的仪表美主要是为了表现一个人对美的追求，而不是为了得到别人的赞扬或羡慕吗？
7. 你觉得工作之余坐下来听听音乐、看看画册或欣赏戏剧等，是你最大的乐趣吗？
8. 遇到有美术展览会、歌星演唱会等活动，你常常去观赏吗？
9. 音乐能使你陶醉吗？
10. 你喜欢成为人们注意的焦点吗？
11. 你喜欢不时地夸耀一下自己取得的成就吗？
12. 你喜欢做戏剧、音乐、歌舞、摄影等方面的工作吗？
13. 你能较为准确地分析美术作品吗？
14. 你爱幻想吗？
15. 看情感影片或小说时，你常禁不住眼圈湿润吗？
16. 当接受一项新任务后，你喜欢以自己独特的方法去完成它吗？
17. 你有文艺方面的天赋吗？
18. 与推理小说相比，你更喜欢言情小说吗？

社会型问题：
1. 你常常主动给朋友写信或打电话吗？
2. 你能列出五个你自认为够朋友的人吗？
3. 你很愿意参加学校、单位或社会团体组织的各种活动吗？
4. 你看到不相识的人遇到困难时，能主动去帮助他，或向他表示你同情与安慰的心情吗？
5. 你喜欢去新场所活动并结交新朋友吗？
6. 对一些令人讨厌的人，你常常会由于某种理由原谅他、同情他甚至帮助他吗？
7. 有些活动，虽然没有报酬，但你觉得这些活动对社会有好处，就积极参加吗？
8. 你很注意你的仪容风度，这主要是为了让人产生良好的印象吗？
9. 大家公认你是一名勤劳踏实、愿为大家服务的人吗？
10. 旅途中你喜欢与人交谈吗？
11. 你喜欢参加各种各样的聚会吗？
12. 你很容易结识同性朋友吗？
13. 你乐于解除别人的痛苦吗？
14. 对于社会问题，你很少持中庸的态度吗？
15. 听别人谈"家中被盗"一类的事，很容易引起你的同情吗？

续表

16. 你通常不喜欢一个人独处吗？
17. 在工作中，你喜欢听取别人的意见吗？
18. 和一群人在一起的时候，你经常能找到恰当的话题吗？

管理型问题：
1. 当你有了钱后，你愿意用于投资吗？
2. 你常常能发现别人组织的活动的某些不足，并提出建议让他们改进吗？
3. 你相信如果让你去做一个个体户，一定会成为富裕户吗？
4. 你在上学时曾经担任过某些职务（如班干部、课代表等）并且自认为干得不错吗？
5. 你有信心说服别人接受你的观点吗？
6. 你对一大堆的数字感到头疼吗？
7. 做一件事情时，你常常事先仔细考虑它的利弊得失吗？
8. 在别人跟你算账或讲一套理由时，你常常以换一个角度考虑，而发现其中的漏洞吗？
9. 你曾经渴望有机会参加探险吗？
10. 你认为在管理活动中以个人的意志影响别人的行为是很必要的吗？
11. 如果待遇相同，你宁愿当一名商品推销员，而不愿当一名机关办事员吗？
12. 当你开始做一件事后，即使碰到再多的困难，你也执着地干下去吗？
13. 你总是主动地向别人提出自己的建议吗？
14. 你更喜欢自己下了赌注的比赛或游戏吗？
15. 和不熟悉的人交谈对你来说毫不困难吗？
16. 和别人谈判时，你不愿放弃自己的观点，是吗？
17. 在集体讨论中，你不愿保持沉默，是吗？
18. 你不愿意从事虽然工资少，但是比较稳定的职业，是吗？

常规型问题：
1. 你能够用一两个小时坐下来抄写一份你不感兴趣的材料吗？
2. 你能按领导或老师的要求尽自己的能力做好每一件事吗？
3. 无论填报什么表格，你都非常认真吗？
4. 在讨论会上，如果不少人已经讲的观点与你的不同，你就不发表自己的观点了吗？
5. 你常常觉得在你周围有不少人比你更有才能吗？
6. 你喜欢重复别人已经做过的事情而不喜欢做那些要自己动脑筋摸索着干的事吗？
7. 你喜欢做那些已经很习惯了的工作，同时最好这种工作责任心小一些，工作时还能聊聊天、听听歌曲吗？
8. 你经常能把非常琐碎的事情整理好吗？
9. 你总留有充裕的时间去赴约会吗？
10. 对别人借你的和你借别人的东西，你都能记得很清楚吗？
11. 你喜欢经常请示上级吗？
12. 你喜欢按部就班地完成要做的工作吗？
13. 对于急躁、爱发脾气的人，你仍能以礼相待吗？
14. 你是一个沉静而不易动感情的人吗？
15. 你喜欢把一切安排得整整齐齐、井井有条吗？
16. 你经常收拾房间、保持房间整洁吗？
17. 你办事常常思前想后吗？
18. 每次写信你都要好好考虑，写完后至少重复看一遍吗？

如果你在某一部分的得分明显高出其他部分，说明你属于该种典型类型的人。一般来说，综合性的兴趣特征在生活中居多数，通常将得分最高与次高的两个兴趣类型的代号，按得分由高到低顺序依次填写。然后，就可以依据这个类型代号从表7-5中的36种职业兴趣类型中进行查阅，从而得知自己的主要职业兴趣。

表7-5　霍兰德36种职业兴趣类型定义与职业示例表

典型现实型（RR）：需要进行明确的、具体的、按一定程序要求的技术性、技能性工作，例如，机械操作人员、电工技师、技术工人
研究现实型（IR）：具有一定科技含量的技术、技能性工作，例如，计算机编程人员、工程技术人员、质量检验人员
艺术现实型（AR）：需要一定艺术表现的技术或技能性工作，例如，雕刻、手工刺绣、家具和服装制作
社会现实型（SR）：与人打交道较多的技术或技能性工作，例如，出租汽车驾驶员、家电维修人员
管理现实型（ER）：需要一定管理能力的技术或技能性工作，例如，领航员、动物管理员
常规现实型（CR）：常规性的技术或技能性工作，例如，计算机操作人员、机械维护人员
典型研究型（II）：需要通过观察，科学分析而进行系统的、创造性活动的科学研究工作和理论性工作，例如，数学、物理等学科的研究人员、学术评论者
现实研究型（RI）：侧重于技术或技能性的科学研究工作，例如，机械、电子、化工行业的工程师、化学技师、研究室的实验人员
艺术研究型（AI）：艺术研究方面的工作，例如，文艺评论家、艺术作品编辑、艺术理论工作者
社会研究型（SI）：社会科学研究方面的工作，例如，社会学研究人员、心理学研究人员
管理研究型（EI）：管理研究方面的工作，例如，管理学科研者、管理类刊物编辑
常规研究型（CI）：常规性的研究工作，例如，数据采集者、资料搜集人员
典型艺术型（AA）：需要通过非系统化的、自由的活动进行艺术表现的工作，例如，演员、诗人、作曲家、画家
现实艺术型（RA）：运用现代科技较多的艺术工作，例如，电视摄影师、录音师、动画制作人员
研究艺术型（IA）：具有探索性的艺术工作，例如，剧作家、时装艺术大师、工艺产品设计师
社会艺术型（SA）：侧重于社会交流或社会问题的艺术工作，例如，作家、播音员、广告设计、时装模特
管理艺术型（EA）：一定管理能力的艺术工作。例如，节目主持人、艺术教师、音乐指挥、导演
常规艺术型（CA）：常规性的艺术工作，例如，化妆师、花匠
典型社会型（SS）：需要更多时间与人打交道的说服、教育和治疗工作，例如，教师、公关人员、供销人员、社会活动家
现实社会型（RS）：具有一定技术或技能的社会性工作，例如，护士、职业学校教师
研究社会型（IS）：需要进行分析研究的社会性工作，例如，医生、大学文科教师、心理咨询人员、市场调研人员、政治思想工作者
艺术社会型（AS）：具有一定艺术性的社会工作，例如，记者、律师、翻译
管理社会型（ES）：需要一定管理能力的社会工作，例如，工商行政人员、市场管理人员、公安交警
常规社会型（CS）：常规性的公益事务工作，例如，环卫工作人员、工勤人员
典型管理型（EE）：需要胆略、冒风险且承担责任的活动，主要指管理、决策方面的工作，例如，企业经理、金融投资者
现实管理型（RE）：具有一定技术或技能的管理工作，例如，技术经理、护士长、船长
研究管理型（IE）：需侧重于分析研究的管理工作，例如，总工程师、总设计师、专利代理人
艺术管理型（AE）：与艺术有关的管理工作，例如，广告经理、艺术领域的经纪人
社会管理型（SE）：与社会有关的管理工作，例如，销售经理、公关经理
常规管理型（CE）：常规性的管理工作，例如，办公室负责人、大堂经理、领班

续表

典型常规型（CC）：严格按照固定的规则、方法进行重复性、习惯性的劳动，并具有一定自控能力的相关工作，例如，出纳员、行政办事员、图书管理员
现实常规型（RC）：需要一定技术或技能的常规性工作，例如，档案资料管理员、文印人员
研究常规型（IC）：需要经常进行一些研究分析的常规性工作，例如，估价员、土地测量人员、报表制作人员、统计分析员
艺术常规型（AC）：与艺术有关的常规性工作，例如，美容师、包装人员
社会常规型（SC）：需要更多时间与人打交道的常规性工作，例如，售票员、营业员、接待人员、宾馆服务员
管理常规型（EC）：需要一定管理能力的常规性工作，例如，机关科员、文秘人员

六、心理健康测验（SCL-90）

在目前的人事测评中，人才的心理健康状况逐渐开始被社会关注。尤其是当代大学生心理健康状况已经渐渐被学校所关注，目前国内使用得比较多的主要是身心症状自评量表（SCL-90）。身心症状自评量表，是由我国心理学工作者在国外有关量表的基础上改编而成的。它适合于具有中等以上文化程度的心理健康受测者，尤其是大学生团体的心理健康普查工作。由于简便、实用并富有价值，该量表被广泛地应用于心理健康测量和心理咨询中。

但要注意的是这种量表适用于精神科或非精神科门诊的成年病人，即是针对已患病的病人设计并使用的，是一种临床和心理咨询门诊常用的症状自评量表，它可以较好地反映病人病情的严重程度及其变化，所以在给大学生做测试时要注意情况的说明。

1. 项目定义和评分标准

SCL-90共有90个题目，内容涉及感觉、思维、情绪、意识、行为、生活习惯、人际关系、饮食睡眠等。在评分规则方面，SCL-90采用5级评分制，现有两种计分法，一是"1~5"分制：1分表示没有该情况，2分表示在频度和强度上较轻，3分表示中等，4分表示较重，5分为严重。二是"0~4"分制：0分表示无，1分表示较轻，依次类推。这里的"轻中重"主要靠自评者自己去体会，没有绝对的界限。SCL-90评定的时间范围是"现在"或"最近一星期"。

2. 因子定义及所含项目

SCL-90中隐含着10个因子，即所有90个题目分为十大类。每一类反映病人的某一方面的情况。这十个因子的定义及所包含题目（见表7-6）如下所述。

F1（躯体化）：包括表中题序1、4、12、27、40、42、48、49、52、53、56、58，共12题。该因子主要反映主观的身体不适感，包括心血管、胃肠道、呼吸道等系统的主诉不适和头痛、背痛、肌肉酸痛，以及焦虑的其他躯体表现。

表 7-6　　　　　　　　　　身心症状自评量表（SCL-90）

指导语：
以下列出了一些人可能会有的问题，请仔细阅读每一条，然后根据最近一星期以来自己的实际感觉，选择最符合你的一种情况。认为"没有"时选 A，认为"较轻"时选 B，认为"中等"时选 C，认为"较重"时选 D，认为"严重"时选 E。

1. 头痛
2. 神经过敏，心中不踏实
3. 头脑中有不必要的想法或字句盘旋
4. 头昏或昏倒
5. 对异性的兴趣减退
6. 对旁人责备求全
7. 感到别人能控制你的思想
8. 责怪别人制造麻烦
9. 健忘
10. 担心自己衣饰的整齐及仪态的端正
11. 容易烦恼和激动
12. 胸痛
13. 害怕空旷的场所或街道
14. 感到自己的精力下降、活动减慢
15. 想结束自己的生命
16. 听到旁人听不到的声音
17. 发抖
18. 感到大多数人都不可信任
19. 胃口不好
20. 容易哭泣
21. 同异性相处时感到害羞不自在
22. 感到受骗、中了圈套或有人想抓住自己
23. 无缘无故地突然感到害怕
24. 自己不能控制地大发脾气
25. 怕单独出门
26. 经常责怪自己
27. 腰痛
28. 感到难以完成任务
29. 感到孤独
30. 感到苦闷
31. 过分担忧
32. 对事物不感兴趣
33. 感到害怕
34. 你的感情容易受到伤害
35. 旁人能知道你的私下想法
36. 感到别人不理解你、不同情你
37. 感到人们对你不友好，不喜欢你

续表

38. 做事必须做得很慢以保证做得正确
39. 心跳得很厉害
40. 恶心或胃部不舒服
41. 感到比不上他人
42. 肌肉酸痛
43. 感到有人在监视你、谈论你
44. 难以入睡
45. 做事必须反复检查
46. 难以作出决定
47. 怕乘电车、公共汽车、地铁或火车
48. 呼吸有困难
49. 一阵阵发冷或发热
50. 因为感到害怕而避开某些东西、场合或活动
51. 脑子变空了
52. 身体发麻或刺痛
53. 喉咙有梗塞感
54. 感到没有前途、没有希望
55. 不能集中精神
56. 感到身体的某一部分软弱无力
57. 感到紧张或容易紧张
58. 感到手或脚发硬
59. 想到死亡的事
60. 吃得太多
61. 当别人看着你或谈论你时感到不自在
62. 有一些不属于你自己的想法
63. 有想打人或伤害他人的冲动
64. 醒得太早
65. 必须反复洗手、点数目或触摸某些东西
66. 睡得不稳不深
67. 有想摔坏或破坏东西的冲动
68. 有一些别人没有的想法或念头
69. 感到对别人神经过敏
70. 在商店或电影院等人多的地方感到不自在
71. 感到做任何事情都很困难
72. 一阵阵恐惧或惊恐
73. 感到在公共场合吃东西很不舒服
74. 经常与人争论
75. 单独一人时神经很紧张
76. 别人对你的成绩没有作出恰当的评价
77. 即使和别人在一起也感到孤单
78. 感到坐立不安、心神不定

续表

79. 感到自己没有什么价值
80. 熟悉的东西变得陌生或不像是真的
81. 大叫或摔东西
82. 害怕会在公共场合昏倒
83. 感到别人想占你的便宜
84. 为一些有关"性"的想法而很苦恼
85. 你认为应该因为自己的过错而受到惩罚
86. 感到要赶快把事情做完
87. 感到自己的身体有严重问题
88. 从未感到和其他人很亲近
89. 感到自己有罪
90. 感到自己的脑子有毛病

F2（强迫）：包括表中题序3、9、10、28、38、45、46、51、55、65，共10题。它与临床上所谓强迫表现的症状定义基本相同，主要指那种明知没有必要，但又无法摆脱的无意义的思想、冲动、行为等表现。还有一些比较一般的感知障碍（如"脑子都变空了""记忆力不行"等）也在这一因子中反映。

F3（人际关系敏感）：包括表中题序6、21、34、36、37、41、61、69、73，共9题。它主要指某些人的不自在感与自卑感，尤其是在与其他人相比较时更突出。自卑感、懊丧以及在人事关系方面明显处理不好的人，往往是这一因子的高分对象，与人际交流有关的自我敏感及反向期望也是产生这方面症状的原因。

F4（抑郁）：包括表中题序5、14、15、20、22、26、29、30、31、32、54、71、79，共13题。它反映的是与临床上忧郁症状相联系的广泛的概念，忧郁苦闷的感情和心境是代表性症状；它还以对生活的兴趣减退、缺乏活动愿望、丧失活动力等为特征，包括失望、悲观和与忧郁相联系的其他感知及躯体方面的问题。本因子中有几个题目包括了死亡、自杀等概念。

F5（焦虑）：包括表中题序2、17、23、33、39、57、72、78、80、86，共10题。它包括一些通常在临床上明显与焦虑相联系的症状及体验，一般指那些无法静息、神经过敏、紧张以及由此产生的躯体征象（如震颤），那种游离不定的焦虑及惊恐发作是本因子的主要表现。

F6（敌意）：包括表中题序11、24、63、67、74、81，共6题。这里主要从三个方面来反映病人的敌对表现、思想、感情及行为。

F7（恐惧）：包括表中题序13、25、47、50、70、75、82，共7题。它与传统的恐惧状态或广场恐惧症所反映的内容基本一致，恐惧的内容包括出门旅行、空旷场地、人群或公共场合及交通工具。此外，还有反映社交恐惧的题目。

F8（妄想）：包括表中题序8、18、43、68、76、83，共6题。所谓妄想是一个十分复杂的概念，本因子只是包括了它的一些基本内容，主要是指想象、思维方面。如投射性思维、敌对、猜疑、虚构、被动体验和夸大等。

F9（精神病性）：包括表中题序7、16、35、62、77、84、85、87、88、90，共10题。用于在门诊中迅速、扼要地了解病人的病情程度，以便作出进一步的治疗或住院等决定，故把一些明显的、纯属精神病性的题目汇集到了本因子中。有4个题目代表了一级症状：幻听、思维扩散、被控制感、思维被插入。此外，还有反映非一级症状的精神病表现。

F10（其他）：包括表中反映睡眠的题序44、64、66，共3题；反映饮食的19、60两题；反映死亡观念的59题和反映自罪观念的89题。总共7题。本因子的59、89两题和第四因子的15题这3题，综合起来可反映自杀倾向。

3. SCL-90评分规则及结果解释

(1) 评分规则。一般设定为选A计1分，选B计2分，选C计3分，选D计4分，选E计5分。将因子F1（躯体化）、F2（强迫）、F3（人际关系敏感）、F4（抑郁）、F5（焦虑）、F6（敌意）、F7（恐惧）、F8（妄想）、F9（精神病性）、F10（其他）各自所包含的题目得分分别累计相加，即可得到各个因子的累计得分；将各个因子的累计得分除以其相应的题目数，即得到各个因子的因子分数——T分数。例如，若躯体化一项合计分为8，题目数为8，则因子分为1。将各个因子分数相加，即可得到总因子分数。此外，若将整个问卷的总题目数减去选A（代表"没有"）答案的题目数，还可得到反映症状广度的阳性题目数。

(2) 结果解释。SCL-90测查结果的解释可以从许多角度进行。既可从整个量表（90个题目）中的阳性症状广度和总因子分数出发来宏观评定被测者心理障碍的大体情况，又可从统计原理出发，对被测者的某一因子得分偏离常模团体均数的程度加以评价。

SCL-90在国内已有18~29岁的全国性常模，见表7-7正常人SCL-90的因子分布表。该常模给出了各种因子的平均数 X 和标准差 SD。一般而言，如果某因子分数偏离常模团体平均数达到两个标准差（SD）时，即可认为是异常。在对大学生进行心理健康测评和心理咨询过程中，比较粗略、简便、直观的判断方法是看因子分数。在1~5评分制中，若超过3分，即表明该因子的症状已达中等以上的严重程度；在0~4评分制中，若超过2分，即表明该因子的症状已达中等以上的严重程度。此时，应对受测大学生采取必要的心理治疗措施。SCL-90测验答案得分换算表见表7-8。

表 7-7　　　　　　　　　　正常人 SCL-90 的因子分布表

因子	$X+SD$	因子	$X+SD$
躯体化	1.34+0.45	敌意	1.5+0.57
强迫	1.69+0.61	恐惧	1.33+0.47
人际关系敏感	1.76+0.69	妄想	1.52+0.6
抑郁	1.57+0.61	精神病性	1.36+0.47
焦虑	1.42+0.43	阳性题目数	27.45±19.32

表 7-8　　　　　　　　　SCL-90 测验答案得分换算表

因子	所属因子的题目编号	累计得分（S）	T 分数（S/题目数）
F1	1、4、12、27、40、42、48、49、52、53、56、58		
F2	3、9、10、28、38、45、46、51、55、65		
F3	6、21、34、36、37、41、61、69、73		
F4	5、14、15、20、22、26、29、30、31、32、54、71、79		
F5	2、17、23、33、39、57、72、78、80、86		
F6	11、24、63、67、74、81		
F7	13、25、47、50、70、75、82		
F8	8、18、43、68、76、83		
F9	7、16、35、62、77、84、85、87、88、90		
F10	15、19、44、59、60、64、66、89		
阳性题目总数＝90—选 A 的题目数		总累计得分	总因子分数

七、自我效能感测量

1. 自我效能感定义

所谓自我效能感，是指人们对自身完成某项任务或工作行为能力的信念。它涉及的不是技能本身，而是对自己能否利用所拥有的技能去完成工作行为的自信程度。

从定义中可以看出：

（1）自我效能感不是技能，而是自信。自我效能感是以技能为基础，但不是技能，而是个体对自己完成特定任务的行为能力的自信程度。拥有技能与能够整合这些技能从而表现出胜任行为有很大的差距。即使个体拥有完成任务所必需的技能并知道如何去做，如果对自己的能力不自信，产生自我怀疑，也不可能表现出胜任行为。而技能的发挥通常易被自我怀疑左右，即使是天赋极高的个体，如果情境因素威胁其自信心，也会表现出很低的业绩水平。

（2）自我效能感具有特定性。自我效能感是针对特定任务领域而言的，并不是一般的个性特质。因为在不同的任务领域，对技能的需求也各不相同。因此，一个人在不同任务领域的自我效能感水平存在着很大差异。如一位物理学家，其在物理学领域的自我效能感肯定比别人高。但如果让他去做生意，可能他在市场开拓方面的自我效能感会很低。所以，说到自我效能感，主要指的是具体任务领域的自我效能感。但另外一些研究者，主要是一些个性心理学家，则认为自我效能感既可以看作是状态的，也可以看作是特质的，是个体对完成所有领域任务自信程度的总体评价。他们为此构建了不同版本的一般自我效能感问卷。但以班杜拉（Bandura）为首的多数学者以实证研究的结果证明了，一般自我效能感与具体领域任务的自我效能感相比，对个体在特定任务领域业绩的预测性差，甚至根本没有预测性。因此，研究自我效能感必须要针对具体的任务领域。只有这样，才能提高对其工作绩效等相关指标的预测效果。

2. 自我效能感测量

自我效能感的测量需直接针对所研究领域的工作活动和行为，它不是一个人直接对自己某方面能力的评估，而是对某些特定活动和行为能够做得怎么样的自我评估。因此，自我效能感测量的并不是个体拥有多少技能，而是测量个体运用所拥有的技能去完成特定工作行为的自信程度。所以，测量自我效能感，要遵守两个原则。

（1）领域的特殊性。要确定所研究的具体任务领域，因为不同任务领域的自我效能感的测量是不同的。也就是说，没有一个统一的、适合不同任务领域的、万能的自我效能感量表。

（2）领域的完整性。要确定具体研究任务领域所包括的系列活动。这些活动必须能够涵盖所研究任务领域的所有方面，而且这些活动还必须具有一定的难度。

使用量表法就能编制各种特定领域的自我效能感量表。传统自我效能感的测量主要包括两个部分：水平和强度。这种测量形式要求被测者就每一个项目首先判断自己能否完成该项目所描述的工作活动（水平），如果回答是肯定的，那么再要求被测者判定自己完成活动信心有多大（强度）。但到20世纪90年代中后期，研究者发现，用多等级的Likert量表形式测量自我效能感同样有效。这也得到了班杜拉的认同。所以，现在的研究者在测量自我效能感时都采用Likert量表形式。

3. 自我效能感在自我调节机制中的作用

自我调节是指一个人在不断变化的时间及环境下对自己目标指向活动进行指导和调整的过程。调节就是通过有意识或自动运用特殊机制和支持性技能对思想、情感、行为和注意指向进行修正。当日常活动受到阻碍或目标指向显得非常突出时，例如，挑战的出现，习惯性行为模式不能奏效的时候，自我调节机制就会启动。自我效能感在自我调节机制中起关键作用，下面分别介绍自我效能感发生作用的途径和机制。

（1）对认知过程的调节。对有价值目标实现之可能性作出预见将会影响人类的有意识行为。一个人对自己实现特定目标能力的信念会影响其对目标的设定。自我效能感越强，其为自己设定的目标之挑战性越强，对目标的承诺也越坚定。

（2）自我效能感对动机过程的调节。自我效能感在动机的自我调节中发挥着关键作用。大部分人类动机都是在认知的基础上产生的，人们通过对未来的预见和期待来激励和指导自己的行动。他们形成有关他们能干什么的信念。他们预见其行为的结果，他们按照对未来的设想设置有价值的目标，并策划行动方案。

（3）自我效能感对情感过程的调节。在受到威胁或是困难的情况下，一个人能承受多大的压力，关键取决于其对自己应对能力的信念。自我效能感对焦虑感有很大的影响，那些相信自己能够应付可能出现的威胁的人很少把精力用来想象各种消极的可能性；而那些觉得自己在高焦虑唤醒时难以应付的人，会过低地估计自己的自控能力，并在头脑中充满了各种想象的危险。夸大事实的严重性，不断被那些极少可能发生的事所烦扰，这一方面会使其备受折磨；另一方面也损害了其心理功能的正常发挥。所以，自我效能感调节着人的回避行为和焦虑唤醒。

4. 自我效能感测评问卷举例

（1）大学教师职业自我效能感问卷。这类问卷基本内容有以下几部分。

指导语：请针对每一句陈述说明你的态度，1表示"非常同意"，2表示"同意"，3表示"一般"，4表示"不同意"，5表示"非常不同意"。

①我是一位好教师。

②保持教学进度并提高教学效果是一件难事。（R）

③我知道去做正确的事情以提高教学效果。

④我发现说服那些与我在教学上观点不同的朋友很难。（R）

⑤我的性格不太适合教学。（R）

⑥我善于发现学生们想要的。

⑦对于我来说，让别人注意我的观点是件容易的事。

⑧我能够胜任当前的大学教师工作。

⑨我觉得科研压力很大，很难承受。（R）

⑩我科研经费充足。

⑪我有自己明确的学术立场和观点。

⑫我在自己的学术领域中占有一席之地。

计分方法:"非常同意"为5分,"非常不同意"为1分,标"R"的为反向题,总分反映自我效能感的高低。

(2) 一般自我效能感问卷。这类问卷的内容有以下几部分。

指导语:请根据下列陈述和自己的实际情况做出选择,"1"表示非常不符合,"2"表示较不符合,"3"表示较符合,"4"表示非常符合。

①如果尽力去做的话,我总是能够解决难题。
②即使别人反对,我仍然有办法取得我想要的结果。
③对我来说,坚持理想和达成目标是轻而易举的事情。
④我自信能够有效地应对任何突如其来的事情。
⑤以我的才智,一定能够应付意料之外的事情。
⑥如果我付出必要的努力,一定能够解决大多数难题。
⑦我能够冷静地面对难题,因为我相信自己处理问题的能力。
⑧面对一个难题时,我通常能够找到几个解决方法。
⑨有麻烦的时候,我通常能够想到一些应付的方法。
⑩无论发生什么事,我都能够应付自如。

计分方法:"非常不符合"为1分,"非常符合"为4分,总分反映自我效能感的高低。

【本章小结】

心理测验是对心理特质进行测量的一种人事测评工具,一般称作心理量表。一套完整的心理测验通常是由一组精心设计的测试题目,以及标准化计分办法、信度、效度、常模等构成。按照不同划分原则心理测验可以有多种类型,其中按测量的对象可将心理测验划分为智力测验、能力倾向测验、成绩测验和人格测验,而用于潜能、性格、气质、兴趣、态度、品德、情绪、动机、信念等方面的心理特质的描述或解释行为的工具主要是能力倾向测验和人格测验。本章后两节分别对此两种测验及常用量表做了介绍。

【关键概念】

心理测验 能力 能力倾向 能力倾向测验 行政职业能力倾向测验 人格测验 卡特尔16种人格因素测验 霍兰德职业兴趣测验 SCL-90 自我效能感测验

【复习思考题】

1. 能力与知识、技能是否相同？
2. 心理测验的分类有哪些？
3. 什么是能力倾向测验？
4. 行政职业能力倾向测验包含哪些内容？
5. 人格测验研究模式与方法有哪些？
6. 卡特尔16种人格因素测验包含哪些心理特质？
7. 霍兰德职业兴趣测验中R、I、A、S、E、C分别表示什么？
8. SCL-90适用的对象是谁？
9. 什么是自我效能感测验？在制定量表过程中所遵循的两个原则是什么？

【课后阅读】

阅读一　人才测评：令你不再看走眼

广州某机械集团因业务拓展需要，通过招聘让小陈担任开发工程师一职。考虑到他是应届毕业生，公司先让他到日本接受为期三个月的技术培训。培训期满，小陈如期上岗，参与项目开发工作。然而，一个月后人力资源部就接到用人部门的投诉：小陈在工作中的表现并不如人意，影响了整个项目的进度，项目经理要求重新招人。该公司HR很为难：小陈是根据用人部门的要求精心选拔的，不仅具备本岗位的专业知识结构，而且也有一定的实习实践经历，在用人部门所设计的专业考试中轻松过关。重新招人浪费的不仅仅是招聘的时间与成本，还得搭上3个月的国外培训，况且项目进度也刻不容缓。而此时，小陈也提出调岗申请，希望能到市场部去。该公司HR左右为难，决定对小陈采用由心理测验、角色扮演、面谈组成的一系列测评活动后，根据测评结果对其再作安排。

首先，对小陈进行霍兰德职业兴趣测评。测评结果发现小陈属于"社会型"职业兴趣，有着强烈的与人沟通的欲望，尽管他技术上能胜任开发工程师一职，但不具备开发工程师所需要的"研究型"职业兴趣：善于观察思考、分析、推理。其次，角色扮演。测评结果发现他在办公室里经常"坐不住"，但其在组织协调、沟通、影响力方面确实有过人之处。最后，面谈。测评结果发现他在销售方面很有潜力，小陈需要重新调整岗位并给予相应的培训，给他一个支点与个性化的发展空间。

测评中心专家指出，如果让小陈从事产品的服务销售工程师也许更能发挥他的长处。

该公司权衡利弊，决定把小陈安排到市场部，并给他进行营销方面的培训。不到半年，小陈凭着出色的表现被提拔为销售主管。

资料来源：http://finance.sina.com.cn/cfrwzcnew/20050707/1128184924.shtml

阅读二　心理测验在面试招聘中对考官的影响

一、问题提出

在我国党政机关和企事业单位招聘中，结构化面试与心理测验已成为人才选拔的常规项目。然而，结构化面试与心理测验都有它们自身的不足。结构化面试由于受到考官主观意愿等主观因素干扰而很难准确测评出适合的应聘者。一些学者从印象管理的角度来研究应聘者的印象管理策略对考官判断的影响。研究发现：面试是一种特殊的人际互动，应聘者力图通过印象管理来给考官留下美好印象，提高面试绩效。此外，这还表明了面试只测量到一个主要因素——"印象匹配"。从考官的角度来讲，面试是知觉印象和印象匹配的过程。

心理测验作为对结构化面试的补充形式应用于人员招聘。由于我国心理学研究者在编制中国本土化的职业心理量表等方面做出了巨大的努力，使心理测验的加入在一定程度上提升了员工招聘的公平性。但是，能正确实施心理测量的专业测评人员很少，而且普遍出现误用、乱用量表甚至用完之后就束之高阁等各种降低招聘效能的行为。

纵观前人对面试的研究，对于考官的正面研究在学界上很少有，多数都是从应聘者以后的工作表现去评定考官的招聘效益，或者从应聘者获取高分的技能去窥探考官的评定标准。本研究将直接从考官的角度出发，探讨心理测验在招聘决策中的权重关系以及考官对主观印象和心理测验结果的取舍，并尝试对各个不同评价维度的影响因素进行探讨。

现今对人力资源管理人员的培养主要有两个方向，分别是单纯的人力资源管理、应用心理学。在人才选拔中，这两者的不同价值取向与工作理念是否发挥着不等价的工作效益，或者考官因不同的理念灌输是否会形成不同的人才选拔标准等，都很值得探讨研究。

本研究设计了两种不同的招聘情境。在保证考官主观印象恒定的情况下，一是向考官呈现与主观印象冲突的心理测验结果，二是呈现与考官主观印象一致的心理测验结果。

考官可以根据职位的要求，并衡量结构化面试与心理测验两种测评方法的优缺点，有选择性地自由调整分数。

二、方法

1. 被测者

选取某高校人力资源管理专业三年级本科生 22 名以及应用心理学专业三年级本科生

36 名，共 58 名被测者。其中，男生有 30 名，女生有 28 名；曾从事学生会、团委、社团等学校组织，或兼职企业的招聘工作的被测者，即有经验的被测者有 24 名，而没有相关招聘工作经验的被测者为 34 名。为了使全部被测者进行结构化面试的招聘能力基本相等，本研究在实验准备阶段时，对所有被测者进行了统一的结构化面试培训。在正式实验中，被测者将会被随机分配到两种不同的实验条件中。

2. 实验材料

材料一：招聘评分手册，内容有实验指导语、招聘职位说明、结构化面试的题目与评分等级、心理测验简介、应聘者心理测验结果等。招聘职位直接选取某知名企业的大客户经理（Key Account Manager）一职，具有很高的真实性和操作性。结构化面试的题目是经过大量相关资料收集、专家评审后筛选出来的，并与五等级的评分维度相对应，以增强实验的效度。评分的六个维度分别是：语言表达能力、个人性格与品质、判断力与反应能力、求职动机与愿望、人际关系、领导能力。

本次研究所采用的六个国内外知名的心理测验量表与结构化面试和评分维度是相对应的。它们分别是：职业成就动机测验、一般能力倾向成套测试 GATB、斯坦福-比奈量表、霍兰德中国职业兴趣量表（H-C 职业兴趣量表）、中国领导行为评价量表（CPM）、中国人职业个性测量工具（CVPS）。

材料二：结构化面试的招聘现场录像。该录像选取的是一般的办公室招聘场景，应聘者在现实生活中已被该职位所录取。该录像的录制是一次完成，拍摄前应聘者完全不知道面试题目、评分准则以及招聘考官的类型等。录制过程中要求应聘者代入以往在某公司的面试状态与情境中，采用积极主动的印象管理策略。整个录像大概耗时六分钟，要求每个题目限时两分钟左右的作答时间。

3. 实验控制

（1）实验变量控制。本研究采用 2（心理测验结果）×2（考官类型）多因素实验设计。第一个变量的两个水平分别是与结构化面试印象一致或冲突的心理测验结果。一致的实验状态是指心理测验的结果与结构化面试中应聘者给考官留下的主观印象是相符合的，或者是互相支持的；冲突的实验状态是指心理测验的结果与结构化面试所形成的主观印象是相抵触的，或是互相矛盾的。第二个自变量是被测者变量，被测者按专业分为人力资源管理专业和应用心理学专业两类。

实验的因变量为考官在形成主观印象后的初评分数与考虑心理测验结果后再评分数的总改变量，在统计数据的时候都采用绝对值计算。

（2）恒定变量控制。本实验的恒定变量，就是考官在结构化面试中形成的主观印象。

根据以往的研究结果，大多数应聘者为了使求职成功，都会进行积极主动的印象管理。故此，本实验只安排采取积极主动型印象管理策略的应聘者录像。这样的设计也是为了让两种不同类型的被测者在基本一致的基线上形成对应聘者的主观印象，有利于实验结果的比较。

4. 实施程序

（1）实验准备

在实验前组织专家对招聘评分手册、评分项目以及等级、心理测验结果的呈现等进行评价和修订，保证材料的可靠性和实用性。邀请专家对全体被测者进行结构化面试培训。该面试培训内容包括如何观察应聘者的肢体语言、如何避免招聘中的心理误差、统一评分标准和要求等，保证被测者具有一定水平的招聘面试能力，使评分信度达到一定水平。在数据处理的时候，对其招聘能力水平进行了一些比较。

（2）正式实验

正式实验开始时，主测者说明实验要求和注意事项，并派发评分问卷。要求被测者仔细阅读实验的指导语以及职位说明。其中，特别强调被测者不能私自跳开任何一个招聘的步骤，必须跟着主测者的引导进行实验。然后相隔三分钟后播放一段六分钟左右的结构化面试录像。被测者需要根据应聘者的面试表现对其评分。最后是被测者独立阅读各项心理测验以及结果，并结合心理测验结果和面试表现，自由对应聘者再次评分。最后一步就是要求被测者填写一些个人资料，然后回收评分问卷以及心理测验的资料。

三、结果与讨论

1. 恒定变量控制有效性检验

研究利用独立样本的 τ 检验对两种不同实验设计的初评分数进行分析，其显著性概率为 0.84，大于 0.05，检验结果接受零假设，推断出初评分数在总体上没有显著性差异，即两类考官被测者的初评处于同一基线水平上，也就是说应聘者的录像给每一个被测者的主观印象是一致的。

这个统计结果从侧面说明了所有被测者都具有一定水平的招聘面试能力。因为本研究所邀请的应聘者在现实生活中是通过多轮面试，获得相同职位的任职资格。同时，所有被测者对其的结构化面试评价几乎一致，被测者初评平均分为 23.4 分（满分为 30 分），每个维度评分都是在 3 分和 4 分之间，处于较高水平。此外，在面试印象和心理测验结果一致的实验条件下，两种被测者的再评平均分为 26.2 分，每个维度的评分在 4 分左右，处于相当高的水平。故此，可以认为所有被测者都具有一定的甄选应聘者的能力。

2. 不同心理测验结果对考官评价的影响

为了分析不同的心理测验结果对考官评价的影响，需要对相关数据进行配对组 τ 检验处理（见表1和表2）。

表1　　　　　　在一致的状态下，初评与再评分数在总分上的差异性检验

	t	df	$Sig.$
总分	-1.842	22	0.076

表2　　　　在冲突的状态下，初评与再评分数在各个维度和总分上的差异性检验

	t	df	$Sig.$
语言表达能力	11.540	34	0.000
个人性格与品质	16.619	34	0.000
判断力与反应能力	17.796	34	0.000
求职动机与愿望	15.543	34	0.000
人际关系	12.892	34	0.000
领导能力	18.443	34	0.000
总分	30.461	34	0.000

数据结果显示：（1）在心理测验结果与主观印象一致的情况下，显著性概率为0.076，大于0.05，检验结果拒绝零假设，即在心理测验结果与主观印象相互得到验证的条件下，被测者的初评和再评分数没有显著差异，也就是说考官没有改变对应聘者的评价；（2）在两者相冲突的情况下，各个评分维度以及总分的显著性概率为0，小于0.01，检验结果拒绝零假设，即在心理测验结果与主观印象相冲突的情况下，被测者的初评分数和再评分数有显著差异，也就是说心理测验结果在这种情况下对考官评价的影响作用很大。

实验数据表明：在结构化面试中形成的主观印象，若得不到客观的心理测验支持，结果很快就会被考官修正，使评价的分数向着与心理测验结果一致的方向改变。由此可以看到，心理测验在人才招聘的过程中，是影响人们评定决策中的一个重要因素。

这种现象的原因可能是因为人才的素质优劣，单凭传统的观察法、自由面谈法，甚至是有一定效度的结构化面试都难以准确区分，而心理测验在区分人才素质上有其独特优势。而且各种标准心理量表或测验的设计中，都在一定程度上考虑了被测者的不诚实应答，设计了各种不同的测谎题，提高了各种量表的可靠性。

3. 被测者类型与心理测验结果的交互作用检验

在进行主效应的数据分析中，我们得出在自变量的各自水平上，实验组别（心理测验结果与主观印象一致或冲突）和被测者专业两者的显著性概率都为0，小于0.01，说明两者分别对考官的评价改变有显著效果。数据结果说明了不同专业以及心理测验结果与

主观印象一致与否，这两个自变量会对考官的评分产生影响。

为了进一步了解不同的心理测验结果在不同专业类型的被测者中对评价的影响程度，我们在初评分数一致和主效应显著的基础上，以被测者专业和心理测验结果为自变量进行交互作用的检验。从图1可判断出两者存在交互作用，并且在进一步的方差分析中可以得出，被测者的专业类型与心理测验结果交互作用的显著性概率为0.01，小于0.05，达到显著性水平（见表3）。这说明两者对因变量具有显著性效果。在不同的招聘情形下，不同专业类型的考官对心理测验的重视程度也有所不同。从另一个侧面来说，在不同的专业领域里，人力资源管理教育的侧重点有所不同，并且使不同考官对应聘者的评价依据以及标准发生了改变。

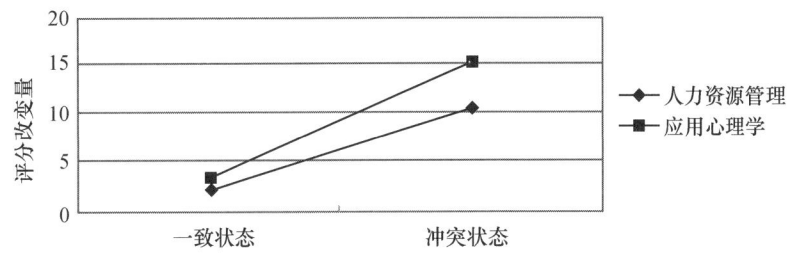

图1　不同专业与实验组别的交互作用图表

表3　　　　　　　　不同专业与实验组别的方差分析表

	df	F	Sig.
实验组别	1	388.613	0.000
被测者专业	1	30.768	0.000
实验组别＊被测者专业	1	11.704	0.001

从实验结果得出，不同专业的被测者对心理测验的衡量权重并不一致。人力资源管理专业的被测者，可能由于长期接受以企业目标为最高宗旨的理念熏陶，在其评价标准中，目标成为第一位，人的问题没有给予足够重视，忽视了心理测验所能反映的情况。而应用心理学专业的考官由于与心理学打交道，清楚各种心理量表或测验的优缺点，因此在人才招聘的过程中，能适当地考虑客观数据。故此，两种不同专业的被测者在初评与再评的分数改变上有了显著性的差异。

4. 不同专业类型对各项评分维度改变量的影响

在得出专业与实验的不同状态存在交互作用后，为了进一步分析考官专业类型在各个评分维度上的影响程度，我们从总体出发，对不同专业类型在各评分维度的分数改变量进行差异性检验。表4显示，在总体上，不同专业类型只有在语言表达能力、人际关系的显著性概率小于 0.05，分别是 0.040 和 0.047，说明不同专业类型对上述方面的评价有显著效应。

表 4　　　　　总体上不同专业在各维度评分改变量上的差异性检验

	F	Sig.
语言表达能力评分变化	4.420	0.040
个人性格与品质评分变化	0.401	0.529
判断力与反应能力评分变化	0.749	0.390
求职动机与愿望评分变化	3.515	0.065
人际关系评分变化	4.088	0.047
领导能力评分变化	0.016	0.900

这说明，不同出发点的人才测评培训对考官衡量语言表达能力和人际关系这两方面的标准有重大影响。其原因一方面可能是心理学在这两个方面缺乏像智力、动机和职业兴趣等的权威量表或规范的测试程序；另一方面，可能是纸笔操作的心理学测验在测试语言表达能力和人际关系上没有受到人们大范围的肯定和应用。这样致使非心理学类别的考官对这两方面的心理测验结果有所保留。

值得我们关注的是，考官的专业因素在个人性格与品质、判断力与反应能力、求职动机与愿望和领导能力上的差异仅仅存在边缘显著或不显著。其原因可能是因为心理学的测验和量表在这些方面的研究比较完善，并能对人事测评产生广泛影响。

四、结论

实验结果表明：(1) 两种不同的心理测验结果（一致或冲突）对评价分数改变影响达到了显著性差异水平，证明心理测验结果在不支持主观印象的时候，对考官的影响比较大。(2) 在被测者总体初评分数一致的基础上，被测者专业和心理测验结果两个因素存在交互作用，即在主观印象与心理测验结果相冲突的条件下，应用心理学专业背景的被测者评价分数的改变量远远大于人力资源管理专业背景的学生，达到了显著性差异水平；而在两者相一致的条件下，不同专业的被测者评价分数改变量没有显著性差异。(3) 不同专业类型对评价改变量影响最大的维度是语言表达能力和人际关系这两个维度。(4) 被测者的性别对判断力与反应能力评分维度的影响最大，而招聘经验则对个人性格与品质这个维度的影响最大。

资料来源：马欣川、杨靖. 心理测验在面试招聘中对考官的影响 [J]. 心理科学，2008，31 (5)：1130-1133.

第八章　情境模拟测试技术

> **学习目标**
>
> 通过本章的学习，掌握情境模拟测试技术中文件筐测验、案例分析、无领导小组讨论与即席演讲的概念与特点，并熟悉此类测评技术在应用领域以及操作过程中应注意的问题，最终学会在人力资源管理实践活动中正确运用情境模拟测试技术。

【课前阅读】无领导小组讨论破解"招聘失真"难题

某电器集团公司华东分公司一年前曾经面向社会招聘到一位总经理。这位总经理管理理论丰富并有多年市场开拓经验，在面试过程中深得集团高层赞许。但后来发现，此君在工作中的表现和在面试中相比简直判若两人，加上管理和协调能力较差，导致华东分公司人心涣散、内耗严重，销售业绩连连滑坡。眼见新一年的销售旺季即将到来，如果再这样下去公司将失去整个华东市场。于是，公司决定解聘此君，再度面向社会公开招聘华东分公司总经理。但令公司高层担心的是此次招聘重蹈覆辙，再聘来一个"说的"和"做的"相差甚远的经理人。

众所周知，对于地区分公司总经理如此重要的领导岗位而言，不仅要求应聘者有敏锐的市场洞察能力，还必须有卓越的组织领导能力、沟通能力、协调能力及解决冲突的能力，以及一定的人际影响力。

这带给人们一种思路：不仅要听应聘者说，还要考察他们的实际行为表现。那有没有一种既"短平快"又比较接近工作实际，可以考察应聘者真实行为表现的人才测评方法呢？"无领导小组讨论"就是在人们的这种需求下应运而生的。

北京智鼎管理咨询公司董事长田效勋认为，对于领导岗位，除了要进行传统的笔试和面试外，还可以引入"无领导小组讨论"这种操作起来并不复杂的人才测评技术，以全面考察一个人的素质、能力以及行为，从而避免那种面试中说得挺好、实际中却做不好的"失真"现象发生。

这种方法要将应聘者分为几个小组，各组在没有领导者的情况下在规定时间内对一些问题进行讨论，形成一致意见，或在特定情境下完成某项任务，考官通过被测者在人际互动中的表现对个人做出评价。

在企业的实际工作中以团队形式完成一项任务或就某一问题达成共识是再经常不过的事情,所以无领导小组讨论已经被越来越多地应用于公司的人员招聘、员工的职业生涯发展和员工培训需求分析等领域,并被证明具有良好的效果。

资料来源:杨超,范天桦. 如何破解"招聘失真"的难题?——引入"无领导小组讨论"的魅力 [J]. 中外管理, 2004 (7): 48-51.

情境模拟测试在我国的历史可以追溯到公元前 21 世纪尧对舜的德才考察。当时尧对舜进行了六次情境模拟测试。一是尧把自己的两个女儿嫁给舜为妻,通过舜对待妻子的态度来考察其德行。结果舜对两位妻子体贴备至,施以礼遇,而且把她们调教得"不敢以贵骄事舜亲戚,甚有妇道"。二是让自己的九个儿子与舜相处,以观察舜如何对待他人。结果舜"内行弥谨",而九个儿子皆受舜德行的感染,也更加笃诚忠厚。三是使舜"慎和五典",管理阴阳术数和天文历法官员。舜管理有方,"五典能从"。四是让舜察举和管理有才德者为百官,结果"百官时序"。五是让舜铲除当时的四大劣迹昭著者,舜做到了,远近诸侯闻风而敬舜。六是让舜入山林川泽,经受暴风雷雨,"舜行不迷"。此六种情境模拟测试历时三年,最后尧认为舜德才兼备,可以承担帝王重任。舜后来果真像尧一样有德行才干,功绩突出。

尽管我国在人才选拔上应用情境模拟测试技术比国外早,但首先提出"情境模拟"概念的却是美国心理学家茨霍恩(Zhorn)等。事实上,情境模拟是运用于人员甄选的一种方法,它主要测量被测者的外显行为,以及考察被测者在他人影响下的表现。情境模拟测试就是根据被测者可能担任的职务,编制一套与该职务实际情况相似的测试题目,将被测者安排在模拟的、仿真的工作环境中,要求被测者处理可能出现的各种问题,来对其处理实际问题的心理素质、潜在能力等作现场考核。这种测试是一种预测被测者的实际工作能力的更为有效的方法。

第二次世界大战期间,美国情报机构在向德国派遣敌后情报员的过程中,就是试用情境模拟法物色可靠人选,结果大获成功。随后,在德、英、美、澳和加拿大等国的高级军官选拔中得到普遍运用。同时,这一"发明"刺激了商界精英的管理灵感,20 世纪五六十年代,美国电报电话公司率先将情境模拟法由"军用"转向"民用",先后为本企业 422 名年轻经理人进行了一种别具一格的、以工作情境模拟为核心的测试。该测试重点评估管理人员的知识、技能、价值观和个人职业追求,同样取得了轰动性成果,这其中就包括被称为"管理者实战演习"的"文件筐测验"。

第一节　文件筐测验

一、文件筐测验的含义

"文件筐测验"又称"公文处理模拟测验""公文筐测验""公文包测验""公文处理",是对实际工作中管理人员掌握和分析资料、处理各种信息,以及做出决策的工作活动的一种抽象和集中测验。

具体来说,这种测验在假定的情境下实施,该情境模拟一个组织所发生的实际业务、管理环境,提供给被测者的信息如信函、备忘录、报表、账单、投诉文章、电话记录、电报、报告、声明、命令、请示、汇报、通知及其他任何可能形式的一大堆亟待处理的文件材料,内容涉及财务、人事备忘录、市场信息、政府的法令公文、客户关系等,数量为十几份甚至更多的材料。这些材料通常是放在文件筐中的,文件筐测验因此而得名。

测验要求被测者以管理者的身份,模拟真实工作情境中的想法和行为习惯,在规定条件下(通常是较紧迫困难的条件,如时间与信息有限、独立无援、初履新任等),对各类公文材料进行现场处理,评委通过被测者处理文件过程中的行为表现和书面答案,对其计划、授权、组织、预测、决策和沟通等方面的能力进行评价。

这种测验一般只给日历、背景介绍、测验指示和纸笔,被测者在没有旁人协助的情况下回复函电、拟写指示、做出决定,以及安排会议。评分时,除了看书面结果外,还要求被测者对其问题处理方式做出解释,根据其思维过程予以评价。因此,文件筐测验是评价担任特定职务的管理人员在典型职业环境中获取有关研究资料,得体处理各类信息,准确做出管理决策,有效开展指挥、协调和控制的工作能力,以及其现场行为表现的综合性测验。

文件筐测验作为一种个人综合性笔试测验,是一种较好的选拔高层管理者的测评工具。首先,从成本核算的角度考虑,文件筐测验的成本高(测验题目设计、实施、评分都需要较长时间的研究与筛选,必须投入相当大的人力、物力和财力才能保证较高的表面效度,因此花费的精力比较多,费用比较高),对于责任重大、关键性的职位,采用这一测试较为合算,否则,得不偿失。其次,文件筐测验技术是基于高级管理者的特点设计的,它的测验形式、测评素质同高层管理者的工作形式与素质要求比较接近,所以它自然也最符合高层管理者的职位特点、职责内涵。而中层管理者、基层管理者的工作内容往往较少涉及公文处理,所以除非需要从中层管理者中物色人才,把他提拔到高层职位中，一般不采用文件筐测验。

二、文件筐测验的特点

文件筐测验有六个特点：纸笔测验+面谈测验；可以多人同时施测，分别进行；可对个体行为直接观察；可以根据不同的工作特性和待测素质设计题目，灵活性强；施测时间一般为一个到三个小时，最长可达一两天；适合测评中高层管理者。

文件筐测验高度仿真和接近管理实战的特点，非常有利于激发被测者的积极性和创造性，对于在很短的时间内全面、准确掌握被测者的能力、潜能以及个性心理特征的某些关键要素具有不可替代的重要作用，是不折不扣的"管理者实战演习"。文件筐测验对被测者自身综合素质状况、工作经验积累、专业知识和相关知识的系统整合与娴熟应用的考察效果，为其他许多人事测验所望尘莫及。更重要的是，文件筐测验不仅是一种选拔方法，而且也是一种培训的技术，可用于培训提高管理人员的管理技巧，提高解决人际冲突和提高组织内各部门的合作能力，以及进行人力资源规划和组织设计的能力。

最重要的是，文件筐测验具有跨文化、跨地区、跨行业和跨企业规模的普遍适应性。据统计，欧美发达国家和日本在选拔、评价管理人员时最常用的技术就是情境模拟测试技术，而情境模拟测试技术中文件筐测验的使用频率高达95%。文件筐测验效度和信度极高（信度相关系数为0.92），而且操作方便，已为各国企业的人才招聘选拔、人才评价和管理人员培训需求分析立下了汗马功劳。

作为测评者，要实施文件筐测验的前提就是准备好所需文件（根据目标岗位的日常工作要求、工作情境、面临的问题来设计文件筐的内容和结构），指导测试环境布置尽可能与真实办公环境相似（见表8-1），而非像考场一样，这种方式也被称为"理想模式"的文件筐测验。

表8-1　　　　　　　　　　　文件筐测验模式举例

操作阶段		所需文件
	准备阶段	1. 测评指导语 2. 场地布置要求（尽可能符合真实情景） 3. 已开发完成的公文
	测评阶段	就公文的具体内容开展测评
	评分阶段	1. 评分记录表 2. 评分标准及处理依据

与"理想模式"相对应的是"文本模式"的文件筐测验，这类文件筐测验是指在测

验实施上不讲究环境的模拟与仿真，完全是各种待处理文件组合。"文本模式"的文件筐测验组织简单，适合于大规模人员同时测评。

三、文件筐测验的题目设计

有效的工作分析是文件筐测验的最核心的基础工作，工作分析的关键内容开展得越规范、越全面、越深入、越细致，文件筐测验的题目设计就越容易，测评结果的信度和效度也就越高。但仅有系统的工作分析还远远不够，对行业特点、企业内外环境、企业文化和测评目标的分析也是测评题目设计时需要考虑的重要内容。下列因素就是文件筐测验题目设计的主要依据：

（1）企业所在行业的特点；

（2）企业内部和外部环境状况；

（3）企业现行文化和希望建立的新文化；

（4）招聘、选拔、评价和培训需求所确定的不同的测评目标使不同测评题目在整个测评中所占的权重不同；

（5）管理职务设置的目的和工作职责；

（6）管理职务的工作性质与工作方式；

（7）管理者工作活动的内容、各项工作活动占全部工作活动时间的比例、各项工作活动的执行权限和执行依据、工作活动结果的预期标准；

（8）管理者每一工作活动的主导业务流程（每一管理者的工作活动都包括人际关系、信息传递和决策制定三大类活动）；

（9）管理者的工作关系，包括管理者的直接上级和间接上级、管理者的同级、管理者的企业内部客户和企业外部客户；

（10）管理者可调遣或协调的工作资源，包括人力资源、物力资源、财力资源和信息资源。

充分掌握相关资讯的题目设计小组，一般用2~3个工作日即可完成一个重要管理职务的文件筐测验的题目设计。

四、文件筐测验对考官的要求

文件筐测验对考官的综合素质要求较高。考官不仅要具备管理学和心理学领域的基础知识，了解文件筐测验的理论和实践依据，而且还要对测评对象所任职务的职责权限和任职资格（工作经验、学历、能力、潜能和个性心理特征等）进行过系统研究，能够独立或与他人合作设计测评题目，了解各测评题目之间的内在联系；能够恰如其分地开展考评问询，能够对被测者进行全面、客观、公正的评价。考官要对每种可能出现的答案及其所代表的意义成竹在胸并与其他考官事先达成共识。

在 20 世纪 50 年代到 80 年代，文件筐测验的考官是清一色的管理顾问、咨询专家或心理学家。80 年代以后，文件筐测验的考官也开始逐步吸收所在企业的高级管理人员（他们通常是被测者直接上级的上司）。企业高级管理人员通常对企业管理现状的方方面面感受深刻，通过两周左右的标准化速成培训以及顾问人员的现场指导，他们基本上能够担负起合格考官的工作职责。

进入 21 世纪，对于高层管理者"不要沉溺于管理，开始领导吧"的呼声日益高涨，此时文件筐测验中的"公文处理"，大致分为三类。

第一类有标准答案的文件。这类文件是在目标岗位工作中经常出现的日常事务性文件，已经基本形成了一套固有的处理程序、处理方法。如被测者应聘一家企业的营销部主任，要求其草拟一份年度工作计划，被测者只要按部就班地处理就可以了。因此这种文件主要用于测定处理日常事务文件的基本能力。

第二类没有标准答案的文件。这类文件的处理往往属非确定性决策，没有定论，由被测者根据客观条件去创造发挥。由于各人的经验、思维性格等因素的不同，因而采取处理方法不必千篇一律，只要合乎情理，能达到预期目标的都是可行的。

第三类信息量不充足的文件。这些文件的阐述本身不完善，所给信息不充分，缺乏一些必要条件或基本信息，这就要求被测者善于发现问题、挖掘信息，根据个人经验来分析判断或补充信息，处理问题。

此时，文件筐测验的考官需要既懂业务（知识广博经验丰富），又懂管理（能有效区分执行、管理与领导之间的联系与区别）的企业领导和行业内专家才能胜任。

五、文件筐测验考查的要素

管理人员计划能力、组织能力、预测能力、决策能力、沟通能力的个体水平和群体水平是企业管理团队核心能力的标尺，对于企业可持续发展力的保持和提升具有重要意义。五大能力的考查是文件筐测验关注的焦点。下面就以招聘市场总监为例逐一介绍。

1. 计划能力

计划能力是指被测者分析每一既得信息所反映的问题、问题根源，以及问题间的相互关系，据此确定工作目标、工作任务、工作方法和工作实施步骤的能力。对于市场总监来讲，就是考查他（她）在特定的外部竞争环境和内部资源条件下进行产品计划、价格计划、分销计划和促销计划的能力。滚动计划法的应用情况、计划的可行性、实施所需时间/成本以及风险度是考评被测者计划能力的关键指标。

2. 组织能力

组织能力是指被测者按照各项既定工作任务的重要和紧急程度安排工作次序，调配人力、物力、财力资源，合理分工和授权并进行相应组织机构或人事调整的能力。例如，当某大区的商品营业额出现大幅度滑坡时，市场总监往往要组织增派促销人员、调拨促销用品、加大营销费用，授予大区市场经理临时特别权力，甚至调整大区市场部组织机构或管理班子来加以应对。工作次序安排、资源配置、工作分工和授权情况以及组织措施的成本和风险度是考评被测者组织能力的关键指标。

3. 预测能力

预测能力是指被测者对模拟工作环境中相互关联的各类因素、总体形势、未来发展趋势进行准确判断并预先采取相应措施的能力。例如，竞争对手在某中心城市的各大商场刚刚投放一种明显优于本公司现有主导产品的新产品，而该城市正是本公司计划下一步重点经营的目标市场，此时管理者能够准确地预测、采取有效的应对措施，对公司来讲就显得十分重要。对工作环境中多种可能性的预判能力，以及各种防范、应对措施的合理性是考评被测者预测能力的关键指标。

4. 决策能力

决策能力是指被测者在解决实际工作问题（特别是解决重要且紧急的关键问题）时策划并选择高质量方案的能力。例如，本公司的新产品已得到消费者认同，销售额和利润正在快速增长，但仿制品也开始进入市场。这时是重点开拓全新市场、建立新的分销渠道，还是在已开发市场转变广告宣传策略、降价促销呢？这就需要市场总监审时度势、全面斟酌、正确决策。决策目标的清晰程度、备选方案（一般为2~3个）的可行性、各方案的评价与比较、最终确定的方式是考评被测者决策能力的关键指标。

5. 沟通能力

沟通能力是指被测者通过书面形式准确表达个人思想和意见的能力。例如，实际工作中，市场总监会经常以电子邮件、传真、信函或公文的形式与各大区经理进行工作交流，根据市场人员状况和市场竞争态势对大区经理进行适时的工作指导，对大区经理进行日常慰问和精神鼓励等，这就需要良好的书面沟通能力。沟通渠道和沟通方式的选择、信息的准确性、思维的逻辑性、结构的层次性、文字的流畅性是考评被测者沟通能力的关键指标。

第二节 案例分析

在结构化面试、笔试和情境模拟测试中,案例分析如果运用得当,可取得良好的测评效果。

一、案例分析的含义

所谓案例,是依据实际发生过的事例,用白描的语言编制而成的原型介绍。描述者对这些事实或情形不作任何分析。案例具有客观真实性,但又不完全等同于原型,与案例要求无关的因素会剔除,由于涉及社会影响、法律责任、个人隐私等,对原型涉及的人名、地名等有必要进行技术性处理。

案例分析是情境模拟测试中的重要形式之一。在案例分析中一般选择内容翔实、信息复杂、有待决策的财务问题、制度问题或管理过程分析等问题。案例分析测试时,一般先让被测者阅读一些材料(案例),了解并研究某个组织或个人所面临的问题;然后调动其所有的知识储备和经验储备,经过筛选、比较和复杂的排列组合,在纷繁复杂、不断变化的实际中分清各种因素的联系,抓住主要矛盾,形成准确的判断;最后提出解决方案,写成分析报告。此时测试者根据分析报告的内容和形式,对被测者的某些能力素质进行判定。

案例分析测评能提供任何能力量级的工作场景,因而就可以测评人员的任何能力量级。那种只会纸上谈兵、生搬硬套的教条主义者,在案例分析测评中是没有市场的。同样,那些因循守旧、守株待兔的经验主义者,也会在案例分析测评中"原形毕露"。只有既善于学习、又勇于实践的人,才能获得成功。

二、案例分析的特点

案例分析的优点是:把问题置于具体的案例情境,使问题显得生动而不呆板,给被测者提供了条件和机会相等的情境;案例分析报告既可以采取书面的形式,也可以采用口头形式,操作相当方便且易于控制。案例分析的缺点是:案例设计非常困难,且案例本身的内容与设计的好坏会直接影响案例分析的信度与效度;其评分较为主观,难以制定一个客观化的评分标准和计分方法,使得评分结果极易受到被测者主观看法的影响。

案例分析通常用书面材料的形式来阐述某案例的情境条件,要求被测者根据指定的社会角色来进行一系列分析或决策。这种方法具有三个特点。

第一，每一案例均是一个独立的实际决策问题。它们通常具有非确定型决策问题的性质（即决策的先行条件中具有非确定型的因素），使被测者进行案例分析与提供决策方案时，无法依靠一种固定不变的程序来解决，其成败主要依靠被测者本身的知识、经验、决断能力和敢担风险的魄力等。

第二，每一案例均是一题多义、一题多解。每一案例的分析与判断，都有多种可供选择的方案，每一个方案均有利弊，甚至潜在着一定的风险，因而要求被测者务必运用多种学科的知识，综合自己各方面的才能，通过周密详细的分析，才能作出合理的分析或选择。

第三，案例分析中使用的实例基本上来源于实际工作，因而使案例阐述的情境条件和分析要求与指定社会角色的实际工作十分接近，给人以亲切实用之感。

三、案例编制原则与设计重点

1. 案例编制的原则

（1）真实性原则。案例必须是反映实际管理中所能遇到的出现频率较多的问题，即案例必须来自真实的管理实践，所以，案例必须要在对从事管理工作的人进行调查、收集大量实际案例的基础上进行设计和编制。

（2）针对性原则。案例必须反映所在职位所能遇到的出现频率较高且是较为棘手的问题，所以，案例一定要有针对性，一要针对职位要求，编制的案例是否能反映职位的要求直接关系测评的有效性；二要针对测评的内容要素，不同要素的测评肯定运用不同的案例或案例细节。所以，编制案例时，一定要针对特定职位上所遇到的管理问题，针对职位的特定要求和测评的特定要素进行编制。

（3）典型性原则。案例分析是用于测评素质指标的一种方法或工具，它是通过被测者对为数不多的几个案例的分析结果来考查被测者素质的一种方法。所以，案例分析中选择的几个案例一定要有代表性，能较好地代表所要测评职位的人员经常遇到的管理问题，也就是说案例一定要有典型性。案例要经过一定的文字和技术处理，切忌内容庞杂、毫无头绪，要便于被测者理解和分析。

（4）复杂性原则。案例中本来就包含很多的背景信息，所以案例要有一定的难度或复杂性，也就是在管理中遇到的较为棘手的或难以解决的问题，这样才能真正考查被测者的素质水平。在编制案例情境时，应该考虑到这些问题情境能够让被测者处理起来有一定的难度，并且对所有的被测者是公平的，注意不要应用某些被测者非常熟悉而某些被测者不熟悉的情境。在考查一些非能力品质（如个性品质等）的时候，最好能设计一些两难性问题，这样，案例会更加有效。

（5）新颖性原则。案例要有时代特色，要结合最新的管理问题进行设计。例如，由于网络的发展而带来的管理问题就是现在存在而过去不存在的管理实践中的问题，这些新型问题在案例中应有所体现。

（6）答案非唯一性原则。来自现实中的案例有两种，一种是成功管理的案例，一种是失败管理的案例。前者有明确答案，后者则无明确答案。即使有明确答案的成功案例也许还有其他有效的解决办法，所以，在评定时，我们不能单纯以制定的评分标准为准则，而只能是以其为基础，再由具有丰富经验的管理专家结合管理中的实际情况进行评分，这就对测评者的组成提出了更高的要求。当然，这种答案非唯一性原则与试图制定标准化的评分系统本身就是一种相互牵制的矛盾。

（7）明确性原则。案例设计过程中应该尽量做到明确，当然，简洁、明了要建立在正确完整地传递案例信息的基础上。更重要的是在问题项的设计上要保证明确性，即案例之后的问题项不能过于笼统，也不能过于烦琐，这样可以从一定程度上增强被测者的合作意愿。所以，在问题项的设计上可以进行结构化问题（如选择题等）的尝试，但这种方法的有效性还需要做进一步的研究和验证。

2. 案例设计重点

（1）要给出回答问题所需的足够信息。案例分析是基于一定的案例背景和事件信息提出问题，要求被测者回答。若信息不全，被测者就会无从回答；即使做出回答，也是基于自己假设的情境，假设因人而异，这样就会有更大的偏差出现，案例的标准化、可靠性及有效性也受到了破坏。所以，编制案例时一定要把回答问题所需要的必要信息明确、完整地提供给被测者。

（2）案例内容不能对问题项有直接提示。在案例编制时虽说要给被测者足够的背景信息，但切忌含有对问题项有直接提示的内容出现。所以，在编写过程中，既要做到不出现提示信息，又要做到内容的有效过渡与衔接，必要时可用笼统语言一笔带过，或者设置一些悬念，以有利于案例后的问题项设计。

（3）案例中的事件尽量具体、明确。编制案例时最好选择具体、明确的事件进行设计，因为事件越具体，越明确，被测者的回答范围就会越窄，计分标准就越容易界定，这样也避免了空泛、笼统的答案，有利于评分的统一和标准化。

（4）案例的篇幅要适度。案例的长短应有所控制，在 500～1 000 字较为合适。字数太少，不利于案例陈述清楚，也不易和结构化面试中的情境访谈题目区分开来；字数太多，容易让被测者产生厌烦和疲劳情绪。

（5）请被测者对问题予以尽可能深入的回答。编制的案例都是生活中精挑细选的、复杂的、典型案例，所以在每个问题项上被测者回答得越深入、越详尽，就越能充分体现他的素质水平。现场实验研究不同于实际应用，所以，应通过指导语对此进行强调和引导。

（6）问题项和测评指标的数量要适当。一个简短的案例本身不可能涉及太多问题，若太过细化，每个问题的难度和挑战性就大大较低，所以案例之后的问题项为 2~5 个较为合适。问题项太少，显得问题过于笼统；问题项太多，被测者容易疲劳和厌烦。这两者之间的关系需要进行很好的权衡。同样，测评指标的数量也应该适当：一般来说，一则案例用于考查 2~6 个指标要素较为合适。有研究者对无领导小组讨论等的研究表明测评数目增多会导致信度降低；用 3 个和 6 个测评指标进行评分时，信度均较高且它们之间无明显差异，但用 9 个测评指标时信度大大降低。当然，测评指标的数量应根据不同的方法和具体情况而定。

（7）对事件进行整合处理，适当设置悬念。一则案例的篇幅比起结构化面试的一个题目或问卷的一个题目，甚至是一则公文来说，都长得多；所以，案例在用于人员素质测评时，不可能选择太多的数量，一般 2~5 个就不算少了，那么，怎样用这么少量的案例尽可能详尽地测出被测者的素质水平呢？这就需要根据具体的测评目的和测评指标要素，在案例编制时把可以反映或考查不同测评要素的事件进行一定的整合，使得一则案例可以考查多个测评指标要素。当然，几个事件结合起来时要做到有效、自然地衔接；所以，在过渡时可一笔带过，适当设置悬念，这样既有利于前后衔接，又有利于不同阶段的多个具体问题的提出。

3. 案例设计中存在的矛盾

案例设计与编制的确非常困难，这不仅是因为案例设计比较复杂和烦琐，更重要的是案例设计中有一些内部矛盾的存在。

（1）问题的复杂性与其答案标准化之间的矛盾。案例要选择生活中比较复杂的、难以解决的问题进行设计，这些问题或事件本身在实践生活中就很难找到一个正确的、非常有效的解决办法；所以在案例中设计问题项的标准答案或评分标准就显得非常困难，有时只能通过实践管理专家进行评分或设计一个标准，但这个标准往往只是一个经验或理论上的标准，在实践检验中是否正确和有效，还是没有定论的。这正是案例分析中案例设计的一大矛盾。这个矛盾从另一个角度来看就是答案非唯一性原则与答案标准化之间的矛盾。因为很多案例中的事件在实际生活中并无正确答案可循，所以，答案可能是不唯一的。而我们在设计案例时又想尽可能使答案标准化，以有利于评分，但这很难两全其美。

（2）问题的开放式与结构化之间的矛盾。案例分析的传统弊端就是评分比较主观，难以确定一个客观统一的标准，这一大弊端在开放式的问题设计中显得尤为突出。所以，我们可以尝试进行结构化问题（如选择题等）的设计尝试，结构化问题的评分的确可以做到客观和统一。但具体到结构化问题中每一个选择项如何编制也显得很困难，而且，案例分析多是一种书面模拟的情境，与实际行为还是有差距，问题答案反映的可能仅仅是被测者的一种能力倾向或个性意识，所以，选择项的内容是否对被测者有提示也是值得考虑的一大问题。如若这样，案例分析本身的效度问题就很难得到保证。

总而言之，案例设计中的所有矛盾可以概括为主观与客观的矛盾。主观评分有失公平，标准化的客观评分又是难上加难。这一对相互牵制的矛盾使得案例设计非常困难，也是现阶段实践中案例分析的应用不够科学和规范，案例分析方法不能很好进行推广的原因所在。

四、案例分析的开发应用程序

一个完整的案例分析的开发应用程序应包括以下七大环节：职务分析及确立测评指标、收集案例素材、设计与编制案例及问卷、确定评分标准及计分方法、实施案例测试、培训测评者及组织评分、检验案例分析的效果。

1. 职务分析及确立测评指标

职务分析不仅是案例设计，也是整个人事测评的基础。它是确定职务内容和职务要求的关键所在，可以为案例分析中要评价的指标要素以及案例设计提供素材。在进行人事测评时，我们首先要知道被测者的职务需求是什么，即哪些素质指标是胜任该职务所必需的。比较常用的方法有访谈法、关键事件法、胜任力特征评价法、文献搜索法等。

访谈法即请职务专家对该职务的胜任特质要求进行描述：什么事情对管理者的工作最重要、必须对哪些问题作出决策等，这些只有管理者自己心中最清楚。通过对管理者的深入访谈，可以了解相关管理人员应该具备哪些素质，或者说管理工作包括哪些要素。

关键事件法是一种常用的行为定向的职务分析方法：它既能获得有关职务的静态信息，也可以了解职务的动态特征。关键事件法就是请职务专家来描述工作中遇到的一些工作情境或难点；一个关键事件就是一组可以观察得到的人类活动，据此可以对被测者进行评价和预测。在描述每个工作情境或难点的时候，可以采用结构化的格式，要求职务专家说明当时的情境、如何处理以及结果如何。职务专家可以是在岗员工、直接主管、下属员工，也可以是其他熟悉该岗位工作的相关人员，如客户、同事。在工作过程中直接观察关键事件可能比较困难，所以可以利用另外一些方式，如回想关键事件的方法，即请几位管理者进行座谈，对那些关键事件进行回忆，一位管理者的发言往往会对另外的管理者有所启发，引起他们的联想。这样就能够分析找出这项工作的要素。另外，还要请职务专家描述该职务将来可能发生的变化，从而使最终确定的职务内容以及职务要求对当前和将来都可能是适合的。

胜任力特征评价法则注重区分业绩优秀者和业绩一般者的差别所在，并从中寻找导致管理成功的关键素质或行为，以确定关键评价指标要素。

此外，文献搜索法也是进行职务分析的有效方法，通过对文献中某一职务人员所应具备的素质进行归纳、分析与研究，再结合对具体行业系统中实践管理专家的访谈，便可得出所要研究职务的人员所需要的胜任素质了。

案例分析所进行的职务分析需要注重以下三个方面：第一，围绕岗位关键职责任务；第二，以工作行为为基础；第三，与职务成败相关联的事件。

通过职务分析，我们便确立了对特定职务人员进行测评或考查的指标要素；以往的大多相关研究都没有确定各指标的权重，所以，在确定了测评指标后，最好能确立各指标的权重系数，这样便于给出被测者的整体综合评价。

2. 收集案例素材

可以从文献资料及相关测评机构进行案例素材的收集，但因案例分析法中的案例必须具有真实性和针对性，所以还要重点进行实际案例收集，从而为案例设计与编制做好准备。实际案例收集可以通过关键事件法进行，即对欲测评职务的相应专家（具有丰富实践经验，对该职务相当了解的专家）进行关键事件访谈或调查，在访谈或调查过程中请专家描述一个工作中遇到的典型案例或关键事件，例如，管理过程、管理制度等方面遇到的给他们印象最深的难题及解决办法，可以是自己亲身经历的，也可以是所见所闻。可以请他们从事件发生的组织背景，事件发生的时间、地点、人物，其中遇到的问题，问题的解决办法，解决的效果如何，被访谈者对此的感受或看法，被访谈者认为此案例体现了问题解决者的哪些能力和人格品质等方面予以描述。这样，当事人心目的典型案例或关键事件便完整地体现了出来，我们便收集到了第一手的案例素材。

3. 设计与编制案例及问卷

对从文献和实践中收集到的案例进行加工处理，主要包括对案例进行筛选、组合、修订、提炼等过程，将实际案例与考查要素相结合，并针对案例中遇到的一些实际问题编制问题项，形成前期案例。

案例设计完成后，要进行试测，这样既可以发现案例设计中存在的问题和不足，有利于案例的修正;又可以收集一些针对案例提出的问题项的参考答案或成功的管理者行为特征。

试测之后,便是修正案例,要特别注意案例文字叙述的清晰、准确、流畅,语句不能有歧义等。对反映(答案)类似的问题项进行整理合并,对反映的与构思无关的问题项或管理者行为特征进行删除,并根据被测者的答案对构想的问题项与测评指标的吻合度进行初步检验。

案例修正完成后,便形成成型案例。若有必要,将成型案例及问题项与测试指导语等各部分系统整合起来,便形成了案例分析问卷。考虑到案例评分较为主观的缺点,可以尝试进行结构化问题项(如选择题等)的设计。这就需要增加一个步骤,在回收案例分析问卷后,根据作答情况及专家的研究分析进行结构化问题项的设计,然后再进行正式施测。

4. 确定评分标准及计分方法

(1)评分标准。评分标准是指每一评定要素各个等级判分的参照标准模型,或者说是帮助测评者按规范化要求进行标准化计分的具体说明。常用的评分参照标准有两种形式。

一是简化参照标准。缺乏详细的标准阐述,感觉上是一种主观上的模糊评定,受评分人员的影响较大。但它设计过程简单,成本低。例如,

纪律性　　差　　较差　　一般　　较强　　强

二是具体参照标准。标准清晰、明确,测评者容易掌握和正确运用,比较适用于作为大规模的人事测评或计划在较长时间连续使用的人事测评的工具(见表8-2)。

表8-2　　　　　　　　纪律性评分的具体参照标准

要素	1	2	3	4	5
纪律性	组织纪律性差,有违法乱纪行为	组织纪律性较差,规章制度执行不严,偶有违纪现象	有一定组织纪律性,能遵守党纪国法和规章制度	组织纪律性较强,自觉遵守党纪国法和规章制度	组织纪律性强,模范遵守党纪国法和规章制度

(2)计分方法。在计分的具体方法上有一级判断计分法与二级判断计分法两种。

一级判断计分法要求评分人员通过一次性的完整思维来定量判断个体行为。常见的一级判断计分法分为奇数法和偶数法两种。奇数法通常将一个指标水平分成奇数的等级,如分成3、5、7、9、11个等级。偶数法通常将一个指标水平分成偶数的等级,如分为8级或10级,其中8级计分法中的4分与5分代表中等水平,最高分为8分;10级计分法

中则是 5 分和 6 分代表中等水平，最高分是 10 分。在一级判断计分法中，无论是奇数法还是偶数法，都面临着一个同样的矛盾，即计分的等级数越少，如 3 级计分法（上、中、下三级），测评者较容易进行判断，但是常常会带来一个严重后果：评定结果相对集中（大多数测评者选择为中），从而使得个体差异不明显，达不到测评的目的，导致测评项目的失败；反之，计分的等级数越大，如 15 级计分法（1 为极差，8 为中，15 为极好），评分结果就相对分散，一定程度上避免了趋中的结果，但是长达 15 个等级的评分，使得测评者普遍反映判断难度大，不容易把握等级与行为的匹配以及等级之间的差异。

二级判断计分法则在一定程度上弥补了一级判断计分法的缺陷。所谓二级判断计分法，是先要求测评者按一级判断计分法打分，然后在此基础上再分析测评对象符合该等级分数的哪个水平（通常分为上、中、下三个水平，正好符合为"中"，勉强符合为"下"，稍高于为"上"）。

二级判断计分法的二次判断结果累计扩大了计分范围，例如，采用 3 级计分法中的二级判断计分法，该方法要求评价者先按被测者的表现情况分成三等，在总体上表现出色的给予 3 分，表现一般的给予 2 分，表现较差的给予 1 分。然后再在此基础上分析被测者符合该级分数的上、中、下水平中哪一水平，最后得到一个分数（如"3 上"为 9 分，"3 中"为 8 分，"3 下"为 7 分），结果二级判断计分法实际上将评分水平分成了 9 个等级。同理，5 级计分法中的二级判断计分法实际上将评分水平分成了 15 个等级，提高了评定结果的辨别力和区分度。同时，二次思维判断均控制在较小幅度内进行分析，如 5 级记分法中的二级判断计分法的两次判断的范围分别是 5 级和 3 级，这样就减小了测评者的判断难度，增强了测评者对等级的把握。因此，二级判断计分法运用二级思维的方式较为有效地解决了一级判断计分法中所面临的关于得分区分度和评分难度之间的矛盾，这也是二级判断计分法得到广泛应用的原因。

5. 实施案例测试

使用编制好的成型案例进行测试，测试对象一定要与收集案例素材时的行业和职位相吻合。例如，编制的教育系统的处级干部案例就应该以高校、教育委员会等教育系统单位的处级领导干部为测试对象。施测过程最好能集中统一进行，但因案例分析耗时长、工作时间宝贵等原因，相应的集中统一施测难度较大，所以也可分散进行，在一定的时间内予以反馈。此过程中缺乏必要监督，可能会出现代答现象，所以在测试实施过程中，这一点一定要向被测者进行说明与提醒。

6. 培训测评者及组织评分

培训过程可以分为三步。

第一步是理论和原理培训，主要是使测评者掌握案例分析的基本原理与操作方法。

第二步是实测训练，由测评者担任被测者，接受每一项测验，然后作自我评价和相互评价，再由主测者进行分析总结。

第三步是熟悉评分的具体标准及计分方法。通过这样的培训，使测评者熟悉基本的案例情境，并掌握实际的评价技能。培训测评者虽然是案例分析中很重要的一部分，但在如何培训和培训到一个怎样的程度的问题上并没有研究定论。

在案例分析测评者的培训与组织评分上，不仅包括如何培训的问题，还包括测评者的选拔。组织评分时，评价小组的组成最主要的是心理学专家和有相关经验的实践专家，当然再加上人力资源管理专家，就是最好的评价小组构成。心理学专家是从科学的专业角度进行评价，有相关经验的实践专家是根据管理实践的经验对被测者的反应进行评价，而人力资源管理专家是从人事任用方面予以考虑，所以这样的评价小组结构比较全面与合理，能够胜任评价工作。组织评分时，最好是统一集中进行。

7. 检验案例分析的效果

用编制好的成型案例进行正式施测之后，要对案例分析的效果即信度、效度进行检验，即要分析案例分析的可靠性及有效性程度。在信度方面，运用测评者信度对案例分析的效果进行考查最为合适，即考查各测评者的评分一致性程度。在效度方面，可以运用效标关联效度和构想效度来对案例分析的效果进行考查。在拥有多种方法得来的调查数据的情况下，可以运用多质多法对案例分析的会聚效度和区分效度进行考查。多质多法是克佩尔和菲斯克（Cmpell & Fiske）于1959年提出的一种分析测验的结构效度的方法。这种方法现在得到了普遍应用，并且广泛应用于评价中心的结构效度的验证。测评维度（指标）被看成特质，而测评方法（测评情境）则被看成方法。会聚效度可以反映同一种测评维度（指标）在不同测评方法（测评情境）之间的相关程度；区分效度可以反映同一测评方法（测评情境）内不同测评维度之间不相关的程度。会聚效度和区分效度是结构效度的两个重要指标。在仅有一种方法的调查数据的情况下，最常用的方法是找到能反映测评指标要素的效标，以考查其效标关联效度。可以以被测者当前的工作绩效或行为记录为效标；若时间允许，可以以被测者将来的工作绩效为效标（即预测效度）。但效标收集困难较大，而且考虑到时间的限制，比较简便的方法是以测评指标要素的自评和他评分数（领导、下属、同事等）为效标，将效标分数与测评者对被测者的评分进行相关，即可求得效度。

第三节 无领导小组讨论

一、无领导小组讨论的含义

无领导小组讨论（leaderless group discussion，LGD）是采用情境模拟的方式对被测者进行集体面试，运用松散群体讨论的行为快速诱发人们的特定行为，并通过对这些行为的定性描述、定量分析，以及人际比较来判断被测者素质特征的人事测评方法。它起源于第一次世界大战德国间谍选拔测验，由于效果较好，后来在军队中得到广泛运用，战后，退役军官将这种方法从军队带出来，并应用到企业的人才选拔中，取得的效果也非常理想。

就其操作方式而言，LGD就是给被测者一个待解决的问题，限制大约一个小时的时间，让他们在既定的背景下或围绕给定的问题展开讨论并解决这个问题。被测者的最佳人数一般是5~7人。所谓"无领导"就是说参加讨论的这一组被测者，他们在讨论问题情境中的地位是平等的，而且也没有指定哪一个人充当小组的领导者。目的就在于考察被测者的表现，尤其是看谁会从中脱颖而出，成为自发的领导者。测评者不参与讨论过程，他们只是在讨论之前向被测者介绍一下讨论问题，告诉他们所要达到的目标以及时间限制等，至于怎样解决问题则完全由被测者自己来决定。测评者一般通过现场观察或者录像观察对被测者进行评定。

根据讨论背景的情境性，可以将LGD分为无情境性的LGD和有情境性的LGD。无情境性的LGD一般是让被测者就一个开放性的问题展开讨论；有情境性的LGD是将被测者置于某种假设的情境中让其进行讨论。

从是否给被测者分配角色的角度来划分，可以将LGD分为不定角色的LGD和定角色的LGD。定角色的LGD是指在讨论过程中给每个被测者分配一个固定的角色，这个角色是与他在日常生活中的角色不同的；不定角色的LGD是指在讨论过程中并没有给被测者分配一个固定的角色，他仅仅是自己本来的身份。

根据被测者之间在完成任务过程中的相互关系，可以将LGD分为竞争型、合作型和竞争合作型的LGD。

以上类型的LGD都不指定谁是领导，也并不指定每个被测者应该坐在哪个位置，而是让所有被测者自行安排、自行组织，测评者只是通过安排被测者的讨论题目，观察每个被测者的表现，给他们的各个要素评分，从而对被测者的能力、素质水平做出判断。

二、无领导小组讨论的特点

1. LGD 的优点

首先，LGD 明显优于其他测验方法的一个方面就在于它为被测者提供了一个平等相互作用的机会。在相互作用的过程中，被测者的特点会得到更加淋漓尽致地表现，同时也给测评者提供了在与其他被测者进行对照比较的背景下，对某个被测者进行评价的机会，从而给予更加全面、合理的评价。

其次，LGD 具有生动的人际互动效应，通过被测者的交叉讨论、频繁互动，能看到许多纸笔测验乃至面试所不能检测的能力或者素质，如被测者在 LGD 中会无意中显示自己的能力、素质、个性特点等，有利于捕捉被测者的人际交往技能和领导风格，提高被测者在真实团队中行为表现的预测效度。

再次，LGD 具有赛马场效应，即 LGD 提供了一个"赛马场"，在赛马场中选马（被测者），有利于识别最具有潜能的千里马。

最后，LGD 具有其真实诱发效应，即讨论中的快速反应和随机反应，有利于诱发被测者真实的行为模式，大大减少了行为的伪饰性。

2. LGD 的缺点

第一，LGD 的一个突出缺点就是基于同一个背景材料下的不同的小组，讨论的气氛和基调可能完全不同。有的小组气氛比较活跃，比较有挑战性；有的小组气氛则比较平静，节奏比较缓慢，甚至显得死气沉沉。一个被测者的表现会受到同一小组中其他被测者表现的影响。一个很健谈的人当他遇到了一些比他更活跃的人物时，反而会让人觉得他是比较寡言的；一个说服力不是很强的人在一个其他人更不具有说服力的群体中，反而会显得他的说服力很强。这说明不同 LGD 小组之间缺乏横向比较性。

第二，LGD 对测试题目的要求较高，题目的好坏直接影响对被测者评价的全面性与准确性。

第三，这种评价的方式对测评者的评分技术要求比较高，而且评价标准相对不易掌握，测评者必须接受专门的培训。

第四，对被测者的评价易受测评者各方面的影响（如偏见和误解），这容易导致测评者对被测者评价结果的不一致。

第五，被测者有存在做戏、表演或者伪装的可能性，其经验可能也会影响其能力的真正表现。

三、无领导小组讨论的评分方法

评分标准是测评者对被测者的行为进行评判的依据，首先是针对每一个评价指标而言的，每一个评价指标在确定评价指标体系时都已经有了详细的界定和描述，但是怎样来描述和评判被测者在这个评价指标上的表现却依然是个难题（见表8-3）。要想在每个指标上对被测者的行为进行科学衡量，得出具体的分数，区分优秀和平庸，这就需要确定衡量的标准。

表 8-3　　　　　　　　　　　无领导小组观察记录表

编号	候选人 A	候选人 B	候选人 C	候选人 D	候选人 E
发言次数					
发言先后					
倾听他人意见					
支持或肯定他人意见					
发表不同的意见					
坚持自己的看法					
消除紧张气氛					
鼓励他人表达					
主动成为领导者					
深入推动					
采取策略影响他人					
非言语表情					
反应灵敏					
妥善化解矛盾					
主动寻求合作					

LGD 评分方法的确定是建立在测评维度基础上的，采用何种评分方法关系到最后测评的综合结果。LGD 的评分方法主要有以下四种。

1. 十分制或百分制计分法

十分制或百分制计分法是根据测评维度内涵界定将其划分为几个评分段，并对这几个评分段进行详细的界定，然后将 10 分或 100 分分配到这几个评分段中。测评者根据被测者的具体表现，结合界定好的评分段对被测者进行计分。分配方法主要采用均分法或正态分布法。

以 10 分为例，如将组织协调能力分为三个评分段，并对每个评分段进行详细的内涵界定，然后为每个评分段赋予一个分数段，即 1~3 分，4~7 分，8~10 分，具体表述如下。(1)(8~10分)顾全大局,积极主动地请他人发言,善于创造一个使不大开口的人发言的气氛,调动成员的积极性;向他人提出疑问,及时纠正跑题现象,使讨论沿主题继续下去;善于设法消除讨论的紧张气氛;主动引导小组讨论取得一致意见。(2)(4~7分)能以大局为重,适时提出疑问,使讨论走出僵局;能请他人发言,调动他人的积极性;能设法消除紧张气氛;引导小组讨论取得一致意见。(3)(1~3分)缺乏大局观,能提出自己的疑问,对讨论中出现的争执和纠纷置身事外,既不卷入,也不出面排解。

这种评分方法有利于测评者有效地区分被评价者的表现,并在一定的空间中给予综合判断。但该法的计分幅度范围大,对测评者的判断要求很高。

2. 二级判断计分法

此部分内容可以参考本章第二节有关二级判断计分法的介绍,此处不再重复。

3. 行为列表法

所谓行为列表法就是将特定评价指标上的典型行为列出来,这些典型行为又分成高分行为和低分行为两类。在实际操作时,测评者观察被测者的行为表现,然后将其和行为列表中的高分行为或低分行为相匹配,如果该行为属于高分行为则按照一定的规则进行加分,反之,如果属于低分行为就减分。例如对倾听能力设计的计分标准:注视发言者并点头或摇头(1分);打断别人谈话(-1分);别人插入时接受(1分),拒绝(-1分)。这种评分方法去除了等级的概念,直接根据对被测者行为的分类进行打分,消除了等级含混不清所带来的影响。

这种方法以关键行为对评分标准作出定位,各类别的定义比较明确,应用时测评者的积极性和准确性较高,评价的误差比较少,具有很高的表面效度。但是,该法的局限在于很难完全把握住某种测评维度的所有关键行为。

4. 根据岗位需要,自行设计评价标准

在明确测评要素前提下,给出适合岗位招聘与选拔要求的评价表(见表8-4)。

表8-4　　　　　　　　　　无领导小组评分标准表

( )号观察员	1号	2号	3号	4号	5号	6号	7号	8号
影响力(40分)								
时间管理(30分)								
创新力(20分)								
妥协技巧(10分)								
总计								

注:影响力是指说服或影响他人观点的能力;时间管理是指具有管理工作时间的意识,体现对工作效率的追求;创新力是指不受陈规和以往经验的束缚,不断改进工作方法,创造或引进新观念、方式,以适应新形势发展的要求;妥协技巧是指为了团队目标达成,放弃自己利益或立场的行为意识。

四、无领导小组讨论题目的设计原则

LGD 是通过小组成员之间的互动作用,对某个讨论题目进行意见发表、互相讨论,并最终获得解决方案的方式来诱发小组成员表现特定的行为,测评者则依据被测者所表现出来的特定行为对其进行评价。因此,讨论题目的设计是 LGD 中非常重要的环节之一。

设计讨论题目必须遵循一定设计原则和设计步骤,设计出成功的讨论题目,只有这样才能确保诱发被测者的特定行为,为评价工作打下良好的基础。

1. 逼真性原则

LGD 的特点之一就是情境模拟性,而体现 LGD 情境模拟性的一个方面就是其设计的讨论题目是一个独立的、高度逼真的、与实际工作有关的问题,即要求讨论题目的现实性和典型性都好。因为这些典型的事件或问题最能够反映拟任岗位的工作特点。设计的讨论题目越有典型性,就越能从 LGD 中反映被测者是否具备完成实际工作的能力和品质,所以设计讨论题目必须结合实际工作,从中去找寻现实性和典型性都好的讨论题材。

2. 针对性原则

讨论题目的设计必须建立在测评维度和测评标准上,这样设计出来的讨论题目才更有针对性。讨论题目的设计必须针对拟任岗位的特点,即要求讨论题目必须与拟任岗位的特点相结合,应能有针对性地反映拟任岗位的工作特点,是现实工作中已发生的或与现实相似的事件或问题,能够体现具体的现实工作情境特点和所需具备的各种技能、品质等要素。

3. 熟悉性原则

设计的讨论题目在内容上必须是所有被测者熟悉并感兴趣的,因为这样才能保证人人有感可发,保证每位被测者在讨论过程中能够比较充分地表现自己,从而确保评价的公平性。如果内容对被测者而言比较陌生,则会限制他们特定行为的表现,造成无法全面地做出评价,使得测评无法达到预想目的。同时,讨论题目的内容不会诱发被测者的防御心理,因为这样能让被测者尽情展现自己的风采,表现真实的自我。

4. 具体性原则

讨论题目设计的内容应该广泛而深刻。一方面,立意一定要高,主题要从大处着眼,含义要深刻;另一方面,内容一定要具体,即设计题目要从小处入手,具体、实在、不空谈,一定要避免玄妙、抽象、言之无物的争辩,避免给评价带来不便。

5. 适宜性原则

讨论题目要有适当的难度。设计的题目不能过于简单,其结论不可以显而易见,使

得讨论形成"天花板效应";同时设计的题目也不能过难,使得被测者无法讨论下去,形成"地板效应"。因此,讨论题目难度一定要适宜,以促使被测者必须经过周密分析和仔细推敲,才能理出头绪、进行争辩、说服别人,最终使能力强者崭露头角,从而从"无领导"状态下产生能操纵讨论的真正"领导者",进而使不同被测者真正自然而然地表现各自的不同水平和特点。

6. 辩论性原则

LGD这种测试方式,重在"讨论"。通过讨论来观察和评价被测者的各项能力素质。这种讨论的目的不在于阐明、捍卫某种观点、思想的孰是孰非,而在于过程。所以设计的讨论题目必须体现辩论性,即讨论的题目能够引起被测者激烈的讨论行为,让他们在讨论的过程中把自我真实地表现出来。

7. 多元性原则

讨论题目的设计一定要一题多解,也就是说,在每个案例的分析与判断中,均应有几种可供选择的方案或答案,每一方案或答案均有利有弊,让被测者的主观能动性得以充分发挥,讨论之中仁者见仁、智者见智。

8. 平等性原则

平等性指的是角色平等。对于那些适用于角色分工的讨论题目,讨论题目本身对角色的分工在地位上一定要平等,而不能造成被测者之间有等级或者优劣的感觉。只有被测者的地位平等了,他们才能有发挥自己才能和潜能的平等机会,被测者之间才能有可比性。

五、无领导小组讨论题目的类型

LGD的讨论题目一般都是智能性的题目,从形式上可以分为以下五种。

1. 开放式题目

所谓开放式题目,是指其答案的范围可以很广、很宽。主要考查被测者思考问题是否全面,是否有针对性,思路是否清晰,是否有新的观点和见解。例如,你认为什么样的领导是好领导?对这个题目,被测者可以从很多方面来回答,如领导的人格魅力、领导的才能、领导的亲和力、领导的管理取向等,可以列出很多种优良品质。开放式题目对于测评者来说,容易编制题目,但是不容易对被测者进行评价,因为此类题目不太容易引起被测者之间的争辩,所考查被测者的能力范围较为有限。

2. 两难题目

所谓两难题目,是让被测者在两种互有利弊的答案中选择其中的一种。主要考查被测者的分析能力、语言表达能力以及说服力等。例如，你认为以工作为取向的领导是好领导还是以人为取向的领导是好领导？一方面，此类题目对于被测者而言，不但通俗易懂，而且能够引起充分的辩论；另一方面，对于测评者而言，不但在编制题目方面比较方便，而且在评价被测者方面也比较有效。此种类型的题目需要注意的是两种备选答案一定要有同等程度的利弊，不能显示出其中一个答案比另一个答案有很明显的选择性优势。

3. 多项选择题目

此类题目是让被测者在多种备选答案中选择其中有效的几种，或对备选答案的重要性进行排序，主要考查被测者分析问题实质、抓住问题本质方面的能力。对于测评者来说，此类题目的编制较难，但对于评价被测者各个方面的能力和人格特点则比较有利。

4. 操作性题目

操作性题目，是给被测者一些材料、工具或者道具，让他们利用这些设计出一个或一些由测评者指定的物体来，主要考查被测者的主动性、合作能力，以及在实际操作任务中所充当的角色。如给被测者一些材料，要求他们相互配合，构建一座铁塔或者一座楼房的模型。此类题目对被测者操作行为方面的考查要多一些，同时情境模拟的程度要大一些，但对语言表达能力方面的考查则较少，同时测评者必须很好地准备所能用到的一切材料，对测评者和题目的要求都比较高。

5. 资源争夺题目

此类题目适用于指定角色的无领导小组讨论，是让处于同等地位的被测者就有限资源进行分配，从而考查被测者的语言表达能力、分析问题能力、概括或总结能力、发言的积极性和反应的灵敏性等。如让被测者担任各个分部门的经理，并就有限数量的资金进行分配，因为要想获得更多的资源，自己必须要有理有据，必须能说服他人，所以此类题目可以引起被测者的充分辩论，也有利于测评者对被测者的评价，但是对题目的要求较高，即题目本身必须具有角色地位的平等性和准备材料的充分性。

六、无领导小组讨论题目的设计步骤

1. 工作调查

进行有关的工作分析，了解拟任岗位所需人员应该具备的特点、技能。根据岗位的这些特点和技能进行有关题目的收集和设计。

2. 案例收集

收集拟任岗位的相关案例，所收集的相关案例应该能充分地代表拟任岗位特点，并且能够让被测者处理时有一定的难度。

3. 案例筛选

对收集到的所有原始案例进行甄别、筛选，选出难度适中、内容合适、典型性和现实性均较好的案例。

4. 设计讨论题目

对所筛选出的案例进行加工和整理，使其符合 LGD 的要求。主要包括剔除不宜公开讨论的内容或者过于琐碎的细节。相应地，应该根据所要测评的目的，补充所需要的内容，尤其是要设定一些与岗位工作相关而又符合讨论特点的情况或者题目，使其真正具备科学性、实用性、可评性、易评性等特点，成为凝练典型的讨论题目。

5. 讨论题目的检验

讨论题目设计完成以后，可以选择相关的一组人（不是被测者）进行试测，以检查该讨论题目的优劣，验证其能否达到预期的目的。

6. 讨论题目的修正

检验完后，对于那些效果好的讨论题目便可以直接使用。而对于那些效果不好的讨论题目则要进行修正，直至其达到预期的效果。

七、无领导小组讨论实施五步流程

1. 在实施前做好充分的准备

在实施无领导小组讨论前，测评者必须从多方面进行充分的准备。

（1）根据招聘岗位的特点，选择恰当的讨论题目和评分维度。题目和维度是讨论的基础，但好的讨论题目和清晰的评分维度却并不容易得到。在编制题目和制定维度时，一定要与招聘岗位紧密结合，因为不同的岗位对任职者的能力要求可能存在很大差别。如有可能，题目和维度编好后，应先进行小范围的试测和试评分，发现问题后及时修改，如此反复几次后才能正式投入使用。

（2）选择适当的实施环境。选择一间宽敞明亮的屋子，能够容纳下所有被测者和测评者，而且测评者应与被测者保持一定的距离，以减轻被测者的心理压力。如果有条件，最好准备一台摄像机，这样，评分时可以重复观看录像，以使评分更加准确。

（3）组织安排被测者。一般地，无领导小组讨论以每组 6~8 人为宜。人数太少讨论不易充分展开，而人数太多则有可能组员之间分歧过大，很难在规定时间内达成一致意见。为被测者分组时必须注意，竞聘同一岗位的被测者必须被安排在同一小组，以利于相互比较；同时，同一小组内的成员也应尽量是竞聘同一个岗位（或相似岗位）的应聘者，以保证相对公平性。

（4）安排测评者。一般的，LGD 的测评者应该由竞聘岗位的管理者和心理学家（或人事选拔专家）共同组成，以保证评分的公正性，人数为 4~6 人。LGD 的评分是一项复杂而艰巨的工作。在评分前，没有经验的测评者必须接受人事选拔专家或者心理学家的系统培训，深入理解 LGD 的观察方式、评分方法以及各个评分维度的含义，必要时还要进行模拟评分练习。

2. 开始阶段

主考官宣读讨论的注意事项和讨论题目，被测者阅读题目，独立思考，准备个人发言。准备时间一般为 3~5 分钟。

3. 个人发言阶段

被测者轮流发言，初步阐述自己的观点。主考官控制每人发言时间不超过 3 分钟。

4. 自由讨论阶段

个人发言后，小组进入自由讨论阶段。被测者不但要继续阐明自己的观点，而且要对别人的观点做出反应。讨论最后必须达成一致意见。自由讨论的时间一般为 30~40 分钟，此阶段主考官不作任何干预。

5. 评分

整个讨论全部结束后，测评者会为每名应聘者在各个维度上的表现逐一进行评分。但是，不同测评者的分数如何合并？如何做出录用决策呢？

比较简单的方法是将所有测评者的评分平均后，对各被测者的得分进行排序。但这并不是最优的方法。比较好的方法是讨论结束后，测评者再召开一个评分讨论会。在讨论会上，每个被测者的表现被逐一进行评价。讨论每名被测者时，测评者分别报告他们观察到的该被测者的典型行为以及对他表现的评价，并充分交换意见。讨论会有两个作用：

（1）通过交换意见，测评者可以补充自己观察时的遗漏之处，对被测者做出更加全面的评价；

（2）若不同测评者对同一被测者的评价产生了分歧，他们可以进行充分的讨论。这种情况是经常发生的，例如，对于被测者的同一行为，不同的测评者可能会有不同的理解和评价，这时就需要通过讨论来澄清此行为代表的含义。

总之，通过评分讨论会，测评者能够对每个被测者形成一个更加清晰、完整的评价。当测评者们都认为他们已经获得了足够的信息，就可以进行最终决策了。进行最终决策时，不再采用求平均分的方法，测评者不需要对自己先前的评分做任何修改，而是再次对每位被测者做出一个整体评价：A代表"不能胜任岗位"，B代表"胜任岗位"，C代表"优秀"，B和C的区别在于B表示被测者可以胜任当前岗位，而C表示被测者表现出可以胜任更高职位的潜能。

依据每名测评者给出的整体评价，可以算出每名被测者的总分：A为0分，B为1分，C为2分，总分最高者将被录用，其余则被淘汰。

到此为止，一次完整的无领导小组讨论就全部结束了。

第四节 即席演讲

一、即席演讲的含义

即席演讲又称即席发言，是情境模拟测试中的一种常用方法。被测者按照给定的演讲主题和相关材料，在做短时间准备后（通常为5~10分钟），结合自身的情况和观点，即兴地运用语言、动作、表情、姿态等向测评者阐述自己的观点和理由，测评者对被测者在演讲过程中表现出的各种行为进行全方位的观察和记录，对照标准化的评分表对被测者的行为进行归类和鉴定，得出其在各项指标上的分数，最后根据被测者的得分情况来确定其在相关素质维度上的水平，从而为管理者对被测者的选拔、录用等人事决策提供重要的参考。这种测评方法可以考查被测者的分析推理能力、语言表达能力及在压力下的反应能力。

即席演讲可以应用于招聘、甄选、晋升、选拔，以及培训等许多人事管理活动中，不同的应用目的将决定不同的即席演讲主题。如应用于招聘和甄选的即席演讲测评，其在设计演讲主题时就应该注意避免演讲主题所创造的情境会使得被测者的行业经验对测评结果造成影响，即如果演讲主题所创造的模拟情境对某些被测者来说相当熟悉而对另一些被测者来说是完全陌生的话，那些熟悉情境的被测者就会获得不应有的优势，从而影响整个测评结果的真实性；而与此相反，如果应用的目的是在组织内部进行选拔和晋升，那么即席演讲主题的设计就不必考虑模拟情境的行业背景，因为参与选拔和晋升的管理者都具有基本相同的行业背景和工作经验，有时甚至会特地选择与被测者的实际工作紧密联系的模拟情境，以此来提高测评结果在现实工作中的可迁移性。同样，当测评目的是培训诊断或者将测评本身作为培训过程时，测评工具往往在测评指标的选择上更加趋于全面和系统，而当测评应用于招聘和晋升时，通常会使测评指标更趋于集中和更有针对性，以拉开被测者的差距。

二、即席演讲特点

1. 直观性

比之其他测评方法，即席演讲更能直观地考查被测者的各种能力素质。在即席演讲的过程中，被测者被要求站在数位测评者的前方（有条件的测评还会提供正式的讲台），根据演讲要求围绕演讲主题尽情发挥自己的才能，而测评者在台下第一时间看到被测者的每一个细微行为，观察到被测者每一次表情变化，听到被测者每一句演讲话语，感受到被测者每一次感染观众的努力，这些使得测评者能够得到最直接的信息，对被测者的真实才能的判断将因为没有其他媒介的间隔而显得更加准确和真实。

2. 预测性

即席演讲常常被应用于招聘、晋升及培训诊断，而其演讲的主题通常是与目标岗位相关的模拟工作情境。被测者被置身于这些针对性很强的模拟情境中，其表现往往比较接近于日后正式上岗后的真实情况。在较短的时间内，置身于突如其来的模拟情境中，面临着复杂甚至艰巨的任务，被测者很难做出伪装，避免测评者对其能力素质的考查产生偏差，这样，即席演讲中被测者的行为表现就往往能在较大程度上迁移到实际工作中去。因此，即席演讲测评法对被测者在未来工作中的表现往往有较好的预测效果。

3. 真实性与全面性

由于每一个即席演讲的主题都源自实际工作样本中的典型事例，这些事例都是在目标岗位或相关岗位上曾经发生的真实事件，这样就使得被测者看到演讲主题时感觉真实可信，并迅速进入角色，而真实的情境也有利于测评者考查被测者的真实能力和素质。同时，为了有效减少与测评无关的干扰因素，这些典型事例往往会经过测评技术的处理，有时甚至会根据测评要求把分属于不同工作样本中的情境元素经过"剪辑"组合在一起，最终成为一个演讲主题中的情境。这样既提高了测评的准确性，又扩大了测评内容与范围，还可以在同一次测评活动中测评出演讲者的多种素质，如人际交往能力、逻辑思维能力、应变能力、组织协调能力等。

4. 针对性

使用即席演讲测评法时，往往会针对某一个测评目的、某一个目标岗位或某一种测评环境来选择、设计特定的演讲主题并由此确定特定的评分体系，特定的演讲主题将为被测者提供一个与工作有关的情境模拟和需要完成的任务，在这个完成任务的过程中，被测者将得到机会充分表现自我。同时，特定的评分体系将为测评者提供一个清晰而标准化的评分框架，在这个框架中明确了测评者需要评定的能力素质，在测评过程中测评者将运用这个框架去观察被测者的行为表现,并对被测者的每一项能力素质进行评定。

5. 灵活性

即席演讲测评法的灵活性主要表现在演讲主题的设计和实际操作方面。

在设计演讲主题时,设计者可以针对特定的目的和要求灵活地设计不同的演讲主题,而在不同的演讲主题中被测者所预期表现出的能力素质是不同的。有时,为了满足测评的要求,甚至可以将不同的演讲主题进行灵活地组合,应用到同一个测评项目中去,即在同一次整体测评活动中进行不止一次的即席演讲测评。

由于即席演讲测评在进行时只有一个被测者,不像无领导小组讨论等其他情境模拟需要多个被测者共同参与,也不像管理游戏那样需要其他的辅助资源,所以测评在实际操作的时间与空间上具有较大的灵活性。

6. 可操作性

一个设计成熟的即席演讲测评具有很强的可操作性。在即席演讲测评过程中,被测者被给予明确的演讲主题和任务,同时也有明确的时间限制;测评者得到高度标准化的评分标准,并接受统一的培训;测评项目管理者有明确测评步骤、时间安排和注意事项。这样,在实际操作过程中,每一个角色都有章可循、有法可依,都能明确自己的职责和任务,整个过程就可以得到较好的控制,测评项目也能比较方便地实施。

7. 公平性

在同一个即席演讲测评项目中,被测者将得到完全相同的测评条件,包括完全相同的演讲主题和任务、测评要求、测评环境、测评者团队、评价标准体系。每一个被测者都拥有一个展现自己才能的公平的舞台,不会因为外部条件的差异而受到不应有的影响,而且,每一次即席演讲都是被测者独立完成,不会受到其他被测者的影响和干扰。所以说,即席演讲测评能为每一个被测者提供一个公平的竞争机会。

即席演讲的上述特点构成了其有别于其他测评方法的优势,这也是即席演讲被广泛应用的原因。但是,任何一种测评方法都不是十全十美的,即席演讲也不例外。首先,即席演讲的测评形式决定了被测者的能力素质主要通过语言、表情、少量的肢体动作来展现,这种形式对被测者的实际操作能力考查不够,而且,被测者的个性、习惯和口才上的差异会对他其他方面真实能力的展现产生一定的影响;其次,测评者对被测者能力素质的考查主要通过观察其在测评现场的行为表现,而行为观察的高难度决定了这种测评形式对测评者的专业水平要求较高,在测评前需要花较多的时间和资源对测评者进行培训,而即使所有的测评者都接受了统一的标准化培训,评价方法的主观性也会使得测评者自身的素质和经验会对测评结果产生一定的影响;再次,即席演讲的开发成本也要高于一般的人事测评技术，特别是演讲主题的编制和评价标准体系的建立需要花费大量的时间和精力，这些都将带来开发成本的攀升和开发周期的延长。

三、即席演讲主题的编制原则

即席演讲主题的编制水平在很大程度上决定整个测评工具的成功与否。

1. 逼真性原则

与其他情境模拟测评一样，即席演讲需要给被测者创造一个模拟的情境，而这个情境必须真实可信，并且与工作相关。越是逼真的情境就越能为被测者提供发挥的空间，也就越能准确、真实地考查被测者的能力素质。一个逼真地模拟情境必须植根于现实环境中的真实案例，并且进行科学的加工使之更加具体、更加详细、更能达到测评目的。

2. 针对性原则

即席演讲主题的编制必须针对先前确定的评价指标。评价指标是根据测评目的确定的，只有这些评价指标都能在测评过程中得到准确的评定，整个测评项目才能成功达到目的，被测者在测评现场才能有机会发挥测评中所需要考查的那些能力素质，测评者也才能根据评分标准对被测者的各项评价指标进行评分。如果编制演讲主题时没有切实针对评价指标的话，很可能导致在测评过程中被测者根本没有机会和空间发挥出某些评价指标群中的能力素质，从而使得测评者无法对这些评价指标进行打分，最终使得测评无法达到预先的目的。

3. 典型性原则

即席演讲主题通常来源于真实的案例，而在选择"案例原型"的时候必须遵守典型性原则。所谓典型性，即所选择的案例或者模拟情境和任务都必须是在该目标岗位上发生的具有代表性和典型性的事件，这些事件必须能突出反映该岗位的工作特点、工作环境和工作内容，反映在这个岗位上的人员必须具备的一些能力素质和个人品质。不仅如此，这种典型性还表现在选取的案例最好是一些关系重大、与组织的重大决策相关，甚至是决定组织生死存亡的关键事件，只有在这样的关键事件中，个人的能力素质和品质才能得以突出表现。

4. 公平性原则

当测评工具应用于不同的目的时，编制即席演讲主题的方法应该有所不同，而正是这种不同反映了编制即席演讲主题的公平性原则。应用于招聘和甄选的测评，由于被测者的行业背景和工作经验不尽相同，演讲主题应该尽量选取与所有测评对象的过往经验都无关的情境，在这样的情境下，所有的被测者都将面临从未遇到过的情况，需要去完成从未尝试过的任务，所有被测者都在同一条起跑线上，从而保证了测评的公平性，而测评的公平性是与测评的准确性和有效性紧密联系在一起的。同样，对于应用于内部晋升和选拔的测评，可以选取与工作或行业背景相关的演讲主题，然而也必须体现公平性原则，即选取的模拟情境尽量是所有被测者都比较熟悉的，这样才能最大限度地消除经验差异对测评结果的干扰。需要注意的是，为坚持测评的公平性，设计人员往往需要事先收集关于被测者的个人资料，并在编制演讲主题时进行参考。

5. 适宜性原则

所谓适宜性，是指即席演讲主题和任务的难度需要适中。这种适中是针对被测者的群体特征和目标岗位的具体要求而言的。编制演讲主题既不能过于简单，人人都知道应该怎么说、怎么做，使得测评结果的差异性很小，被测者拉不开差距，就会导致测评的失败；演讲主题也不能过难，使得被测者无法进行演讲，根本不知道该怎么说、怎么做，使得测评无法进行下去，预先确定的评价指标也无从评定，最终同样导致测评的失败。只有当演讲主题难度适中时，被测者才既能顺利完成演讲，又能因为自身的能力素质不同而拉开差距。

6. 多样性原则

在编制演讲主题时，还需要尽量使得被测者在测评时表现出多种多样、完全不同的个性化行为，也就是说，如果把即席演讲看作是给被测者的一道考试题的话，这道题目应该是没有固定的、唯一的正确答案，而是可以产生各式各样的答案，只要这些答案能够自圆其说，都是正确的。而测评者的任务则是仔细分析这些答案，从中获取对各项指标的评价依据。这样的演讲主题，可以给被测者提供更多的发挥创造力的空间，同时也避免了"答案"千篇一律导致的评价依据不充分。

7. 清晰性原则

清晰性是指被测者可以准确地理解即席演讲主题所创造的模拟情境，并清晰地明白自己需要完成的任务。这虽然看上去有些细枝末节，但是从某种意义上说这也是最重要的，如果在这方面出现问题的话，对整个测评的影响往往是最致命的。因为，一个演讲主题如果无法准确、清晰地传递给被测者，那么再完善的设计也都是徒劳。所以，在设计演讲主题时，特别是最后落实到文本描述时，必须仔细考虑语言的准确性、清晰性，尽量达到通俗易懂。

四、即席演讲的主题类型

1. 命题型

命题型演讲主题通常将模拟情境大幅简化成为一两句话，只给出一个类似于命题作文的主题。例如,"请谈谈我国加入 WTO 以后,对我们政府部门工作的影响",此类演讲主题显然太为宽泛,缺少针对性,被测者的演讲内容较难控制,往往无法表现出一些特殊和有针对性的能力素质,而测评者对测评指标的把握也比较困难。当然,这种类型的演讲主题也具有它的优点,那就是演讲主题的开发成本比较低,花费的时间和人力、物力相对较少,同时也能考查出一些基本的能力素质。这种演讲主题在目前多应用于各级党政干部选拔和考核中。

2. 发言型

发言型演讲主题通常会给被测者一个大中型会议的情境,在描述了有关会议的背景后,要求被测者在会议上进行发言,发言会有明确的目的性,也常常要求达到特定的效果。例如,"在党中央安全生产的号召下,某大型企业准备开展安全生产月活动……您作为该企业的副总,要求您在安全生产月的动员大会上进行发言,发言的目的是阐述安全生产的意义、调动全公司员工的积极性并做初步的策略安排……"这种演讲主题创造的情境往往比较真实,背景材料也较为丰富,被测者有一定的发挥空间,而其演讲的内容则具有较大的针对性,这有利于设计和考查特定的能力素质。

3. 交流型

交流型演讲主题并非要求被测者在测评时与他人进行交流,而是选取一个交流过程中的片段作为演讲的背景,模拟的情境通过简单的背景介绍以及描述交流的前半部分来创造。例如,设计一个面试的场景,介绍了简单的背景后,列出面试前半部分测评者与应聘者之间的对话,对话以测评者一个棘手的提问中断,要求被测者作为该应聘者回答测评者的提问。这类演讲主题也具有较强的情境性,被测者必须尽快进入角色,努力应对测评者的提问,在此过程中能体现被测者的应变能力、逻辑思维能力等重要的能力素质。但值得注意的是,虽然该类型的演讲主题是以一个交流的过程为背景,但是被测者进行演讲时,测评者并不能给予任何反馈,这一点必须在对测评者进行测评指导时强调,同时也应该在演讲主题设计中予以考虑。

4. 应急型

应急型演讲主题是所有类型中最复杂也是最有效的一种。应急型的演讲通常为被测者提供了一个需要应急的模拟情境,如某个突发事件。这类突发事件可以是一次意外生产事故,可以是商业环境的突然变化,也可以是组织人事的突然颠覆等。

这些突发事件有一些共同的特征:一是这些事件是突然发生的,具有很大的意外性,都发生在正常的工作程序和商业规律以外;二是这些突发事件对于组织和个人都十分关键,甚至能决定一个组织的兴衰存亡,处理这些事件将面临巨大的压力,事件的处理者将为自己的决策担负巨大的责任。

具体操作时，演讲主题将详细描述突发事件发生的背景，包括组织背景、人事背景、市场背景等，详细和具体的背景信息能使被测者深入地理解当时发生的情况，从而能更好地把自己融入当时的情境；同样，演讲主题所提供的材料还需要明确指定被测者在突发事件中的角色及面临的任务。如指定被测者为一个大型生产企业负责安全生产的副总经理，他刚刚上任2个月，现在却必须马上去处理刚刚发生的一个重大生产事故。他将面对的是尚未妥善处理的事故现场，以及悲愤的受害者家属和蜂拥而来的各种媒体。他必须控制场面，并尽最大的努力维护企业的形象等。由于此类型的演讲主题给被测者设定的情境不但紧急而且重大，不但真实而且棘手，要求被测者在短时间内熟悉材料所提供的背景信息，并迅速进入重要角色，融入纷繁复杂而且千钧一发的恶劣环境，同时需要控制自己的紧张情绪、努力控制场面、解决问题，所以难度较大，对被测者的要求也比较高。但是，此类演讲主题可以通过灵活设计不同的情境来与评价指标群进行匹配，使得测评具有很强的针对性，不仅如此，此类测评往往能使得某些关键的能力素质得到淋漓尽致表现，如应变能力、决策能力、组织协调能力等，因而使测评具有较高的效度。

五、编制演讲主题的方法与步骤

具体编制演讲主题一般可以按照以下五个步骤。

1. 熟悉评价指标

评价指标是整个测评的基础，演讲主题的编制必须针对已确定的评价指标群，使得演讲主题所创造的模拟情境能够和评价指标群相匹配。只有在熟悉各项评价指标，并理解每项指标的内涵的基础上，我们才能将所有的评价指标融入演讲主题。

2. 案例收集

熟悉了评价指标后，就可开始有目的地收集案例，案例的来源可以是相关的文献著作，也可以是通过访谈获得实际案例。案例收集的时候要注意案例的针对性，即针对评价指标和测评目的；要注意案例的典型性，即案例必须是在特定岗位上发生的特定的事件，且尽量是关键事件、两难事件、影响组织和个人发展的重大事件；要注意案例的完整性，即收集到的案例尽量能完整地描述包括事件的起因、当时面临的各种情境压力、决策的过程、事情的发展情况，以及最后的结果等，尽量详细和完全，为后续工作打下良好的基础。

3. 案例筛选

收集到大量的案例后，需要对案例做进一步的筛选，以保证案例的高质量。筛选的标准还是案例的针对性、典型性、完整性、现实性和可操作性。经过筛选后，我们一般可以得到少量的优秀案例。

4. 案例加工

经过筛选的案例虽然都能基本符合案例的标准，具有较高的质量，但是还并不能直接作为演讲主题。因为案例毕竟是来自于现实并具有很大特殊性的真实事件，这和希望在测评中创造出来的模拟情境有一定的距离。要弥补这些距离，就需要对案例进行测评学的加工，加工时可以提取真实案例中的许多情境因素，有时还会从不同案例中分别提取情境因素进行组合，然后再编入一些必须的其他因素，并对这些情境因素进行整合。最后，对其中的语言文字进行润色，使之更具有整体性和真实性，同时又符合测评的要求。这样，一个完整的即席演讲主题就编制完成了。需要提醒的是，在进行整合和加工的时候，必须严格遵循上文提出的演讲主题编制原则。此外，一个专业的测评工具必须符合现行法律的要求，故对案例中的一些真实的名称、名字和特殊符号都要隐去或进行技术加工，使得案例原型得到应有的保护。

5. 演讲主题的检验

编制完成的演讲主题还不能直接应用到测评项目中去，必须先对编制完成的演讲主题进行检验。检验主要通过试测来完成，即采用小样本对演讲主题进行试测，考核演讲主题是否能达到测评的要求，被测者的演讲是否能基本反映评价指标所包含的那些能力品质，同时还可以对真实的测评现场进行一次模拟，以发现一些设计的死角和事先无法预料的情况。经过试测后的演讲主题通常会根据试测结果进行一定的修改和调整，最终一个成熟的演讲主题就设计完成了。

六、相关手册的编制

1. 测评者培训手册的编制

当确定了评分标准和计分方法后，一个即席演讲测评的开发主体已经完成，但是还不完整，用于培训测评者的测评者培训手册将是整个测评工具中不可或缺的一部分。

和其他情境模拟的测评方法一样，即席演讲测评需要有多名测评者共同参加，人数一般为5~7人，而且这些测评者需要拥有不同的背景和身份。一个测评者团队通常会按一定比例选取，例如，目标组织人事管理人员、心理学专家、目标岗位直接上级或高层管理人员，以保证综合测评结果的合理性和有效性。在这些测评者中，有些人从未接触过即席演讲的测评，甚至从未接触过人事测评，如一些组织的部门管理人员；有些人比较熟悉人事测评，也具有一定的经验，但是熟悉程度有所不同，实际经验也千差万别。

如何使这些不同背景和经验的测评者统一对整个测评工具、测评过程，特别是测评指标、评分标准和计分方法的理解和把握，成为整个测评项目成功与否的关键。因此，一个开发完善的即席演讲测评必须包含对测评者的培训模块，即必须包含测评者培训手册。测评者培训手册的内容一般分为四个模块。

（1）对情境模拟和即席演讲测评的总体介绍。简单介绍情境模拟和即席演讲测评的历史发展、特点优势、应用领域、实际操作等，有助于测评者对这类测评方法有一个整体的认识，对测评方法的特点和应用有一个初步的概念。这对于那些从未接触过人事测评的测评者来说尤其重要。

（2）测评者的基本技能和技巧培训。在这一模块中将介绍作为一个测评者应该具备的基本技能，以及一些在测评过程中可以应用的技巧，这些技巧包括行为观察、行为归类等，除了详细的介绍外还应该为测评者提供一些相关的练习，例如，进行行为观察练习、行为与指标之间配对练习等，而这些练习需要的辅助资源，如影音资料、练习试卷等也应该在测评者培训手册中列出。

（3）对本测评工具的具体介绍。这是整个培训手册的主要内容，在这一模块中需要对测评者详细阐述本测评工具的测评目的、测评指标的来源以及具体的界定、演讲主题、评分标准和计分方法。这个模块的培训质量将在很大程度上决定测评实施的质量。

（4）测评的程序以及其他注意事项。告知测评者测评实施时的程序，使得每个测评者都能清楚在测评现场什么时候应该进行什么样的活动，而在这些活动中自己应该扮演什么样的角色、需要完成什么样的任务。此外，还需要提醒测评者一些细节的注意事项，例如，注意与被测者的交流方式、交流的内容和语气等。

此外，一个完整的培训手册还会用一个安排精细的时间表来将以上几个模块串联起来，形成一个一天左右的培训计划，这样就更具有操作性了。

2. 测评项目管理手册的编制

测评项目管理手册从形式和意义上来讲更像一个"文件夹"，在这个文件夹里包含有测评的背景、测评的目的、测评指标群的来源和具体界定、演讲主题的详细资料、评分标准和计分方法的详细描述，以及完整的测评者培训手册。从另一角度来看，项目管理手册是人事测评工具开发后的成果。这些成果将在这一环节中落实到具体的文字描述、说明书、各种表格，以及给被测者的所有材料和给测评者的所有材料（包括各种评分表）中。不仅如此，手册中还将包括实际应用测评工具时的建议实施步骤，包括建议的时间安排、人员安排和资源准备等所有能够想到的细节和注意事项。

这本测评项目管理手册的阅读对象是具体的测评项目管理者，他将负责测评项目从开始到结束的全过程,而这本手册的目的只有一个:使任何普通的管理人员阅读完这本手册后就可以成为这个测评项目的管理者,能够顺利组织和引导整个测评活动的实施。

七、即席演讲测评操作程序

在完成即席演讲测评工具的开发后,接下来将探讨这个工具在实际应用中的操作程序。整个操作程序可以分为测评准备阶段和测评实施阶段两个部分。

1. 测评准备阶段

测评准备阶段主要完成和所有测评有关的准备工作。

(1)确定测评项目的负责人。整个测评的顺利实施需要有一个负责人进行总的协调和组织,而这个负责人的首要任务就是熟悉测评工具,即要认真阅读和研究测评项目管理手册。熟悉了测评项目管理手册中的内容后,负责人就可以对整个测评的目的、内容和程序了然于胸,后续的所有操作程序都需要他来进行推动和协调。

(2)安排场地及其他设施。即席演讲测评需要有一个明亮和安静的房间,对房间的面积要求不大,但必须能够坐下5~7名测评者,而且测评者和被测者之间需要保持一定的距离,这个距离既要能保证所有的测评者都能看清楚被测者的面部表情,又要能保证被测者不会因为和测评者距离太近而产生紧张情绪。如果是给多个被测者进行测评的话,还须要另外准备两个相互隔离的房间,一个房间用于给开始测评的被测者(拿到演讲主题和材料的被测者视为开始测评)进行演讲准备,另一房间用于集中尚未开始测评的被测者,两个房间相互隔离是为了避免演讲主题的泄漏而造成的不公平,此外,如果还有其他测评项目使得演讲结束的被测者无法立刻离开测评区域的话,还需要准备另外一个场所进行安置,总之要严格避免接触过演讲主题的被测者和未接触过演讲主题的被测者进行交流。其他设施包括测评者进行评分时、被测者进行演讲准备时需要的纸、笔,测评者入座的长桌,以及为被测者演讲提供的讲台,如果一些演讲主题和背景材料需要用影音资料来呈现给被测者时,还需要准备影音播放设施。

(3)选择测评者。一个即席演讲测评项目通常需要5~7名测评者,选择测评者时注意按比例安排不同背景和工作经验的人员。通常,在一个测评者团队中应该包含心理学专家、人力资源管理者、目标岗位的直接上级或目标组织高层领导。

(4)测评者培训。使用测评者培训手册对测评者进行一天左右的培训。

(5)确定测评时间表。按照测评者的人数、具体测评项目的安排,以及测评的环境制作详细的测评时间表,以此来增强对整个测评过程的控制。

2. 测评实施阶段

测评实施阶段将以一名被测者的测评过程为单元进行描述。

（1）宣读指导语。向被测者宣读指导语，指导语的主要内容包括测评的主要目的（可以进行加工处理）、测评的要求、程序和其他注意事项。

（2）被测者准备。向被测者宣读指导语后即向其提供演讲主题和相关背景材料，让其开始演讲的准备。准备的时间一般限定为5~10分钟，按照演讲主题的复杂程度和材料的阅读量来进行调整。在被测者进行准备时，允许被测者就演讲主题本身向测评者提问，但是演讲一旦开始，测评者将不给予任何形式的反馈。

（3）被测者演讲。被测者演讲的时间一般限定为5~10分钟，具体时限根据不同的演讲主题而定。被测者在演讲时将得不到任何形式的反馈，也不能和任何人进行交流。如果需要，可以对被测者的演讲进行录像。

（4）测评者计分。测评者的计分过程从被测者开始演讲的那一刻就开始了。在整个演讲过程中，测评者需要对照评分标准在评分表上进行打分，针对每一个测评指标，测评者可以在评分表的相关栏位内记录下测评对象的典型行为，并初步给予评分。

（5）测评者讨论。当被测者演讲结束后，所有的测评者需要进行一次讨论，讨论的内容是测评对象各项指标上的得分，特别是针对那些得分差异比较大的指标。测评者在阐述自己的评分理由时，还需要引用在测评过程中记录下来的典型行为作为自己的评分证据。经过讨论，在某些测评指标上测评者可能会达成一致，而达成一致的分数将成为测评对象在这些指标上的最终得分，还有一些指标可能无法达成一致，这就需要进行一些数学加工将不同的分数转化成为一个综合的分数。

（6）测评结束。当被测者所有测评指标的最终分数都出来以后，这一个测评单元就结束了。被测者交还所有的测评材料后可以离开现场，测评者可能还需要撰写测评报告向组织方提供反馈。

【本章小结】

情境模拟测试就是根据被测者可能担任的职务，编制一套与该职务实际情况相似的测试题目，将被测者安排在模拟的、仿真的工作环境中，要求被测者处理可能出现的各种问题，来对其心理素质、潜在能力等作现场考核。这种测试是一种预测被测者的实际工作能力的更为有效的方法。情境模拟测试中常用的四种方法是：文件筐测验、案例分析、无领导小组讨论及即席演讲。本章详细阐述了这些情境模拟测试技术的内涵、在实际操作过程中需要注意的问题及测评实施程序。

【关键概念】

文件筐测验　案例分析　无领导小组讨论　即席演讲　计分方法　参照标准

【复习思考题】

1. 文件筐测验的内涵是什么？
2. 案例编制应遵循哪些原则？
3. 无领导小组讨论评价标准有哪些？
4. 即席演讲主题是如何编制的？

【课后阅读】商业银行高级人力资源经理岗位的公文筐测验设计编制

以服务等软技术为支撑的银行业是一个高风险、高智商的行业，从业人员的素质会明显地影响银行的服务质量和竞争能力。在当今复杂多变的经济、金融环境下，商业银行高层管理人员（简称高管人员）的选拔更具挑战性。随着我国商业银行产权改革的逐步到位及国内金融市场的逐步开放，单纯通过岗位分析、工作说明书、从业资格证及准入年限来选拔高管人才，已经无法满足我国商业银行对高素质管理人员的选拔。

由于公文筐测验是目前人才评价中相当有效的选拔工具之一，所以本文试图以胜任力理论为指导，以我国商业银行高级人力资源经理为研究对象，研究公文筐测验在我国商业银行高管人员选拔、培训等人力资源管理中的作用和意义。

一、被测者选择

本文根据被研究商业银行的收益水平、成本费用水平、服务质量水平来选取绩效优秀和绩效一般的人力资源管理者。在公文筐测评维度确立阶段，从山东、天津、浙江、广西、广东等省市的商业银行抽取优秀的高级人力资源经理，对其进行行为事件访谈（BEI），前后参与胜任力建模的被测者达到1 000多人；在公文筐预测阶段，抽取商业银行高级人力资源经理选取绩效优秀者和绩效一般者共37名进行测验（见表1）。

二、测试工具选取和测验维度建立

要求被测者描述亲身经历的印象最深刻的两件成功事件，以及在工作中遇到的两件难以处理的事件，包括事件发生的原因、地点、情景、人物，以及人物的思考、语言和行为，事情的结果等。经过深入分析访谈记录并结合问卷调查结果，得出胜任商业银行高级人力资源经理岗位所需的管理能力项目。然后，对所罗列出的管理能力项目进行重要性评定，筛选出胜任该岗位最重要的六项管理能力项目，即统筹能力、书面表达能力、

表1　　　　　　　　　公文筐测验正式施测情况一览表

分类		人数
性别	男	22
	女	15
年龄/岁	20~30	15
	31~40	17
	41~50	5
银行从业时间/年	<1	7
	1~2	5
	3~5	2
	6~10	8
	11~15	7
	16~20	6
	>20	2
管理工作任职时间/年	<1	12
	1~2	7
	3~5	6
	6~10	8
	11~15	4

协调能力、计划能力、授权能力、工作条理性。最后，据此构建公文筐测验的测验维度。

三、公文筐测验开发

1. 关键事件收集

商业银行高级人力资源经理岗位关键事件的收集主要有以下三个渠道：（1）查阅文献资料和报纸，主要是查找该岗位工作的案例；（2）通过相关的人才测评机构实行；（3）采用在公文筐测验维度确立阶段的BEI方法，这也是最主要的来源。在访谈过程中，收集了24名经验丰富的商业银行高级人力资源管理专家（一般为总行或分行人力资源部总经理或副总经理，以及分支行分管人力资源管理的副行长）在访谈过程中谈及的重要事件（具体的访谈过程采用STAR技术进行），并且收集了32份商业银行人力资源管理的相关文件。

2. 公文筐测验编制

在此基础上，参照实际文件的内容和形式，对关键事件和办公室相关文件进行改编，形成了公文筐测验中的13个文件。为确定每份文件所测评的维度，特邀10位专业人员对每份文件进行评定，其中包括5位来自商业银行的高级人力资源管理人员，3位来自专业人才测评公司的测评顾问，2位人才测评专家。请专业人员评定每份文件能够测出各维度的程度，其中"1"为不能测出，"2"为测出程度较低，"3"为基本能够测出，"4"为测出程度较高，"5"为完全能够测出。同时，也确定这13个文件的重要性和紧迫程度，并且根据公文筐测验编制中全面性和系统性原则的要求，把这些文件进行随机编排，形成了公文筐测验文件。

四、评分人员、评分方法与评分标准的确定

1. 评分人员

选择四位人事测量方面的专家和两位具有丰富工作经验的管理专家作为评分人员。他们都具有一定的商业银行高级人力资源管理和项目经验。在正式评分之前对评分人员进行集中培训。培训分为四步：（1）评分人员的模拟测试，主要是让评价者对公文筐测验形成一个感性的认识；（2）理论和原理培训，主要是使评价了解公文筐的基本原理和操作方法；（3）熟悉评分标准和计分方法；（4）评价进行互评，以便发现评价过程中可能出现的问题。

2. 计分方法与评分标准

在公文筐测验的诸多计分方法中，维度评定计分的应用最为广泛，这种方法要求计分者对所有的维度都计分，测验总分数是每个维度分数的总和。但是这种方法对计分者的要求较高，而且信息加工量极大，使得不同计分者的计分内部一致性也存在较大差异。为了减少公文筐测验的计分时间、提高计分的内部一致性，本研究采用了锚定计分。

在制定评分标准之前，对每个一级指标都确定了操作性定义，并给出相应的两级指标；然后，在此基础上编制各测评指标的五个等级和评分标准。在制定每个测评指标的五个等级时，综合了有经验的商业银行高级人力资源管理人员、人才测评专家以及部分银行其他高管人员的意见，从而形成了统一的评分标准。

五、公文筐测验质量检验

由表2可知，本文的测评者一致性都达到了非常显著的程度。肯德尔和谐系数都在0.67以上，有个别文件甚至达到了0.8以上。这表明测评者在各个测评指标上的评价一致性很好，公文筐测验的信度很好。

表2　　　　　　　　　　公文筐测验测评者一致性信度

维度	文件编号	评分人数	肯德尔和谐系数
统筹能力	4	3	0.777 ***
	5	3	0.787 ***
	9	3	0.813 ***

续表

维度	文件编号	评分人数	肯德尔和谐系数
书面表达	2	3	0.831***
	3	3	0.803***
协调能力	1	3	0.828***
	6	3	0.743***
	9	3	0.875***
计划能力	2	3	0.683***
	5	3	0.804***
授权能力	7	3	0.734***
	8	3	0.671***
工作条理性	3	3	0.828***
	4	3	0.790***

注：***、**、*分别表示 $P<0.001$、$P<0.01$、$P<0.05$。

本文采用的是效标关联效度，即将被测者现所在岗位的绩效作为效标，探求被测者测验得分与绩效的关系。高低绩效组被测者在公文筐测验六个维度上的平均得分以及 t 检验，结果见表3。

表3　　高低绩效组被测者公文筐得分以及 t 检验分析结果

管理能力	高绩效组		低绩效组		t	P
	M	SD	M	SD		
统筹能力	2.19	0.24	1.87	0.30	3.52	0.001
书面表达	3.24	0.34	2.93	0.37	2.69	0.011
协调能力	3.20	0.49	2.78	0.58	2.39	0.042
计划能力	3.31	0.58	2.85	0.51	2.60	0.014
授权能力	3.04	0.36	2.86	0.48	1.28	0.210
工作条理性	3.33	0.56	2.88	0.28	3.12	0.004

由表8-6可知，在公文筐测验六个维度的得分上，高低绩效组在统筹能力、书面表达能力、协调能力、计划能力和工作条理性5个维度上差异较为显著，而在授权能力维度上差异不显著。其中统筹能力差异最为显著（$P<0.001$），工作条理性次之（$P<0.01$），书面表达能力、协调能力和计划能力差异也较为显著（$P<0.05$）。

这说明，公文筐测验在统筹能力、工作条理性、书面表达能力、协调能力和计划能力上能够有效辨别绩效优秀者和绩效一般者，但在授权能力方面的辨别效度不高。

本文的公文筐测验结果还表明，目前商业银行高级人力资源经理的管理能力处于中高层水平，但是在不同维度上的水平有所差异。其中，工作条理性水平较高，为 3.23；统筹能力水平较低，为 1.97；授权能力、计划能力、协调能力和书面表达能力处于中等水平，分别为 2.93、3.02、3.01、3.07（见表 4）。

表 4　　　　　　　　　　公文筐测验各维度得分描述性统计结果

管理能力	最小值	最大值	平均数	标准差
统筹能力	1.00	3.00	1.97	0.57
书面能力	1.33	4.67	3.07	0.77
协调能力	1.67	4.44	3.01	0.78
计划能力	1.33	4.33	3.02	0.74
授权能力	1.50	4.50	2.93	0.67
工作条理性	1.67	4.50	3.23	0.79

这与目前商业银行人力资源经理的工作现状比较一致。目前，国内商业银行高级人力资源经理主要充当的仍然是执行者角色，所从事的工作仍立足于操作层面，工作内容大多以档案管理、职称评聘、工资福利、人事关系调动等行政性事务为主，离战略角色的转变还具有一定距离。工作内容的单一性使得商业银行高级人力资源经理的统筹能力较低。

在此基础上，本文还进行了方差分析。有关结果表明，银行从业时间长短对统筹能力、协调能力、计划能力和工作条理性都具有一定的影响。总体上看，工作时间越长，各项管理能力的分数也越高。这说明了行业经验积累对管理能力提升的重要性，也印证了本研究立足商业银行高级人力资源经理这一岗位进行公文筐测验研究的必要性与价值。

资料来源：黄勋敬，赵曙明. 基于公文筐测验的商业银行高层管理人员选拔研究——以商业银行高级人力资源经理岗位为例 [J]. 管理学报，2011（6）：852-856.

第九章 评价中心

● **学习目标**

通过本章的学习，了解评价中心发展历程；明晰评价中心的内涵；理解评价中心的测评原理；了解评价中心的优势与劣势；熟悉评价中心的内容与实施流程。

【课前阅读】如何评判"评价中心"的优与劣

图1所展示的每一环节，均可以影响评价中心最后的应用效果。评价中心是人事测评中心所在部门名称，是一种人事测评复合型技术，也是二者的合一。

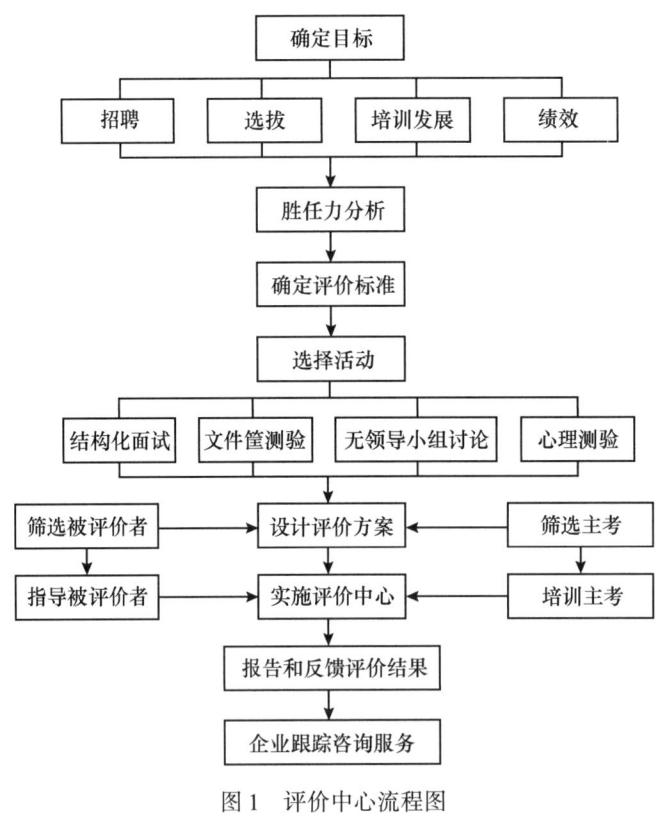

图1 评价中心流程图

第一节　评价中心演变历史

一、评价中心的源头

评价中心最早起源于第一次世界大战中德国军方对于军官的选拔。1929 年，德国军事心理学家建立了用于挑选未来军官的管理评价中心，并创设领导才能多项评价程序。他们确定了评价程序的指导原则为整体性和自然性，整体性是指要评价未来军官的整体个性而不是单项的能力；自然性则指评价工作必须在自然、日常的环境中进行行为观察。在他们的评价程序中，评价者可以自由地使用许多不同的方法，对行为样本作出定性的评价，并强调为了结论的有效性应该把几个评价者的判断进行汇总。

在评价过程中，军事心理学家首先给军官的个性和领导才能给予明确的概念界定，并通过调查把这些特质细化为明确的目标、信心、有效的想法、精神上的适应性、数学头脑和诚实等性格特征（这项工作在一定意义上就相当于现代评价中心的工作分析）。为了评价这些个性和领导才能，军事心理学家设计了许多独特的评价方法，其中包括：(1) 采用书面测验评估智力；(2) 任务练习，要求被评价者按照详尽的指令，在一条复杂的、紧张的障碍道路上，完成一系列任务，观察他们的首创精神、毅力和体力表现等；(3) 指挥系列练习，让被评价者指挥一组士兵，他必须完成一些任务或者向士兵们解释一个问题，在此基础上，评价者再对他的面部表情、讲话的形式进行观察；(4) 深入面谈，了解被评价者的经历、教育情况和观念等；(5) 一系列的五官功能测验和感觉运动协调测验等。评价过程会持续 2~3 天，由两名军官、一名内科医生和三名心理学家主持进行。因为某些原因，德国由军事心理学家主持参与的军官评价活动在 1942 年停止。①

德国军事心理学家是最先采用多种评价方法和多名评价者来评价样本复杂行为的人，以后的评价中心工作事实上都建立在这两条原则之上，并成为今天普遍应用的评价中心技术的主要特点。其创设的情境模拟测评形式已成为现代评价中心的核心支撑。

二、评价中心在军事领域的发展

1. 英国陆军部评选委员会的工作（1942—1946 年）

第二次世界大战期间，为了改变传统通过面谈挑选军官但经常失败的局面，模仿德

---

① 鲁龚，高欣，马永生，编译. 评价中心：人才测评的组织与方法 [M]. 上海：百家出版社，1991：6-8.

国的评价活动，英国军队成立了陆军部评选委员会。由两位英国精神病学家制定的最初方案包括了精神病学面谈、智力测验以及与德国模式非常类似的情境模拟测验，先后有14万多人接受评价，并取得成功。

陆军部评选委员会所设定的评价程序分阶段在3~4天内完成，每八位被评价者为一组，第一阶段的测评为小组练习，第二阶段是个人心理测验、精神测验和面谈，第三阶段为第二轮的小组练习。小组练习的基本原理是"小组环境是评价领导才能的最好机会"。他们认为，既然许多军事领导才能是在小组中发挥作用的，那么通过对小组施加压力，观察小组成员对此的行为反应来测评领导才能就是有意义的。陆军部评选委员会使用的小组练习包括室内练习、室外练习、讨论问题、体育活动，以及不同紧张程度的任务。后来，英国心理学家拜恩又对上述练习进行了修改，综合应用了无领导小组讨论、团队任务、5分钟的即席演讲、角色扮演、深度面谈以及投射测验等。利用这些方法和技术，评价者对被评价者作出广泛的心理调整评价，并试图集中评价那些对成功领导者来说极为重要的个性特征。

英国陆军部评选委员会挑选军官的程序比德国有所进步。评价练习把被评价者置于更真实的环境中，包括小组讨论和体力任务等，并被用来测评预先确定的领导才能的不同方面。其设计开发的经典情境模拟测验，如小溪练习和建筑练习仍为现代评价中心所广泛应用。另外，英国心理学家就评价中心还进行了大量的实证研究，这也是评价中心研究历史上不得不提及的重要事件。

2. 美国战略情报局的管理评价活动（1943—1945年）

第二次世界大战期间，美国中央情报局（CIA）的前身——美国战略情报局（OSS）开始大量使用评价中心这种方法来选拔情报人员。当时该评价中心的负责人是哈佛大学著名的个性心理学家默雷（Henry Murray）博士，针对战略情报局的不同工作职位（包括秘密情报员、破坏人员、宣传专家、秘书和办公室职员等），他建立了一套评价候选人个性的程序，这套程序包括八个步骤：

第一步，工作分析，对OSS不同工作职位的工作内容和工作要求进行分析研究；

第二步，列举导致工作成功和失败的所有个性决定因素，选择评价变量；

第三步，给拟评价的个性变量下一个打分等级的定义，并对从事该工作的适应性下一个总体变量的定义；

第四步，设计一个能反映拟评价变量差异性的评价程序，引入情境模拟测验；

第五步，在进行具体的评分、预测和推荐之前，对每个被评价者的个性进行系统的阐述；

第六步，用非技术性的语言描述这些个性概况；

第七步，召开评价者讨论会议，针对每个被评价者的个性描述进行讨论修改，并根据评价结果进行打分，给出推荐意见；

第八步，建立经验模型，对评价程序进行鉴定，从而可以系统地收集和记录解决战略问题所需要的所有数据。

OSS 坚信对被评价者工作绩效的预测应该主要依据模仿工作环境的练习来确定，因而其进行的评价程序活动非常强调情境模拟测验和绩效练习，也同样重视面谈、履历表分析、句子完成测验、健康调查和工作条件调查、词汇测验等传统方法。另外，OSS 有时也采用住宿安排的评价方式，即让评价者和被评价者一起在某个场所（如某宾馆）度过全部三天时间，一起工作、吃饭、睡觉、生活，这种安排可以给评价者创造更多与被评价者进行非正式接触的机会，从而进行更为真实的观察评价。

美国战略情报局在第二次世界大战期间所推行的评价工作包含了多项评价程序，是美国第一个完备的评价中心。由 OSS 设计的评价方案也堪称理论与实践相结合的典范，他们的工作为评价中心在美国的大量应用打下了基础，以后在美国发展的大多数评价中心活动从 OSS 的管理评价活动中吸取了许多思想、观点和方法。

三、评价中心在民用领域的发展

1. 评价中心逐步走向非军事领域

最先把评价中心的概念应用于非军事目的的机构是英国文职人员委员会。从 1945 年开始，英国文职人员委员会发明并使用了一套复杂的程序，为国内外所有中级或高级的工作挑选文职人员。该委员会采取了八种评选方法来选拔文职人员，包括一组语言和非语言测验、个性投射测验、背景信息、各种渠道的调查反映、面谈、资格考试成绩、个人和小组的情境模拟练习等。其中情境模拟练习包括每组七人以讨论一个高级文官可能面临的问题为主题的无领导小组讨论、以处理假设的社会团体中可能会遇到的复杂问题为主题的演讲或报告撰写等。每次评选活动结束后，由两位行政文职官员和一名心理学家组成的委员会聚在一起交流讨论信息，独立对每个被评价者就他们在文官职位上获得成功的潜力进行评价。[①]

英国文职人员委员会不仅最先把评价中心应用于非军事目的，而且把情境模拟测验变成反映领导和管理才能的测评方式。他们的工作为评价中心最终应用于工商业领域创

---

① 鲁龚，高欣，马永生，编译. 评价中心：人才测评的组织与方法 [M]. 上海：百家出版社，1991：21-22.

造了条件。

2. 评价中心大规模地应用于工业和商业领域

第二次世界大战结束后，许多军事心理学家和军官加入各类企业中从事小规模的人员测评活动，逐渐地，情境模拟测评技术研究得到进一步发展与完善，逐步形成了一个包括多种评价方法和形式的测评系统——评价中心。随后，评价中心开始进入工商界、行政管理部门，并广泛应用于管理人才的素质测评、选拔和培训。

今天广泛应用的评价中心基本模式起源于曾与默雷在 OSS 共过事的工业心理学家道格拉斯·布雷博士在美国电报电话公司（AT&T）实施的著名的"管理进步研究项目"（Management Progress Study，MPS），MPS 是一项关于成功管理者个人及其所在组织特点的研究，同时也是一项对管理者纵向发展趋势的研究。MPS 的目的是获得那些正成为或试图成为公司中高级经理的人才的特点和成长状况等资料。[①]

1956 年，布雷博士运用评价中心对新进 AT&T 公司的 422 名管理培训生（其中有 274 名大学毕业生和 148 名非大学毕业生）进行了管理潜能评价，并进行了为期 20 年的长期跟踪研究。在把评价结果对公司高层管理者保密了 8 年之后，1964 年布雷将 AT&T 员工的实际情况与评价结果进行对比。结果证明，在被提升到中级管理岗位的员工中，有 78%员工与评价中心在 8 年前给予的"肯定"评价一致；在未被提升的员工中，有 95%的员工与评价中心在 8 年前认定的"缺乏潜在管理能力"的判断吻合。这说明评价中心的确能较准确地预测员工未来的职业发展，布雷开始陆续将他的研究成果发表于美国的《应用心理学》等权威专业期刊。

后来接任布雷工作的摩西（Moses）博士，继续对 AT&T 公司约 6 000 名管理人员进行了一项研究，发现评价中心的准确度几乎是标准智力测验的 5 倍。IBM 公司的辛利斯（Hinrichs）博士也对 IBM 内部运作的评价中心效度进行 8 年的跟踪研究，发现了与 AT&T 相近的结果。

之后，评价中心开始逐渐被各主要大公司（如通用、福特等）采用。美国的一些政府部门如农业部、联邦税务局也应用评价中心选拔人才。美国智睿咨询创始人伯罕（William Byham）先生 1970 年在《哈佛商业评论》发表了题为《运用评价中心发现未来职业经理人》的文章，对于更进一步推广评价中心在各类组织机构中的应用起到了深远的影响。

为了规范评价中心的使用，在 1975 年 5 月于加拿大魁北克举行的第三届国际评价中

[①] Mayes Bronston T. Insight into the History and Future of Assessment Centers: An Interview with Dr. Douglas W. Bray and Dr. William Byham. *Journal of Social Behavior & Personality*, 1997 [sic]. Vol. 12 Issue 5.

心大会上，与会的专家学者一起制定通过了《关于评价中心的实施标准和道德准则》。随后，英国、法国、加拿大、澳大利亚、日本等国也采用这种方法进行人事测评。2000年5月国际评价中心大会认为评价中心应具有十点要素，即职位分析、恰当的行为分类、有效的测评技术、多种测评手段同时使用、工作情境模拟、评价者的多样性、对评价者的全面培训、对被评价者行为的系统记录、对测评的每一个环节作全面且详尽的报告、数据统计整理。如果不具备以上任何一点就不能称之为评价中心，而只是评价中心法（Assessment Center Methodology）。

3. 评价中心最新方法与模拟技术

近几年来，随着心理学研究的发展和现代科学技术的应用，评价中心包含的方法和模拟技术得到进一步开发和运用。

（1）互动模拟（Interaction Simulation），特别是一对一的互动模拟测验越来越流行。这种变化反映了"对个体的领导能力不一定与对团队的领导能力相关"的共识。这种转变的另一原因是：一对一的互动模拟测验由一位受过培训的评价者与一位被评价者进行互动，可以确保测验情境的一致性，避免了被评价者之间的相互作用，使被评价者之间更具可比性。

（2）整体模拟（Total Simulation）。越来越多的企业开始使用整体模拟测验。这些企业将多种模拟测验整合到同一情境中，在文件筐测验中提到的人物会在随后的模拟测验中出现，被评价者在整个测评过程中扮演同一角色。

（3）录像（Videotape）的应用。测验时请被评价者观看一段模拟工作情境的录像，观看的过程中，播放会中断并向被评价者提出问题，请被评价者在4个选项中进行选择，或请被评价者对提出的问题做出口头回答。

（4）心理测验量表（Psychological Inventories）和投射测验（Projective Test）的使用。研究数据表明，智力测验与评价中心联合使用，可以获得比单独使用其中一种测验更好的效果。

（5）多种反馈渠道并用。以往的评价中心非常注重专业测评人员的意见，这样虽然可以获得在很多测评维度上的专业意见，但并不能对所有重要的维度做出评估。因此，有些评价中心采用了自我报告，上级评估量表、下级评估量表、平级评估量表等方式来弥补这方面的不足。

（6）简化评价中心。虽然对评价中心的有效性是广泛认可的，但因评价中心非常耗时，有些组织在保留评价中心各项要素的前提下将评价中心融合到日常工作中。被评价者会得到一份评价者/经理名单，然后根据双方的工作安排约定进行评价的时间。这样评价者就不需要在本来就已经繁忙的日程中抽出 2~4 天去进行测评了。

（7）用摄像技术记录被评价者行为。这样评价者就不必在固定的时间聚到一起观察被评价者的行为，而是在自己方便的时候通过观看被评价者的录像来对其行为进行评价。

数据统计软件的广泛应用使得评价中心的流程得到了进一步的简化与提速。

上述这些新技术、新方法的开发使得评价中心的运用越来越灵活，可操作性越来越强。尽管评价中心具有诸多优点，但它并非对所有的维度都有很好的预测效度，其对问题解决能力、影响他人的能力、组织计划能力、沟通能力等维度具有较高的预测效度，但对驱动力和知觉他人能力的预测有效性并不理想。

4. 评价中心在我国的传播

评价中心最早被引入我国，是在第二次世界大战后期（1943—1946 年），在重庆成立的跨国军事情报合作机构（即"中美合作所"），选拔和训练情报人员。

评价中心在我国的传播主要通过两种途径。

第一，学术界的介绍和商业化的尝试。20 世纪 80 年代中后期，有关人事测评或人事管理的教科书中都有或多或少的对评价中心的内容介绍；商业化的尝试主要是指一些大学心理学或管理学教师尝试应用评价中心为政府或企业用户选拔人才。例如，20 世纪 80 年代中期，中国人事测评技术的先行者陆红军教授等人将评价中心的核心方法——情境模拟测试重新引入，并在上海的几家国有企业试点选拔厂级中高层领导，引起各级组织部门（包括中央、省市政府机关和国有企业）的广泛关注。陆红军教授还于 1988 年自筹资金在上海举行了人力资源管理和评价中心国际学术大会，当时与会人员包括来自学术界和企业界及政府部门的代表共 200 多人。20 世纪 90 年代初，梁开广、许玉林、付亚和等人在四通集团、丽都假日酒店等非国有企业应用评价中心的基础上，于 1992 在《应用心理学》杂志上发表了国内最早的关于评价中心效度研究的文章。1996 年人事部考试录用司在为地质矿产部选拔局级领导干部时运用了评价中心，取得了令人满意的结果。

第二，跨国公司的管理实践。20 世纪 90 年代中后期，通用汽车、诺基亚、壳牌、飞利浦、可口可乐等跨国公司进入中国，他们或借用其母公司总部的评价中心机构或委托国际咨询公司运用评价中心测评他们在华投资企业的员工。

评价中心在企业内的建立和推广使用只依靠人力资源管理人员是远远不够的，必须得到企业高层的大力支持，才能取得理想的效果。此外，在企业引入评价中心前还应考虑，使用评价中心的目的是什么？被评价者是谁？评价者又是谁？测评结果如何使用？对评价中心开发者或顾问的资质有怎样的要求？使用何种效度模型？等等。

第二节 评价中心概述

一、评价中心的含义

目前对评价中心的定义有很多，比较典型的定义有以下三种。

第一种，评价中心是绩效模拟测试的一种更为复杂的方法，它特别适用于评价被评价者的管理潜能。它是由管理人员、监督人员及受过培训的心理学家组成一个测评小组，通过观察被评价者 2~4 天测试练习的行为表现，评价其管理能力。

第二种，评价中心是把被评价者置于一系列模拟的工作情境中，由企业内部的高级管理人员和外部的心理学家组成评价小组，采用多种评价手段，观察和评价被评价者在这些模拟工作活动中的心理与行为，以考查被评价者的各项能力或预测其潜能，了解被评价者是否胜任某项拟委任的工作，以及工作成就的前景。同时，还可以了解其欠缺之处，以确定重点培训的内容和方式。

第三种，评价中心是在情境模拟测评技术的基础上逐步发展起来的，以测量评价被评价者的管理素质为核心的一组标准化、程序化的评价活动。它融合了多种测评技术，由多位评价者从多个角度对被评价者进行全面考查，从而得出较为客观、准确的判断。它是近几十年来西方企业中流行的一种选拔和评价高级人才，尤其是中高层管理人员的一种综合性人才测评技术，是现代人事测评理论及其应用高度发展的产物。

无论哪种定义，都体现了评价中心是多方法、多技术的综合体，它强调的是评价的方法和过程，而不是字面上我们所理解的中心、场所或地点。

下面以张先生在应聘一家知名跨国公司的时候的经历为例来说明。公司要求他参加一个测试，测试中他要扮演一个大型公司某地区区域销售经理，模拟其一天的工作。张先生先是拿到了一叠资料，他需要在短时间内阅读这份资料，以了解公司的基本情况并进入角色。通过阅读资料，张先生了解到自己所扮演的区域销售经理刚刚上任，并且刚出差回来，出差期间办公桌上已经积累了一大堆文件，他必须马上做出相应处理。好不容易把一大堆文件处理好了，张先生又得去拜访一个重要的客户。这个客户每年与公司都有很大的业务量往来，然而前不久因为交货期的问题，客户对公司的服务很不满。从客户那边回来，张先生又得和自己的下属在等他开会，这个下属是个"刺儿头"，而且还带着好些棘手的问题来找他解决。最后，张先生总算安静下来，但他还需要对公司新推出的薪酬方案提出建议。在一天的模拟测评结束之后，多位经过专门训练的评价者将会对张先生各方面表现进行集体讨论,然后提供报告。其实,张先生一整天所经历的,就是一个典型的评价中心。

一般而言,评价中心总是针对特定的岗位来设计、实施相应的测评方法与技术。通过对目标岗位的工作分析,企业在了解岗位的工作内容和职务素质要求的基础上,事先创设一系列与工作高度相关的模拟情境,然后将被评价者纳入该模拟情境,要求其完成该情境下多种典型的管理工作,如主持会议、处理公文、商务谈判、处理突发事件等。在被评价者按照情境角色要求处理或解决问题的过程中,评价者按照各种方法或技术的要求,观察和分析被评价者在模拟的各种情境压力下的心理、行为表现,测量和评价被评价者的能力、性格等素质特征。

二、评价中心的测评原理

人的行为和工作绩效都是在一定的环境中产生和形成的,对人的价值观,能力、性格等素质特征的测量与评价,不能脱离一定的环境,所以要想准确地测评一个人的素质,应将其纳入一定的环境系统,观察分析被评价者在该环境下的行为表现,从而全面考查被评价者的多种素质特征。评价中心正是基于这种理论的指导而逐渐发展起来的。

作为一种全新的素质测评方法,评价中心不仅强调多种技术和方法的综合运用,而且特别强调基于工作分析的情境模拟技术的应用,强调多方面、多角度地收集被评价者与工作有关的资料和信息。它不仅注意被评价者已有的与工作要求相关的实际工作能力,还特别关注被评价者与岗位发展的素质要求的适应性评价,即对被评价者的潜力发展进行评价。

有关评价中心工作机制的经典解释[①]是:被评价者参与评价中心的模拟行为练习,这些行为练习都是根据对岗位进行工作分析精心设计的,评价者观察记录被评价者在练习中的行为表现,这些行为能按照人的特质进行分类,特定的行为表现反映特定的素质特征,从而能对工作绩效做出有意义的预测。也就是说,借用经典的人员测评的 S-R-T 测评模式同样可以解释评价中心的工作原理,即通过对被评价者施加行为刺激(S,在评价中心中就是各种情境模拟练习),观察其在特定刺激情境下的行为表现(R),进而推断其相关特质(T)。

评价中心通过对测评程序的精心控制和方法技术的科学设计来保证测评的有效性。在 1989 年举行的第 17 届评价中心国际学术大会上通过的《关于评价中心的实施标准和道

---

① Howard Ann. A Reassessment of Assessment Centers: Challenges for the 21st Century. *Journal of Social Behavior & Personality*, 1997 [sic] Vol. 12 Issue 5.

德准则》（第三版）中规定①，规范的评价中心操作必须要有四个要素，分别是工作分析与分类的行为观察、以模拟为主的多种方法、多个评价者、数据的系统收集处理和报告。同时提出在实施评价中心测评时要考虑以下四点内容。其一，维度（Dimensions）。对相关岗位进行工作分析，确定岗位的素质要求，确定评价中心的测评维度（即通常说的测评指标、测评要素），明确评价中心所要评价的内容，并把观察到的行为进行分类，这些行为类别要与工作相关，与特定的维度相关。其二，技术（Techniques）。评价中心（也可以称为练习）必须能提供工作分析中确定的维度或者特质的相关信息。不能使用单一的技术，要用多种技术，这些技术可以是测验、面试、问题量表、测量工具或工作情境模拟等，如文件筐测验、无领导小组讨论、角色扮演、事实搜寻等，这些都是评价中心本身所具有的特点。多种技术的综合运用为评价者提供了观察被测者行为的良好机会，通过观察分析可以确定这些行为是否与将要测评的维度相符合。其三，评价者（Assessors）。进行观察和评估的评价者必须要有多名，评价者必须经过训练并具有相关能力。其四，数据的收集和报告（Gathering and Reporting Data）。评价者必须使用系统的程序记录所观察到的具体行为，每个练习都要有一个报告或者记录，评价者得出的数据和其他方法得来的数据必须通过评价者会议或者有效的统计程序综合在一起。

三、评价中心的优势与劣势

1. 评价中心的优势

第一，就技术运用而言，评价中心具有综合性。

评价中心综合运用多种测评方法与技术，由多名评价人员进行评价，能从多个角度多层次地对被评价者在不同条件下的复杂而广泛的心理活动和行为表现，做出观察和评价，因而比较客观公正。

第二，就评价过程而言，评价中心具有动态性。

评价中心多采用一些动态的测评手段，将被评价者置于动态的模拟情境中对其动态的实际行为进行评价。这种对实际行动的观察往往比被评价者的自陈报告更为准确有效。而且，在动态的测评中，被评价者之间可以进行相互作用，这样被评价者的某些特征会得到更清晰的暴露，更有利于对其进行评价。

第三，就评价功能而言，评价中心具有预测性。

评价中心所采取的测评手段很多是对真实情境的模拟，而且很多情境是与拟任工作

---

① Guidelines and Ethical Considerations for Assessment Center Operations. Task Force on Assessment Center Guidelines. Endorsed by the Seventeenth International Congress on the Assessment Center, May 17, 1989, Pittsburgh, Pennsylvania.

相关的情境。在这种情况下，被评价者的表现比较接近真实情况，并且在复杂的任务之下，被评价者也不易伪装，在情境性测验中被评价者的表现在实际工作中有较大的迁移性，因而对其未来的发展潜力能够进行很好的预测。

第四，就测评内容而言，评价中心具有全面性和针对性。

一方面，由于评价中心综合运用多种人事测评技术，使它不仅能够很好地测评被评价者的实际工作能力，而且还可以测评其他多种能力和性格品质等素质特征。例如，可以测评其口头表达能力、沟通能力、组织协调能力、逻辑思维能力、决策能力、团队合作能力、授权能力、时间管理能力、角色适应能力、应变能力等。另一方面，由于评价中心的测评指标体系的设计是从对岗位的工作分析出发来进行的，根据不同层次、不同类别人员的岗位要求和必备素质，设计不同方面的模拟情境，适应不同岗位的需要，使得它所测评的素质往往是分析和处理具体工作的实际能力和一些工作中必需的心理素质，测评的针对性很强。因此，评价中心在某种程度上是作为实际工作挑战的演练，参与本身就是对能力的锻炼。

第五，就测评结果而言，评价中心具有高可靠性和高有效性。

由于评价中心往往选用多种方式和技术对被评价者进行多次测评，并由多个不同评价小组分别给予评价，这样可以减少因被评价者水平发挥不正常或少数评价者评价偏差而导致评价结果失真的可能性，使一次测评定命运的不公平现象有所下降。

第六，就反馈效果而言，评价中心具有培训性。

由于评价中心能够及时提供实际、具体的行为观察和评估反馈，因而能及时发现能力发展中的问题，加快人才培养的速度。对被评价者而言，整个评价过程就是一个很好的培训过程。通过评价报告和具体行为表现的反馈，被评价者能及时掌握自己的素质状况在人群中的位置，知道自己的优势领域、有待发展的素质，以及今后工作中如何扬长避短，并且有意识地弥补自己的缺陷，成为更优秀的人才。同时，对于被评价者所存在的共同不足，组织可以开设专题性培训课程。所以说，评价中心除了是一种最有效的人才选拔工具，是人才的试金石外，还对人才的培训、职业生涯规划等有很强的应用价值。

2. 评价中心的劣势

第一，测评费用较高。

虽说一个合格的人才将来创造出的价值和收益会远远大于这笔费用，但就近期而言，评价中心对人力、物力、财力和时间的占用还是较多的。

第二，操作难度较大。

评价中心对评价者的要求较高，评价者必须有相当的管理经验并受过专业训练。同时，测试需要的案例、工作情境设计等也需要花费相当的时间和精力。

第三，存在误差。

由于所采用的模拟练习与训练并非是实际工作本身，测评中的能力表现与实际工作能力并非没有差距，特别是在模拟工作的内容与实际工作有误差时，这一距离更明显。所以仍需要对被评价者进行进一步的训练与观察。

第四，质量很难鉴定。

评价中心的广泛运用，常常被作为其他测评方法的效标，而评价中心由于其复杂性，很难找到合适的效标。

四、评价中心的实施内容

1. 工作分析

不论出于何种目的（岗位竞聘、晋升评价、培训诊断或其他人事管理目标），运用评价中心对被评价者进行测评，都需要首先对目标岗位进行工作分析。作为人力资源管理的基本作业工具，工作分析在评价中心中的作用是确定工作内容和职务要求，为评价中心确定将要评价的指标要素以及为技术设计提供情境素材。服务于评价中心的工作分析一般采用关键事件法，有时也需要结合胜任特征评价法。

进行工作分析的一个重要目标是构建评价中心的评价指标体系。评价指标的设计必须遵守三个原则：其一，内涵明确原则，每一评价指标都必须有明确的定义，使用清晰的词语解释其概念内涵；其二，外延不重复原则，所设计出来的评价指标在外延上应该尽量相互不包含、不重叠，同一测评内容尽可能不出现在两个不同的评价指标中；其三，选择性原则，不可能也没必要对岗位要求的所有素质特征都做出测评，而只是选择其中对工作影响较大的、有一定代表性的素质特征进行测评，指标的设计选择必须考虑评价中心本身的方法优势。

准确界定好每一个评价指标的概念内涵后，还应该确定具体的等级评价标准，即为每一评价指标按照需要划分评分等级，并就每一等级拟定好具体的评分标准。评分标准的拟定工作实质就是行为分类，把根据工作分析所收集到的行为资料按照与评价指标维度的相关高低进行分类，并就每一指标维度的不同等级描述若干典型的心理或行为表现。

2. 情境设计与技术开发

因为典型的评价中心是以情境模拟技术为核心的，因此模拟工作情境的设计就成为评价中心开发工作中至关重要的环节。情境设计的好坏会直接影响评价中心的评价效度。

国内学者在其研究论文中就提到"评价中心之所以起作用是由于其多个测评方法（情境）的结果，测评情境对于构建评价中心有着至关重要的作用"[①]。

不同的评价中心具体技术在情境设计的内容和要求上也有所区别。文件筐测验的情境设计要求相对较为复杂，除了要事先设计好包含岗位基本工作内容和工作职责的岗位说明文件，以及包含组织结构、组织人员构成、所处的行业背景、主要的生产和服务领域、盈利情况、存在的挑战和问题等组织基本信息这样一些背景资料以外，还必须精心设计组合成文件筐的多份公文。在公文设计时，每一份公文都要求尽可能地反映目标岗位工作中的某些典型问题，设计成与岗位相关的某一典型的管理工作情境。

对无领导小组讨论（LGD）而言，情境设计的主要工作就是精心设计用于讨论的主题及相关背景材料。讨论主题及其背景材料的选择对于 LGD 技术至关重要，它会直接影响小组讨论过程中组员的参与程度。因为 LGD 测评的目标不会局限于让被评价者简单通过讨论来解决背景材料中所包含的问题，其主要目的是提供一种类似于工作会议的讨论情境，给每位被评价者提供一个充分展示其个人才能（如表达能力、协调能力、沟通能力和决策能力等）的舞台，因此主题应该是富有讨论空间的，也就是说，应该保证让大多数被评价者都能有比较广阔的发表自己观点的空间。

管理游戏的技术设计核心则是在岗位分析的基础上，设计互动游戏情境，游戏一般包含一个要求团队成员共同合作才能解决的问题。在角色扮演的情境设计阶段，主要工作则是设计好一个包含多重工作角色的情境，并给予每个角色一定的规范要求。

无论为哪一种具体的技术设计情境，都需要以对目标岗位进行工作分析作为基础。事实上，第一步提到的工作分析所收集到有关工作内容往往能为情境设计提供许多有价值的参考资料。

3. 测评实施与观察计分

测评实施环节实质上是收集被评价者与拟评价的指标维度相关联的数据资料的过程。如果把工作分析和情境设计及技术开发看作是评价中心的前期准备阶段的话，测评实施与观察计分则是评价中心的实施操作阶段。实施过程要求按照每一具体技术的不同规范进行操作，评价者往往要事先布置好相关的测评场所及环境，准备好测评过程中所需要的各种道具，然后通过测验指导语要求被评价者进入模拟的测评情境，指示被评价者或进行小组讨论、或处理公文、或扮演某个特定角色解决问题等。在被评价者按照指导语的要求进行模拟工作的过程中，由评价者按照评价中心的评价要求进行观察计分。

---

① 吴志明，张厚粲. 评价中心的构想效度和结构模型 [J]. 心理学报，2001，33（4）：372-378.

评价者的观察计分在评价中心的实施操作阶段至关重要,能否按照预期要求收集到相关的数据资料以对被评价者的素质特征进行评价,在很大程度上取决于评价者的观察计分工作。不同的评价中心操作程序又会对本阶段评价者的观察计分工作提出不同的要求。许多研究文献上介绍的观察计分模式是:在单个的评价中心行为练习测评过程中,每位评价者观察一个或两个被评价者的行为,并客观记录他(们)在模拟行为练习中所说所做的与测评要素相关的行为。记录行为时,要求对行为进行分类记录,即把观察到的行为分类归入相应的测评指标要素中。每一项评价中心练习结束后,评价者再按照拟定的测评要素评分标准结合观察记录的行为进行等级评分。

为了尽量减少评价误差,对测评者的培训工作就必不可少。培训的重点是让评价者理解评价中心测评的基本原理和技术设计的基本思想,理解测评要素的含义及其具体的评分标准,掌握观察计分的基本技巧,并介绍观察记录过程中可能出现的各种心理误差及减少误差的方法。

在实际的评价中心测评中所采用的观察计分模式与之稍有区别,要求评价者在被评价者接受测评时,把行为观察、行为归类和要素评分融为一体,在测评过程中就完成要素的等级评分工作。N 名评价者同时对 K 名被评价者进行观察评价(一般 K 为 2~8 人,N 相应的为 2~5 人),要求评价者在深入理解测评要素含义及标准的前提下,就观察到的行为对被评价者的多项素质特征进行评分工作,而把单纯的观察记录工作移交给另外经过培训的观察记录员,他们观察记录的行为作为对评价者的评分工作的佐证。如果出现评价者评分一致性偏低的情况,观察记录员的记录资料以及通过摄像等其他途径收集的资料将为新的等级评价提供重要参考。

4. 综合评价

测评实施阶段的观察计分主要是在单个评价中心技术内进行的,根据评价中心的特点要求,被评价者往往需要接受多项评价中心技术测评,因此,对某一被评价者的综合素质评价需要在所有的评价中心练习结束后,评价者综合分析被评价者在各项评价中心练习中的心理和行为表现(或评价者对其作出的维度等级进行评估),然后经评价者讨论确定其最后的综合评价等级。综合评价等级的得出往往会根据测评目标并结合岗位素质要求进行。例如,在选拔性测评中,我们通常采用五级评价制:5 分表示被评价者的综合素质明显高于岗位的基本素质要求,综合评价为非常优秀;4 分表示被评价者的综合素质高于岗位的基本素质要求,综合评价为优秀;3 分表示被评价者的综合素质达到岗位的基本素质要求,综合评价为合格;2 分表示被评价者的综合素质低于岗位的基本素质要求,综合评价为基本不合格;1 分表示被评价者的综合素质明显低于岗位的基本素质要求,综合评价为完全不合格。

五、评价中心操作流程

1. 建立能力素质模型

评估之前首先要有能力素质模型，以明确目标岗位的能力素质要求。通常评价中心所要测评的能力素质包括：人际沟通能力、计划组织能力、辅导与激励能力、分析与决策能力等。

2. 根据能力素质模型设计素质评价矩阵

能力素质评价矩阵包括测试工具和能力素质维度两部分。针对每一项指标选择和设计测评工具，要确保其与测评的能力素质维度直接相关，具有合理的信度和效度。通常使用最频繁的情境模拟练习包括：文件筐处理、角色扮演、案例分析与演讲等。

3. 对评价者进行培训

培训的内容一般包括：熟悉能力素质模型，以便清晰了解每一个能力素质维度的定义及其与工作绩效的关系；掌握如何在测评过程中对被评价者的行为进行观察、如何做分类和记录等技术；掌握评分标准，明确如何进行评分；掌握如何整合各评价来源的信息，撰写评价报告的方法。

4. 实施评价

每一个评价者要仔细观察并及时记录被评价者的行为，做出精确而详细的行为记录。在观察行为的同时，评价者要将被评价者的各种行为进行归类。测试结束后评价者要马上整理观察到的行为，与其他评价者进行交流并整合各方信息后，对每一个被评价者的表现进行分析，并根据评分标准打分后撰写评估报告。

5. 进行反馈

在评价中心实施之后，应根据具体情况给予被评价者或需要知情的管理者以适当程度的评价结果反馈。

【本章小结】

评价中心是在情境模拟测评技术的基础上逐步发展起来的，以测评被评价者的管理素质为核心的一组标准化、程序化的评价活动。它融合了多种测评技术，由多名评价者从多个角度对评价者进行全面考察，从而得出较为客观、准确的判断。评价中心起源于军事领域，第二次世界大战后大规模地应用于工业和商业领域。它是近几十年来西方企业中流行的一种选拔和评价高级人才，尤其是中高层管理人员的综合性人才测评技术，是现代人事测评理论及其应用高度发展的产物。

【关键概念】

评价中心　测评原理　优势　劣势　操作流程

【复习思考题】

1. 什么是评价中心？
2. 评价中心与其他人事测评技术相比，有何异同？
3. 评价中心具体实施内容有哪些？
4. 简述评价中心具体操作流程。

【课后阅读】

阅读一　大规模人员选拔

一、项目背景

美国电话电报公司（AT&T）的呼叫中心业务由于发展迅速，招聘人数不断增加。公司为了降低培训上岗人员淘汰率，节约招聘和培训费用，提高销售业绩，决定对呼叫中心电话销售人员的选拔程序进行改进。

二、解决方案

公司首先根据呼叫中心工作环境的特点，以及优秀电话销售人员的工作行为特征建立了能力素质模型，并据此设计了以下评估方法和工具：认知能力测验、个性测验和电话销售系列情境模拟等。通过认知能力测验和个性测验淘汰了1/6的人员，剩余的人员再通过电话销售系列情境模拟测验淘汰1/2，最后选出有潜力的电话销售人员。

三、应用效果

使用新的选拔程序后，呼叫中心电话销售人员的留存率明显提高。不仅可以减少招聘和培训的成本，而且由于使用新程序招聘的销售人员具有更好的业绩表现，按每百人计算，为企业带来新增效益就达 441 000 美元。而使用新的选拔程序企业的新增成本仅为 41 000 美元。改进选拔程序后企业的投资回报率接近 11∶1（见表1）。

表1　　　　　　　每招聘百名电话销售员的投资回报比分析表

分析项目	旧程序	新程序	备注
目标人数	100	100	

续表

分析项目	旧程序	新程序	备注
人员留存率	74%	89%	
需要录用人数	135	113	
少招聘人数（浪费）		22	
少培训人数（浪费）		22	
节约成本（美元）		3 000×22=66 000	招聘成本+培训成本=800+2 200=3 000
增加销售业绩（美元）		3 750×100=375 000	10%的业绩改善>3 750/销售人员/年
新增招聘成本（美元）		410×100=41 000	每录用一位销售人员评估费：410
新增效益（美元）		66 000+375 000=441 000	节约招聘培训成本+增加销售业绩
投资回报率=新增收益/新增成本			

阅读二　高层领导人的任用决策

一、项目背景

某合资公司，是国内行业中最具规模的大型现代化制造企业之一。该企业最近收购了南方一家外资制造公司。收购行动主要由原财务总监张先生负责，张先生具有丰富的财务知识和很强的谈判能力，为该企业的收购成功立下汗马功劳。收购完成后，张先生在当地主持分公司的全面工作。与之前的工作成效相比，张先生在该职位上的表现不太令公司总部满意。公司总部正在考虑是否从现有高级管理人员中选拔合适人选来替换张先生。为此，公司决定聘请专业咨询公司对候选人进行评价，以提供人事决策的科学依据。

二、解决方案

上海希典咨询公司接受聘请后，首先通过高层访谈和初步诊断，结合该企业的行业特点和实际运作，为该企业提供了具有针对性的高级管理人员能力模型，包括全局观念、计划能力、沟通技巧以及培养和辅导能力等八大能力。

然后，咨询公司对由总部推荐的七位候选人进行全方位的能力评价。综合性评价方法包括：个人历史资料问卷、认知能力测验、个性测验、结构化行为面谈、战略规划情境模拟（会见上级）、下级辅导情境模拟（会见下属）。

在对每一位候选人经过为期一天的评价后，提交了针对每一位候选人的评价报告，综合分析其强项和弱点，并提供中立的推荐意见。

三、应用效果

对张先生的评价结果是：具有一定的全局观念和战略性思考能力，有丰富的管理经验，分析判断和计划能力较强，能够较好地贯彻和执行公司的目标和战略。但是，张先生缺乏亲和力，没有在分公司的骨干中形成强有力的领导团队，在人际沟通中开放性不够，未能取得总部的信任。

通过评价，发现公司总部现有的七位候选人中，周先生的特点比较符合公司高层对南方分公司负责人的要求。通过比较数位候选人的能力特点，最后推荐周先生担任分公司总经理一职，而将张先生调回总部重新担任财务总监一职。

公司高层认为本次评价工作比较科学和客观，并认为评价报告在帮助公司高层做出重大人事调整决策的过程中起到了很好的参谋作用。

阅读三　高潜力销售经理的早期鉴别和职业发展规划

一、项目背景

A 公司是全球知名的跨国制药公司，有很强的自主研发能力。随着其在中国的市场份额不断扩大，公司发展十分迅速，因而对高素质人才的需求也非常迫切。由于 A 公司中国区的高层对评价中心有相当的认识和了解，所以很强调评价中心在人力资源工作中的应用。A 公司决定请专业的咨询公司为其设计和建立内部评价中心，并利用这一技术甄选高潜力的销售管理人员，对这些人进行更有效的职业生涯规划。

二、解决方案

上海希典咨询公司为 A 公司（中国区）量身定做了内部评价中心。咨询人员首先对该公司的高层、人力资源经理、销售培训部经理以及优秀销售经理进行了访谈，在此基础上收集了大量的关键事件并形成了销售经理能力素质模型。然后根据能力素质模型和企业的实际运作状况，设计了虚拟跨国制药公司的背景以及反映销售管理主要工作性质的三个情境模拟练习：文件筐模拟，与下属会谈以及与客户会谈。这三个情境模拟练习所对应评估的能力参见表2。

表2　　　　　　　　　　销售经理能力评估矩阵表

能力素质	文件筐模拟	与下属会谈	与客户会谈
计划与组织	×××	×	——
影响与谈判	——	×××	×××
辅导与激励	×	×××	——
分析与解决问题	×××	××	××
客户导向	××	——	×××
结果导向与执行	×××	××	××

注：×多少反映了权重大小，×越多，权重越大。

接下来咨询人员为 A 公司培训了内部评价师（包括高级销售经理以及人力资源专业人员）。A 公司利用评价中心对公司的数十名销售主管和销售代表进行了测评，测评侧重于对被评价者在更高一级职位上的潜力进行评价。之后向每一位被评价者及其上级提供了反馈。在 A 公司内部评价中心实施过程中咨询人员为 A 公司提供了技术支持和指导，并在实施结束后对评估结果进行跟踪研究。

三、应用效果

对于公司来讲，使用评价中心提高了选拔的准确性，帮助公司选出最有培养潜力的销售管理人员。同时帮助公司高层了解一线销售主管人员的领导和管理风格，从而可以更好地制订有针对性的培养计划。

对于管理人员，接受评价师培训，提高了他们在人力资源管理领域的技能，例如，掌握了绩效评估、辅导以及反馈等技巧。让他们有机会看到下属是怎样工作的，学会如何根据实际观察到的行为来提供辅导。

对于被评价者，由于评价中心的准确性和公平性使他们更加欣然地接受评价结果。通过这次评价，更好地了解工作要求，明确优势和不足以及下一步发展的方向。

资料来源：梁开广，唐晓巧，殷晓宝. 评价中心：人才测评的最佳实践 [EB/OL]. 道客巴巴，2014-11-24.

第十章 其他人事测评技术

> **学习目标**
>
> 通过本章的学习,了解书面信息分析法;了解绩效考评的含义,掌握绩效考评的内容、方式与基本方法;了解360度绩效反馈,包括反馈含义、特点、原理、操作步骤,以及360度绩效反馈在我国应用中应注意的问题。

【课前阅读】履历分析不是简单的学历门槛

履历分析评价技术是通过对被评价者的个人背景、工作与生活经历进行定性或定量分析,来判断其对未来岗位适应性的一种人才评价方法,是相对独立于心理测验、评价中心的一种独立的评价技术,它源于"个体过去的行为表现是预测其未来成功的最佳指标"这一人才测评理论思想。

履历分析评价技术的雏形是个人经历分析,它诞生于第二次世界大战期间。著名心理学家J. P. 吉尔福特及其同事根据个人经历来预测军事训练的成功率,取得了相当的成功。

战争结束后,这一方法被转移应用到民用部门,在大量研究和应用的基础上,逐步发展成为人事测评和预测的一项重要方法技术。国际上通用的履历分析评价技术一般是以选择题的形式要求被评价者填写经历调查表。这方面的代表可推美国人事总署研究开发的经历调查表(IAR,又称个人成就信息表)。该表自1983年起沿用至今,它从学习经历、工作经历、工作能力和人际关系等方面编制了148道选择题,每个选择题有5个选项。

国内某企业在管理人员晋升中采用了履历分析评价技术。在测评指标体系设计时,不同层次、不同类型的岗位人事测评指标体系也不同,越是高层的岗位,对工作经历和工作业绩的评价越侧重(见表1和表2)。

表1 一般管理人员履历分析权重设置

测评要素	学历学位	技术职称	现职岗位	工作经历	科研论文	荣誉奖励
权重(%)	15	15	20	15	22.5	12.5

表2　　　　　　　　　　财务总监及中层干部履历分析权重设置

测评要素	学历学位	现职岗位	工作经历	后备情况	年度考核	荣誉奖励
权重（%）	10	20	20	20	20	10

履历分析评价技术是一种侧重对被考评者过去的客观因素（如工作经历、业绩）的评价，与结构化面试有一定的相关性（见表3和表4、表5）。

表3　　　　　　　一般管理人员履历分析与其他测评方式结果相关性分析

项目		履历分析	业务笔试	结构化面试
履历分析	皮尔逊相关系数	1	−0.497（*）	0.380
	置信系数		0.026	0.099
业务笔试	皮尔逊相关系数	−0.497（*）	1	−0.272
	置信系数	0.026		0.246
结构化面试	皮尔逊相关系数	0.380	−0.272	1
	置信系数	0.099	0.246	

表4　　　　　　　财务总监履历分析与其他测评方式结果相关性分析

项目		履历分析	业务笔试	结构化面试
履历分析	皮尔逊相关系数	1	−0.272	0.503
	置信系数		0.447	0.138
业务笔试	皮尔逊相关系数	−0.272	1	0.480
	置信系数	0.447		0.160
结构化面试	皮尔逊相关系数	0.503	0.480	1
	置信系数	0.138	0.160	

表5　　　　　　　中层干部履历分析与其他测评方式结果相关性分析

项目		履历分析	评价中心	结构化面试
履历分析	皮尔逊相关系数	1	0.205	0.383
	置信系数		0.372	0.086
业务笔试	皮尔逊相关系数	0.205	1	0.403
	置信系数	0.372		0.070
结构化面试	皮尔逊相关系数	0.383	0.403	1
	置信系数	0.086	0.070	

根据"非认知因素（情商）更能有效地预测广义绩效"这一相关研究结论，可以推断，与被测者的认知因素相比，非认知因素对履历分析和结构化面试的结果可能具有相似的预测度，即非认知因素（情商）得分较高的人，其履历分析得分和结构化面试得分

都可能较高。在一个整体竞争性选拔干部方案中，应该根据目标岗位，合理设定各种测评方法的比重，履历分析评价和结构化面试的比重尽量不要超过60%，否则可能影响测评的公平性。

资料来源：王涛. 履历分析评价技术在干部竞争性选拔工作中的应用[J]. 华北电力，2013（4）：0866-0868.

心理测验、面试、情境模拟和评价中心是常用的几种人事测评技术，其设计和运用有一定的难度，需要专业人员仔细研究和反复试验才能发挥最大的效用。但是，在人事测评的实践操作中还存在一些测评方法，这些测评方法有的用于初步筛选，可以简化测评程序，如书面信息分析；有的弥补了前几种方法的不足，如操作能力测试、绩效考评和物理测试。这些测评方法也是不容忽视的。本章主要介绍书面信息分析、绩效考评与360度绩效反馈。

第一节　书面信息分析

求职者提供的书面信息是人力资源管理部门首先接触的材料，可以作为测评的基础。通过分析推荐信、申请表和履历表，可以对求职者的个人素质做出一个总体评价。

一、推荐信

推荐信是由既熟识被测者又与测评者（雇主）有密切关系的第三者，以书信形式向测评者（雇主）介绍被测者的文字材料。一般而言，大多数推荐信都过于肯定被测者，所以推荐信被认为与求职者工作表现的关联性不强。但这并不意味着所有的推荐信对被测者的未来表现没有任何说明效果，一封简单的推荐信可能有很大的预测性，这点是不容忽视的。

关注推荐信的具体内容，而非推荐者对被测者的肯定程度，可以提高推荐信作为一种测评工具的效度。根据推荐者对求职者个性特征的描述有时就可以做出录用判断了。例如，两个求职者均出示了给予积极评价的推荐信，但第一个求职者的推荐信说求职者是一个细致的人，第二个求职者的推荐信描述求职者是一个友好的、乐于助人的人，根据应聘职位的需要就可以决定录用取舍。如果客户关系部门需要热情友好的雇员，那么他们就会录用后者；而如果招聘的是一个秘书职位，显然细致的这个求职者将被录用。

在一项对"推荐信的价值程度"的调查中，占所选样本的12%的人力资源经理认为推荐信"很有价值";43%认为"有些价值";30%认为"只有很小的价值";6%认为"无价值"。当问及是偏好书面推荐还是电话推荐时,72%的人力资源经理选择电话推荐,因为电话推荐允许更坦率地评价和直接交流。事实上,人力资源经理将推荐信排在选拔工具中的最低一等。从最高一等到最低一等的排列次序是:面谈、申请表、成绩记录、口头推荐、能力倾向和成就测试、心理测验,最后是推荐信。[①]

二、申请表

发放的申请表要求申请人如实填写,然后分析申请表内的各项内容,并在此基础上做出挑选决定,这是人事测评中最常用的方法之一。它总是与其他测评方法搭配使用,而且往往是整个程序的第一步。

事实表明,分析申请表内的各项内容,不但可以收集到许多人事测评需要的信息,而且可以为下一步的测评安排提供线索与依据。例如,在下一步的面试中,申请表内已清楚的问题就不一定要详问了。

申请表能否在人事测评中发挥重要作用,关键在其形式与内容的设计上。

申请表的内容,不同的单位设计不尽相同。就我国目前的申请表内容来看,一般包括姓名、性别、地址、婚姻状况、文化程度、工作经历、特长、直系亲属、社会关系、工资等级、是否犯过错误、业余爱好等。

申请表的设计,关键在于保证每个项目均与胜任某项工作有一定的关系,而且比较客观,其他人容易理解与检核。例如,某公司研究发现,称职的经理其背景大部分是一些大学期间品学兼优的学生干部;与其经济状况、婚姻状况与工作情绪、工作责任心、能否安心工作等有密切关系;业余爱好可以反映一个人的领导才能与性格等。

申请表内的项目与素质或拟聘工作岗位的关系并非一成不变,它会随着地区、时间、社会、发展,以及申请者的个人情况的变化等而变化。因此,测评人员应定期对申请表的每一项目进行研究,检查其中的内容对素质是否继续有测评价值。特别当工作程序、社会发展或劳动力市场发生较大变化时,更需要这样做。

申请表的优点是不显示评价倾向,只说明事实、反映信息,因此被测者或申请人不会有所警惕,加上许多情况可以通过调查与查阅档案证实,故申请表的填写人一般不会作假。但是其缺点是由于申请表项目多,申请人所填情况差异不一,所以较难对不同的申请人做出比较与选择。

---

① [美] 加里·德斯勒. 人力资源管理. 刘昕,等,译. 北京:中国人民大学出版社,1999:175.

有研究表明，某公司80%的已婚员工被他们的上级给予工作出色的等级评定，而未婚员工只占60%，那么在评定时，已婚求职者的权重分数就会明显高于未婚求职者的权重分数。在一个大城市中，有住房的求职者申请工作往往比无住房的求职者更容易被录用。这些现象表明：申请表内不同的项目、不同的内容对申请人素质测评或录用的影响是不尽相同的，素质测评者应该对此加以研究，具体确定不同项目、不同内容的测评权重系数。表10-1即是一个申请表项目加权赋分的实例。

表10-1 申请表项目加权赋分表

项目	工作出色人数比例（%）	加权赋分	项目	工作出色人数比例（%）	加权赋分
婚姻状态：			工作经验：		
未婚	60	6	无	22	2
已婚	80	8	生产	43	4
离婚	10	1	文书	42	4
分居	29	3	推销	81	8
寡居	43	4	管理	77	8
			专业	55	6
文化程度：			其他	33	3
小学	52	5			
中学肄业	45	5	服役与否：		
中学毕业	45	5	已服	53	5
大学肄业	47	5	未服	46	5
大学毕业	61	6			
研究生	64	6			

通过以上加权赋分，不但能够把传统的申请表的定性信息转化为定量信息，而且能使分析更趋科学、统一、客观，提高申请表的测评效果。

然而值得指出的是，申请表内各项目的加权赋分应建立在调查研究与事实分析的基础上，不能凭空想象任意加权赋分。此外，加权赋分也并非一成不变，应根据时间、对象、职位、组织的具体情况变化而加以适当调整。

三、履历表

1. 概念和特点

履历表实际上是一种有关被测者背景情况描述的材料，其项目内容与申请表类似，但又有所不同。从项目与内容上来说，履历表比申请表更详细、更全面，凸显个性化，使用履历分析技术需要转换格式（见表10-3）；从时效上来说，履历表反映的是被测者过去的情况，而申请表反映的是当前的情况，显然两者内容会有所不同。

履历分析技术的三大特点。第一，依据真实性。由于履历分析技术是以个人过去的经历作为评价依据来分析、预测其未来的职务行为倾向或成就，这种经历通常是可以核实的。第二，评价普遍性。履历分析的结果与被测者的多种行为（效标）之间往往有较大的关联性，如工作绩效、出勤率等，因而可以用于对被测者行为的多维预测。第三，评价准确性。履历分析方法技术是通过被测者过去的工作经历、工作表现来预测其未来的表现，其方法论原则体现的是整体主义和历史主义，是一种全面的、系统的评价技术。

对于求职者，申请表可以提供很多有用的信息，但是，对于考评者来说，一个关键问题是确定哪些信息在选拔人才中是最有价值的，在这方面，人们通常持有很多偏见，例如，认为学历与管理能力有较强的联系，但科学研究认为未必如此。

2. 评分标准

国外常采用带权重的传记式申请表（Weight of Application Biografhy，WAB）技术，与其说它是一种专门的人事测评工具，不如说它是一种对申请表进行评分的技术。在这种技术中，我们可以验证申请表中的哪些项目诸如"过去的工作经验"或"受教育年限"可以区分成功和不成功的求职者，一旦确定了这些项目，我们进一步分析这些项目的区分力度，这样，对于具体的申请表，我们就可以给各个项目赋予权重，得出分数；再通过划定录取分数以筛除不合格者，这样就针对某工作建立一个评分体系。

履历分析是测评新技术，但其一经采用就在人才招聘选拔中起到十分重要的作用，其意义在于：能够得到履历定量分析成绩；实现了测评的职位区分；有效利用了应聘者各种重要的履历信息，对资格审查合格的入围者进行区分，使测评选拔更加科学合理。

履历分析的结果可作为一项测评成绩计入总分，也可作为其他测评成绩的修正。例如，某一岗位的招聘选拔在报名人数较多的情况下，首先按照履历分析得分排序淘汰部分人员，这样就可以降低测评选拔成本（见表10-2）。

表10-2　　某岗位招聘选拔中的履历分析结果表

求职者	权重	A	B	C	D	E
工作经验	5	0	1	1	1	1
语言沟通/团队合作	4	1	1	1	1	1
压力承受	3	1	1	1	1	1
专业对口	2	0	1	1	1	0
优先条件是否具备	1	0	1	0	1	1
综合评分		7	15	14	15	13
处理结果		筛除	进入面试	进入面试	进入面试	筛除

一份设计良好的应聘履历登记表可以提供很多有用的信息,对登记表进行分析有很高的预测效度。所以,履历分析在人才测评体系中占有着重要的地位,履历分析技术的推广对完善人才评价体系具有重大意义。

传统履历调查与档案考核虽然是一种重要的考核、测评手段,但是它所提供的信息量小、科学性差、缺乏预测性。在科学测评中,履历分析要经过严格的科研探索和实践检验,并制定加权评分体系,这样才能对被测者进行科学的预测(见表10-3)。

表10-3　　　　　　　　　　　传记式履历表测评维度设计[①]

测量维度	人口统计信息	基本简历	所获证明/奖励	家庭情况
人际技巧		√	√	√
自我管理		√	√	√
同理心	√	√		
精力	√	√		
自信心		√	√	√
情绪稳定性		√		√
认知能力		√	√	
专业知识		√		
对环境的认知	√			√
社会身份	√	√		√
社会环境	√	√	√	√

履历表项目一般包括两部分内容。一部分是测评者能够核实的项目,例如,家庭住址、家庭状况、工龄、学历、年龄等;另一部分则是难以具体核实的项目,例如,述职报告、自我工作总结等。

履历表项目选择与申请表一样,也是以职位要求或工作绩效的相关性为标准,常见的是选择那些与生产效率、人事变动率、出勤率显著相关的项目。

假设某单位有100名员工,其中男性40名,女性60名。把100名员工划分为高效率与低效率两组。在高效率组中有10名男员工与45名女员工。因此男性员工的高效率比例为10/40=25%,女性员工的高效率比例为45/60=75%,两者比例相差50%,由此表明男性员工有1-25%=75%位于低效率组,而女性员工只有1-75%=25%位于低效率组,显然在这里性别是一个具有高区分度的指标,可以把它作为一个项目列入履历表中。

如果根据高效率赋分,则履历表内每个项目根据其具体内容都可以得到一个对应的

[①] 刘颖,吴璐斯. 传记数据在领导人才评价中的应用[J]. 中国行政管理,2016(6):78.

分数。上例中,男性高效率员工比例为 25%,故男性赋值 25 分,女性员工高效率比例为 75%,故赋值 75 分,所有项目得分累加得到一个总分,该总分可用作测评素质或录用的依据。

3. 履历分析中三大亟待解决的问题

问题一:履历填写的真实性问题。

有的研究表明履历中填写的内容与已经证实的情况一致性为 0.9,但有的研究得出了相反的结果。解决这个问题的可行办法应该是在履历表中设置一些真实性检测项目,或者尽量减少主观性项目,增加客观性项目。

图 10-1 描述了个体特征与环境之间的动态互动关系。每个人通常在自己拥有的及生活环境的限制内做行为选择,如职业选择。如果造假,就等于编造个人历史,容易被识别,反而能够降低测评造假的几率。

传记式数据的测量应该基于三个方面的资源:一是社会化资源,包括人际技巧、自我管理等维度;二是人格特质资源,包括精力、情绪稳定性等维度;三是智力资源,包括认知能力、相关专业知识等维度。以上三个方面的资源是导致不同的情境和行为选择的主要原因。

另外,在采集传记式数据时,可通过控制填写的内容、环境、时间等来保证质量。例如,可以给予事先警告,表明"将对所填信息进行核实,如果发现不真实的信息,将给予相应处罚";也可以要求应聘者在限定时间内完成传记式数据问卷,防止应聘者之间互相讨论和作假。

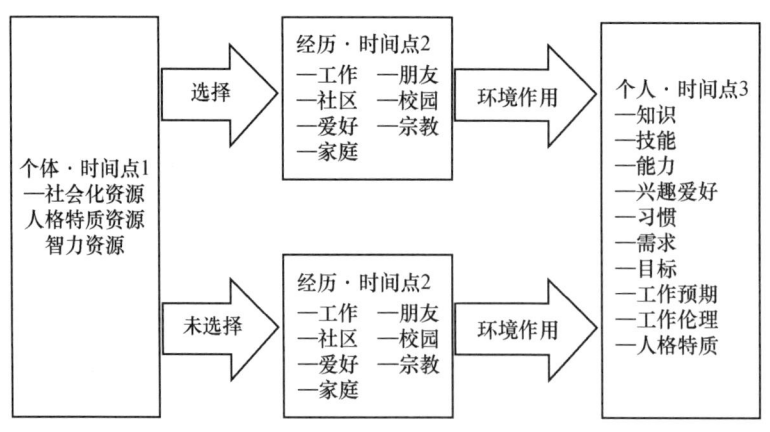

图 10-1 传记式数据记录时间节点图①

---

① 刘颖,吴璐斯. 传记数据在领导人才评价中的应用 [J]. 中国行政管理,2016(6):77.

问题二：预测效度越来越低的趋势。

由于传记式数据的特点，导致其很难测量非任务的工作成就。因此，有的研究表明履历分析的最初效度系数为 0.74，两年后降为 0.61，三年后只有 0.38。解决的方法是再评价与再检核。现有的传记式资料多是用单一传记问卷或面试的方法收集数据，如果能综合使用多种传记资料（如传记问卷、面试与自传性陈述相结合），一定能提高预测的准确性。

问题三：项目设计的合理性问题。

履历表中每个项目的选择除实证性的统计数字外，还缺乏符合逻辑的理论解释。由米切尔（Mitchell）研究表明，通过统计检验的履历项目要比按照原理设计的项目（在直觉判断基础上通过因素分析处理）要好；但奈纳（Neiner）的研究结果却相反。解决这一问题的可能方法是实证分析与理论分析多方面结合。

为了改进履历表提高其客观性，目前出现了一种传记式项目检核记录表，其形式如表 10-4 所示。

表 10-4　　　　　　　　　　　传记式项目检核记录表

目前婚姻状况如何？
1. 未婚
2. 结婚、无子女
3. 结婚、有子女
4. 寡居
5. 分居或离婚

爱好及态度

你常说笑话吗？
1. 极常
2. 常常
3. 偶尔
4. 很少
5. 根本不说

健康情况

你曾患过什么病吗？
1. 强烈过敏
2. 哮喘
3. 高血压
4. 胃病
5. 头痛
6. 以上疾病皆未患过

人际关系

你对你的邻居的感觉是：
1. 不感兴趣

续表

2. 很喜欢他们，但不常见
3. 常互相访问
4. 很多时间一同相处
……

传记式项目检核记录表一般包括婚姻状况、爱好及态度、健康情况、人际关系等项目。其设计的依据是，目前的素质与工作绩效及过去各种环境中的行为是相联系的，同时也与态度、爱好、价值观相关联。但是要具体列出问题与选项，则必须进行大量的实证研究与理论分析，从中找出关键性的因素。例如，一家制药公司发现，富有创造性的科学家除其他一些品质外，还具有以下特点：有主见、埋头工作、希望担任有挑战性的工作、父母亲比较宽容。虽然这些素质特征可以通过面试与心理测验来完成，但用传记式项目检核记录表既省钱、省事又更有效。

第二节 绩效考评

绩效考评把人力资源管理实务的各项工作联结在一起，在人力资源管理实务中居于核心位置，招聘配置、培训开发、薪酬福利、职业发展、干部选拔等工作都离不开绩效考评。由于绩效考评关系对员工的合理公正的评价和激励，特别是员工的绩效测评分数成为其职业发展的基础和晋升的依据，因此，绩效考评也成为现代人事测评技术的一个重要组成部分。

一、绩效考评的含义

1. 绩效的内涵

绩效有功绩、成绩、业绩，功效、成效，效果、效率等语义。从这些词语使用的含义中可以抽出一个共同的特征，即都注重对人与事活动变化或运行结果的描述。由于结果的优劣往往受制于过程，一个高效的过程常常会有一个好的结果，所以绩效中加入效率的含义是必要的。因此，绩效具有两个基本特征。

（1）绩效是过程效率与最终结果的统一，即优秀的事物总是高效过程与高质量结果的统一。

（2）绩效是一个综合性概念，即不单单指经济效果，还具有社会、政治、伦理的意义。这是因为影响事物效果的因素是多方面的，单角度地评判难以公正客观地刻画事物本质。

绩效可以分为个人绩效、组织绩效、行业绩效、社会绩效等。

2. 考评的内涵

考评是考核与评价的合称，其中考核指的是对个人、组织的经营管理结果的考查与核定，往往对考核结果配以强制性的奖惩措施；评价指的是对个人、组织、行业、社会的工作或运行结果的专业性价值评判，注重全面深入解析结果优劣的原因，挖掘价值源泉。

3. 绩效考评的理论依据

绩效考评的理论依据就是绩效管理，绩效管理是调动广大员工积极性的一项人力资源开发战略，是指管理者和员工双方就目标及如何达到目标形成共识，并帮助员工成功达到目标的管理方法。绩效管理不是简单的任务管理，它特别强调沟通、辅导及员工能力的提高；绩效管理不仅强调结果导向，而且重视达到目标、促进员工实现工作目标和个人和谐发展的过程。

员工的成就需求、努力和目标的实现，需通过组织目标、激励考评的强化引导，可以转变为基于组织目标的个人绩效，即也能达到个人目标。从企业组织来看，其发展目标需通过层层分解落实到员工，并通过员工确认工作目标的绩效、奖惩激励，激发员工的积极性，达到同时实现组织目标和员工个人目标的目的，即绩效管理的双赢目的。

二、绩效考评的内容

1. 绩效考评内容的选取原则

绩效考评内容主要是以岗位的工作职责为基础来确定的，但要注意遵循下述三个原则。

（1）要与企业文化和管理理念相一致。绩效考评内容是企业组织文化和管理理念的具体化和形象化，在考评内容中必须明确：企业在鼓励什么、反对什么，给员工以正确的指引。考评内容往往对员工的行为具有导向作用，是对员工工作行为、态度、业绩等方面的具体要求。

（2）不要面面俱到。为了提高考评的效率，降低考评成本，考评内容应关注工作的关键点，应该选择岗位工作的主要职责，避免占用员工过多的时间和精力。另外，对难以考核的内容也要谨慎处理，认真分析它的可操作性和它在岗位整体工作中的作用。

（3）应与工作目标相联系。绩效考评是对员工工作目标完成情况的评价，尽量避免涉及员工的生活习惯、行为举止、个人爱好等内容。

2. 绩效考评内容的分类

绩效考评内容的分类应以岗位分析为基础，根据企业的管理特点和实际情况来确定，以增强绩效考评的可靠性和可操作性。例如，可以将考评内容划分为重要任务考评、日常工作考评和工作态度考评三个方面；将考评内容划分为德、能、勤、绩四个方面。不同分类的考评内容，其具体的考评方法也不同。

三、绩效考评题目与尺度

在编写绩效考评题目时，要注意以下几个问题：首先，题目内容要客观明确，语句要通顺流畅、简单明了，不会产生歧义；其次，每个题目都要有准确的定位，题目与题目之间不能有交叉内容，同时也不应该有遗漏；最后，题目数量不宜过多。

考评的尺度一般使用等级方法，如极差、较差、一般、良好、优秀。也可以使用打分的方法，对于不同的项目根据重要性的不同来分配分数比例。在计算总成绩时还可以用不同的权重。考评的尺度应该尽可能细化，以提高考评的可靠性。

四、方法与分类

1. 考评的方法

（1）目标考评。即根据工作任务的最初目标来进行考评，看被考评者是否在规定的时间内完成了目标，以及完成目标的情况。

（2）自评。自评即被考评者的自我考评，是被考评者对自己的主观认识，考评结果一般不计入考评成绩。自评的作用在于提高自我认识，对自己的工作进行总结和反思，还可以与他人的评价进行对比。通过自评，还可以了解被考评者的真实想法，为以后的考评沟通做好准备。

（3）互评。互评是员工之间相互考评的考评方式。互评适合于主观性评价，如工作态度部分的考评。互评的优点在于，员工之间能够比较真实地了解相互的工作态度，并且由多人同时评价，往往能更加准确地反映客观情况，防止个人的主观性误差。互评在人数较多的情况下比较适用，如人数多于 5 人。另外，在互评时不署名，在公布结果时不公布互评细节，都可以减少员工之间的相互猜疑，提高考评的真实性。

（4）上级考评。在上级考评中，考评者是被考评者的管理者，多数情况下是被考评者的直接上级。上级考评适合于考评"重要工作"和"日常工作"部分。

（5）书面评价。由于每位员工都有不同的特点，而标准化的考评方式则忽略了这个因素，将员工"整齐划一"不利于员工个人的成长。书面评价属于定性的考评方法，可以弥补量化考评的缺陷。一般来讲，书面评价应该包括肯定员工成绩、指出员工不足、企业对员工的期望三个方面的内容。书面评价可以由上级撰写，也可由企业人力资源管理部门统一撰写。

2. 绩效考评方法的分类

企业中绩效考评的方法种类繁多，但从其性质来看，可以归纳为客观考评法和主观考评法两大类。

（1）客观考评法。客观考评法所依据的资料一般是可以定量的、硬性的指标，例如，生产中的原材料消耗，单位时间内的产出数量，产生的经济效益，科研人员出版、发表的著作和论文的数量、发表刊物的级别等。这些指标的考核一般来说是过硬的、客观的、定量的，因而也是最可信的。然而，事实上影响工作绩效的原因很多，受自身不可控环境性因素影响较大。这种方法过于注重结果，忽略了被考评者的工作行为，在应用时有较大的局限性。

（2）主观考评法。主观考评法依赖于考评者的主观判断，易受心理偏差的左右，但较现实可行，可适用于各类员工。而且若用多种方法，经过精心设计的程序，从不同的角度进行重复考核，仔细测评被考评者所创造绩效所需的各种重要工作行为，便可显著提高考评信度，使偏差尽可能减少。主观考评法可进一步分为两类。

一是相对考绩法。这是较传统的考绩法，是使被考评者与别人相对照而评出顺序或等级的方法，所以又可称为比较法。

二是绝对考绩法。这类方法不做人与人之间的比较，而是单独直接根据被考评者的行为及表现来进行评定。这类考绩法在实践中使用最为普遍，并开发演变出多种不同的形式。

3. 常用的绩效考评方法

（1）等级评估法。等级评估法是根据工作分析，将被考评岗位的工作内容划分为相互独立的几个模组，在每个模组中用明确的语言描述完成该模组工作需要达到的工作标准。同时，将标准分为几个等级选项，如"优、良、合格、不合格"等，考评者根据被考评者的实际工作表现，对每个模组的完成情况进行评估。总成绩便为该员工的考评成绩。

（2）目标考评法。目标考评法是根据被考评者完成工作目标的情况来进行考核的一种绩效考评方式。在工作启动之前，考评者和被考评者应该对需要完成的工作内容、时间期限、考评的标准达成一致。时间期限一到，考评者根据被考评者的工作状况及原先制定的考评标准来进行考评。目标考评法适合于企业中试行目标管理的项目。

（3）序列比较法。序列比较法是对相同职务被考评者进行考核的一种方法。在考评之前，首先要确定考评的模组，但是不确定要达到的工作标准。将相同职务的所有被考评者在同一考评模组中进行比较，根据他们的工作状况排列顺序，工作较好的排名在前，工作较差的排名在后。最后，将每名被考评者几个模组的排序数字相加，就是该被考评者的考评结果。总数越小，绩效考评成绩越好。

（4）相对比较法。与序列比较法相仿，它也是对相同职务被考评者进行考核的一种方法。所不同的是，它是对被考评者进行两两比较，任何两名被考评者都要进行一次比较。两名被考评者比较之后，工作较好的被考评者记"1"，工作较差的被考评者记"0"。所有的被考评者相互比较完毕后，将每个人的成绩进行相加，总数越大，绩效考评的成绩越好。与序列比较法相比，相对比较法每次比较的被考评者不宜过多，范围在5~10名即可。

（5）小组评价法。小组评价法是指由两名以上熟悉该被考评者工作的人员，组成评价小组进行绩效考评的方法。小组评价法的优点是操作简单，省时省力；缺点是容易使评价标准模糊，主观性强。为了提高小组评价的可靠性，在进行小组评价之前，应该向被考评者公布考评的内容、依据和标准。在评价结束后，要向被考评者反馈评价的结果。在使用小组评价法时，最好和被考评者个人评价结合进行。当小组评价和个人评价结果差距较大时，为了防止考评偏差，评价小组成员应该首先了解被考评者的具体工作表现和工作业绩，然后再做出评价决定。

（6）关键事件法。考评者在平时注意收集被考评者的"关键事件"，这里的"关键事件"是指被考评者的优秀表现和不良表现，会对部门的效益产生重大影响的积极或消极的行为，对这些行为表现要形成书面记录。对普通的工作行为则不必进行记录。根据这些书面记录进行整理和分析，最终形成考评结果。由于所出的书面报告是对不同被考评者的不同工作侧面进行描述，无法在被考评者之间、团队之间和部门之间进行工作情况的比较，而且，考评者用自己制定的标准来衡量被考评者，被考评者没有参与的机会，因此不适合用于进行人事决策。关键事件法一般不独立使用，它作为一种补充方法与绝大多数绩效考评方法结合使用。

（7）评语法。评语法是指由考评者撰写一段评语来对被考评者进行评价的一种方法。评语的内容包括被考评者的工作业绩、工作表现、优缺点和需努力的方向。评语法在我国应用得非常广泛。由于该考评方法主观性强，最好不要单独使用。

（8）强制比例法。强制比例法可以有效地避免由于考评者的个人因素而产生的考评误差。根据正态分布原理，优秀的被考评者和不合格的被考评者的比例应该基本相同，大部分被考评者应该属于工作表现一般的被考评者。所以，在考评分布中，可以强制规定优秀人数和不合格人数。例如，优秀者和不合格者的比例均占10%，其他80%属于表现普通者。强制比例法适合相同职务员工较多的情况。

（9）情境模拟法。情境模拟法是一种模拟工作考评方法。它要求被考评者在评价小组面前完成类似于实际工作中可能遇到的活动，评价小组根据完成的情况对被考评者的工作能力进行考评。它是针对工作潜力的一种考评方法。

（10）综合法。综合法顾名思义，就是将各类绩效考评的方法进行综合运用，以提高绩效考评结果的客观性和可信度。

人力资源管理部门在完成考评内容选取、考评题目编写、考评方法选择及其他一些相关工作之后，就可以将这些工作成果汇总在一起，来确定企业的一整套绩效考评制度，并逐步形成企业人力资源管理关于绩效考评的政策文件，建立企业的绩效考评体系。

第三节　360 度绩效反馈

经济全球化带来了更为激烈的竞争和挑战，绩效考评的内容和形式也随着人力资源管理的革新不断得到改进和发展。360 度绩效反馈方法因为符合经济发展和企业管理的要求正在逐渐兴起，这是因为在现代人力资源管理中，绩效考评已经不仅仅是一种考评工具，而且成为一种改善沟通、提高绩效和推动自我开发的综合性制度。

一、360 度绩效反馈的含义

1. 360 度绩效反馈的概念

360 度绩效反馈（360 degree feedback）又称多评估者评估（multirater assessment）和多角度反馈系统（multisource feedback，MSF），它可以用来为组织的选拔、考核、发展、培训以及变革提供服务，它可以帮助个体了解自身是如何被组织各个层面的人们所认识和评价的。

在这种评价模式中，如果被评价者是一名管理者，评价者不仅包括被评价者的上级主管，也可以包括其他与之有密切接触的人员，如同事、下属、客户等，还可包括管理者的自评（见图 10-2）。也就是说，它是从不同层面的群体中收集评价信息的。评价结果会反馈给被评价者，一方面，这将促使管理者全面地认识自己，为其个人发展（如培训计划的制定）提供信息，促使其提高管理技能和工作业绩，改善团队工作；另一方面，对于整个企业来说，它可以增进绩效评价的效果，激励员工对组织变革的参与，提高培训效益和员工满意度，建立新型的企业文化，促进企业的发展。

参与对被评价者进行评价的人数少则 3~4 人，多则 25 人，许多公司采用 5~10 人规

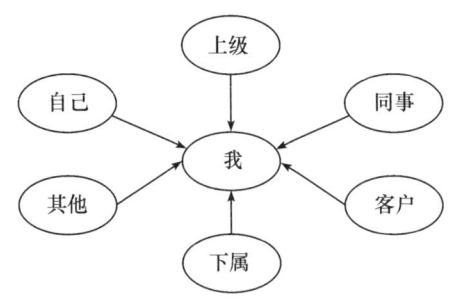

图 10-2　360 度绩效反馈评价模式示意图

资料来源：时雨，等."360 度反馈评价结构与方法的研究"[J]，科研管理，2000（5）.

模，在实际的实施过程中评价者的结构往往受到使用 360 度绩效反馈的目的限制。

另外，安东尼奥尼（Antonioni）从一个实践者的角度提出了一个 360 度绩效反馈过程模式，它包括输入、过程和输出三个阶段，具体内容见图 10-3。

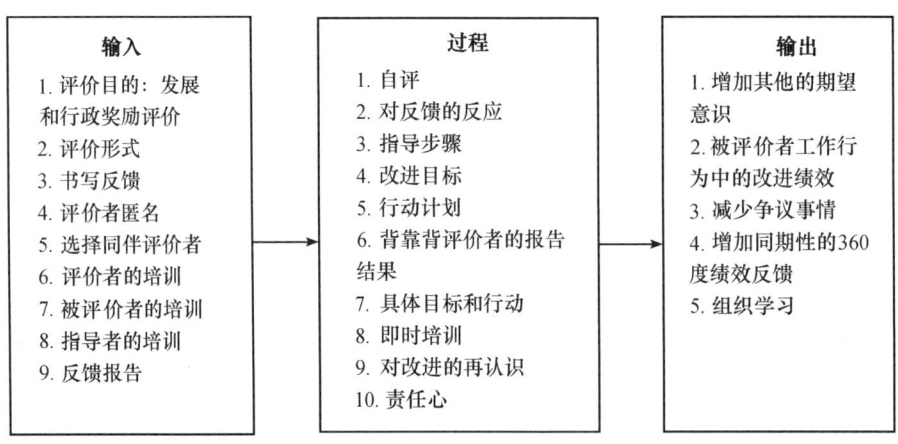

图 10-3　360 度绩效反馈评价过程：实践者的模型

360 度绩效反馈方法与传统的一些考评方法有很大的区别。传统的方法是管理者成为绩效考评的"主宰者"，结果的好坏全取决于上级管理者或管理部门，绩效考核也仅仅起到了"记录卡"的作用，没有充分利用考评结果去增强员工个人及组织的效能。而 360 度绩效反馈方法则从多个角度来反映员工的工作，使结果更加客观、全面和可靠，并且更强调反馈，使考评起到了"镜子"的作用。

2. 360 度绩效反馈的特点

（1）多侧面评价。360 度绩效反馈的评价者来自不同层面的群体，既有上级又有下属，还有自己和同事，这样，对被评价者的了解更深入、更全面，得到的信息更准确、更客观。

（2）基于胜任特征。胜任特征是指能将某一工作（或组织、文化）中表现优秀者与表现平平者区分开来的个体潜在的深层次特征，它是工作行为设计的依据。这里的界定标准不是合格，而是能区分表现优异者和表现平平者的胜任特征，360度绩效反馈评价要素的设计依据就是各职位的胜任特征评价模型。

（3）匿名评估。为了保证评价结果的可靠性，减少评价者的顾虑，这种评价一般采用匿名的方法。同时，为了使参与评价者能够客观地进行评价，还要对他们进行专门的评分方法培训。

（4）多方位反馈。多方位的反馈能够帮助个体调整自我知觉、自我评价和行为，增强个体的自我意识，提高自我管理效能。360度绩效反馈评价强调及时、客观的反馈，能够促使被评价者正确认识自我，改善行为表现。

（5）促进个人与组织的职业生涯发展。在360度绩效反馈的结果中，均设有专门的个人发展计划和指导，这些咨询意见和建议会对被评价者促进其个人的职业生涯发展提供帮助。同时，360度绩效反馈评价还能够增强组织的竞争优势，提高组织绩效。

二、360度绩效反馈内容与沟通方法

1. 反馈内容

（1）一般来说，360度绩效反馈主要围绕"GAPS"反馈模式来开展。

1）你想做什么（目标，Goal）？

2）你能做什么（能力，Ability）？

3）他人是如何看待你的（看法，Point of View）？

4）他人对你的期望是什么（标准，Standard）？

（2）360度绩效反馈常常运用"发展第一"的策略。

1）集中于发展重点（Focus on Priorities）；

2）每日实施计划的某一部分（Implement Something Everyday）

3）对所发生的事情进行反思（Reflect on What Happens）

4）寻求支持和反馈意见（Seek Feedback and Support）；

5）学以致用，将学习提升到另一层次（Transfer Learning to the Next Level）。

2. 沟通反馈结果的基本方法

（1）面谈准备。为成功进行面谈要做好以下五步准备：

第一步，研究反馈结果；

第二步,与参加评价的有关人员交谈一次;

第三步,确立具体的行为目标;

第四步,设计反馈报告模式,要包含重要性概述、确定技能等级、能力发展的建议等内容;

第五步,讨论并修改员工发展计划。

(2) 面谈的程序。面谈程序包含九个步骤:

第一步,营造一个和谐的气氛;

第二步,说明讨论的目的、步骤和时间;

第三步,根据每项工作目标考核完成的情况,分析成功和失败的原因;

第四步,评价员工在价值观方面有待改进的方面;

第五步,评价员工在工作能力上的强项和有待改进的方面;

第六步,对员工能力发展的建议;

第七步,为下一阶段的工作设定目标;

第八步,讨论需要的支持和资源;

第九步,签字。

3. 团体反馈方法

针对不同团体的差别进行深入分析,运用"GAPS 模式"进行讨论,突出讨论:

(1) 表现最好的行为和原因,如何继续发扬;

(2) 存在的问题及其原因,改进措施;

(3) 重点从不同角度看评价的差异方面;

(4) 形成发展措施的共识,营造企业文化。

4. 评价反馈的尺度

一般来说,评价反馈可按照以下几点把握尺度。

(1) 要表扬评价计分前 15%的员工;

(2) 警示评价计分后 5%的员工;

(3) 慎重处理好接近优秀的和评价计分接近后 5%员工的评价和说明工作;

(4) 形成发展措施的共识,营造企业文化。

三、360 度绩效反馈操作步骤、问卷设计方法及注意事项

1. 操作步骤

(1) 准备阶段。准备工作相当重要,它影响着评估过程的顺利进行和评估结果的有

效性。准备阶段的主要目的是使所有相关人员,包括所有评价者与被评价者,以及所有可能接触或利用评价结果的管理人员,正确理解企业实施360度绩效反馈的目的和作用,进而建立对该评价方法的信任。

(2) 评估阶段。一是组建360度绩效反馈队伍。必须注意评估要征得被评价者的同意,这样才能保证被评价者对最终结果的认同和接受。二是要对评价者进行360度绩效反馈技术的培训。为避免评价结果受到评价者主观因素的影响,企业需要对评价者进行培训,使他们熟悉并能正确使用该技术。此外,理想情况下,企业最好能根据本公司的情况建立自己的能力模型并在此基础上,设计360度绩效反馈问卷。三是实施结果的评价反馈。分别由上级、同事、下属、相关客户和本人按各个维度标准进行评价。评价过程中,除了上级对下属的评价无法实现保密之外,其他几种类型的评价最好是采取匿名的方式,必须严格维护评价者的匿名权以及对评价结果报告的保密性。大量研究表明,在匿名评价的方式下,人们往往愿意提供更为真实的信息。四是统计并报告结果。在提供360度绩效反馈报告时要注意对评价者的保护。还有重要的一点,要确保其科学性。例如,报告中列出各类评价人数一般为3~5人;如果某类评价者(如下属)少于3人,则必须归入其他类,而不得单独以下属评价的方式呈现评价结果。五是企业管理部门要针对反馈的问题制定相应措施。

(3) 反馈和辅导阶段。向被评价者提供反馈和辅导是一个非常重要的环节。通过来自各方的反馈,可以让被评价者更加全面地了解自己的长处和短处,更清楚地认识到公司和上级对自己的期望及目前存在的差距。根据成功企业的经验,在第一次实施360度绩效反馈评价项目时,最好请专家或顾问开展一对一的反馈辅导谈话,以指导被评价者如何去阅读、解释以及充分利用360度绩效反馈评价报告。另外,请外部专家或顾问也容易形成一种"安全"的氛围,有利于与被评价者深入交流。

2. 问卷设计方法

360度绩效反馈评价一般采用问卷法。问卷的形式分为两种。一种是给评价者提供五分等级或者七分等级的量表(称之为等级量表),让评价者选择相应的分值;另一种是让评价者写出自己的评价意见(称之为开放式问题)。二者也可以综合采用。从问卷的内容来看,可以是与被评价者的工作情境密切相关的行为,也可以是比较共性的行为,或者二者的综合。

目前,市场上常见的360度绩效反馈评价问卷大多采用等级量表的形式,有的同时包括开放式问题。问卷的内容一般都是比较共性的行为。采用这种问卷进行360度绩效反馈评价有两个优点。第一,成本比较低。美国嘉年华邮轮公司CCL开发的360度绩效反馈评价问卷，包括 1 份自评问卷、11 份他评问卷，其价格只有大约 200 美元。国内的赛思博公司也提供专业的 360 度绩效反馈评价问卷和配套的软件，其价位也不是很高。第二，实施起来比较容易。采用现有的 360 度绩效反馈评价问卷，公司所需要做的事情就是购买问卷、发放问卷，然后将问卷交给供应商统计处理，或者按照供应商提供的方法进行统计处理就可以了。但是，这种方法也有其不足，最主要的一点就是问卷内容都是共性的行为，与公司的战略目标、公司文化、具体职位的工作情境结合并不是很紧密，加大了结果解释和运用的难度，会降低 360 度绩效反馈评价的效果。

因此，一些公司开始编制自己的 360 度绩效反馈评价问卷。这要求人力资源工作者能分析拟评价职位的工作，抽取典型的工作行为，编制评价问卷，对评价结果进行统计处理，并向被评价者和评价者提供反馈。采用这种方法所编制的问卷，能确保所评价的内容与公司的战略目标、公司文化以及具体职位的工作情境密切相关，使得评价结果能更好地为公司服务。但是，这种方法对人力资源部门的技能要求比较高，同时其成本也要比购买成熟的问卷高。

在实际工作中，越来越多的公司开始采用折中的方案。即先从外部购买成熟的问卷，然后由评价者、被评价者和人力资源工作者共同组成专家小组，判断问卷中所包括的行为与拟评价职位的关联程度，保留关联程度比较高的行为；然后，再根据对职位的分析，增加一些必要的与工作情境密切相关的行为。采用这种方式，既能降低成本，同时也能保证问卷所包括的行为与拟评价职位具有较高的关联性。

3. 360 度绩效反馈中的注意事项

（1）考核的实施前提有以下几点：获得高层领导的支持；全体员工认可调查的重要性，掌握评分方法并愿意参与其中；项目实施过程能够采取匿名方式；承诺向被评价者反馈，提供解决问题方案。

（2）选择合适的答卷人。要选择那些会提供真实的、有用的反馈信息的答卷人。例如，有 6 个月以上合作共事经历的同事，或经常有工作来往的同事；一般只需要有一名上司参与反馈。除本人以外，一般可有 11 个人参加对被评价者的反馈，例如，上级 1 人、下属 5 人、同事 5 人。除上级以外，其他答卷人小组都应分发 3 份以上的调查问卷进行反馈。

（3）记录说明评价的关键日期。这些关键日期包括分发问卷的日期、填完问卷并寄出的日期、收到反馈报告的日期，以及制订个人发展计划的日期。

（4）避免评价者的心理误差。整个评价过程应尽量避免以下几个方面的误差：评价者水平、近期效应、评分趋势偏误、宽松与严格、光环效应、从众心理等。

（5）指导语应注意的关键问题一般有以下几点。1）要求被评价者不要有任何顾虑，根据自己的内心感受来回答。2）对每个问题不要思考得太久，要独立作答，不要受他人的影响。3）评分等级一般是1~5分，要注意拉开距离。特别要强调：一个人不可能十全十美，要注意选出他表现最好的项目，也要注意选出他表现不好的项目；还要把这些表现与其他人相比较之后来评价，要体现差距。4）注意理解题目意思，不要把意思理解反了。5）评分等级越高，表示符合度越高。6）每个题目都选择一个固定的答案，不要漏选，所有问题都要选择答案。

（6）收卷时需提醒的问题一般有以下几点。1）若为当场回收问卷，回收问卷时要检查问卷是否按要求全部回答完毕，对漏选的条目要求补充完整。2）当众进行封卷，并向全体参与者致谢。

（7）调查全程的保密性。答卷人不用在问卷上写下姓名；填写完的问卷直接寄送至评价组织部门；递交的反馈报告用信封密封；被评价者和主管部门各有1份报告；反馈报告只用于能力发展，不做其他用途。

4. 企业360度绩效反馈评价过程示例

（1）360度绩效反馈基础数据——量化的员工能力素质。对比"自己评分"与"个人得分"可以帮助员工了解自我认知与实际情况之间的差异性，对比"个人得分"与"公司均分"可以了解个人能力在企业中的优势和劣势，帮助员工进行增补不足与扬长避短的策略选择（见表10-5）。

表10-5　　员工各项能力指标的各层级评分汇总表举例

指标	上级	同事	下属	自己	个人得分	公司均分
忠诚敬业	4.33	3.11	2.67	3.00	3.47	2.96
抗压能力	2.67	2.44	3.58	3.67	2.87	2.87
情绪控制	3.33	3.56	2.67	2.33	3.20	3.30
问题解决	3.00	2.89	2.67	4.00	2.87	2.54
人际关系	3.00	3.78	2.83	1.33	3.18	2.93
协调能力	4.00	3.56	3.17	2.00	3.62	3.00
战略理解	2.67	3.33	2.83	1.67	2.92	2.97
前瞻预测	2.33	2.33	3.42	3.67	2.68	2.71
绩效管理	2.33	2.33	3.92	3.67	2.81	2.99
平均	3.07	3.04	3.08	2.81	2.67	2.92

更专业的素质报告还会包含个人能力在团队整体中的大致排名情况,用"线条"与"锚点"的位置关系,可以帮助员工了解自己在各个层级的得分情况。其中,线条是指参加同一批次的所有员工在指标各层级的得分区间,而锚点则是某位员工在该层级的得分(见表10-6)。

表10-6 某员工"忠诚敬业"指标和"抗压能力"指标在各层级的评分汇总表举例

指标	层级	1	1.8	2.6	3.4	4.2	5	个人得分	公司均分
忠诚敬业	整体得分							3.47	2.96
	上级							4.33	3.00
	同事							3.11	3.09
	下属							2.67	2.96
	自己							3.00	3.00
抗压能力	整体得分							2.87	2.87
	上级							2.67	2.69
	同事							2.44	3.19
	下属							3.58	3.31
	自己							3.67	3.67

注:①本表汇总了调研中的每一项指标的得分,其中包括不同的评价者层级(上级、同事、下属)以及综合以上各层级的加权平均分。个人得分反映了您的综合得分,公司均分反映了这一批被评分的所有参与者所获得的评分结果。

②中间段分数区:代表了所有参与者里中间1/3的评分结果。如果您的平均得分(以圆点表示)在条状图的右侧,说明您在这个指标上的得分处于所有参与者的前1/3。

③评分标准:非常不相符(1);比较不相符(2);一般(3);比较相符(4);非常相符(5)。

(2)360度绩效反馈的认知四象限——修正员工的自我认知。360度绩效反馈的评价结果中,认知的四象限是专业报告的标准配置,也是修正员工对自我能力认知的关键,根据四象限内的能力指标,员工可以根据"盲区"调整自我认知,并将关注点聚焦到自己的不足之处(待发展共识区)(见图10-4)。

(3)360度绩效反馈细化行为分析——落地于员工行为的自我修正。通过对各项指标相应的行为题目进行得分拆解,将指标问题细化到行为项上。帮助员工有针对性地调整自己的工作行为(见表10-7)。

(4)开放式建议。一般的360度绩效反馈评价结果还会包含开放性的建议,专业性的建议需要保障信息的有效性,开放式评语的展现中不能出现评价者的层级(见表10-8)。

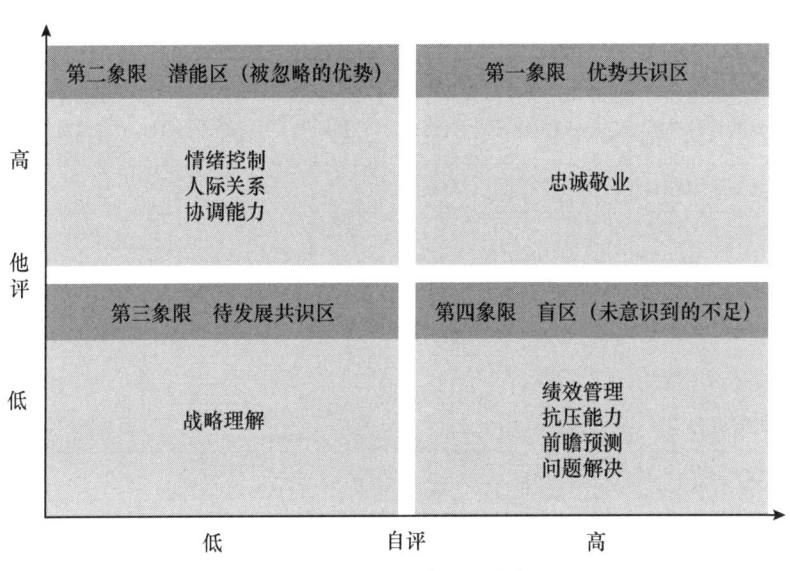

图 10-4 认知四象限图举例

表 10-7　某员工"忠诚敬业"指标的典型行为各层级评分汇总表举例

指标	层级	评价人数	1	1.8	2.6	3.4	4.2	5	个人得分	公司均分
忠诚敬业	整体得分	8				●			3.47	2.98
	上级	1					●		4.33	3.00
	同事	3			●				3.11	3.09
	下属	4			●				2.67	2.98
	自己	1			●				3.00	3.00
认同组织的发展战略，并为战略的达成付出高度热忱	整体得分	8				●			3.75	2.95
	上级	1						●	5.00	2.92
	同事	3				●			3.33	3.67
	下属	4			●				2.50	2.63
	自己	1	●						1.00	1.00
遵循组织的日常安排和方针政策，是组织的忠诚维护者	整体得分	8			●				2.78	3.43
	上级	1				●			3.00	3.50
	同事	3		●					2.00	2.90
	下属	4				●			3.25	2.95
	自己	1				●			3.00	3.50
将自身前途与组织发展紧密结合，与组织同呼吸共命运，共同成长	整体得分	8				●			3.88	2.49
	上级	1					●		5.00	2.58
	同事	3				●			4.00	2.70
	下属	4		●					2.25	3.35
	自己	1					●		5.00	4.50

表 10-8	评价者的开放式评语举例
这部分是您和您周围的同事给您留下的文字评议和建议。一般说来，评价者往往非常关心您才会留下这些字斟句酌的评议，也许这些评价并不一定非常有代表性，甚至可能互相矛盾，但这些话都体现了大家对您的关心	
如果您对该位被评价者还有什么建议或意见，请写在下面	
▶分配任务的时候考虑员工工作量	
▶团队建设能力与下属能力提升方面还需要进一步加强	
▶能够在推进一些大项目方面提升专业性和沟通协调能力	
▶专业团队建设及人才培养	
▶理论与公司实际的结合	
▶加强团队建设	
▶希望在业务知识上继续提高	
▶提升员工工作积极性	
▶团队建设能力与下属能力提升方面还需要进一步加强	

四、360 度绩效反馈在企业中高层考核中的应用案例

由于 360 度绩效反馈具有全员参与、信息收集对称、能分散日常管理压力等特点，因此成为我国企业主要的考核管理办法之一。360 度绩效反馈完全可以成为企业考核中高层管理干部素质及能力的最有效的一种方法，其中，正确的问卷设计与考核沟通是成功应用 360 度绩效反馈的关键。下面，通过一个咨询案例说明如何正确设计与使用 360 度绩效反馈。

1. 案例背景

目标客户是国内一家领先的高科技企业集团，主要从事网络产品的分销，总部位于北京，其分支机构遍及全国。公司的销售人员，经过几年的摸爬滚打，很多被提升到经理岗位。然而，问题也随之而来。这些年轻的经理缺少管理意识与沟通能力，虽然被提升到了经理岗位，但仍然沿用以往单打独斗的销售方式，要么对下属疏于管理，要么严格控制，不给下属喘息的自由。在销售部，员工流失率开始悄然增加，不满情绪开始滋生。而且，销售增长开始减缓，销售人员能力出现断层。面对这样的现状，公司高管层越来越认识到不能仅仅以销售额或几个简单的财务指标对经理进行考核，应该引入更多的管理办法，帮助这些销售经理提升管理能力和管理水平。

根据客户的具体需求，咨询顾问建议在其销售部引入 360 度绩效反馈考核办法。这种方法曾被国内外许多企业采用，但使用效果却大不相同。为了保证本次 360 度绩效反馈能

达到预期目的，真正成为管理者的一个有效管理工具，本次测评在问卷的设计、沟通及使用上紧密结合了客户的具体情况，并参考了国内外企业在绩效管理方面的经验与教训。

2. 解决方案

（1）明确考核目的。在设计考核方案之初，首先明确本次考核目的，旨在为销售部经理人员的能力与发展提供个性化服务，通过向这些经理提供来自上级、同事、下属及本人评估结果的个性化能力报告，帮助经理了解自身的优势和劣势，在此基础上有针对性地发展自己（尤其是发展自己的管理能力）。另外，通过评估盘点销售部经理人员的能力状况，为销售部经理人员的选拔、任用、培养提供决策依据，并缓解公司高层管理人员的管理监督压力。在此，特别强调，本次考核不与奖金挂钩。从国际上的绩效管理实践看，绩效考核也不一定非要与奖金挂钩。

（2）能力模型设计。有效的360度绩效反馈与能力模型的有效性是分不开的。很多360度绩效反馈仅仅考核员工的行为表现，这样的考核结果缺乏系统性，说服力差，不易被员工接受。能力模型的设计要求咨询顾问具有较高的素质和对行业特点的宏观把握。

在参考国际著名跨国公司的能力模型后，咨询顾问总结了中国高科技IT企业销售管理人员最需具备的20项能力，发现这些能力主要集中在三个领域。

一是专业素养，指保证工作质量必须具备的能力，例如，客户导向、责任心、沟通能力等，专业素养对公司管理人员的要求相对一致。

二是业务能力，指创造高附加值产出必须具备的能力，例如，决策能力、逻辑能力等，业务能力根据管理业务的不同而不同。

三是领导能力，指作为经理有效管理下属的能力，例如，支持下属工作的能力、影响力等，领导能力视企业文化和管理所面临的主要问题不同而不同。

之后，咨询顾问通过焦点小组访谈、工作行为观察、主要领导访谈、调查问卷分析等方式，为该企业每个被评估岗位量身定做了4个维度的20项能力要求，力求做到尽量用企业自身的管理语言描述每一项能力，使能力具有可衡量性和可操作性。

（3）问卷设计。有了不同岗位的能力模型，360度绩效反馈的问卷设计就完成了一半。另一个需要设计的就是问卷的反馈打分系统。工业心理学家曾经对360度绩效反馈打分系统的设计进行了多年的研究，发现好的打分系统对分数的可靠性和准确性至关重要。具体而言，打分系统的设计应该具有以下三个特点。

一是打分系统应该简单、易懂。最合适的打分系统是五分等级，如果超过七分等级，评估结果就会变得混乱而失去控制。

二是打分的语言描述应该清楚明确，并且与打分内容一致。

三是分数递进的逻辑应该清晰，否则，评价者倾向于只选择一两个分值，这将使打分结果出现"趋中效应"。

在整体案例中，咨询顾问对每一项能力的评价确定为六分等级，每个等级都有一个清晰的定义：第一级为例外情况，其余五级分数依次从最低至最高，供评价者选择打分（分别从上级、同事、下属及本人四个角度进行）。另外，为获得更多的评估信息，在问卷中设计了开放式问题，请评价者针对被评价者最主要的优势、劣势进行评价。

（4）沟通及评价者的选择。在确定考核名单后，咨询顾问与考核名单上的经理分别进行了一对一的访谈，主要了解他们的工作情况、能力及对公司业务发展的看法。此外，还特地选择了一些被评价者的下属进行一对一座谈，以了解他们对公司业务及上级经理的看法。

就许多被评价者来说，他的上级、同事及直接下属人数一般在10人以上。如果对几十个经理人员进行考核，潜在的工作量会非常大。因此，在不牺牲质量并确保效率的前提下，根据具体情况圈定了参加评价的人员。在组织填写评价问卷前，我们特地就考核方案及考核问卷的填写向参加评价的人员（包括被评价的经理人员，他们需要做自我评价并有可能评价他人）进行了详细说明，以保证评价者正确理解考核目的及每一问题的具体含义，如实填写问卷。

（5）反馈结果统计。对反馈结果进行统计并加以分析是整个咨询项目中另一项专业性较强的工作。通过对数据采取适当的处理，咨询顾问不但得出了被评价者各项能力的得分，还把分数进行横向比较和纵向排队，找出各角色（本人、上级、同事和下属）对同一能力的认知差异，进而分析出现问题的原因，为销售部门在管理上存在的问题找出根源。

（6）评价结果的准确性。由于问卷设计得当，操作过程合理，因此评价结果显示出高度的准确性，得到了客户管理层、业务部门、人力资源管理部及广大员工的高度认可，为公司的人员使用、培训及能力发展提供了坚实基础。以讲究实效著称并且正在被人员使用问题所困扰的销售部总经理对评价结果更是赞不绝口，因为评价结果向他全面、清楚地展现了手下每一位经理的岗位能力胜任情况，谁强谁弱及强在何处、弱在何处一目了然，这是他最希望获得的管理信息。

（7）针对评价结果的解决方案。在提交评价报告后，咨询顾问立即协助管理层对评估结果进行沟通。沟通采取一对一的方式，咨询顾问向每个经理解释评价结果。同时，还为每一个经理设计了各自的能力发展要求，制定适合的管理课程。为了保证真正有效地改进经理的行为和能力，咨询顾问在企业引入了管理人员能力辅导项目，即通过密切的、有针对性的辅导与跟踪，提升经理们的管理素质，帮助他们处理好发生在身边的各类管理问题。

3. 案例点评

通过本案例可以看出，360度绩效反馈确实可以成为企业管理者一个有效的管理工具。案例中的360度绩效反馈在方案的设计方面考虑得比较周到；执行程序也较为细致，并具有可操作性；问题的设计有一定的结构，问题之间有一定的内在逻辑性。这些因素是其成功应用的必要保障。

结合我国的实际情况，在使用360度绩效反馈时应注意：

（1）结合不同岗位的能力要求设计不同的考核问卷，问卷设计应该有科学的理论依据；

（2）360度绩效反馈应以提升任职者的管理能力为目的；

（3）考核方案的设计、考核问题的制定应尽可能通盘考虑，做到细致完善、操作性强；

（4）应尽可能简化有关步骤，避免给被评价者带来过多额外的工作负担，使其产生厌烦心理，影响测评的信度、效度；

（5）有效的360度绩效反馈可以提供大量的信息，既可以成为判断任职者称职与否的一个参考，也可帮助企业改善沟通管理，加强组织文化建设；

（6）反馈结果应根据需要认真分析和研究，避免造成矛盾和公司的人际关系紧张，解决360度绩效反馈在中国"水土不服"的问题。

【本章小结】

求职者提供的一些书面信息是人力资源管理部门首先接触的材料，可以作为测评的基础。通过分析推荐信、申请表和履历表，可以对求职者的个人素质做出一个总体评价。绩效考评在人力资源管理实务中居于核心地位，是人事测评技术的重要组成部分。常见的绩效考评方法有等级评估法、目标考评法、序列比较法、相对比较法、小组评价法、关键事件法、评语法、强制比例法、情境模拟法和综合法等。360度绩效反馈方法因为符合经济发展和企业管理的要求正在逐渐兴起。在这种评价模式中，评价者不仅包括被评价者的上级，还可以包括其他与被评价者有密切接触的人员，例如，同事、下属、客户以及被评价者自己。它从不同层面的群体中收集评价信息，并将评价结果反馈给被评价者。这有利于被评价者认识自己、取长补短，促进自身的发展和组织目标的实现。

【关键概念】

推荐信　申请表　履历表　考评　绩效考评　360度绩效反馈

【复习思考题】

1. 书面信息分析主要包括哪些？
2. 考评的方式有哪些？
3. 绩效考评的基本方法有哪些？
4. 360 度绩效反馈与传统绩效考评方式有哪些异同点？
5. 360 度绩效反馈的原理和应注意的问题是什么？

【课后案例】 从 TCL"鹰之系列"人才培养体系看其素质评价标准变化

TCL 鹰之系列由"雏鹰计划""飞鹰计划""精鹰计划"和"雄鹰计划"四个部分组成。

"雏鹰计划"，旨在通过对有上进心、乐于学习、积极进取的新入职大学生的培养，使其逐步成长为部门技术骨干、业务骨干。

"飞鹰计划"，旨在通过对公司现有的有两年以上工作经验的、有进一步培养潜质的普通员工进行培养，使其逐步成长为各职能部门的负责人。

"精鹰计划"，旨在通过对公司有进一步培养潜质的中层管理干部进行培养，使其逐步成长为公司能够独当一面的人才，为公司副总、总监一级的岗位储备人才。

"雄鹰计划"，旨在通过对现有高级管理人员和技术领军人物的培养，使其逐步成长为全面的人才，为公司今后的战略扩张做好准备。

通过上述四个计划，逐步将培养对象培养成为关键岗位继任者和公司后备人才。关键岗位主要指公司根据当前或未来发展所需要的一些重要中高层岗位。后备人才主要指公司为应对未来发展变化而储备的一些可替代公司某些中高层岗位人员的具有培养潜质的人才。"'鹰之系列'人才工程，构筑了 TCL 国际化最坚实的基础。"李东生在 2010 年曾表示，TCL 集团全球 6 万多名员工，其中外籍员工比例接近 10%，不同国籍和专业的员工活跃在全球研发、制造、营销等管理岗位上，TCL 自己培养的本土高层管理人才，也开始担当国际化经营管理的重任。"鹰之系列"培训，还收到意外效果，打破了部门之间的藩篱。学员之间有了情感纽带，更易在各产业集团之间产生协同效应。TCL "整体至上"的核心价值观得以真正落地。

问题：以人事测评官视角，给出 TCL "鹰之系列"的素质测评标准及测评工具。

资料来源：蓝狮子，吴晓波. 鹰的重生：TCL 追梦三十年 1981—2011 [M]. 北京：中信出版社，2012.